U0720894

文
景

Horizon

社科新知　文艺新潮

桑兵　关晓红

——主编——

近代学术的清学纠结

近代中国的知识与制度转型

学术编

上海人民出版社

本书为浙江大学"中央高校基本科研业务费专项资金"、中山大学历史学系学科建设经费专项出版资助项目

目　录

总　说

当前的世界格局，正在发生自 17 世纪以来最为重大深刻的变动。这一变动呈现相反相成的两面：一方面，全球化导致各国的交往联系进一步紧密；另一方面，单一的西方强势霸权地位已经动摇，包括中国崛起在内的多元化成为新的发展取向。由此引发重新认识自我和调整世界秩序的需求，不同文化系统的相互理解和接受变得更加重要，而沟通的理据却引起越来越多的反省和检讨。近代以来在世界一体化的大趋势之下普遍发生的知识与制度转型，本来是各国赖以沟通理解的凭借，现在却造成许多的疑惑和困扰。以往后发展国家将接受欧洲中心衍生出来的一整套观念制度作为体现人类发展共同趋向的公理，用以重新条理和解释既有的历史文化。西方社会也习惯于用后来体系化的观念制度看待异己的文化，乃至回溯自身的历史。

随着全球化的推进，经过观念与制度的所谓现代变革调适的国家民族之间，摩擦冲突仍然不断加剧，而人类发展的单一现代化取向备受质疑，越来越多的学人意识到倒看历史所产生的误解不同文化的现实危险。如何通过世界一体化（其核心仍然是欧洲中心）之后表面相似的观念和制度来理解和把握各种社会文化差异，增进相互理解与沟通，同时注重不同文化之于世界多样性的价值意义，引起各国学人的高度关注。作为重建世界格局一极的中国，晚清民国时期，知识与制度体系发生了重大变动，使得中国人的思维方式与行为规范前后截然两分。了解这一千古大变局的全过程和各层面，对中外冲突融合的大背景下知识与制度体系沿革、移植、变更、调适的众多问题进行深入探究，可以获得理解传统、认识变异、了解现在和把握未来的钥匙。在中学、东学和西学的视角下重新考察近代中国观念与制度变革的趋向和症结，有助于更好地认识世界一体化进程中东亚文明的别样性及其对人类发展提供多样性选择的重要价值，争取和保持对在世界文明体系中的位置日益重要的中国历史文化解释的主动和主导地位，增进包括中国在内的世界各国的沟通理解。

第一节　问题的提出

美国学者任达（Douglas R. Reynolds）的《新政革命与日本》（*The Xinzheng Revolution and Japan*）一书，出版以后引起不小的争议，对其观念和材料方面的种种局限议论较多。[1] 不过，作者指出了以下至关重要的事实，即新政前后，中国的知识与制度体系截然两分，此前为一套系统，大致延续了千余年；此后为一套系统，经过逐步的变动调整，一直延续至今。作者这样来表述他的看法：

---

[1]　桑兵：《黄金十年与新政革命——评介〈新政革命与日本：中国，1898—1912〉》，载侯仁之、周一良主编《燕京学报》新四期，北京大学出版社，1998，第 321 页。

在 1898 年百日维新前夕，中国的思想和体制都刻板地遵从中国人特有的源于中国古代的原理。仅仅 12 年后，到了 1910 年，中国人的思想和政府体制，由于外国的影响，已经起了根本性的变化。

从最根本含义来说，这些变化是革命性的。在思想方面，中国的新旧名流（从高官到旧绅士，新工商业者与学生界），改变了语言和思想内涵，一些机构以至主要传媒也藉此表达思想。在体制方面，他们按照外国模式，改变了中国长期以来建立的政府组织，改变了形成国家和社会的法律与制度。

如果把 1910 年中国的思想和体制与 1925 年的、以至今天中国相比较，就会发现基本的连续性，它们同属于相同的现实序列。另一方面，如果把 1910 年和 1898 年年初相比，人们发现，在思想和体制两大领域都明显地彼此脱离，而且越离越远。[1]

也就是说，中国人百余年来的精神观念与行为规范，与此前的几乎完全两样，这一天翻地覆的巨变，不过是百年前形成的基本框架，并一直运行到现在。今日中国人并非生活在三千年一以贯之的社会文化之中，而是生活在百年以来的知识与制度体系大变动所形成的观念世界与行为规范的制约之下。任达认为，这样的变动是以清政府和各级官绅为主导的具有根本性的革命，并且强调在此过程中日本影响的主动与积极的一面。对于诸如此类的看法，意见当然难期一律，表达异见十分正常。但任达所陈述的近代知识与制度根

---

[1]　任达：《新政革命与日本：中国，1898—1912》，李仲贤译，江苏人民出版社，1998，第 215 页。

本转变的事实，却是显而易见，不宜轻易否定的。

不过，这一转型的过程及其意义，远比任达所描绘的更为复杂和深刻。因为它不仅涉及明治日本，还包括整个丰富多样的"西方"；不只发生在新政时期，而是持续了半个多世纪（其实受域外影响发生观念行为的变化，从来就有，如佛教和耶稣会士的作用，尤其是后者，令西学已经东渐）；不仅政府主导的那些领域出现了观念和制度变化，全社会各个层面的各种知识制度体系，几乎全都根本改观；参与其事者不仅是清朝官绅和日本顾问，外国来华人士和广大中国知识人也纷纷介入其中。更为重要的是，这样的革命性变动不是单纯移植外国的知识与制度，今天中国人所存在于其中的知识与制度体系，虽然来源多在外国，因而与世界上其他国家大体相似，但还是有许多并非小异。这些千差万别，不能简单地用实际上未能摆脱西化的现代化理论来衡量和解释。

今日中国人在正式场合用来表达其思维的一整套语汇和概念、形成近代中国思想历史的各种学说、教学研究的学科分类，总之，由人们思维发生，独立于人们思维而又制约着人们思维的知识系统，与一个世纪以前中国人所拥有的那一套大相径庭。如果放弃这些语汇、概念和知识系统，面对各种信息，人们将无所适从，很难正式表达自己的意思。而习惯于这些语汇、概念和知识体系的今人，要想进入变化之前的中国人的精神世界，也十分困难，即使经过专门训练，并且具有相当程度的自觉，还是常常发生格义附会的误读错解。不仅如此，要想认识今日中国人的精神世界，尽管处于同一时代，但要分辨那些看似约定俗成、不言而喻，实际上各说各话的话语，如果不能从发生发展的渊源脉络理解把握，也很难真正做到了解同情。近年来学人所批评的"倒放电影"和所主张的"去熟悉化”，[1] 显然都由此而生。

　　同样，体现和规范今人的行为，维系社会有序运作的各种制度，与百年以前也是迥异。这些制度覆盖政治、经济、军事、对外关系、教育、金融、司法、医疗、治安、社会组织、社会保障与救济等各个方面，几乎无所不包。除了少数“仍旧”或“全新”外，多数情况是“古已有之”而“变化多端”甚至“面目全非”。这就导致今人既不易理解前人的种种行为方式和运作模式，又无法深究今日各种制度规定及其运行轨则的来龙去脉，难以知其然亦知其所以然。结果，一种制度之下存在着多种行为样式，甚至主要的样式与设制本身的立意相去甚远。有时观念与制度之间发生离异，观念层面的优劣之争并不影响制度层面出现一面倒的局面。如中西医的是非优劣，历来争论不已，至今只能说是各有高下，而医疗和医院制度，已经几乎完全照搬西洋方式。

　　出现上述情形的重要原因之一在于，晚清民国的知识与制度转型，并非由中国的社会文化历史自然发生出来，而是近代中外冲突融合的产物。某种程度上，可以说是从外部世界移植到本土，并且改变中国思维与行为的基本面貌的产物。换言之，这是世界体系建构过程中，中国一步步被拖入世界体系的结果。今人争议甚多的全球一体化，仍是这一过程的延续。

　　然而，事情如果只是如此简单，也就不难认识。实际情形不仅复杂得多，而且潜移默化，令人习以为常。所谓“世界”，其实仅仅处于观念形态，如果要落到实处，则几乎可以断定并不存在一个笼统的“世界”，而是具体化为一个个不同的民族或国家。更为重

---

[1]　前者为罗志田教授屡次论及，后者参见王汎森：《中国近代思想文化史研究的若干思考》，《新史学》2003年第14卷第4期。

要的是，那个时期的所谓"世界"，并非所有不同民族和国家的集合，实际上主要是以同样笼统的"西方"为蓝本和基准。在"西方"人看来，"西方"只是存在于东亚人的观念世界之中。认真考察，西方不但有欧美之别，欧洲内部还分为大陆和英伦三岛，大陆部分又分成历史文化各不相同的众多国家。此外，本来是东亚一部分的日本，因为学习西方比较成功，脱亚入欧，似乎也进入了西方发达国家的行列，而逐渐成为西方世界的一部分。

如此一来，近代中国面临的外部冲击和影响，就知识系统而言，不仅有"西学"，还有"东学"。而"西学"的基本凭借，即"西方"既然只存在于观念世界，"西学"相应地也只有抽象意义。一旦从笼统的"学"或"文化"落实到具体的学科、学说，可以发现，统一的西方或西学变得模糊不清甚至消失不见了，逐渐显现出来的是由不同民族和国家的历史文化渊源生成而来的独立系统。各系统之间或许大同，但也有不少小异，这些小异对于各种学科或学说的核心主干部分也许影响不大，但对于边缘或从属部分则相当关键，往往导致不同系统的学科分界千差万别，从而使得不同国度的不同流派关于学科的概念并不一致。来龙不一，去脉各异，不同国度的同一学科的内涵也就分别甚大。大者如"科学"，英法德含义不同，小者如政治学、社会学、人类学的分科与涵盖，欧美分别不小，欧洲各国也不一致。至于社会文化研究，究竟是属于社会学的领域还是人类学的范畴，不仅国与国之间存在差异，同一国度的不同学派也认识不一。

上述错综复杂是在长期的渐进过程中逐渐展开，因此一般而言，对于亲历其事者或许并不构成认识和行为的障碍，而后来者或外来人则难免莫名所以，无所适从。当由欧洲原创的人类知识随着世界体系的扩张走向全球时，为了操作和应用的方便，不得不省去繁复，简化约略，使得条理更加清晰。这样一来，原有的渊源脉络所滋生出来的纠葛被掩盖，学科的分界变得泾渭分明。将发源于欧洲的各种学科分界进行快刀斩乱麻式的后续加工和划一，开始不过是有利于缺少学术传统又是移民社会的美国人便于操作，后来由于美国的实力和地位迅速上升，对世界的影响不断扩大，甚至成为霸主和中心，美式的分科成为不少后发展国家接受外来影响的主要模式。可是，在清晰和方便的同时，失去了渊源脉络，一味从定义出发，一般而言也无大碍，仔细深究，尤其是还想弄清楚所以然，就不免模糊笼统。因此，格义附会、似是而非的现象不仅多，而且乱，看似异口同声，实则各唱各调的情况比比皆是。

近代中国在西方压力之下发生的知识与制度体系转型，如果只是全盘西化式地照搬移植，问题也就相对简单。可是，中国的文化不仅历史悠久，而且一脉相传，始终活跃，其巨大张力所产生的延续性，对于近代的知识与制度转型产生着重要的制约作用。

清季民初，是中国固有学术向西式分科转型的重要时期，众多学人对此作了不同程度的努力，其中康有为、梁启超、刘师培、章太炎、严复、宋恕、王国维等人在学术领域的影响尤为突出，而蔡元培等人则更多的是从教育的角度关注分科。他们借鉴来源不同的西学，以建立自己的体系，都希望在统一的整体框架下将各种新旧中西学术安置妥当，尤其是力图将中西新旧学术打通对接。各人编织的系统虽然大体都是依据西学，但实际分别相当大，反映了各自所依据的蓝本以及对这些蓝本的认识存在很大差异。加之在中国变动的同时，欧洲各国的学科体系也正在随着社会分工的日益细化和知识分类的不断增加，随时新建、调整或重组，时间的接近加剧了空间变动的复杂性，这就进一步增加了中国人对于学术分科理解与把握的难度，也导致分科界限的模糊与错乱。早在20世纪初，主讲京师大学堂史学的陈黻宸比较中西学术时就认为:"夫彼族之所以强且智者亦以人各有学,学各有科,一理之存,源流毕贯,一事之具,颠末必详。而我国固非无学也,然乃古古相承,迁流失实,一切但存形式,人鲜折衷,故有学而往往不能成科。即列而为科矣,亦但有科之名而究无科之义。"[1] 这显然是用进化论的眼光看待中西学术的结果,将近代等同于西方,以为西学的优势从来如此。其实,整体而言,分科治学在西方也不过是 19 世纪以来,尤其是 19 世纪后半叶以来的新生事物,其间也经历了用后来观念重构系统的历史进程。由于各国的学术文化传统不同,造成分科边际的不确定和不稳定,使得对西方本来就缺乏全面深入认识的中国人更加难以把握这些泊来的抽象物。

上述难题,几乎所有的后发展国家和民族都会共同面对。而中国还有其独特的问题。中国的近邻、明治维新后的日本率先走上了现代化道路,并通过一系列军事、外交和政治活动向中国人展示了它的巨大成效,以至于新政期间,在朝野人士的鼓动下,中国主要是通过日本来学习西方。这样的取径,在具有欧洲留学背景的严复看来,不仅是舍近求远,甚至会南辕北辙。他说:

> 吾闻学术之事,必求之初地而后得其真,自奋其耳目心思之力,以得之于两间之见象者,上之上者也。其次则乞灵于简策之所流传,师友之所授业。然是二者,必资之其本用之文字无疑也。最下乃求之翻译,其隔尘弥多,其去真滋远。今夫科学术艺,吾国之所尝译者,至寥寥已。即日本之所勤苦而仅得

---

[1]　陈黻宸:《京师大学堂中国史讲义》,载陈德溥编《陈黻宸集》下册,中华书局,1995,第 675 页。

者，亦非其所故有，此不必为吾邻讳也。彼之去故就新，为时仅三十年耳。今求泰西二三千年孳乳演迤之学术，于三十年勤苦仅得之日本，虽其盛有译著，其名义可决其未安也，其考订可卜其未密也。乃徒以近我之故，沛然率天下学者群而趋之，世有无知而不好学者如此者乎？侏儒问径天高于修人，以其逾己而遂信之。今之所为，何以异此。[1]

　　严复的意见在一段时期内不被普遍认同，在他供职的学部，据说也是东学派占了压倒性优势，不过却提醒国人注意，日本化的西学，加入了许多东亚因素，其中不少是根据中国文化加以变异，以应对西学。而东学所带有的浓厚的德国色彩，提示人们进一步抛弃西学的笼统性，关注英国以外的其他欧洲文化系统，并设法弄清不同系统之间的差异。

　　知道分别就会有所取舍。在大规模地接受东学之后，朝野人士对东学东制移植中土暴露出来的弊病逐渐有所认识，于是再度将目光转向欧洲。从这时起，国人开始跳出西学的笼统观念，不一定在不同系统之间作整体性选择，而是考虑各个系统的组成部分可能各有长短，应当具体地予以了解和把握。民国以后，虽然留美学生渐多，并且逐渐占据了国内各界的要津，有识之士还是知道，欲求高深学问而非仅仅谋求学位，应该前往原创性的欧洲。只是后来北美与东欧的影响日益增强，将已有的复杂因素变得看似简化。

　　在近代中国人的精神世界发生着翻天覆地的变化的同时，其行为规范也随着涉及社会生活各个方面的各种制度的引进而悄然变

_____

　　[1]　严复:《与外交报主人书》，载王栻主编《严复集》第3册，中华书局1986，第561页。

更。西制进入中国并导致原有的各种制度发生程度不同的变动，与西学的进程颇为近似，也经过了取法日本的阶段。虽然中西文化交流并非截然分为物质、制度和心理的层面，依次递进，器物的引进带来的不同的审美和实用观念，工厂的开办需要一整套制度的保障，而且随着新事物的日益增多，清朝的各级职官体制也悄然变更，总体而言，制度变动的进展相当缓慢。新政时期，中国全面模仿日本，朝野上下，先后派出了为数众多的官绅，他们出发前以及抵达日本后，要集中听讲学习，有关方面为此还编制了具体的考察指南，指示考察的程序、步骤和做法。他们按图索骥，将日本的各种制度一一照葫芦画瓢地搬来中国。当然，后来同样有过再向欧美学习以调整偏差的经历。其间有些先见之明的人士并不囿于一途，如孙中山对美国的代议制民主就不以为然，而倾心于瑞士的直接民主。

对于近代中国的知识与制度体系转型，学界往往会用现代化的解释框架来加以认识。现代化的观念，未必不是一种解释模式。不过，现代与传统、进步与落后之类的两极范畴，最终实际上落实到了中西对立的观念之上，不仅流于简单地找变化，而且根据固定标准所找出的变化归根结底都是西化。诸如此类以变化为进化，以现在为现代的看法，多少反映了今人的盲目自信。而近代中国的知识与制度转型决非如此简单，至少应该考虑到：1.中国固有的知识与制度体系的渊源、变化与状况。2.外来知识与制度体系的具体形态及其进入中国的过程、样式。3.中国人如何接受外来的知识与制度，外来知识及制度如何与中国固有的知识及制度发生联系。4.在上述过程中，本土与外来的知识和制度如何产生变异，形成怎样的新形态。5.这些变异对中国的发展所产生的制约性影响。

近代中国的知识与制度转型研究的展开，力求回应上述问题，大体把握中外知识与制度转型之前的情形，外来知识与制度进入中国的过程，由此引起的变化、变化所造成的延续至今的状况以及未来的发展趋向，力求为世界格局的重构做好知识与制度准备。

第二节　观念与取向

知识与制度体系的全面变动，不仅改变了近代中国人的思维与行为，而且使得现在的中国人在面对过去时，自觉或不自觉地用现行思维行为方式去观察判断，如果没有充分自觉，等于用后来外在的尺度衡量前人前事，难以体察理解前人思维行为的本意真相。也就是说，外来的知识与制度体系进入之前，中国人已有自己长时期累积而成的一整套思维和行为方式。而在转型之后，由于观念和规矩的变更，要想如实了解固有本来，反而变得相当困难。要做到不带成见从无到有地去探究发生、发展和变化，首先必须对本来的情形有充分的了解同情。

此事说来简单，其实至为复杂。尽管近代知识与制度转型很有几分脱胎换骨的色彩，以致有学人断言已是西体中用，实则吸收域外文化或融合其他异文化，在中国历史上不仅随时发生，而且有过几次显而易见的重要变动。今人看转型以前的人与事，难免带着后来西式的有色眼镜，即使有所自觉，尽量不带成见，也很难完全还原。历史本事、相关记述和后来著史，彼此联系，又各自不同，而分际模糊，容易混淆，况且著史还有层累叠加的问题。历史的实事即所谓第一历史必须经由历史记述即所谓第二历史加以展现，任何历史记述，往往积薪而上，一般而言，所有系统，均由后人归纳，集合概念亦均为后出，而且越到后来，条理越加清晰，意涵却悄然变化。后来之说可以表明编制者的看法，不能简单地认作所指时代的事实。转型之前，前贤已经提出以汉还汉的问题，只是即便回到汉代，所获仍然不过汉代人对先秦思想的认识。汉代固然距离先秦较今人为近，保留理解先秦的思想观念或许较今人为多且确，却未必真正吻合。况且汉代对于前人的认识也是五花八门，各不相同。

将以汉还汉的精神贯彻到底，应该是回到不同时代不同人物的不同观念行事。傅斯年曾为自己将来可能写"中国古代思想集叙"，提出若干要遵守的"教条"，其中包括：1. 不用近代哲学观看中国的方术论，"故如把后一时期，或别个民族的名词及方式来解它，不是割离，便是添加。故不用任何后一时期，印度的、西洋的名词和方式"。将明清之际耶稣会士和晚清以来西学的影响乃至中古大事因缘的儒释道合一，均置于自觉排除之列。2. 研究方术论、玄学、佛学、理学，各用不同的方法和材料，而且不以两千年的思想为一线而集论之，"一面不使之与当时的史分，一面亦不越俎去使与别一时期之同一史合"。[1]

也就是说，中国不仅没有一以贯之的哲学史，而且历代分别有方术、玄学、佛学、理学的历史，各史均须还原到当时的历史联系之中，而不能抽取某些元素加入其他时期的同类史。此说对于现在的不少相关研究尤其具有针对意义，探讨概念、分科及制度，看似广征博引，也能遵循时空顺序，实则将不同时期的相同或相似观念事物抽离原来各自的历史联系，而强行组合联缀，其本意既因脱离

---

[1]　《傅斯年致胡适》1926 年 8 月 17、18 日，载杜春和、韩荣芳、耿来金编《胡适论学往来书信选》下册，河北人民出版社，1998，第 1264－1265 页。

原有语境不能恰当解读，其联系复因形似而实不同而有削足适履之嫌，仍然是强古人以就我的主观预设。况且，诸如此类的研究往往还会就文本以证文本，对于相关人事视而不见，无法将思想还原为历史，不过是创造一家之言的个人思想史而已。

至于写法，傅斯年主张应由上层（下一时）揭到下层（上一时），而非自上一时写下来。前者从无到有，探寻概念事物的发生及其演化，后者则以后来观念条理先前史事，实为用后来眼光倒述历史。所谓自上一时写下来，其实未能剥离后来的附加成分，而以后来的概念条理作为先入为主的是，形式上虽然顺着写，实际上却是倒着讲。必须首先由记述的上层即时间的下一时，揭到记述的下层即时间的上一时，才能以汉还汉，回到历史现场。不过，仅仅这样逆上去固然可以层层剥笋，求其本意，还物事的本来面目，但要再现思想演变的历史进程，还应在回归具体时空位置的基础上顺下来，历时性地展示事物发生演化的复杂详情。

然而，更为吊诡的是，和傅斯年所推崇的阮元《性命古训》一样，尽管该研究"其方法则足为后人治思想史者所仪型"，还是存在其结论未必能够成立的尴尬。[1] 原因如陈寅恪所论：

> 宋儒若程若朱，皆深通佛教者。既喜其义理之高明详尽，足以救中国之缺失，而又忧其用夷变夏也。乃求得两全之法，避其名而居其实，取其珠而还其椟。采佛理之精粹，以之注解四书五经，名为阐明古学，实则吸收异教，声言尊孔辟佛，实则佛之义理，已浸渍濡染，与儒教之宗传，合而为一。此

---

[1]　傅斯年：《性命古训辨证》，载欧阳哲生主编《傅斯年全集》第2卷，湖南教育出版社，2003，第505–509页。

先儒爱国济世之苦心，至可尊敬而曲谅之者也。故佛教实有功于中国甚大。自得佛教之裨助，而中国之学问，立时增长元气，别开生面。故宋、元之学问、文艺均大盛，而以朱子集其大成。[1]

1934年陈寅恪为冯友兰《中国哲学史》下册所写审查报告指出：

六朝以后之道教，包罗至广，演变至繁，不似儒教之偏重政治社会制度，故思想上尤易融贯吸收。凡新儒家之学说，几无不有道教，或与道教有关之佛教为之先导。如天台宗者，佛教宗派中道教意义最富之一宗也。其宗徒梁敬之与李习之之系，实启新儒家开创之动机。北宋之智圆提倡中庸，甚至以僧徒而号中庸子，并自认为传以述其义。其年代尤在司马君实作《中庸广义》之前，似亦于宋代新儒家为先觉。二者之间，其关系如何，且不详论。然举此一例，已足见新儒家产生之问题，尤有未发之覆在也。至道教对输入之思想，如佛教摩尼教等，无不尽量吸收，然仍不忘其本来民族之地位。既融成一家之说以后，则坚持夷夏之论，以排斥外来之教义。此种思想上之态度，自六朝时亦已如此。虽似相反，而实足以相成。从来新儒家即继承此种遗业而能大成者。[2]

---

[1] 吴宓：《吴宓日记》第2册，吴学昭整理注释，生活·读书·新知三联书店，1998，第102-103页。

[2] 陈寅恪：《审查报告三》，载冯友兰《中国哲学史》下册，商务印书馆，1934，第3-4页。

关于唐宋诸儒究竟是先受到佛教道教性理之说的影响，再上探先秦两汉的儒学，以外书比附内典，构建新儒学，然后据以辟佛，还是相反，鉴于时代风气人伦道丧，先从古儒学中认出心学一派，形成理学，以抵御佛教，对此，陈寅恪与傅斯年意见分歧，并有所论辩，最终各执己见。[1] 1948 年，陈寅恪在《历史研究》发表《论韩愈》，旨在说明"退之自述其道统传授渊源固由《孟子》卒章所启发，亦从新禅宗所自称者摹袭得来也"。韩愈扫除章句繁琐之学，直指人伦，目的是调适佛教与儒学的关系：

> 盖天竺佛教传入中国时，而吾国文化史已达甚高之程度，故必须改造，以蕲适合吾民族、政治、社会传统之特性，六朝僧徒"格义"之学，即是此种努力之表现，儒家书中具有系统易被利用者，则为小戴记之"中庸"，梁武帝已作尝试矣。然"中庸"一篇虽可利用，以沟通儒释心性抽象之差异，而于政治社会具体上华夏、天竺两种学说之冲突，尚不能求得一调和贯彻，自成体系之论点。退之首先发见小戴记中"大学"一篇，阐明其说，抽象之心性与具体之政治社会组织可以融会无碍，即尽量谈心说性，兼能济世安民，虽相反而实相成，天竺为体，华夏为用，退之于此以奠定后来宋代新儒学之基础。

而"退之固是不世出之人杰，若不受新禅宗之影响，恐亦不克臻此。又观退之寄卢仝诗（春秋三传束高阁，独抱遗经究终始），则知此种研究经学之方法亦由退之所称奖之同辈中人发其端，与

---

[1]　参见桑兵：《求其是与求其古：傅斯年〈性命古训辩证〉的方法启示》，《中国文化》2009 年第 29 期。

前此经诗〔师〕著述大意〔异〕，而开启宋代新儒学家治经之途径者也"。[1]

如果韩愈是受新禅宗的影响才转而正心诚意，甚至到了"天竺为体，华夏为用"的程度，其弟子的复性论就很难说是与禅无关于儒有本。新儒学究竟是取珠还椟，还是古今一贯，或者说，古今一贯是唐宋诸儒苦心孤诣的自称，还是新儒学创制的渊源，两说并存，悬案依旧，破解之道，有待于来者。两相比较，以情理论，无疑陈寅恪之说更为可信，恰如欧洲中世纪思想必须借助儒学才能突破变换，很少抽象虚理思维习惯的唐宋诸儒，如果没有内典外书相互比附、性理之学盛行的时代风尚影响，也很难产生思维方式的革命性变换。只是陈寅恪的看法较傅斯年曲折复杂，不易直接取证，反而傅斯年的说法容易找出直接证据，看似信而有征。史学研究中往往存在实事无实证，而实证并非实事的现象，造成诸多困惑，由此可见一斑。唐宋诸儒的行事方式，直到明清之际仍然有人仿效，只是自然科学方面可以比较文本进行梳理，思想精神层面的水乳交融，已经很难分离验证。如此看来，晚清面对西学的中学，其实早已是既非固有，更不固定。

知识与制度转型的大背景是中西交汇，除了认识中国原有，对西的一面同样要认真探究，而不仅仅是一般性的了解，应当回到相应的历史时期，追寻各种知识与制度变化发展的渊源脉络，以免受后来完善化体系化观念的影响。关于此点，近代学人围绕中国有无哲学的问题所展开的讨论颇有启示意义。1928 年，张荫麟撰文评冯友兰《儒家对于婚丧祭礼之理论》，指出：

[1]   陈美延编：《陈寅恪集·金明馆丛稿初编》，生活·读书·新知三联书店，2001，第 320、322-323 页。

　　以现代自觉的统系比附古代断片的思想，此乃近今治中国思想史者之通病。此种比附，实预断一无法证明之大前提，即谓凡古人之思想皆有自觉的统系及一致的组织。然从思想发达之历程观之，此实极晚近之事也。在不与原来之断片思想冲突之范围内，每可构成数多种统系。以统系化之方法治古代思想，适足以愈治而愈棼耳。[1]

　　这里虽然讲的是中国，实则西方也有类似情况。如欧美学者的社会学史，一般是将斯宾塞的《社会学》作为发端。其实这也是后来社会学家的倒述。严格说来，斯宾塞那本标名《社会学》的著作，更近似于今人所谓社会科学。而在几乎所有欧美人撰写的社会学史中找不到位置的甄克斯，在20世纪初年的中国人眼中，却是西方代表性的社会学家，影响了众多中国人对社会和社会学的认识。

　　当然，最为复杂的还是变动不居的阶段。一个本来就没有真正统一定义（至多是约定俗成）的外来概念进入中国，常常要经历相当长的接受过程，而且接受者各自以其原有的知识进行判断和理解。其间不同时期有不同的表述，同一时期的不同个人也会表述各异。而同一表述之下，有时各人的意思大相径庭。一个学科同样如此。西式近代分科因民族国家的传统渊源而千差万别，进入中国后，对应于中国固有学问的何种门类，开始往往五花八门，后来虽然逐渐统一，其实还是各说各话。等到中国的固有分类被外来替代（实则很难对应），或者说按照西式分类的观念将中国的固有学问

　　[1]　张荫麟：《评冯友兰〈儒家对于婚丧祭礼之理论〉》，《大公报·文学副刊》1928年7月9日第9版。

加以比附，却又出现了用西式分类看待中国固有学术是否合适的问题。如哲学，一度对应到易学、理学或诸子，后来傅斯年却提出古代中国无所谓哲学，连思想一词也要慎用，因为概念不仅仅是符号，由此可以引起极大的误解。用今天通行的美术概念去理解梁启超在戊戌前所主张的工人读制造美术书，[1] 只能是百思不得其解。而张荫麟等人对胡适、冯友兰等人中国哲学史研究的批评，主要也是针对后者用西洋现代系统化的哲学观念去理解或解释中国古代的精神世界，难免格义附会，似是而非，差之毫厘，谬以千里。

直至今日，不少中国学人仍然在为诸如此类的分歧差异而备感困惑和困扰，而那些没有感到困惑与困扰者，并不见得比他人更加清醒，或许刚好相反，以现有的知识来理解前人，已经将现实视为天经地义，从而失去了怀疑的自觉。如有的评论者指那些认为中国无哲学的论点是以西方为标准，殊不知中国非有哲学不可，同样是一把西学的尺度。后来熊十力即批评西方人认为中国无哲学，不无矮化贬低中国学术之意。了解近代学人何以会有上述观念看法，以及他们彼此讨论的具体语境，有助于理解问题本身。

中国古代已有现代西方的各种学术分科，除习惯于附会者外，当然有些匪夷所思。其实，连中国固有学术是否存在分类，学界尚有争议。民国时宋育仁从学制改良和国学教育的角度，断言："经史子集乃系书之分类，不得为学之分科；性理考据词章为国学必要经历之程，而非人才教育专门学科所立。""北京大学立经学专科，外国学校有历史分科，讲求国学者，因此遂以经史子集四部之名分配

---

[1]　梁启超：《读日本书目志书后》，载林志钧编《饮冰室合集·文集》，中华书局，1989，第54页。

为教科。孔经为欧美所无，而彼中大学五科有道科，以其教经为主课；日本大学立哲学，以孔经立为哲学教科。夫四部乃分布书类之名，非支配学科之目。"[1]

不过，古人治学，虽然不讲分科，而重综合，不等于学术没有分别。经学、史学的名目，由来已久，诸子学也有数百年历史，至于集部，实际是文学，只是古人的文章之学，与今日的文学概念不同。图书分类，也不等同于学术分科。晚清那一代新进学人，努力将中国固有学问与西学对应，很少怀疑这种对应是否合适，因此附会之说不在少数。到了民国时期，不少人意识到简单对应的牵强，但已不容易摆脱分科概念的控制。时至今日，分科教育和分科治学的现状，早已将古代中国的学问肢解得七零八落，而且彼此之间壁垒森严了。

考古的概念和考古学的分科，不仅在转型过程中困扰着近代中国学人，即使在此之后，认识与理解仍然因人而异，令学人有些莫名所以。直到20世纪90年代，中国考古学界的新锐学人还在为中外考古学的发展趋向明显两歧而大惑不解。一般而言，欧美考古学的主导趋向是离开文献，或者说是要补文献的不足。章太炎对此有过整体性的评论，他指责"今人以为史迹渺茫，求之于史，不如求之于器"的做法，是"拾欧洲考古学者之唾余也。凡荒僻小国，素无史乘，欧洲人欲求之，不得不乞灵于古器。如史乘明白者，何必寻此迂道哉？"中国"明明有史，且记述详备"，可以器物补史乘

---

[1] 宋芸子：《国学学制改进联合会宣言书》，《国学月刊》1923 年第 17 期；宋芸子：《国学研究社讲习专门学科》，《国学月刊》1923 年第 17 期。

之未备，而不宜以器物疑史乘，或作为订史的主要凭据。[1] 所以中国考古学在很大程度上要承担印证文献记录的使命。加之中国本有金石器物学传统，与考古学不无近似，因此，在相当长的时期内，考古一词更多的是在考证古史的意义上理解和使用。所谓古史，固然也指上古历史，更主要的是历代典籍对先民历史的记载。这也就是具有留学背景的近代学人所批评的，中国旧式学人的研究重心在于古书而不是古史。

由于这一取向较易与金石学传统沟通联系，民国时期金石学者一直在考古学界扮演重要角色。20 世纪 30 年代在北平成立的考古学社，主导的取向就不一定是掘地。而 20 世纪 20 年代在古史辨论战中，李宗侗等一些学人主张由考古发现来解决问题，正是寄希望于掘地。进言之，即使掘地，学人最有兴趣的仍然是发现埋藏在地下的文献。王国维著名的二重证据法，说到底所谓地下还是文献，而不是用实物证文献，更不是用实物重建历史。直到 20 世纪 80 年代重建考古学会，担任顾问与担任理事的学人取向依然有所不同。这种固有学术传统的制约作用不仅发生在中国学人身上，深受中国学术熏染的域外学人也会近朱者赤。日本考古学大家梅原末治晚年甚至宣称：东亚考古学应当是以器物为对象的学问，几乎认同金石学的理念。更多地接受欧美现代考古学影响的李济批评梅原末治开倒车，实则毋宁说梅原的转向是由于对东亚的历史文化和学术有了更加深刻的体验，因而改变了单纯以欧美考古学为准的的观念。[2]

---

[1]　徐一士:《一士类稿·太炎弟子论述师说》，载荣孟源、章伯锋主编《近代稗海》第 2 辑，四川人民出版社，1985，第 105-108 页。

[2]　参见斋藤忠:《考古学史の人びと》，东京：第一书店，1985；角田文衞:《考古学京都学派》（增补），东京：雄山阁，1997。

　　分科治学之下，各种辅助学科对于历史研究的影响渐深，统一的历史被分割为各种各样的专门史，用了分科的眼光看待前人前事，很难得其所哉。姑不论文学古今有别，哲学似有似无，政治形同实异。即使域外为道理，一味盲从，也难免偏蔽。民国时期社会经济史盛行，有学人就认为："吾国史政治之影响究大于经济，近人研史或从经济入手，非研史之正轨也。"[1]。近代学人批评中国古代无史学，只有帝王家谱。可是王朝的兴衰，往往关乎民族的存亡，却是不争的事实。在今人眼中，货币无疑属于经济史、金融史、财政史的范畴，而历史上在不同人的眼中，银钱的意涵不可同日而语。用后来专门的观念，可以得出符合学科规范的结论，而于认识历史上的实事，反而可能牵扯混淆。

　　近代中国的知识与制度转型的复杂性，因为东学背景而更加难以把握。日本长期以来一直受中国文化的影响，直到明治维新大见成效，特别是甲午战争、戊戌维新和新政之后，乾坤倒转。此后中国的精神世界大受日本的影响，用于正式学科的许多名词，都是来自日本明治后的"新汉语"。此事已经引起海内外学人的长期关注。所谓明治后的"新汉语"，并不一定是日本人的发明，尽管前人也察觉到其中有借用，有独创，有拼合，但最值得注意的却是，这些新汉语中相当一部分本来源自中国。例如国民，十余年前日本学人已经注意到，1880 年王韬等人著述中就出现了现代意义上的"国民"，与古代中国的国民含义大不相同。近来又有学人发现，最早的中文期刊《察世俗每月统纪传》中，已经出现了具有现代意义的"国民"一词。

　　当然，这些新名词大都并非单纯国人的贡献，往往是来华外国

　　[1]　金毓黻：《静晤室日记》，辽沈书社，1993，第 4786 页。

人士为了翻译上的用途，而和他们身后的中国助手一起逐渐发明出来。虽然在中国人的圈子当中并不流行，所以后来要从日本"逆输入"，但如果以为要到 19 世纪末 20 世纪初才从日本引进，则不仅有时间先后之别，对于过程的理解也会大受影响。明治初期的日本人士，用一般日语很难因应西学的复杂，不得不借助表现力强而且简略的汉文古典。由此创造出数以千计的新汉语，既不能与西文原意吻合，又与中国的原典有异，在促使东亚进入世界体系、使得日本掌控了东亚精神世界话语权的同时，产生了误读错解中西历史社会文化的不小弊端。而知识的分科系统，无论在教育还是学术层面，近代中国多以日本为蓝本，有时争议的各方，引经据典的大都东学的不同来源。其利弊得失，很有重新全面检讨的必要。

诸如此类变化过程的复杂性，在制度方面同样有明显的体现。作为人与社会的行为规范，制度具有特独的文化内涵，全以西人现代观念对待，难免陷入科学与迷信、先进与落后、文明与野蛮的对应。这种建立在进化论基础上的社会发展观，不可避免地导向西方中心论。银行取代钱庄票号，便是一个相当典型的例证。认定前者在制度上优于后者，显然是以今日的眼光去回顾衡量的结果。这种似乎合理的观点，并不能解释何以在长达半个世纪内银行非但不能取代钱庄票号，甚至在与后者竞争时还处于下风。至少在当时中国人的实际生活中，银行似乎不如钱庄票号来得方便，也不比后者更具诚信。后来银行之所以能够占据上风并且最终取代钱庄票号，与其说是因为银行自身具有优势，不如说是随着西方列强的全球扩张和世界化进程，中国社会日益被拖入其中，整体环境产生了有利于银行的极大的变化，而钱庄票号又不能抵御各级政府和官僚各式各样的插手干预，被后者财政信用的不断流失所拖累，直到金融危机爆发，终于陷入万劫不复的境地。后来的民族工商业乃至新式金融业，也难逃同样的命运。

另一项中西差异明显的制度是医疗。在进化论观念的主导下，国人一度试图在先进与落后的框架下安置所有的中国与西方，中学、中医乃至国画，都被看成是旧与错的象征。而据现代的研究，中国的稳婆与西方的助产士，二者在接生过程中所担当的角色作用相去甚远，前者的文化心理安抚功能在很大程度上弥补了医疗手段的不足，使得产妇分娩时能够减少痛苦，并且在一定程度上抵消了后者科技水准的优势。无论医学所包含的文化因素难以用西医的科学标准裁量，一视同仁的西医和因人而异的中医，究竟那一种更加合乎较近代科学的简单化复杂得多的现代科学，也不无重新认识的余地。

晚清以来的教育变革同样经历曲折，历届政府一直大力推行的国民教育，在实际运行中遭遇重大障碍，而备受争议的所谓私塾，则到20世纪40年代仍然具有相当大的规模。清代对新式学堂的非议很容易被斥为守旧，而民国时期倡行乡村教育的知识人对于国民学校的批评，就不再是一个简单的新旧判语所能了断。其中所包含的对于外来制度与国情现实的反省，值得后人深思。

有些制度变更，看似完全由西方移植引进，其实并不那么简单。三权分立的原则以及相关的制度建设，包括选举的实施、机构的建置、程序的展开，甚至基本的理念，都不是原版复制，引进之时固然有所选择取舍，引进之后还要加以调整，尤其是在许多方面实际上利用了中国已有的基础，或是不能不受固有条件的制约，因而在落实到中土的时候，发生了种种变异。戊戌以来，民主的追求就是中国政治生活中的头等大事，相关的制度在形式上也陆续建立，可是西方民主制的理念源于人性恶的原罪意识，而权力又是万恶之源，性恶之人掌握权力，更加无恶不作，所以天下无所谓好的政治，只是坏的程度多少深浅而已，因此必须分权制衡，以防止掌权者为恶。中国的传统却是圣王观，内圣可致外王。只要找到内圣，就应当赋予其充分的权力，使之可以放手行其外王之道。因为内圣致外王时能够自律，约束太多，反而限制其发挥。而后来的各级行政机构多由科房局所演变而来，分立的三权，也往往被行政长官视为下属。这些都使得制度的移植和建设充满变数，不是主观意愿所能控制。

典章制度研究本来就是中国史学的要项，只是近代史研究中往往有所忽视。涉及者主要依据章程条文，加以敷衍。而"写在纸上的东西不一定就是现实的东西。研究制度史不能只看条文，必须考察条文在实际生活中的作用"。[1] 也就是说，应当注意章程条文与社会常情及变态的互动关系，这种考察制度渊源与实际运作及其反应的做法，适为近代制度沿革研究的上佳途径。

一般而言，概念往往后出，研究中很难完全避免用后出外来的概念，因为经过近代的知识转型，不使用这些概念，将不可避免地导致失语。不过，在迫不得已的情况下使用后出外来概念，并不等于全盘接受其所有语义，甚至本末倒置，完全按照其语义的规定来理解事物。反之，对于这些概念的局限或扭曲原义本相的潜在危险，必须具有充分的自觉，否则势必南辕北辙。如按照现代法治社会的观念来看待清代的律法及其实践，将司法与行政分离，已经离题太远，再强分刑法与民法，更加不着边际。在官的方面，判案就是政务的要项。这与亲民之官担负保一方平安的职责密切相关。清季改制，军政长官不愿放弃司法行政权，根据之一，就是军情紧急

[1] 蒋天枢:《陈寅恪先生编年事辑（增订本）》，上海古籍出版社，1997，第97页，引卞僧慧《怀念陈寅恪先生》文。

之时就地正法的必要。

　　试图在司法层面理解古代中国的社会常态，恐怕也有不小的距离，伦理社会的诸多问题乃至纠纷，都不会提到法律的层面来解决。直到 20 世纪 40 年代，中国人大都还认为坏人才打官司。而用案卷来透视社会，如果不能与其他资料比勘参证，尽力还原事实，则案子固然已经是变态异事，案卷所录与实事本相也相去甚远。反之，虽然传统中国并非法治社会，多数争端纠纷一般不会上升到法律层面，并不意味着常态的社会生活与律法无关。熟知律法的民间人士，除了担任刑名师爷等幕友外，主要不是在打官司的过程中扮演讼师，而是在一般社会生活的各个层面，担任与律法有关的中间或见证人。

　　近年来，知识史的研究越来越引起国内外学人的关注，研究的方向领域共通，而取径各异，见仁见智之下，也有一些值得共同注意的问题，其中之一，便是如何防止以今日之见揣度前人。要避免"倒放电影"和做到"去熟悉化"，对于今人而言其实是极为困难的事，仅仅靠自觉远远不够。因为习惯已成自然，错解往往是在不经意之间。无知无畏者不必论，即使不涉及价值判断，且有高度自觉，也难免为后来外在的观念所左右。近代学术大家钱穆研治历代政治制度极有心得，而且明确区分时代意见与历史意见，可是仍然一开始就使用中央与地方的架构，梳理历代政治制度。实则这样的对应观念并非历代制度本身所有，而是明治时期日本的新概念。来华日本人士以此理解清朝体制，进而影响国人。尤其是织田万所著《清国行政法》，对中国朝野影响巨大。尽管如此，清季改制之际，就连接受这些概念的官绅，一旦面对内外相维的清代原有设制，直省究竟是否地方，还是成为偌大的难题，令举国上下缠绕不清，头痛不已，找不出适当的破解之道。进入民国，在相当长的时间里，省的地位属性，一直困扰着行政体制的设置及运作。岁月流逝，原来的困惑如今看似已经不成问题，实际上不仅依然制约着现实社会的相关行事（如地方行政与税制层级划分），而且导致与中国固有体制的隔膜，使得相关研究进入南辕北辙的轨道，用功越深，离题越远。

　　知识与制度体系转型日益深化，类似情形便不断得到巩固和强化。清季以来，西式学堂取代旧式学校，不仅要分科教学，而且以教科书为蓝本，在模仿日本编制教科书的过程中，各种知识陆续按照日本化的西式系统初步被重新条理。担心这种情形可能存在某种危险倾向的学人，曾经从不同的角度提出警示，只是在中西乾坤颠倒的大势所趋之下，他们的担忧和呼吁，很容易被视为守旧卫道而遭到攻击排斥。与此相应，各种报刊出现分门别类的栏目，中外学问需要统一安放，附会中西学术成为不少有识之士孜孜追求的目标。民国以后，整理国故兴起，精神世界已经被西化的中国学人进一步认为中国固有的知识缺少条理系统，因此要借助西方的系统将中国学问再度条理化。从胡适的《中国哲学史大纲》建立新的范式，中国的知识系统不仅在教科书的层面，而且在学术层面也逐渐被外化。随着重新条理一过的知识不断进入教科书和各种普及读物，主观演化成了事实，后来的认识就反过来成为再认识的前提。这样的过程周而复始地进行，今人的认识越来越适应现有的知识，而脱离本来的事实。这也就是陈寅恪所指摘的，越有条理系统，去事实真相越远。

　　与蔡元培等人推崇胡适以西方系统条理本国材料为开启整理国故的必由之路不同，1923 年，清季附会东西洋学说的要角梁启超针对国故学复活的原因指出：

　　盖由吾侪受外来学术之影响，采彼都治学方法以理吾故物。于是乎昔人绝未注意之资料，映吾眼而忽莹；昔人认为不可理之系统，经吾手而忽整；乃至昔人不甚了解之语句，旋吾脑而忽畅。质言之，则吾侪所恃之利器，实"洋货"也。坐是之故，吾侪每喜以欧美现代名物训释古书；甚或以欧美现代思想衡量古人。

　　尽管梁启超认为以今语释古籍原不足为病，还是强调不应以己意增减古人之妍丑，尤其不容以名实不相符之解释致读者起幻蔽。而且梁启超现身说法，承认此意"吾能言之而不能躬践之，吾少作犯此屡矣。今虽力自振拔，而结习殊不易尽"。告诫"吾同学勿吾效也"[1]。可是，清季开始的教育变革到这时产生了极其重要的效应，正是大批新式学堂培养起来的青年，成为外化的学术最终升上主流位置的决定性因素。守成的学人在失去政治依托之后，又被剥夺了学术的话语权。今人对近代学术历史的认识，往往是通过主流派后来写成的历史，有意无意间将后者的看法当成了史实本身。

　　制度体系的变异进一步强化了知识体系的西化。生长于今日的环境，所得知识又是由学校的教科书教育灌输而来，现行的知识与制度体系已经成为今人思维与行为的理所当然。换言之，今人基本是按照西式分科和西式系统条理过的知识进行思维，依据西式的制度体系规范行为，因而其思维行为与国际可以接轨，反而与此前的中国人不易沟通。这显然是用进化论的观念将人类文明和文化统一排列后产生的结果。只是中国并不能因此就成为理想中的西方，这

　　[1]　梁启超：《先秦政治思想史》，载林志钧编《饮冰室合集·专集》，中华书局，1989，第13页。

种沟通一方面以牺牲文化传统为代价，另一方面，则以对西方认识的笼统模糊和似是而非为凭借，或是将不同的西方各取所需，杂糅混淆，因而往往与西方形同实异。这既体现了传统对现状的制约，又反映了国人对域外的隔膜。

民主、科学、革命等等概念，都是 20 世纪主导国人思维行为的重要语汇，它们不仅仅是观念，而且形成一整套的政治、法律、社会制度和行为方式。国人对这些约定俗成的概念的认识和解释，并不一致，与其来源的含义更是相去甚远。在内圣外王观念的制导下，近代中国的追寻民主相当长的一段时期是在寻求可以成为民之主的内圣。这个概念本身开始的含义就是民之主，后来则演变成民主制推举出来的首脑。科学是另一个让国人半是糊涂半明白的概念。什么是科学，在不同的西方有着不同的内涵外延，如果以必须由实验验证为标准，则数学也不宜称为科学。至于社会科学，尤其是人文学科能否称为科学，争议更大。而科学本来的历史意义之一，就是分科治学。在这方面，近代中国受东学的影响极大，背后则是德国学术的观念。概念本身的差异，使得中国很容易泛科学化，从而令科学的意义反而不易把握。今人使用这些概念，常常追究是否准确传达西文的原意，其实作为翻译语汇，误读错解是常态，用比较研究的办法探究其如何被创造、应用、传播和变异，才能接近因时因地因人而异的本意。

研究近代中国的知识与制度体系转型，还有更深一层的含义。晚清尤其是五四以来，以西洋系统条理本土材料，已成大势所趋。今人所有的知识，几乎都是被条理过的。近代学人已有比附西学的偏向，今人治学，更加喜欢追仿外国。这虽然是学风不振所致，其知识架构已被西化，则是深层原因。而外人治学，虽然有现代学术的整体优势，治中国学问，还是要扬长避短，其问题意识，也主要是来自本国，并非针对中国。国人不查，舍己从人，既不能发挥所长，又容易误读错解方法和问题。长此以往，国人不可避免地只能跟随在欧美后面，亦步亦趋。学得越像，反而离中国历史文化越远。如果不能及时正本清源，找出理解中国固有的思维行为的门径，则虽有自己就是中国人的自信，对于中国的认识，反倒会出现依赖外国，却不能真正了解中国的尴尬。

第三节　做法与释疑

知识与制度体系转型研究，理想的境界是能够同时提供理解传统，认识过程，了解现在和把握未来的钥匙。其中理解传统和认识过程至关重要，是了解现在和把握未来的基础。知识与制度体系转型，虽然导致中国今昔截然不同，在某种程度上甚至可以说造成了传统的断裂，但不一定意味着今日的一切比过去来得正确、进步、高明，也不是说传统在今日不再发生作用。中国文化从古至今一以贯之，清季民国的知识与制度体系转型，发生在这一文化系统持续活动的过程之中，中国固有的知识与制度，是国人认识和接受外来知识与制度并且加以内化的凭借。因此，近代中国人虽已开始接受西方的观念和制度，所凭借并非西化之后，所理解的与当时的外国人和今天的中国人均有所不同。固有文化不仅制约着知识与制度体系变动的进程和趋向，而且影响着转型后的形态。不了解中国的固有文化，就很难确切把握转型中的种种情形以及转型后的种种面相，也就无从进入近代中国人面对知识与制度转型时的精神世界，难以理解相应的各种行为。

作为中西新旧变相的传统与现代，往往相互缠绕，并非如当事人及后来者所以为的截然分立。好讲科学方法，是清季民国趋新学人的共相，至于什么是科学方法，各人的理解相去甚远。而且所讲科学方法又往往附会于传统。被指为树立现代学术范式的胡适，在相当长的时期内主要是讲清代学者的治学方法。梁启超、傅斯年等人也一度认为清代学者的治学方法最接近科学。不过，梁启超长期以归纳法为科学方法的主要形式，后来却意识到，历史研究并不适用归纳。在变化之前，梁启超一度站在汉学家的立场，主张考史，引起钱穆的不满，撰写同名著作，辨析清代汉宋并非壁垒森严，甚至尽力抹平汉宋之分。可是他论及民国学术，还是不得不承认：

> 此数十年来，中国学术界，不断有一争议，若追溯渊源，亦可谓仍是汉宋之争之变相。一方面高抬考据，轻视义理。其最先口号，厥为以科学方法整理国故，继之有窄而深的研究之提倡。此派重视专门，并主张为学术而学术。反之者，提倡通学，遂有通才与专家之争。又主明体达用，谓学术将以济世。因此菲薄考据，谓学术最高标帜，乃当属于义理之探究。此两派，虽不见有坚明之壁垒与分野，而显然有此争议，则事实为不可掩。[1]

另一方面，近代学人所指称的清代学者的治学方法，很大程度上是他们用后来的科学观念观察理解的认识，未必符合清代学术的本相。从胡适推许清代学者的治学方法，到今日学界滥言乾嘉考据，可见对于由音韵训诂的审音入手的乾嘉学术，即使在专业领域

---

[1] 钱穆：《新亚学报发刊辞》，《新亚学报》1955 年第 1 卷第 1 期。

也已经误会淆乱到颠倒黑白的程度。今人所讲清代学术的汉宋古今，即是历来学人的认识层垒叠加的产物，视为清学史的演进变异则可，视为清学发生演化的本事，则不免似是而非。以汉宋分争为主线脉络，甚至全用汉宋眼光理解清人的学术，多为阮元以下不断系统化的看法，而非惠栋以来复杂的实情。而且后来不断变换强化的解读，与阮元、江藩、方东树等人的本意也相去甚远。前人未必有汉宋对立、此是彼非、非此即彼的观念，即使有所分别，也与后人所说形同实异。

古今之争更是康有为以后才上升为全面性问题。清人多将古今兼治，熔为一炉，后来制定新式学堂章程，读经内容也并未排斥今文。因此讲今文不止常州一派，而常州学人所说，也并非一味从今古文立论。如果不是康有为托古改制，以及章太炎有心与康氏立异作对，今古文未必成为问题。而康有为转向今文，初衷或许只是迎合公羊学盛行的时尚，以求科考功名，为其立业奠定基础。

同样，近代学人好讲的浙东学派，固然为清代学人论及，可是不同时期不同学人所说的渊源流变和范围内容各异。迄今为止，关于浙东学派的研究，主要不是寻绎发生演化的历史，而是不断编织言人人殊的谱系。即使逐渐形成共识，也不表明符合事实。正如前贤所指出的，诸如此类的举动实为创造而非研究历史。而历史并不因此发生丝毫增减，反而无情地成为检验研究者见识是非高下的永恒尺度。每一代人心中的历史将永远反复受到验证。

近年来，海内外学人对于近代中国的知识与制度体系转型的研究兴趣渐浓，做法互有异同。高明者的理念取径从努力的方向看有一致之处，都将概念、学说、思想视为整体，以传播与接受并重，并且注意由西而东，从外入里地输入引进、模仿移植、取舍调适的全过程和各方面。窃以为，这正是通过事实影响进入平行比较，从而进行比较研究的上佳课题，[1] 对于学人的智慧与功力，也将是极大的考验与挑战。

由于近代中国的知识与制度体系转型持续时间长，牵涉范围广，相关资料多，问题又极为复杂，非有长期专深系统的探究，不易体会把握。作为集众的研究，不做一般通史的泛论，也力求避免彼此隔断的窄而深，旨在分科治学的时代，超越分科、专门、古今、中外等界域，借鉴中古制度史研究的有效良法，避免先入为主的成见，将知识与制度研究合并，按照历史发展的时序，同时考察观念与行为的变化及其相互影响制约，探究概念引进、思想传播、体制建立等层面外来影响与本位知识、制度体系的冲突融合呈现对应、移植、替代、调适、更新的不同情形，梳理西学、东学影响下中学由旧学转向新学的轨迹大势，以及各级各类政治法律、社会经济、教育文化等制度体系的变革与变异过程，深入认识中华民族崭新智能生成与运作机制形成的进程、状态和局限，使得概念、思想、学科、体制各阶段各层面各角度的内外复杂关系完整体现，力求沟通古今中外，更加全面深入地把握知识与制度转型的渊源流变和各个层面的内在联系。在实证研究的基础上，形成一套相互沟通的理念、行之有效的方法、具有统系且不涉附会的解释系统和恰如其分的表述话语，为超越分科局限的知识与制度转型研究提供切实可行的新取径和新做法。

遵从大处着眼、小处着手的途辙，本丛书将宏观作为探究的工

---

[1]　关于此节，详参桑兵：《近代中外比较研究史管窥——陈寅恪〈与刘叔雅论国文试题书〉解析》，《中国社会科学》2003 年第 1 期；《梁启超的东学、西学与新学——评狭间直树〈梁启超·明治·日本西方〉》，《历史研究》2002 年第 6 期。

具而不是表述的依托，读者高明，自然能够区分这些具体表述背后各自的"宏大框架"的当否高下。参与本丛书的各位作者，对此大义的领悟各有所长，或许不能尽相吻合。而他们的成果一旦独立，读者从中领悟的微言大义也会因人而异，呈现出横看成岭侧成峰的景象。这并不改变研究的初衷，作为开端，自有其承上启下的意义。呈现阶段性的研究所得，与其说要提供样板，毋宁说是探索途径，显示一些方向性的轮廓，希望由此引起海内外同好的兴趣，加入这一潜力无限的探索中来，循此方向，贡献各自的智慧和功力，在提供具体研究成果的同时，使得研究路径和方法日趋完善。研究成果结集出版，并不意味着相关研究的结束，而是向海内外学人展现一片广阔的研究前景。同时，同仁们努力追求的目标，不仅仅是丰富思维的内容，更要提高思维的能力。

　　近代中国的知识与制度转型研究，进行有年，收效显然，困惑仍多。探索前行，应是恰当写照。概言之，此项研究，重在怎样做，而非做什么，也就是说，主要并非所谓开拓前人目光不及的专门领域，尤其不欲填补什么空白，而是力图用不同的观念、取径和办法，重新审视探究历史本事与前人的历史认识之间的联系及区别，以求理解前人的改变是如何发生，如何演化，以便探究今日国人的思维行为、观念制度的所以然。若先有主观，则难免看朱成碧，所谓论证，无非强古人以就我。而以后来观念说明前事，历代皆有，不得不然。此一先入为主，不可避免地存在，所以学人早已提出"以汉还汉"之类的目标。只是如何还得到位，既要条理清楚，又不曲解古意，前贤做法各异，还原程度不一，还须仔细揣摩体会。

　　治史当求真，而真相由记录留存。即使当事人，因立场、关系等等因素，所记也会因人而异。况且，记录不过片段，概念往往后出，当时人事的语境，经过后来史家等等的再论述，不知不觉间变化转换，能指所指，形同实异。继起者不能分别历史叙述中本事与认识的联系及区别，每每因为便于理解把握而好将后出的集合概念当作条理散乱史事的工具，又没有充分自觉，导致望文生义，格义附会。时贤批评以关键词研究历史相当危险，主张少用归纳而力求贯通，或认为越少用外来后出框架越有成效，确有见地。不从先入为主的定义出发，最大程度地限制既有的成见，努力回到前人的语境理解其本意，寻绎观念事物从无到有的生成或演化，理解把握约定俗成之下的千差万别，应是恰当途径。

　　今日学人的自身知识大都由现代教育而来，受此影响制约，感受理解，与上述取径不免南辕北辙。用以自学，不免自误，进而裁量，还会害人。近代中国面临前所未有的大变局，意识行为以及与之相应的知识和制度规范，乾坤大挪移。努力引领时流的梁启超和趋新之外还要守成的章太炎、刘师培、王国维等，都曾不但用西洋镜观察神州故物，而且主动附会，重构历史。可见用外来"科学"条理固有学问，早在上一次世纪之交已经开始。只是当胡适等人理直气壮地用西洋系统条理固有材料欲图整理所有国故时，先驱者逐渐察觉过去的鲁莽，程度不同地自我反省。可惜后来者不易体会，历史不得不再次循环往复。所遗留的问题，至今仍然不断迫使人们反思。经过清季千古未有的大变局和五四开天辟地的新文化，有多少已经天经地义之事需要重新检讨，或者说从更贴切地理解古今人们的意识行为的角度看，有必要进一步再认识。

　　历史研究，无疑都是后人看前事，用后来观念观照解释前事，无可奈何，难以避免。但要防止先入为主的成见，尽量约束主观，以免强古人以就我。如何把握1931年清华20周年纪念时陈寅恪所提出的准则，即"具有统系与不涉傅会"[1]，至关重要，难度极高。这不仅因为后人所处时代、环境及其所得知识，与历史人物迥异，而且由于这些知识经过历来学人的不断变换强化，很难分清后来认识与历史本事的分界究竟何在。陈寅恪曾说：

> 以往研究文化史有二失：（一）旧派失之滞。旧派所作"中国文化史"……不过抄抄而已。其缺点是只有死材料而没有解释。读后不能使为了解人民精神生活与社会制度的关系。（二）新派失之诬。新派留学生，所谓"以科学方法整理国故"者。新派书有解释，看上去似很条理，然甚危险。他们以外国的社会科学理论解释中国的材料。此种理论，不过是假设的理论。而其所以成立的原因，是由研究西洋历史、政治、社会的材料，归纳而得的结论。结论如果正确，对于我们的材料，也有适用之处。因为人类活动本有其共同之处，所以"以科学方法整理国故"是很有可能性的。不过也有时不适用，因中国的材料有时在其范围之外。所以讲大概似乎对，讲到精细处则不够准确，而讲历史重在准确，功夫所至，不嫌琐细。[2]

近代以来，中西新旧，乾坤颠倒，体用关系，用夷变夏，已成大势所趋。1948 年杨树达作《论语疏证》，为陈寅恪所推许，并代为总结其方法：

---

[1]　陈寅恪：《吾国学术之现状及清华之职责》，载陈美延编《陈寅恪集·金明馆丛稿二编》，生活·读书·新知三联书店，2001，第 361 页。

[2]　卞僧慧：《陈寅恪先生年谱长编（初稿）》，中华书局，2010，第 146 页。

先生治经之法，殆与宋贤治史之法冥会，而与天竺诂经之法，形似而实不同也。夫圣人之言，必有为而发，若不取事实以证之，则成无的之矢矣。圣言简奥，若不采意旨相同之语以参之，则为不解之谜矣。既广搜群籍，以参证圣言，其言之矛盾疑滞者，若不考订解释，折衷一是，则圣人之言行，终不可明矣。今先生汇集古籍中事实语言之与《论语》有关者，并间下己意，考订是非，解释疑滞，此司马君实李仁甫长编考异之法，乃自来诂释论者所未有，诚可为治经者辟一新途径，树一新楷模也。天竺佛藏，其论藏别为一类外，如譬喻之经，诸宗之律，虽广引圣凡行事，以证释佛说，然其文大抵为神话物语，与此土诂经之法大异。……南北朝佛教大行于中国，士大夫治学之法，亦有受其薰习者。寅恪尝谓裴松之《三国志注》，刘孝标《世说新书注》，郦道元《水经注》，杨衒之《洛阳伽蓝记》等，颇似当日佛典中之合本子注。然此诸书皆属乙部，至经部之著作，其体例则未见有受释氏之影响者。唯皇侃《论语义疏》引《论释》以解《公冶长》章，殊类天竺譬喻经之体。殆六朝儒学之士，渐染于佛教者至深，亦尝袭用其法，以诂孔氏之书耶？但此为旧注中所仅见，可知古人不取此法以诂经也。盖孔子说世间法，故儒家经典，必用史学考据，即实事求是之法治之。彼佛教譬喻诸经之体例，则形虽似，而实不同，固不能取其法，以释儒家经典也。[1]

以事实证言论，以文本相参证，继以考订解释，可以明圣人之

---

[1]　陈寅恪：《杨树达论语疏证序》，载陈美延编《陈寅恪集·金明馆丛稿二编》，生活·读书·新知三联书店，2001，第262-263页。

言行。此即宋代司马光等人的长编考异之法，也是史学的根本方法。其要在于依照时空顺序，通过比较不同的材料，以求近真和联系，从而把握包括精神观念在内的各种形式的史事的发生演化。在此之上，应当依据材料和问题等具体情形，相应变通，衍生出具体问题具体分析的千变万化，体现史无定法的奥妙。

与陈寅恪沟通较深的傅斯年撰写《性命古训辩证》，讲性命二字的古训，用法、德学者常用的"以语言学观念解释一个思想史的问题"的方法，强调："思想不能离语言，故思想必为语言所支配，一思想之来源与演变，固受其多人文事件之影响，亦甚受语法之影响。思想愈抽象者，此情形愈明显。"而语学的观点和历史的观点同样重要：

　　用语学的观点所以识性命诸字之原，用历史的观点所以疏性论历来之变。思想非静止之物，静止则无思想已耳。故虽后学之仪范典型，弟子之承奉师说，其无微变者鲜矣，况公然标异者乎？前如程、朱，后如戴、阮，皆以古儒家义为一固定不移之物，不知分解其变动，乃昌言曰"求其是"。庸讵知所谓是者，相对之词非绝对之词，一时之准非永久之准乎？在此事上，朱子犹盛于戴、阮，朱子论性颇能寻其演变，戴氏则但有一是非矣（朱子著书中，不足征其历史的观点，然据《语类》所记，知其差能用历史方法。清代朴学家中，惠栋、钱大昕较有历史观点，而钱氏尤长于此。若戴氏一派，最不知别时代之差，"求其是"三字误彼等不少。盖求其古尚可借以探流变，

"求其是"则师心自用者多矣）。[1]

求其古与求其是，原为王鸣盛勾勒惠栋与戴震的治学特点，并有所评判，所谓："方今学者，断推两先生。惠君之治经求其古，戴君求其是，究之，舍古亦无以为是。"[2] 钱穆论道："谓'舍古亦无以为是'者，上之即亭林'舍经学无理学'之说，后之即东原求义理不得凿空于古经外之论也。然则惠、戴论学，求其归极，均之于六经，要非异趣矣。其异者，则徽学原于述朱而为格物，其精在三礼，所治天文、律算、水地、音韵、名物诸端，其用心常在会诸经而求其通；吴学则希心复古，以辨后起之伪说，其所治如《周易》，如《尚书》，其用心常在溯之古而得其原。故吴学进于专家，而徽学达于征实。王氏所谓'惠求其古，戴求其是'者，即指是等而言也。"[3] 或以为求其是还有是正之意，固然，但前提仍是知其本意。

将近现代学术大家如陈寅恪、傅斯年、杨树达、吕思勉、钱穆、梁方仲、严耕望等成效卓著的圣贤言行、经典古训、中古制度研究与域外比较文化研究的理念方法相结合，运用于资料更为丰富，情形更为复杂的近代知识与制度转型进程。打破分科的藩篱，不受后来分门别类的学科局限，将观念与制度融为一体，努力回到历史现场，充分展现历史的复杂性以及历史人物在此进程中所经历

---

[1]　欧阳哲生主编：《傅斯年全集》第 2 卷，湖南教育出版社，2003，第 506、508 页。

[2]　洪榜：《戴先生行状》，载戴震著《戴震文集》，赵玉新点校，中华书局，1980，第 255 页。

[3]　钱穆：《中国近三百年学术史》，商务印书馆，1997，第 357 页。

和体验的各种困惑，避免用外来后出的观念误读错解，或是编织后来条理清晰的系统。将观念还原为事实，以事实演进显示观念的生成及衍化。尤其要注意中西新旧各种因素的复杂纠葛，防止简单比附，把握观念变化与制度变动的关系，依时序揭示和再现知识与制度不同时段不同层面的渊源流变等时空演化进程，使得知识与制度变动认识的历史顺序和逻辑顺序有机结合，从而达成认识与本事的协调一致。

回到无的境界，寻绎有的发生及其演化，与后现代的解构形似而实不同。其最大区别，目的不在解构现有，而是重现历史从无到有的错综复杂进程。既要警觉前人叙述框架存在的问题，不以其框架为事实或认识事实的前提，亦不以为批评对象，简单地站在前人叙述的对面立论，而要以历史事实为研究对象。后来的有固然不能等同于之前的有甚至无，仍然是历史进程演化的一部分，只要把握具体时空联系下的所指能指，也要进入历史认识的视域。

现代中国人的思维、言说方式和行为规范以及与此相应的社会制度，大体形成于晚清民国时期，这一过程深受东西方发达国家的影响，以至于后者很大程度上对中国人的精神和行为，长期起着掌控作用，并造成对于中国社会和历史文化多方面的误读错解。前贤曾断言中国人必为世界之富商，而难以学问、美术等造诣胜人。为此，应以西学、东学、中学为支点，打破分科治学的局限，不以变化为进化，不以现在为现代，从多学科的角度，用不分科的观念方法，全面探究近代以来中国的概念、思想、学科、制度转型的全过程和各层面，沟通古今中外，解析西学与东学对于认识中国历史文化的格义附会，重建中国自己的话语系统和条理脉络，深入认识中华民族新的智能成生运作机制形成的进程、状态和局限，认识世界一体化进程中东亚文明的别样性及其对人类发展提供多样选择的价值，争取和保持对于世界文明发展日显重要的中国历史文化解释的主动和主导地位。

在分科治学的时代，超越分科、专门、古今、中外等界域，不以实用为准的，而以将人类知识作为整体来把握和运用为目标，聚合与培养超越分科与专门的志向高远之士，为国际多元文化时代的到来做人才和学理的准备，以重新理解中国、东亚乃至世界的社会、历史和文化的本意为凭借，超越17世纪以来欧洲对人类思维行为的垄断性控制，探索不同的思维和行为方式，使中国的民族精神为人类社会的发展提供新的思维取向和行为规则，建构全新的世界秩序和发展模式。

集众式的研究，很难齐头并进，只要各有所长，均有可取之处。先期刊发的相关论著，陆续得到一些意见和疑问，凡是涉及理念、取向和做法的，总说和分说有所说明，在此还想集中进一步解释。意见和疑问主要有三点：其一，关键概念应当更加明确；其二，整体系统应当先予展示；其三，方法究竟为何。

一般而言，普遍使用的集合概念大都后出，要与当下沟通，图个方便，不能不用，否则无法表达和传递意思。不过这样的约定俗成，往往省略许多复杂因素，要想作为了解历史的凭借，只能通过所有相关的史事来把握概念，决不能从后来集约的定义出发来认识历史。因为一旦要定义概念，势必牺牲史事，削足适履。所以，即使作为研究的结论，也只能说历史上这一概念因时因地因人而异的情形，大体可以如何理解。可是，人们认识世界往往以其所具有的知识为前提，有什么样的知识，决定其如何认识，这也是语言说人的意思之一。必须改变这样的认知习惯，学会不从定义出发，而以史为据。要知道历史事件都是单一、不可重复的，历史上的词汇概念，在约定俗成之前固然言人人殊，即使在此之后，各说各话的情形也相当普遍。用定义的概念作为方便名词尚无大碍，若是作为关键概念使用，势必误读错解文本的本意和史事的本相。与此相关，用词汇勾连史事，看似展示历史的变相，实则不免用统一的概念取舍理解历史，还是跳不出认识旧惯的窠臼。

人类知识系统的整体架构究竟如何形成，什么因素在其中起作用以及如何起作用，至今为止还是有待探索的未知境界。今日通行的学科史，看似顺着说，其实大都是用后来的观念倒述出来。况且，在不同的文化系统以及同一系统的不同时段，其知识架构也是变动不居的。可以说，从来就没有什么统一、科学的整体系统。尽管近代中国人曾经笃信系统详备的分科之学就是科学，尽管康有为、梁启超、蔡元培、宋恕、刘师培、王国维等人努力学习日本，试图建立中外一体的学术系统，不知道二者其实是同义反复，五四以后留学欧洲的傅斯年还是早就发现，以分科为科学，是国人对西学的一大误会。因为即使在欧洲，各国的学科分界还是不尽相同，相互牵扯，纠缠不清。今日中国所使用的分科系统，虽然源自欧洲，却经过日本、美国的改造。前者要求严整，后者喜欢出奇。由于严整，貌似科学，由于出奇，便要创新，二者相反相成。其实不过糊弄外行，博取时名而已。研究知识与制度转型，正是为了改变以现行系统为天经地义的错觉，解析其发生演化的历史进程，解构不限于破坏，重现也不是为了替代。

先行确定整体系统，无非有两种情形：一是将现行知识体系视为认知前提，无论如何努力，结果肯定陷入窠臼；二是先验地建构新的系统，即便冥思苦想，也不能不有所凭借。若取法域外，则有格义附会、食洋不化和橘逾淮为枳的偏蔽；若任意拼凑，则重蹈前人覆辙，落得个无知者无畏之讥。凡事只要能够了解把握其渊源流变，就能够趋利避害。况且，学术研究必定是不完整的，求其完整系统，只能写成通史或一般教科书，有吸纳而难以独创，宽泛而不能深入。研究近代中国的知识与制度转型，目的不在于开辟一个具体的特殊领域，而是可以通过各方面的研究，逐渐把握中国现行知识与制度体系的由来演变，知其然亦知其所以然，进而重新检讨整个历史。这一进程目前还只是万里长征走完了第一步，随着研究的推进，各部分错综复杂的相互联系日益清晰，整体形态自然逐步显现。即使如此，也不过是研究问题图个方便，而不能视为哲学式的逻辑系统，尤其不能牺牲问题以迁就系统。

为了达成上述目的，必须有得其所哉的取径和做法。由于研究对象涵盖广泛，内容复杂，不可能有放之四海而皆准的单一方法，在海内外现行的史学方法中，也没有可以照搬的成例。在研究开始之际，虽然大体可以掌握方向，具体还有待于实际探索。经过多年努力，可以确定以下原则：沟通古今中外，回到历史现场，从无的境界寻绎有的发生演化。遵循史无定法和具体问题具体分析的要求，以史学基本的长编考异和比较之法为基础，融合借鉴国内外行之有效的研究方法，尤其要重视研制中古思想学术和制度史诸大家的心得，力求既有方法讲究，亦能据以做出超越前人的研究成果。

在具体方法上，继承各位学术大家的治学良法，与域外比较研究相结合，根据研究对象的变化，灵活应用于史料极大丰富的近代中国历史，力求贯通古今中外，重现知识与制度转型密集期的进程。诸如陈寅恪将中国固有的长编考异、合本子注与域外比较研究的事实联系各法参合运用，注意章程条文与社会常情及其变态的关系；傅斯年用语学与史学的方法探讨事物的发生及其演化；钱穆强调历史意见与时代意见的联系和分别；顾颉刚讲究史事的时空推演关系等，必须融会贯通，用得其所。所谓无招胜有招，一旦变成固定程式，就难免破绽百出。概言之，要努力因缘求其古以致求其是之说更进一层，力求摆脱先入为主的成见，以近代中国的知识与制度转型为枢纽，通过重现各种概念、学说、分科、制度的渊源流变，理解把握前人本意和史事本相。

如果仅仅就方法言方法，难免陷入专讲史法者史学往往不好的尴尬，说起方法来头头是道，却没有实用或用而效果不佳，形同纸上谈兵。所以应当着重通过具体研究成果的例来展示方法的应用及其成效。诚如钱穆所说，方法是为读过书的人讲的。只有做过相关研究，才能体会方法的良否以及效果如何。能够在前人基础上更进一步，有用有效，便是良法。相信善读者通过丛书各编以及其他相关成果，可以查知体现于研究而非表述过程的方法及其应用。

或者根本怀疑能否放弃后设集合概念去理解前人前事，其实这是今人自以为一定比古人高明的表现。如果自以为是，不能虚怀若谷，守定后见，强古人以就我，当然是缘木求鱼。首先，古人自有其本意；其次，古人表达其本意时并不借助今人所用的概念；其三，古人的本意因时因地甚至因人而异，有其发生演化的脉络；其四，从古人的本意到今人的解读之间，仍是前后联系、不曾断裂的历史进程。具备这些基本条件，能否历时性地理解把握，就要看学人的天赋、功力、机缘凝成的造化了。

近代中国的知识与制度转型研究有计划地循序展开于新世纪之初，其主要目标，是用大约15年的时间，训练和聚集一批理念相通、潜力可观的学人，围绕主题，各选相关题目，做出50本系列学术专著，为研究的进一步铺开提供人员、材料、取径及方法的准备和示范。为此，与生活·读书·新知三联书店签订了长期出版协议，并且陆续出版了几种专著。与此相应，通过各种方式积累了数量庞大的文献资料，逐渐摸索出一套略具雏形的研究理念、取径及做法，并凝聚了一批经过训练能够胜任的研究人员。

2005年年底，教育部重大攻关项目"近代中国的知识与制度转型"正式立项。因为所要研究的问题涵盖广泛，难度很大，需要各方面强有力的支撑。项目实施期间，除了资料的大幅度增加和人员的调整外，在系列学术专著继续出版的基础上，又在几家学术期刊开辟了相关专栏，发表阶段性成果，反应甚佳。由于出版资助的规则等制约，又与社会科学文献出版社达成战略合作，在该社另外出版同名的系列专著。更为重要的是，随着研究领域的拓展和深化，研究理念、取径和做法不断清晰化，力求做到切实可行，行之有效。由此引导，后续各项具体研究日益精进，表述话语逐渐成形，转变观念和做法后的暂时性失语状态显著改善，可望达到深入而不琐碎，具有整体联系，宏观而不宽泛，可以信而有征的理想境界，争取对国内外相关研究产生长期前瞻性的导向影响。当然，良法的难度大，要求高，非经系统训练和沉潜积累不易奏功。

重大攻关项目立项时的设计，最终成果为12本系列专著。后来根据统一规定，改为一部集众的专书。虽然要求参与者提供各自专著的浓缩版或最具展示性的部分，力求通过每一具体个案展示整体联系，既保证研究的深度，以免流于空泛，同时又不失之零散，毕竟一般读者不易把握相关章节与背后支撑的专著之间以及各章节之间的整体联系。而最初设计以系列专著为最终成果的形式，是因为本研究旨在以新的理念、取径、做法和表述，在清代学者梳理历代文献以及近代学人用域外观念系统条理文本史事的基础上，重新梳理解读中国历史文化及其近代转型的利弊得失。按照分科治学的现状，计划几乎涉及所有社会人文学科的领域，可能衍伸出难以预计的众多课题，因此并非开辟什么特别的方面或领域，所关注的着重于怎样做，而不是做什么。其终极目标，应是得其所哉地重新展现近代以来国人关于中国与世界的知识以及相应的思维方式，进而去除以进化论为主导的欧洲中心式世界一体化观念，重新理解各文化系统思维行为的本意，为应对人类文明进入多元化新纪元做好知识和人才的准备。

既然研究不是对某一或某些问题的结束，而是开启无限宽广的可能，也就无法将所有层面全部纳入。限于篇幅，即使已经专栏讨论过的问题，如近代学人的清学纠结、法制史研究的取径与做法等等，也要留待日后再行结集出版。或以为这样不免有所缺漏，实则不仅史学强调阙疑，但凡学术研究便从来不是面面俱到，详人所略正是学术研究的普遍规律，否则就有一般通史或教科书之嫌，看似完整，其实表浅。至于题中应有之义究竟如何拿捏把握，则不仅是科学，同时也是艺术。

重大攻关项目成稿后，特请京都大学人文科学研究所名誉教授狭间直树先生审阅，除提示若干材料与史事（尤其是与日本关系密切之处）的疏漏错误外，在事先没有任何沟通的情况下，他对各章的逐一评点，与我心中所想高度吻合，两人不禁诧为奇事，慨叹学术评价仍有不二法则，只是因人而异罢了。

此次将历年来各专栏刊发的文章以及重大攻关项目各篇重新编辑，按照概念、制度、文化、教育、学科、学术、法政、中外八个主题，分别结集，编成一套丛书。整套丛书由桑兵统稿，并撰写总说和分说（其中制度编和教育编的分说部分初稿由关晓红、左松涛提供）。各编各章作者于总说分说所述理念的领悟各有千秋，取径做法也别具特色，为了相互照应，贯通一气，于文字有所增删，意思也力求一贯。不当之处，还望方家指正。

本套丛书的编辑出版，为将近20年的近代中国的知识与制度转型集众研究，形成阶段性的重要成果展示，连同两套近代中国的知识与制度转型系列专著，以及专栏以外各位参与者发表的论著，为相关研究的取径做法提供了大致的方向架构。只是相对于问题本身的繁复宽广，看似已经稍具规模仍然还是开篇。诸如此类的研究，的确需要国际合作与科际整合的持续接力。希望海内外有识之士以不同形式加入其中，使得后续研究顺利展开，共同推动新一轮"以复古为创新"的文艺复兴。

分说：近代学术的清学纠结

当胡适还在太平洋彼岸撰写博士论文之际，其脑海中就萦绕着一个在他看来新中国必须正视的更大更根本的问题，即"中国人如何能在这个骤看起来同我们的固有文化大不相同的新世界里感到泰然自若？"。为此，胡适认为要有组织地吸收新文化，以避免旧文化的消亡。而关键在于找到调和新旧文化精华的基础，重建自己的科学与哲学。具体到胡适面对的哲学领域，他提出："新中国的责任是借鉴和借助于现代西方哲学去研究这些久已被忽略了的本国的学派。如果用现代哲学去重新解释中国古代哲学，又用中国固有的哲学去解释现代哲学，这样，也只有这样，才能使中国的哲学家和哲学研究在运用思考与研究的新方法与工具时感到心安理得。"[1] 回国后任教于北京大学，胡适将博士论文加以增补，写成《中国古代哲学史》讲义，承认"我们今日的学术思想，有这两个大源头：一方面是汉学家传给我们的古书；一方面是西洋的新旧学说"。[2]

胡适所说的中外两大学术思想潮流的汇合，的确长时期困扰着

---

[1] 胡适：《先秦名学史·导论》，载欧阳哲生编《胡适文集》第 6 册，北京大学出版社，1998，第 9–11 页。

[2] 欧阳哲生编：《胡适文集》第 6 册，第 168 页。

中国人，造成民族精神的高度紧张。胡适自认为找到了调和之道，因而可以心安理得，泰然自若。但在其他学人看来，可能还是剪不断，理还乱。作为中西新旧变相的传统与现代，往往相互缠绕，并非如当事人及后来者所以为的截然分立。清学之于近代学术的纠结，即为典型之一。近代中国学术史上，存在着一种相当吊诡的现象，旧学家不必论，新进学人一方面由于清代学者对历代典籍做过相当系统的整理，为近代学术发展奠定了必要的前提，同时也为知识结构相去甚远的新一代学人提供了批评检讨的对象，所以近代学人往往好谈清代学术，或者说，近代学人的学术研究，很难脱离清代学术的渊源。另一方面，在近代学人的清学论述中，无论整体还是具体，因为立场各异，观念不同，看法悬殊，言说不仅有别，甚至大相径庭，令人感到清代学术为一回事，后来的清学史述说为另一回事。即使今日学人的认识高度一致，也未必与清代学术的本相乃至前代学人的叙述吻合。胡适后来因傅斯年等人的批评，连"中国哲学"也弃而不用，早年的自信其实相当盲目。也就是说，近代学人心中的近代，夹杂着许多的清代，与西式的本原有别，而他们所说的清代，又经过西化的折射，多少有些变形。

在近代学人的清学史叙述中，影响后来相当深远的首推梁启超和钱穆。梁启超自清季即展开清学史的论述，因为年少胆大，论点和论据都不够稳定，以今日之我战昨日之我的情形，较政治领域有过之无不及。后人的研究，因为对于所涉及的史事学术缺乏入木三分的洞见，又带有先入为主的成见，不能充分注意时空顺序位置，往往将生平活动与学术思想相分离，看不到学术思想发生及演化的历史进程，着重于恒定不变的截面。民国时梁启超一度站在汉学家的立场，撰写清代学术的历史，引起钱穆的不满，钱针锋相对地再写同名著作，辨析清代的汉宋并非如时人所认为的那样壁垒森严，为了消除门户之见，甚至尽力抹平汉宋之分，以至于令人有矫枉过正而抹杀汉宋分别之感。可是他论及民国学术的风云变幻时，还是不得不承认：

> 此数十年来，中国学术界，不断有一争议，若追溯渊源，亦可谓仍是汉宋之争之变相。一方面高抬考据，轻视义理。其最先口号，厥为以科学方法整理国故，继之有窄而深的研究之提倡。此派重视专门，并主张为学术而学术。反之者，提倡通学，遂有通才与专家之争。又主明体达用，谓学术将以济世。因此菲薄考据，谓学术最高标帜，乃当属于义理之探究。此两派，虽不见有坚明之壁垒与分野，而显然有此争议，则事实为不可掩。[1]

在陈寅恪、张荫麟、童书业等人的叙述中，汉宋之争的变相，就直接标名为新汉学与新宋学。照此看来，中西缠绕之下，近代中国学术界不仅只有新旧之分，拨开不断颠覆前人反对传统的激进表象，清代学术的余荫还有深层的制约作用，使得近代学术在加速趋新以至于脱胎换骨之际，仍然包含许多的"旧"。

今人所讲清代学术的汉宋古今，看似历史上曾经发生的实事，其实很大程度已是历来学人的认识层垒叠加的产物，视为清学史叙述的演进变异则可，若完全视为清学发生演化的本事，则不免似是而非。以汉宋分争为主线脉络，甚至全用汉宋眼光理解清代的学术，多为阮元以下历代学人依据后来生成的观念逐渐系统化的看法，而非乾嘉以来复杂的实情。而且后来不断变换强化的解读，与

---

[1]　钱穆：《新亚学报发刊辞》，《新亚学报》1995年第1卷第1期，第1页。

阮元、江藩、方东树等人的本意也相去甚远。这样说并非一概抹杀清代学术存在汉宋分争的事实，而是试图指出，纪昀、戴震、阮元以及众多清代学人，未必有汉宋截然对立、此是彼非、非此即彼的观念，即使知所轻重取舍，也与后人所描述的形同实异。戴震的《孟子字义疏证》，在他的弟子那里就已经无法安放妥当，即为明证。

换言之，后来的学人因为其生存时代的环境影响，用了汉宋对垒的成见看待此前的学问纷争，以为一切都以汉宋为基准疆界，围绕汉宋而展开，忽略了汉宋不过前人学术思想的要素之一，此外还有多种成分，因而其思想具有多向度的发展可能，纵然包括汉宋，也并非如后人解读。所谓"汉学讲家法，有今文家法，有古文家法，有讲训故〔诂〕声韵者，有讲典礼制度者，有讲经籍义例者，若不通家法，便非汉学。宋学讲宗派，有程朱学派，有陆王学派，有种种学派，若不守宗派，便非宋学"。[1] 可是各种家法门派的讲究，还是因时因人因地而异，当事人与讲述者犹如本尊与分身，虚虚实实，形似而实不同。而一旦诸如此类的条理系统形成，开宗者多是学术史上的大人物，他们的看法自然会被众多学人所传递和扩展，从而进一步造成观念即事实的幻象。再后来的学人往往误以为历史本事，循着既定的思路不断强化和变化。至于自以为是的门外文谈，所论更是其本人的思想，除了暴露与清儒的隔膜以及对清学见识的浅陋外，对于清学史的研究很难有所贡献。真是应了当年江浙士人讥讽岭南大儒陈澧的话，不是不分汉宋，而是分不清汉宋。

如果没有康有为的托古改制，经今古文学之争是否会上升为全

---

[1] 柳诒徵:《汉学与宋学》，载东南大学南京高师国学研究会编《国学研究会演讲录》第 1 集，商务印书馆，1924，第 85 页。

局性问题，大可疑问。清人大都古今兼治，熔为一炉，很少有纯粹的今文家或纯粹的古文家。直到清季兴学，制定新式学堂章程，读经内容也并未排斥今文。况且讲今文不止常州一派，而常州学人论学，存在多种指向，并非一味从今文家的立场着眼立论。今人但以后来划定的今文眼光检视，则一言一行无不是今文家的言论行事。更有进者，今文家固然都讲公羊学，可是不能反过来说凡是讲公羊的都是今文家，二者如何分别，诚非易事。嘉道以后，公羊学盛行一时，朝中大员如潘祖荫、翁同龢等，据说都颇好公羊。他们屡任科举考试的主考官，天下士子自然风从响应。康有为转向今文，初衷或许只是迎合公羊学盛行的时尚，以求科考功名，为其革新立业奠定基础。在那样的时代，要想获得足够的社会号召力，博取科举功名的确是一条行之有效的成名捷径。

康有为的《新学伪经考》和《孔子改制考》，在朝野上下引起的反响明显有别，显示今文经学并不一定成为士林接受改革思想主张的障碍。直到康有为托古改制，以素王自命，而与之不合的章太炎有心立异作对，才导致经今古文学针锋相对地公开对垒，逐渐划清楚河汉界。即便如此，兼收并蓄地讲习今古文的情形仍然相当普遍。民国时各地各校大都如此。钱穆自述："余撰《刘向歆父子年谱》，及去燕大，知故都各大学本都开设经学史及经学通论诸课，都主康南海今文家言。余文出，各校经学课遂多在秋后停开。但都疑余主古文家言。"[1] 揆诸事实，之前未必一律，之后也并未尽弃。

近代学人好以派分条理学术史，加之史学逐渐取代经学占据学术的中心主导地位，被指为着重讲史学的浙东学派受到民国学人的

---

[1]　钱穆：《八十忆双亲·师友杂忆》，岳麓书社，1980，第 136 页。

普遍青睐。浙东学派一事，固然为清代学人所述及，可是不同时期的不同学人对于渊源流变、范围内容乃至人物谱系的讲法各不相同。梁启超指清代学术大致分为三段，清初为程朱陆王之争，清中叶为汉宋之争，晚清为今古文或新旧学之争。其实陆王心学从未间断，因缘浙东学术一直传承，清季民初，随着世事变迁，影响逐渐恢复扩展。迄今为止，关于浙东学派的研究，主要不是寻绎发生演化的历史，而是依据前人讲法各异的说词，不断编织言人人殊的谱系。即使逐渐形成共识，与史事也有不小的差距，甚至可能陷入越有条理系统，去事实真相越远的尴尬。正如前贤所指出，诸如此类的论述，实为创造而非研究历史。历史并不会因此发生丝毫增减，反而成为检验研究者见识高下正误的尺度，每一代人心中的历史将永远反复受到验证。

民国学人好讲浙东学术的一大要因，当为较易与近代西方传入的所谓科学方法相附会。他们大都抬举原本并不得意的章学诚，重新发现这一类学者的价值。而这样的再发现，很像是唐宋诸儒先受佛道两教的影响，再上溯汉儒的心性之学，其实是对一般西学方法的比附。此外容易比附者还有周易和墨学。以胡适的标准，便是用中外学术相互理解解释；在陈寅恪看来，则无疑在穿凿附会、怪诞百出之列。

自清季中西学乾坤颠倒之后，好讲科学方法，成为近代趋新学人的共相，至于什么是科学方法，各人的理解相去甚远。不过，民国学人所讲的科学方法，又往往附会于传统，尤其是清代的学术，认为乾嘉朴学与科学方法最为接近。被后人许为树立了现代学术典范的胡适，在相当长的时期内即以清代学者的治学方法为科学方法。1919 年，胡适在《北京大学日刊》发表题为《清代汉学家的科学方法》一文，内称："清代学者的科学方法出现，这又是中国学术史的一大转机。中国旧有的学术，只有清代的'朴学'确有'科学'的精神。"[1] 胡适所说的科学方法，是指归纳法与演绎法同时并用，由归纳而得通则，又以通则推及同类。所以汉学家具体而有系统。胡适又将清代汉学的治学方法归纳为两点，即大胆的假设和小心的求证，以此作为自己研究方法的经典表述。1928 年胡适撰写《治学的方法与材料》，后来自称是其学术见解的一大转变，和傅斯年的《历史语言研究所工作之旨趣》一样，昭示学术取向的变化。文中对于清代学者治学的成绩有所褒贬，但对其治学方法的评价，并无实质改变。他说："科学的方法，说来其实很简单，只不过是'尊重事实，尊重证据'。在应用上，科学的方法只不过'大胆的假设，小心的求证'。"[2] 直到抗日战争前后，才另辟蹊径。

　　梁启超、蔡元培、傅斯年等人也一度认为清代学者的治学方法最接近科学。梁启超长期以归纳法为科学方法的主要形式，后来才意识到，归纳法并不适用于历史研究。他认为："清朝学术极发达，因为一般学者大都能用科学方法去整理古书。这种科学精神的发动，很可以说是从辨伪引导出来的。"[3] 蔡元培同样认为清代汉学家在欧洲科学方法尚未输入之前，"全用归纳法，成效显著"[4]。傅斯年出国留学前指宋明的学问是主观的、演绎的、悟的、理想的、独断的，而作为宋明学问反动的清代学问则是客观的、归纳的、证

<hr>

[1]　该文后改题《清代学者的治学方法》，收入《胡适文存》，文字亦有所修改。见欧阳哲生编：《胡适文集》第 2 册，第 288 页。

　[2]　欧阳哲生编：《胡适文集》第 4 册，第 105 页。

　[3]　梁启超：《古书真伪及其年代》，载《梁启超全集》第 17 册，北京出版社，1999，第 5026-5027 页。

　[4]　蔡元培：《在旧金山中国国民党招待会上的演说词》，载高平叔编《蔡元培全集》第 4 卷，中华书局，1984，第 62 页。

的、经验的、怀疑的，方法截然不同，主义完全相左。"清代的学问，很有点科学的意味，用的都是科学的方法。""清代学问在中国历朝的各派学问中，竟是比较的最可信、最有条理的。"[1]

近代学人"续清儒未竟之绪"，自以为是用近代欧洲的科学方法，因而学问上能够更进一步，精神上可以心安理得。可是在对西洋科学方法认识稍多的学人看来，未必如此乐观。傅斯年留学之后，不再盲从科学方法。唐德刚教授认为，胡适的治学方法"始终没有跳出中国'乾嘉学派'和西洋中古僧侣所搞的'圣经学'的窠臼"。[2] 余英时教授也说："胡适的学术基地自始即在中国的考证学，实验主义和科学方法对于他的成学而言都只有帮助的作用，不是决定性的因素。"[3] 其实胡适等人的治学方法，将中西学术交相比附，颇似蝙蝠，认真考究，既不合于清人学术，也不合于科学方法。

近代学人所指称的清代学者的治学方法，很大程度上是他们用后来的一般科学常识观念观察理解的认识，未必合于清代学术的本相。推许清代学者治学方法并将归纳所得奉为自己研究方法的胡适，开始主要是套用《马氏文通》的文法之学，而清学很少归类文法，《马氏文通》用印欧语系的文法条理汉藏语文，被陈寅恪斥为"何其不通"。今日学界望文生义，误以为考证即乾嘉考据，滥言近代学人继承乾嘉朴学的情形相当普遍，由音韵训诂的审音入手的乾嘉学术，即使在专业领域也已经被误会淆乱到颠倒黑白的程度。而

---

[1]   傅斯年:《清代学问的门径书几种》，载欧阳哲生编《傅斯年全集》第 1 卷，湖南教育出版社，2003，第 228、231 页。

[2]   胡适:《胡适口述自传》，唐德刚译注，华东师范大学出版社，1993，第132-133 页。

[3]   余英时:《论士衡史》，上海文艺出版社，1999，第 311 页。

以扩张材料考订史实者，分明是傅斯年一脉的新史学，却自以为遵循旧学大道。至于用后来的分科治学观念看待清代及以前的学术，误读错解之处，不胜枚举。

民国学人治学，好抓两头，即重古史和清代。二者又有所区别，注意清代，除了内阁大库档案等新材料外，往往更加重视的是清代学人提出而未完成的学术问题，乃至研究问题的取径做法。这些问题本身，大都属于古代的范围。无论学人是否称引，其所讲上古的问题，大都是清人提出或是到清代更加成为问题的问题，如傅斯年的《性命古训辨证》，直接点明与戴震、阮元的关系；陈寅恪的以诗证史或诗史互证，其实也是清人已有的命题；民国学人关注宋代，同样受到清学的影响。这些显然是接着做的体现，只不过既然合乎道理，就是天下为公，不必烦琐称引。当然，清人的问题，往往又可上溯明代乃至唐宋，而有能力接着做，一般也会放眼四海，贯通古今中外，进而取得重大进展。这可以说是民国学人成就超过前人的重要因缘，可以证明接着做较对着干更有价值。

近代学术的清学纠结，折射出整个近代中国在中外文化冲突融合的缠绕中遭遇的困境。透过目前的习以为常，依稀可以感受到曾经脱胎换骨的阵痛。在此过程中，看似兼收并蓄，其实外来学说的输入不免表浅变形，本来民族的地位则多有流失。重新寻求中国学术文化的本相，关乎在新的历史时代所能担当的责任及作为。如果清代确是古学复兴的时代，则重写清代以来四百年的学术发展史以承继大道正途，与重新认识中国的学术文化及其近代转型相辅相成。首先应当究明清代学术的本相与近代学人的解读，用历史的眼光，不"以二千年之思想为一线而集论之"，"一面不使之于当时的史分，一面亦不越俎去使与别一时期之同一史合"。由上层（下一时）揭到下层（上一时），而非自上一时写下来。[1] 史实即所谓第一历史须由历史记述即所谓第二历史加以展现，任何历史记述，往往积薪而上，越到后来，概念条理越加清晰。因此，历史认识与本事只能近真，难以重合。自上一时写下来，便不能剥离后来的附加成分，以后来的概念条理作为先入为主的是，形式上顺着写下来，实际上却是倒着讲上去。由记述的上层即时间的下一时，揭到记述的下层即时间的上一时，才能回到历史现场，层层剥笋，求其当时当地其人的本意，还物事的本来面目。在将史事安放于适得其所的基础上，再顺下来，历时性地展示事物发生及演化的复杂详情，则可以贯通古今中外，而非削足适履地强古人外人以就我。

本编由以下各人撰写：总说、分说，桑兵；第一章，戚学民；第二章，於梅舫；第三章，张帆；第四章，向鸿波；第五章，查晓英；第六章，李郑龙；第七章，竹元规人；第八章，张凯。

---

[1]   欧阳哲生编：《傅斯年全集》第 7 卷，第 39 页。

第一章 "国史儒林"与"浙东学术"

——阮元《儒林传稿》叙学成就管窥

公元 1810 年至 1812 年（清嘉庆十五年至十七年），阮元自愿出任国史馆总辑，负责总辑《国史儒林传》，到嘉庆十七年他被任命为漕运总督时，《儒林传稿》已经纂成并进呈史馆。这部《儒林传稿》记载了从顺治到嘉庆初年的学者一百余人，是后来清代《国史儒林传》的祖本。它的叙学有多方成就，是清代学术史论述的典型之一，但是对于此点，学界尚未有充分的关注。讨论《儒林传稿》所记载的浙江经学人物，可以呈现其叙学的价值之一般。

浙江是清代学术发达的省份之一，有众多经学家与诸多重要成果，向为学界所公认。阮元《儒林传稿》叙学的重点之一，就是对浙江经学的记载。阮氏在浙江任官多年，对当地学人与学术有深切的了解，因而记载浙江经学方面颇有可观。除了记载多位浙江学人之外，《儒林传稿》还在整体上肯定清代的"浙东学术"，此点对研究清代学术史和近代学术有相当参考价值，而学界亦尚未论及。

今日的清代学术史中，"浙东史学派"是一个重要学派，现在学界一般认为其观念和谱系由章学诚提出，后来经章炳麟、梁启超、何炳松、陈训慈、吴孝琳等的发挥，成为家法传授有绪的浙东史学派，在清代学术史叙述中占有重要的一席之地。当然，对于清代是否存在浙东学派的问题，学界有不同的意见。金毓黻、倪文

孙、钱穆、何佑森、余英时、何冠彪等学者相继对"浙东学派"的
存在有所质疑，其中，余英时与何冠彪的文章影响尤大。[1] 这一问
题后来吸引了更多的学者，大多数研究者不赞成质疑方的意见，坚
持认为存在"浙东学派"。[2] 这些讨论深化了学界对于清代学术史
的认识和研究。各家讨论的重点多在章学诚构建的谱系是否真实，
这固然是个重要问题，但是"浙东学派"如何进入学术史叙述的过
程，更加值得关注，对认识前述问题也有一定的助益。

    "浙东学术"早就在清代史学中占据重要地位，章氏学说的影
响也甚大。但是目前学界普遍采信的是胡适等人的意见。胡适称章
学诚及其浙东史学派被埋没了一百二十年，到民国初年才大行于
世。[3] 胡适等人对于后来清代学术史确立章学诚以及浙东学派的地
位有着重要作用，但是就"浙东学术"在清代学术史上的实际遭遇

---

    [1] 关于浙东学派说法的变迁以及学者的有关意见，以何冠彪氏的归纳最为全
面，参阅何冠彪：《浙东学派问题平议》，载中国社会科学院历史研究所清史研究室
编《清史论丛》第 7 辑，中华书局，1986，第 217－242 页。金毓黻：《中国史学史》，
中华书局，1962。David S. Nivison, *The Life and Thought of Chang Hsueh-ch'eng (1738–
1801)*, Stanford University Press, 1966, pp.249－250, 279－280. 钱穆对章学诚及其浙东
学术的评价有所变化，1949 年以后从之前的肯定变为否定，有多次批评，见刘继尧：
《试论钱穆对章学诚的转变——以"浙东学术""六经皆史"为例》，硕士学位论文，
清华大学，2010。余英时：《论戴震与章学诚》，生活·读书·新知三联书店，2000。

    [2] 刘节：《中国史学史稿》，中州书画社，1982，第 363 页。仓修良：《章学诚
评传》，南京大学出版社，1996。沈敏之：《关于浙东学派问题平议的商榷——兼论
邵廷采的史学思想》，《浙江学刊》1990 年第 1 期。钱茂伟：《姚江书院派研究》，中
国社会科学出版社、文化艺术出版社，2005，第 222－223 页。

    [3] 胡适曾说："他（章学诚）想不到，那班蹩绩补苴的汉学家的权威竟能使
他的著作迟至一百二十年后方才有完全见天日的机会，竟能使他的生平事迹埋没了
一百二十年无人知道。"胡适：《胡序》《章实斋先生年谱》，载欧阳哲生编《胡适文
集》第 7 册，北京大学出版社，1998，第 25 页。

而言，胡适的判断是不正确的。阮元《儒林传稿》早就记载了"浙东学术"的名义，并将浙东学术诸人作为其学术论述的重要方面加以肯定，确立了浙东学派在清代学术史中的地位。由此可见，历史上关于所谓浙东学派的说法前后有别，而今人看似众口一词的叙述，其实也是众说纷纭。

第一节 《儒林传稿》所记黄宗羲一系学者

在《儒林传稿》对浙江经学者的记述中，浙东学者，特别是黄宗羲一系受到格外的重视，值得关注。

总体上说，《儒林传稿》中浙江经学人物有重要的地位，全书记载了 48 位浙江学者，其中经学正传 6 人，在全部 44 个正传人物中约占 14%（算附传人物则有 17 人），经学人物的数量及其占全书总记载人物的比例仅次于江苏，浙江籍学者受重视的程度可见一斑。而在浙籍经学人物中，黄宗羲一系浙东学术人物尤为重要。6 个正传人物中，浙东的黄宗羲、万斯大、全祖望都是正传，占据浙江经学正传人物的半壁江山，举足轻重。如果将毛奇龄、邵廷采都算为浙东学派中人，浙东学术人物所占比例更高。

《儒林传稿》对黄宗羲一系学术人物的记载相当突出。首先，阮元明确肯定了黄宗羲的学术地位。他不仅为黄宗羲立传，而且诩为与河北孙奇逢、关中李颙鼎足而三的清初大儒 [1]。为此，阮元还

---

[1] 《儒林传稿》两次提到此事：一是《孙奇逢传》："奇逢之学盛于北，与李颙、黄宗羲鼎足，行谊不愧古人。"二是《李颙传》："是时，容城孙奇逢之学盛于北，余姚黄宗羲之学盛于南，与颙鼎足也。"

承担了一定的政治风险，因为黄宗羲在明末活动较多，且有反清举动，又不仕清朝，将这样的人选入《国史儒林传》，是有违反正统的嫌疑的，所以阮元在《儒林传稿凡例》中为黄宗羲立传一事特加说明。[1] 除了因为政治原因而被提到首位的顾栋高，黄宗羲传位列孙奇逢、李颙之后的第三位，这显然是对其学术地位的高度肯定。尽管后人改以王夫之、顾炎武和黄宗羲为清初三大儒（其他两人也被阮元记入《儒林传》），但对黄宗羲的定位一直没有改变。

《儒林传稿》不仅肯定了黄宗羲在清初学界的领袖地位，而且以其为浙东学术的代表。阮元明确黄宗羲一系学者有阳明学传承。黄宗羲师从刘宗周，并继承其事业，记载和发挥了师说。黄百家在《先遗献文孝公梨洲府君行略》中详细记载其父的学术渊源，[2] 后来多位为黄宗羲立传的学者都认可这一点。《儒林传稿·黄宗羲传》称："宗羲之学出于蕺山《鲒埼亭集》，闻诚意慎独之学《通志》。"[3] 阮元将这一确切记载黄宗羲学术宗旨的话，置于其经学成就之后，既是客观记述，又淡化了黄宗羲的阳明学色彩。与黄宗羲子黄百家所作《行略》相较，对比尤为鲜明。黄百家着重介绍黄宗羲"表显师门之学，发前人之未发者，大端有四"[4]，最后才介绍其经学、史学成就，这显然更加符合明代学术的特点。而阮元对黄氏学术叙述次序的改变，反映了乾嘉学术关注重点的转移。

---

[1] 阮元：《儒林传稿凡例》，见《儒林传稿》，载顾廷龙主编《续修四库全书》第537册，上海古籍出版社，第619页。

[2] 黄百家：《先遗献文孝公梨洲府君行略》，载沈善洪主编《黄宗羲全集》第11册，浙江古籍出版社，2005，第404-407页。

[3] 阮元：《儒林传稿》，载《续修四库全书》第537册，第626-627页。

[4] 黄百家：《先遗献文孝公梨洲府君行略》，载沈善洪主编《黄宗羲全集》第11册，第405-406页。

浙江是阳明学的主要传承地区，阳明学传人很多，黄宗羲编撰的《明儒学案》对此多有记载。清代浙江阳明学继续传播，刘宗周是重要一支。阮元的《儒林传稿》所记众多浙江江阴学者，基本都是刘宗周的弟子，并主要划分为两个系统：一是陆世仪、沈昀、张履祥、刘汋、沈国模、韩孔当、邵曾可、邵子贞等，其事迹见于《陆世仪传》；另外是黄宗羲一系，如万斯大、全祖望、邵廷采等，分别有《黄宗羲传》《万斯大传》《全祖望传》《邵廷采传》四个正传。

《儒林传稿》记载黄宗羲的学术传人，是对其学术地位的表彰。黄宗羲一系被记载的约有 10 人，正传占比更多，而且是作为经学人物，《儒林传稿》中经学者的地位高于理学者，显示阮元的尊崇之意。黄宗羲弟子较多，除其子黄百家外，万斯大、万斯同兄弟较为重要。《儒林传稿》着重记载了万氏兄弟。《万斯大传》载："（万）泰，明崇祯丙子举人，与陆符齐名，诗兼史事，宁波文学风气，泰实开之。入国朝，以经史分授诸子，使从黄宗羲游，各名一家《浙江通志》《鄞县志》《南雷文约》《潜研堂文集》。"[1] 万斯大作《梨洲先生世谱》，即自称门人。[2] 另外《儒林传稿》记："斯同……从黄宗羲得闻蕺山刘氏之学，以慎独为主，以圣贤为必可及……《明史稿》出于万斯同，斯同之学出于宗羲也许宗彦说，见《续经籍志》。"[3]

阮元还以全祖望为黄宗羲事业的继承者。他在浙江学政任上，即对全氏学术有较多的了解，其《全谢山先生经史问答序》说："予

---

[1] 阮元：《儒林传稿》，载《续修四库全书》第 537 册，第 644 页。

[2] 万斯大：《梨洲先生世谱》，载沈善洪主编《黄宗羲全集》第 11 册，第 397 页。

[3] 阮元：《儒林传稿》，载《续修四库全书》第 537 册，第 644、626 页。

视学至鄞，求二万氏、全氏遗书及其后人。""万、全之学出于梨洲
而变之，则如百尺楼台，实从地起，其功非积年工力不成。噫，此
本朝四明学术所以校昔人为不惮迂远也。"[1]《儒林传稿·全祖望传》
虽然没有明确指全祖望的学术出自黄宗羲，但该传作于《经史问答
序》数年之后，以全祖望为黄宗羲事业传承的意思隐隐可见。传
曰："全祖望……鄞县人……南归后，修南雷黄氏《宋儒学案》，校
《水经注》，续选甬上耆旧诗，撰《丙辰公车征士小录》。"[2]阮元对
黄宗羲的记载主要是依据全祖望的《鲒埼亭集》。全祖望整理黄宗
羲的遗著，介绍黄宗羲的生平，晚年又续成《宋元学案》一百卷，
确实继承了黄宗羲的事业。

《儒林传稿》关于邵廷采与黄宗羲的关系记载尤为详细，传云：
"康熙间廷采为诸生。与徐景范皆从孔当受业，又尝从黄宗羲问学。
廷采初读《传习录》，无所得。既读刘宗周《人谱》，曰：吾知王氏
学所始事矣。河间李塨贻廷采书，论明儒异同。廷采答曰：致良知
者，主诚意。阳明而后，愿学蕺山。大学士熊赐履等以辟王学为己
任。廷采曰：是不足辨，顾在力行耳。廷采私念师友渊源及身而斩，
乃思托著述以自见朱筠《笥河文集》。以为阳明扶世翼教，作《王
子传》。蕺山功主慎独，忠清节义，作《刘子传》。王学盛行，务使
合于矩准，作《王门弟子传》。金铉、祁彪佳、张兆鳌、黄宗羲等
奉教守师说，作《刘门弟子传》。又作《宋明移民所知传》、《姚江
书院传》、倪文正、施忠愍诸传数十篇。"[3]

___

[1]   阮元:《全谢山先生经世问答序》，载邓经元点校《揅经室集》，中华书局，
1993，第 544 页。

[2]   阮元:《儒林传稿》，载《续修四库全书》第 537 册，第 662-663 页。

[3]   阮元:《儒林传稿》，载《续修四库全书》第 537 册，第 660 页。

黄宗羲的其他弟子还有被收入儒林传者，如江苏山阳杨开沅，对其事迹的主要介绍就是他曾问学黄宗羲。"开沅字用九，康熙四十二年进士，翰林院编修，学于黄宗羲，尤明于河漕之利害刘信嘉、周龙官《状》《传》。"[1]

总之，阮元在《儒林传稿》明确记载了黄宗羲与万斯大、万斯同、邵廷采、全祖望等人的传承体系。

阮元着重记载黄宗羲一系学者的经学观点及其成就，表明他的重视态度。阮元辑纂《儒林传稿》，对治经的人特别尊崇，列为正传的人尤其经过精心挑选。黄宗羲这一系都被定为经学人物。阮元在黄宗羲传中先记其经学旨要："宗羲谓，明人讲学，袭语录之糟粕，不以六经为根柢，束书而从事于游谈，故问学者毕先穷经，经术所以经世。"意在将其描写为反对明人讲学的领军人物。接着介绍黄宗羲的经学成就，重点是《易学象数论》，借用《四库全书总目提要》，指其"乃以郑康成太乙行九宫法，证太乙，以《吴越春秋》占法，《国语》伶州鸠之对证六壬，以订数学。其持论皆有依据"。[2]

注重经学成就，是《儒林传稿》的题中应有之意，阮元更是刻意要说明黄宗羲是清初批驳宋人易学的干将。其介绍黄宗羲的《孟子师说》二卷载："以其师刘宗周于《论语》《大学》《中庸》，皆有成书，独阙孟子，乃述其所闻，阐发良知之旨，推究事理，不为空疏无用之谈，亦不尽主姚江之说。"兼采全祖望《鲒埼亭集》和《四库全书总目提要》《孟子师说》提要的记载，意在凸显黄宗羲的经学超过前人的成就。阮元还介绍了黄宗羲的天文学。治经离不开

---

[1] 阮元:《儒林传稿》，载《续修四库全书》第 537 册，第 640 页。

[2] 阮元:《儒林传稿》，载《续修四库全书》第 537 册，第 626 页。

天文舆地术数，阮元尤好天算之学，因而《儒林传稿》重视天算学，是一个特点。阮元介绍了黄宗羲的《大统法辨》《时宪书法解》《新推交食法》等，特别说"其后梅文鼎本周髀言天文，世惊为不传之秘，而不知宗羲实开之"。[1] 此说取自全祖望的《梨洲先生神道碑文》，[2] 是对黄宗羲的高度肯定。阮元曾主编《畴人传》，记载了中国古代天算学方面取得成绩的学者，其中专门介绍了清代学者的成绩。这为《儒林传稿》的编辑提供了参照，《儒林传稿》的黄宗羲等人传记再次介绍他们在天算学方面的贡献，是在治经成绩之外的另一层肯定。

《万斯大传》以记载传主的经学成绩为主，称："（万）斯大治经学，尤精《春秋》、三《礼》。于《春秋》则有专传论世属辞比事原情定罪诸议，于三《礼》则有论郊社、论禘、论祖宗、论明堂、泰坛，论丧服诸议《浙江通志》。其辨正商周改月改时，周诗周正及兄弟同昭穆，皆极精确。《宗法》十余篇亦颇见推衍。《四库三礼质疑提要》。答应㧑谦书，辨治朝无堂，尤为精核《仪礼商提要》。"这些评价都截取自《四库全书总目提要》等现成文字，简明扼要地描绘出传主的主要成绩。同时还强调传主与宋学不同的一面，"其学根柢三《礼》，以释三《传》，较宋元以后空谈书法者殊"。[3] 而且指出其学术不足："然其说经以新见长，亦以凿见短《学春秋随笔提要》，置其非，存其是，未始非一家之学《学礼质疑提要》。"[4] 这

---

[1]　阮元:《儒林传稿》，载《续修四库全书》第537册，第626页。

[2]　全祖望:《梨洲先生神道碑文》，载沈善洪主编《黄宗羲全集》第12册，第11页。

[3]　阮元:《儒林传稿》，载《续修四库全书》第537册，第644页。

[4]　同上。

既寄托了阮元本人反宋学的偏好，又表达了不偏袒的态度。

《全祖望传》记载传主的经学成就主要在《经史问答》。"祖望答弟子董秉纯、张炳、蒋学镛、卢镐等所问经史，录为《经史问答》十卷，足启后学见本书。"[1] 所记虽然平淡，实含阮元本人的推崇之意。阮元在浙江任官时，曾为《经史问答》作序，盛赞全祖望其人"经学、史才、词科，三者得一足以传，而鄞县全谢山先生兼之"。对《经史问答》则认为"实足以继古贤，启后学，与顾亭林《日知录》相埒"。[2]《儒林传稿》对全祖望《经史问答》的介绍，就是这段话的缩写。《儒林传稿凡例》称，"凡各儒传语皆采之载籍"，"不敢杜撰一字"，"私家状述，涉于私誉者，谨遵馆例，一字不录"。[3] 意即必须用别人现成的记载，绝对不能凭空杜撰。而《经史问答》前人并无现成评价，表彰之意实来自阮元本人。后者既不能明用己言，自违其例，又要表达自己的观点，以表彰全氏的经学成绩，办法就是从所作序中截取数句话，含糊其词地注称见于全氏本书，从而保留其对全祖望的推崇之意。

经学之外，阮元还介绍了黄宗羲及其后学的史学成就。黄宗羲一系浙东学者的史学成就特别为后世所称道，《儒林传稿》对此也相当重视，着墨甚多。黄宗羲自不用说，其史学成就众多，也最为后世景仰。其中最具代表性的是两方面：一是学术史的编撰，《明儒学案》和《宋元学案》开创了中国学案体史书的先河，对于后世的学术史研究具有重大影响。二是对修明史的贡献。黄宗羲不肯仕清，但是对修《明史》却非常关心，也做出了一些贡献。《儒林传

---

[1] 阮元：《儒林传稿》，载《续修四库全书》第 537 册，第 663 页。

[2] 阮元：《全谢山先生经世问答序》，载邓经元点校《揅经室集》，第 544 页。

[3] 阮元：《儒林传稿》，载《续修四库全书》第 537 册，第 618 页。

稿·黄宗羲传》记述了传主在这两方面的成绩。整理学术史方面，《明儒学案》和《宋元学案》自然成为重点。"《明儒学案》六十二卷，叙述明代讲学诸儒流派分合，得失颇详。""晚年又辑《宋儒学案》《元儒学案》，合之《明儒学案》，以志七百年儒苑门户。"[1]修明史方面，则记载："宗羲虽病，而（《明史》）史局大案必资之。""史学则欲缉宋史而未就，仅存《丛目补遗》三卷。辑《明史案》二百四十四卷。""其明史有三例，一国史，取详年月，二野史，取当是非，三家史，备官爵世系。"[2]《儒林传稿》对黄宗羲史学的介绍基本来自全祖望《鲒埼亭集》的《梨洲先生神道碑文》，[3]但史学的位置次于经学，先经后史，是《儒林传》必须遵守的规矩，也反映了阮元本人的学术标准。

黄宗羲的传人中，《儒林传稿》着重记载了万斯同的史学成就。本传除指其学有渊源，是黄宗羲传人之外，一方面称其史学功底扎实，"专意古学，博通诸史，尤熟于明代掌故《潜研堂文集》，尝作明开国以后至唐、桂功臣将相内外诸大臣年表，以备采择李邺嗣《历代史表序》"。[4]另一方面则重点介绍了他对于修明史的贡献，指出："乾隆初，大学士张廷玉等奉诏刊定《明史》，以王鸿绪稿为本而增损之，鸿绪稿实出斯同之手《潜研堂文集》。"[5]万斯同所撰《明史》在廿四史中颇受好评，阮元所论不虚。至于邵廷采，《儒林传稿》虽将其作为理学人物，也明确肯定他在记载浙江阳明学传承

[1]　阮元:《儒林传稿》，载《续修四库全书》第 537 册，第 626 页。

[2]　同上。

[3]　全祖望:《梨洲先生神道碑文》，载朱铸禹汇校集注《全祖望集汇校集注》上册，上海古籍出版社，2000，第 223 页。

[4]　阮元:《儒林传稿》，载《续修四库全书》第 537 册，第 644–645 页。

[5]　阮元:《儒林传稿》，载《续修四库全书》第 537 册，第 646 页。

方面的贡献。

在《全祖望传》中，阮元主要是称道传主的史学，特别是续修《宋元学案》和校《水经注》等事业。[1] 这是全祖望的重要史学成绩。阮元见过全祖望的《七校水经注》稿，《浙江图考》中予以引用。[2] 但全氏补撰的《宋元学案》刊行于道光年间，阮氏辑纂《儒林传稿》时尚未刊刻出版，阮元可能从董秉纯等人撰写的《谢山先生年谱》等处获悉，而未曾寓目，所以仅仅提及而未加详细介绍。阮氏在浙江任职较久，曾广求浙江学者著作，包括全氏遗书，并见过《鲒埼亭集》(《儒林传稿》即多处引用)，还为全氏《经史问答》作序，显示其对全祖望的著作有较多的了解。此外，全氏补本的抄本甚多，也不能完全排除阮氏见到《宋元学案》补本的可能性。

第二节 黄宗羲一系学者与"浙东学术"的关系

《儒林传稿》所记载的黄宗羲、万斯大、万斯同、全祖望一系学人，其经学与史学研究的重要价值，还在于和章学诚的"浙东学术"存在诸多联系。

一般认为章学诚构建了清代浙东学术谱系[3]，使之进入学术史叙述，并得到了越来越多的重视。章学诚晚年撰写《浙东学术》，为其《文史通义》内篇的重要篇章，文中对浙东学术进行了界定，

---

[1] 阮元：《儒林传稿》，载《续修四库全书》第 537 册，第 663 页。

[2] 阮元：《浙江图考》，载邓经元点校《揅经室集》，第 329 页。

[3] 周积明、雷平：《清代浙东学派学术谱系的构建》，《学术月刊》2004 年第6 期。

一般认为提出了浙东学人的谱系:

> 浙东之学,虽出婺源,然自三袁之流,多宗江西陆氏,而通经服古,绝不空言德性,故不悖于孔子之教。至阳明王子揭孟子之良知,复与朱子牴牾。蕺山刘氏本良知而发明慎独,与朱子不合,亦不相诋也。梨洲黄氏出蕺山刘氏之门,而开万氏弟兄经史之学,以至全氏祖望辈尚存其意,宗陆而不悖于朱者也。
>
> 世推顾亭林氏为开国儒宗,然自是浙西之学。不知同时有黄黎洲氏出于浙东,虽与顾氏并峙,而上宗王、刘,下开二万,较之顾氏,源远而流长矣。
>
> 浙东之学,虽源流不异而所遇不同。故其见于世者,阳明得之为事功,蕺山得之为节义,梨洲得之为隐逸,万氏兄弟得之为经术史裁,授受虽出于一,而面目迥殊,以其各有事事故也。[1]

近代以来,章学诚的思想越来越受重视,其文史之学得到高度评价,浙东学派也被视为清代的一个重要学派,有关研究成果众多。不过,章学诚的说法影响虽大,浙东学派的名义实不自章学诚始,在清初修明史时就已经出现,这不是一个简单的地理称谓,而是具有明确内涵的词语,原指明代阳明学的传承体系。此事缘于康熙设立明史馆之时,徐元文领衔提出《修史条议》六十一条,意图为明史的修撰订立一套全面体统的纲领。其中有关明史儒林传的修

---

[1] 章学诚:《浙东学术》,载章学诚著、仓修良编注《文史通义新编新注》,浙江古籍出版社,2005,第121-122页。

撰原则有理学数条：

> 明朝讲学者最多，成、弘以后，指归各别。今宜如《宋史》例，以程朱一派另立《理学传》，如薛敬轩瑄、曹月川端、吴康斋与弼、陈剩夫真晟、胡敬斋居仁、周小泉蕙、章枫山懋、吕泾野柟、罗整庵钦顺、魏庄渠校、顾泾阳宪成、高景逸攀龙、冯少墟从吾凡十余人，外如陈克庵选、张东白元桢、罗一峰伦、周翠渠瑛、张甬川邦奇、杨止庵时乔，其学亦宗程朱，而论说不传，且别有建竖，亦不必入。

> 白沙、阳明、甘泉，宗旨不同，其后王湛弟子又各立门户，要皆未合于程朱者也。宜如《宋史》，象山、慈湖，例入《儒林传》。白沙门人湛甘泉若水、贺医闾钦、陈孝廉茂烈，其表表者。庄定山昶为白沙友人，学亦相似邹汝愚智以谪臣后从学，宜与谏诤诸臣合传。王门弟子江右为盛，如邹东廓守益、欧阳南野德、安福四刘文敏、邦采、晓、秉鉴，二魏良器、良政，在他省则二孟化鲤、秋，皆卓越一时聂双江虽宦迹平平，而学多自得。罗念庵洪先本非阳明弟子，其学术颇似白沙，与王甚别，许敬庵孚远，虽渊源王、湛，而体验切实，再传至刘念台，益归平正，殆与高顾符合矣。阳明、念台功名既盛，宜入名卿列传，其余总归《儒林》。

> 阳明生于浙东，而浙东学派最多流弊。王龙溪畿辈皆信心自得，不加防检，至泰州王心斋艮，隐怪尤甚，并不必立传，附见于江西诸儒之后可也诸子中钱绪山稍切近。

> 凡载理学传中者，岂必皆胜儒林，《宋史》程朱门人亦多有不如象山者，特学术源流宜归于一是。学程朱者为切实平正，不至流弊耳。阳明之说，善学则为江西诸儒，不善学则为

> 龙溪、心斋之徒，一再传而后，若罗近溪、周海门之狂禅，颜
> 山农、何心隐之邪僻，固山弟子寖失师传，然使程朱门人，必
> 不至此。
>
> 　国初名儒，皆元遗民如二赵汸、揭谦、梁寅、汪克宽、范
> 祖幹、叶仪、胡翰、苏伯衡诸公，操履笃实，兼有文艺，其为
> 理学、为儒林、为文苑多合而为一，今当为儒林之冠，而后代
> 经学名家悉附于后。[1]

　　关于明史则例，学界多有讨论。此处所引涉及明代儒学源流，
实是《明史·儒林传》的修撰原则，要求以程朱理学为正宗，仿
《宋史》之例，将程朱学者单立为《道学传》。对王阳明虽然有所肯
定，意图单独立为名卿传，《儒林传》只收其他儒者，却特别指出
"浙东学派，最多流弊"，要求《儒林传》不必为学术不醇的浙江阳
明后学立传。

　　徐元文、徐乾学兄弟（《修史条议》见于徐乾学的《憺园文集》
卷十四，应出自其手，由徐元文挂名）是顾炎武外甥，本来就学宗
程朱，看清廷表彰程朱，也有迎合朝廷正宗之意。但此事非同小
可，涉及整个明代学术的正统和写法，涉及对阳明学的评价，所以
立刻引起当时学人的关注，并引来浙江诸多学者的批评。黄宗羲在
《移史馆论不宜立理学传书》中对上述四条原则进行批驳，其主旨
就是要为阳明学争得正统。他说："有明学术，白沙开其端，至姚江
始大明。……逮及先师蕺山，学术流弊，救正殆尽。向无姚江，则
学脉中绝；向无蕺山，则流弊充塞。凡海内之知学者，要皆东浙之

---

[1]　徐元文：《修史条议》，载刘承幹编《明史例案》，国家图书馆出版社，
2005，第16–17页。

所衣被也。"[1] 在黄宗羲看来,王阳明是明代学术正宗,而且到其师刘宗周时,流弊全无。他反对专立道学传,要求合立为儒林传。他的观点由其子黄百家继承,后者在其父行状中说:"然东浙之学,自新建启途,一传而为龙溪;再传而为海门、石篑、湛然、澄密禅人之;三传而为石梁,辅之以姚江之沈国模、管宗圣、史孝咸,密云悟之禅又入之。蕺山主慎独,慎则敬,敬则诚,消息动静,步步实历。"[2]

这场由《明史·儒林传》的修撰引发的关于浙东学术的争论,集中在阳明后学的地位上,"浙东学派"或者"东浙之学"就是阳明学传承的代称。而黄宗羲既然以刘宗周为醇儒,那么他本人作为刘宗周的弟子,就居于学术正宗之位,此事关系到自己的学术地位,所以必须力争(其意义另文论述)。徐元文有关《明史·儒林传》标准的动议和黄宗羲的辩驳虽然都以"浙东学术"的名义,所指基本相近,评价却截然相反,这应是清代有关"浙东学术"之说的启始。

黄宗羲之后,关于清代浙东学人的记载增多,逐渐形成了浙东学术的叙述。其中最主要的论述者也是浙东学者,特别是黄宗羲的后学。他们继承了徐元文、黄宗羲的做法,以浙东学术为阳明后学的代称。但是所记浙东学术,在黄宗羲的基础上也有变化和发展。如全祖望对黄宗羲的学术传承进行了进一步阐述,认为黄氏学术

---

[1] 黄宗羲:《移史馆论不宜立理学传书》,载沈善洪主编《黄宗羲全集》第 10 册,第 221 页。

[2] 黄百家:《先遗献文孝公梨洲府君行略》,载沈善洪主编《黄宗羲全集》第 11 册,第 404 页。

主要在经史两门，[1] 并记录万斯同与黄宗羲的师承关系，叙述其生平事迹，[2] 有时还认郑性为黄宗羲的传人。[3] 全祖望分析考证了浙东、浙西的地域观念，所撰《浙东分地录》[4]，对浙东的范围加以定义，含义较广。不过，全祖望以浙东、东浙并用，[5] 或用"浙东西"来描述黄宗羲的学术影响，如在《春秋辑注序》中说"往者姚江黄徵君以经学大师，倡导浙东西之间"，[6] 他本人则自称地望为"甬东"[7]"甬上"[8]。由此可见，全祖望没有形成固定的浙东学派名义之意，并用来专指特定的人事。

---

[1] 全祖望：《奉九沙先生论刻南雷全集书》，载朱铸禹汇校集注《全祖望集汇校集注》中册，第 1703 页。

[2] "万充宗先生，徵君之高弟也。"全祖望：《春秋辑传序》，载朱铸禹汇校集注《全祖望集汇校集注》中册，第 1180 页。全祖望：《万贞文先生传》，载朱铸禹汇校集注《全祖望集汇校集注》上册，第 518-521 页。

[3] "南雷黄氏之讲学也，其高弟皆在吾甬上。再传以来，绪言消歇，证人书院中子弟，不复能振其旧德……慈水郑先生南溪其庶几乎？先生于黄氏之学，表彰不遗余力。南雷一水一火之后，卷籍散乱佚失，乃理而出之，故城贾氏颠倒明儒学案之次第，正其误而重刊之。"全祖望：《五岳游人穿中柱文》，载朱铸禹汇校集注《全祖望集汇校集注》中册，第 376 页。

[4] 全祖望：《浙东分地录》，载朱铸禹汇校集注《全祖望集汇校集注》中册，第 1822-1824 页。

[5] "浙东山水之附稚川以名古者最多。"全祖望：《山阴县西北葛仙人洞记》，载朱铸禹汇校集注《全祖望集汇校集注》中册，第 1158 页。"东浙山阴之临浦。"全祖望：《笠山图记》，载朱铸禹汇校集注《全祖望集汇校集注》中册，第 1161 页。

[6] 全祖望：《春秋辑传序》，载朱铸禹汇校集注《全祖望集汇校集注》中册，第 1179 页。

[7] 全祖望：《奉方望溪前辈书》，载朱铸禹汇校集注《全祖望集汇校集注》中册，第 1590 页。

[8] 全祖望：《甬上寓公偶志》，载朱铸禹汇校集注《全祖望集汇校集注》中册，第 1827-1828 页。

章学诚的《浙东学术》篇再度使用浙东学术一词，具有重要的意义。他重申和构建了清代浙东学术的统系，一方面继续将黄宗羲作为浙东学术的代表，另一方面将黄宗羲、万斯大、万斯同、全祖望等人固定为浙东学术的谱系。

"浙东学术"的名义先已产生，阮元应当早就知情。依据之一，"浙东学术"的名义是修明史过程中产生的争议较大的问题，阮元修《国史儒林传》，参考了《明史·儒林传》的成法，并对明史修订过程中的争议有较多了解。他在《拟国史儒林传凡例》中提到明史修订过程中是否立《道学传》的争论。而不立《道学传》的说法来自黄宗羲，阮元非常推崇黄宗羲，其《儒林传稿》将经学、理学人物合传，不单立《道学传》，很可能参考和遵照了黄宗羲的意见。因此，他应该知道有关"浙东学术"的争论。

依据之二，阮元本人对浙江学术有深入的了解。阮元在浙江先后历官一届学政和两任巡抚，巡视浙省各地，挑选提拔了众多浙籍学者，对浙东学人，特别是黄宗羲一系的学术，知之甚多。他曾到鄞县访求万氏遗书，对全祖望的著作，了解尤深，在《浙江图经》中引述全祖望七校《水经注》，并赞同其说。在浙江期间，阮元曾主持编撰《畴人传》，对历代学者的天算学进行系统梳理，其中就有不少浙江学者，如卷三十六的黄宗羲。尽管《畴人传》的编辑主要由李锐担任，但阮元并非挂名而已，他曾和李锐一起讨论，并指导该书的编辑。不过，章学诚的思想尤其是浙东学术说对阮元的影响依然不小。阮元认识章学诚较早，并至少在1795年末任浙江学政时，就从章学诚那里知晓了"浙东史学"的说法。[1] 后来又看到

---

[1] 章学诚：《与阮学使论求遗书》，载章学诚著、仓修良编注《文史通义新编新注》，第 755 页。

《文史通义》，并在《儒林传稿》中有所引述。

在《儒林传稿·邵晋涵传》中，阮元更采信了章学诚的浙东史学说。传曰：

邵晋涵，字与桐，又字二云，余姚人，廷采族孙《潜研堂集》《南江文钞》。乾隆三十六年进士，归班候选，会四库馆开，特诏徵晋涵及历城周永年、休宁戴震等入馆编纂。改翰林院庶吉士，授编修。五十六年大考，擢左中允、侍讲、侍读、左庶子、侍讲学士，充日讲起居注官、文渊阁直阁事，预修《续三通》《国史》《万寿盛典》《八旗通志》，校勘石经春秋三《传》《词林典故》、章学诚《文史通义》《潜研堂集》。晋涵左目眚，清羸，善读书《潜研堂集》，博闻强识《文史通义》，硕学知名，《四部》《七录》，靡不研究，且生长浙东，习闻蕺山、南雷诸绪论《潜研堂集》，故尤长于史。尝曰：宋人门户之习语录，庸陋之风诚可鄙也。然其立身制行，出于伦常日用，何可废耶？士大夫博学工文，雄出当世，而于辞受取与，进退出处之间，不能无箪食万钟之择。本心既失，其他又何议焉《文史通义》？又尝谓宋史自南渡以后尤荒谬《文史通义》，宁宗以后褒贬失实《潜研堂集》，不如东都有王偁《事略》也，故先辑《南都事略》，欲使条贯粗具《文史通义》，然后词简事增《潜研堂集》，赵宋一代之志。惜其学无所不通，然亦以是累志，程多年促，猝不易裁，《南都》未卒业，《宋志》亦草创未定稿，其绪余稍见于审正续《通鉴》中《文史通义》。晋涵在书馆时，见《永乐大典》采薛居正《旧五代史》，乃会粹编次《文史通义》，得十之八九，复采《册府元龟》《太平御览》诸书以补其缺，并参考《通鉴长编》、诸史、及宋人说部、碑碣，辨证条系，悉符原书卷数，书成，呈御览。馆臣请仿刘《旧唐书》之例列于廿三史，刊布学官，诏从之，并圣制七言八韵诗题其首，由是薛史复传人间《圣制诗注》及《四库全书提要》。晋涵又著《尔雅正义》，以郭注为宗，兼采舍人樊、刘、孙、李诸家，承学之士多舍邢昺从之。又著《孟子述义》《谷梁正义》《韩诗内传考》《皇朝大臣谥迹录》《方舆金石编目》《輶轩日记》《南江诗文稿》。素与会稽章学诚，以所蕴蓄者相知《文史通义》，晋涵性狷介《潜研堂集》，毅然不屈于要人，龃龉不恤也《文史通义》。嘉庆元年卒，年五十有四《潜研堂集》《文史通义》。[1]

传中章学诚的《文史通义》引用多达十余处，述学部分主要采用《文史通义》。如此取材，意义重大，邵传牵涉到对其学术定位的问题，邵氏去世后，钱大昕、洪亮吉、章学诚等先后作传。《儒林传稿·邵晋涵传》没有采用洪亮吉《邵学士家传》[2]，而采用钱大昕和章学诚的记载，又以章学诚的《文史通义》中的《邵与桐别传》[3]为主。洪、章二传相较，学术立场相去甚远。洪亮吉将邵晋涵描写为汉学人物，判定其必入国史儒林，希望自己的传能供采择。章学诚则别具深意。为邵晋涵作传是其晚年念念不忘的大事之一，并与浙东学术说的提出有相当的关系。

---

[1] 阮元:《儒林传稿》，载《续修四库全书》第537册，第660—661页。

[2] 洪亮吉:《邵学士家传》，载《洪亮吉集》，中华书局，2001，第191—193页。

[3] 章学诚:《章学诚遗书》，文物出版社，1985，第177页。案，阮元作《邵晋涵传》，引用的是章学诚的《邵与桐别传》，而称引自《文史通义》，但今日的《文史通义》中并不包含该文。可见，阮元参考的与后世刊本不同。

晚年章学诚为生计而奔波，颇受到汉学家的多方压力。而邵晋涵的去世让他感到痛惜的同时，也兴起总结浙东学术之意。1796年，邵晋涵去世不久，章学诚致信胡虔，表示：

> 昨闻邵二云学士逝世，哀悼累日，非尽为友谊也。浙东史学，自宋元数百年来，历有渊源。自斯人不禄，而浙东文献尽矣。盖其人天性本敏，家藏宋、元遗书最多，而世有通人口耳相传，多非挟策之士所闻见者。鄙尝劝其授高学弟子，彼云未得其人；劝其著书，又云未暇。而今长已矣，哀哉！前在楚中，与鄙有同修《宋史》之约，又有私辑府志之订。今皆成虚愿矣！曾忆都门初相见时，询其伯祖邵廷采氏撰著，多未刻者，皆有其稿，其已刻之《思复堂文集》，中多讹滥非真，欲校订重刊，至今未果。此乃合班、马、韩、欧、程、朱、陆、王为一家言，而胸中别具造化者也。而其名不为越士所知。又有黄梨洲者，人虽知之，遗书尚多未刻，曾于其裔孙前嘉善训导黄璋家，见所辑《元儒学案》数十巨册，搜罗元代掌故，未有如是之富者也。又有鄞人全谢山，通籍清华学士，亦闻其名矣，其文集专搜遗文逸献，为功于史学甚大，文笔虽逊于郡，而博大过之，以其清朴不务塗泽，故都人士不甚称道，此皆急宜表章之书。学使所未闻者，盍乘间为略言之。鄙与学使素称知契，然本部宪使不欲屡通书问故也，如何？如何？ [1]

其中值得注意的是，章学诚提出了浙东史学的传统问题，也提

---

[1]　章学诚：《与胡雒君论校〈胡稚威集〉二简》，载章学诚著、仓修良编注《文史通义新编新注》，第703-704页。据编者考订，此两函作于嘉庆元年。

示了浙东学派的人物谱系。对于章学诚而言，邵晋涵的去世不仅让他少了一个老友，也意味着浙东史学的命运堪忧。

汉学家洪亮吉对邵晋涵的描写，更让章学诚感受到压力。洪亮吉《邵学士家传》收入其《卷施阁文甲集》卷九中，力图将传主纳入朴学的统系，从朴学的角度来评介传主的学术成就。传文略谓：

> （邵晋涵）于学无所不窥，而尤能推求本原，实事求是。盖自元明以来，儒者务为空疏无益之学，六书训诂，屏弃不谈，于是儒术日晦，而游谈垄兴。虽间有能读书如杨慎、朱谋㙔，非果于自用，即安于作伪，立论往往不足依据。迨我国家之兴，而朴学始辈出，顾处士炎武、阎徵君若璩首为之倡，然奥窔未尽辟也。乾隆之初，海宇乂平，已百余年，鸿伟傀特之儒接踵而见，惠徵君栋、戴编修震，其学识始足方驾古人。及四库馆之开，君与戴君又首膺其选，由徒步入翰林，于是海内学者知向学者，于惠君则读其书，于君与戴君则亲闻其绪论，向之空谈性命及从事帖扩者，始骎骎然趋实学矣。夫伏而在下，则虽以惠君之学识，不过门徒数十人止矣。及达而在上，其单词只义，即足以歆动一世之士。则今之经学昌明，上之自圣天子启之，下之即谓出于君与戴君讲明切究之力，无不可也。[1]

洪亮吉与章学诚曾发生过争辩，先者刊发其书信，让章学诚颇不悦。而为邵晋涵作传，在章学诚看来事关学术宏旨，洪氏之文不

---

[1] 洪亮吉：《邵学士家传》，载《洪亮吉集》，第 192 页。

可接受。章学诚写了《地志统部》，[1] 对洪亮吉进行批评。他还和同样不满于洪亮吉所作《邵学士家传》的朱锡庚相约另写一篇邵晋涵传，并多次提及此事："邵先生行事细碎，宜即动手记之，即如受洪书而不报，此虽不便明记，亦可暗指其事，而形其雅量也。其与弟相喻甚深，必有弟转不及知而与足下道及者，是亦可识，而且为弟所必欲闻而斟酌以入文也。"[2] "足下记《二云先生杂事》，能终不忘否？念之，念之。"[3] 在生命的最后几年中，这已成为章学诚念兹在兹的一桩心事。他给朱锡庚的信中说："《邵传》则徐当以意属草，而阙其不可知者以识遗憾，此仆不敢负死友也，然所负已不少矣。长者行事不使人疑，今遭疑如是，仆亦良自愧也。"[4] 回杭州之后，他找到邵晋涵的后人，希望对方提供邵的遗文，可见此事在章学诚心中分量极重。

　　朱锡庚最终未能写出邵晋涵的新传。而章学诚衰病日甚，自感不久人世，他也没有能够从邵氏后人处得到有关文献。章氏晚年因为《史籍考》一事，颇受浙省士人非议，后者认为他盗售文稿，用毕沅幕府中的工作成果来换取浙江巡抚谢启昆的恩赐（据近人研究，此说不确，章学诚并未卖稿求荣）。邵晋涵的后人因此不信任章学诚，拒绝出示文稿，这让章学诚相当难受。阮元任职浙江巡

----

[1]　《地志统部》，载章学诚著、仓修良编注《文史通义新编新注》，第 865-868 页。

[2]　章学诚:《又答朱少白书》，载章学诚著、仓修良编注《文史通义新编新注》，第 779 页。

[3]　《又答朱少白书》，见章学诚著、仓修良编注:《文史通义新编新注》，第 782 页。

[4]　《又答朱少白书》，见章学诚著、仓修良编注:《文史通义新编新注》，第 775 页。

抚，对章学诚的生活当有直接的影响。早前章学诚曾请托朱珪致信阮元，请其为自己联系谢启昆，谋取差事，以便完成《史籍考》。而阮元不甚积极。谢启昆调任离浙之后，阮元继任，对"路数不同"的章学诚不大热心，《史籍考》既已撰办粗成，由谢氏给予的待遇也不再继续。章学诚晚年批评杭州的考据学风气和孙星衍、洪亮吉等汉学家，并在杭州刊刻传布《文史通义》部分文章，与此不无关系。

阮元任职浙江巡抚，推动了浙江的考据学风气，诂经精舍是一个典型。阮元到任不久，就用前任学政用于修撰《经籍纂诂》的50间屋子，创办了诂经精舍。诂经精舍地处杭州府治孤山之阳，左三忠祠，右照胆台，面对西湖。在书院史上，诂经精舍具有特别的意义，其教育主张完全依据考证学的观念，与当时浙江的敷文、紫阳两书院以科举考试为目的不同，主要提倡培养经世致用的人才，教学内容为经史疑义及小学、天文、地理、算学、辞章等，老师指导学生研究经义，旁及词赋，多攻古体。诂经精舍崇祀先师许慎、郑玄。嘉庆五年（1880）五月初八日，阮元奉许慎、郑玄木主于诂经精舍之中。此举由孙星衍提议，得到阮元的首肯。据孙星衍自述："抚浙使者阮芸台先生，既设诂经精舍，以教生徒。星衍请崇祀先师许叔重、郑康成于堂中。与臧文学镛堂、舍生洪茂才颐煊、震煊议所以书木主衔者。……先生（阮元）曰：洪两生议是，可兼题之，如孙君议。"[1]

<hr>

[1] 孙星衍：《许叔重木主结衔议》，见《五松园文稿》卷一。阮元撰《西湖诂经精舍记》说道："及抚浙，遂以昔日修书之屋五十间，选两浙诸生学古者读书其中，题曰：'诂经精舍'。……诸生请业之席，则同与刑部侍郎青浦王君述庵、兖沂曹济道阳湖孙君渊如迭主之。诸生谓周、秦经训至汉高密郑大司农集其成，请祀于舍，孙君曰：'非汝南许浚长，则三代文字不传于后世，其有功于经尤重，宜并祀之。'乃于嘉庆五年五月己丑，奉许、郑木主于舍中，群拜祀焉。此诸生之志也。"此处两段文字均转引自王章涛：《阮元年谱》，黄山书社，2003，第207-208页。

这是中国书院史上的一个重要变化。

　　阮元除了亲自担任诂经精舍的教师，还延聘了很多学者入幕或者来浙江任教。孙星衍就是阮氏所聘幕友之一，他当时丁母忧守制在家，阮元到杭州的第二年三月，孙星衍受聘入阮元幕府，并主绍兴蕺山书院。未几，又主讲诂经精舍。阮元与孙星衍同年，又是多年好友，交谊较深，邀请后者入幕，不无提携之意，更主要的还是孙星衍学术主考证学。此外，著名学者王昶受阮元聘，掌杭州敷文书院，并曾主诂经精舍的教席。经阮元的大力提倡，浙江考证学风大兴，诂经精舍培养出众多人才。

　　诂经精舍的成功，激化了学术的门户之争。孙星衍来杭的同一年即1799年，章学诚写了《书孙渊如观察〈原性〉篇后》，继续对孙进行批评。章氏早就有意写作此篇，但一直没有成文，这次成篇当与孙星衍来杭有关。他的批评主要集中在两点：一是孙星衍的烦琐学风，"繁称博引，意欲独分经纬，而按文实似治丝而棼之矣"。所说"周纳傅会"，而孔子言性，却是言简意赅。二是"性命非可空言，当征之于实用"，而孙"正蹈虚言之弊"，"但腾口说，身心未尝体践"，[1] 这与所批评的宋儒正是同一毛病。很明显，章氏的批评延续着以前的调门，也是对当前形势的回应。第二年章学诚作《浙东学术》，正式提出清代"浙东学术"的谱系，主张浙东自有学术传统，反对门户之见，实际是对考证学和宋学门户之争的批评，认为"事功"可与"著述"相提并论，矛头直指阮元、孙星衍等人的行事。

　　《浙东学术》写成的次年即1801年，章学诚临终前终于写成了

────────────

[1]　章学诚：《书孙渊如观察〈原性〉篇后》，载章学诚著、仓修良编注《文史通义新编新注》，第569-570页。

《邵与桐别传》。传文特别讲到撰著的学术背景：

> 余姚邵氏殁，名流多为状述碑志。余自度文笔未足抗也。邵氏弟子大兴朱锡庚，屡书责余为文。谓余有一二知深，宜不可默。余谊不敢辞。然君卒数年矣。余屡就其家，求其遗书坠绪。庶几徵予所知，乃竟不可得。今目废不能书，疾病日侵，恐不久居斯世。苟终无一言，不特负死友于九原，亦且无以报锡庚之责。口授大略，俾儿子贻选书之。贻选固尝受学于君者也。辞意未备，或稍资补注焉。昔史迁著书，自命春秋经世，实本董氏天人性命之学，渊源甚深。班氏而下，其意微矣。南宋以来，浙东儒哲讲性命者，多攻史学，历有师承。宋明两朝，纪载皆稿荟于浙东。史馆取为裦据，其间文献之徵，所见所闻所传闻者，容有中原耆宿不克与闻者矣。邵氏先世多讲学，至君从祖廷采，善古文辞，著思复堂文集，发明姚江之学，与胜国遗闻轶事经纬，成一家言，蔚然大家。惜终老诸生，其书不显于世。事详大兴朱先生筠所撰墓表。

在介绍邵晋涵的学术时，章学诚还不忘讲述自己和传主的学术因缘：

> 君之于学，无所不通。然亦以是累志广狎，不易裁见。大兴朱先生则曰：经训之义荒久矣，雅疏尤芜陋不治。以君之奥博，宜与郭景纯氏先后发明，庶几嘉惠后学。君由是殚思十年，乃得卒业。今所传《尔雅正义》是也。然君才尤长于史，自其家传乡习，闻见迥异于人。及入馆阁，肆窥中秘，遂如海涵川汇，不可津涯。当辛卯之冬，余与同客于朱先生安徽

使院。时余方学古文辞于朱先生，苦无藉手。君辄据前朝遗事，俾先生与余各试为传记，以质文心。其有涉史事者，若表志记注、世系年月、地理职官之属，凡非文义所属，覆检皆无爽失。由是与余论史，契合隐微。余著《文史通义》，不无别识独裁。不知者或相讥议。君每见余书，辄谓如探其胸中之所欲言。间有乍闻错愕，俄转为惊喜者，亦不一而足。以余所知解，视君之学，不啻如稊米之在太仓，而君乃深契如是。古人所称昌歜之嗜，殆有天性，不可解耶。方四库徵书，遗籍秘册，荟萃都下，学士侈于闻见之富，别为风气，讲求史学，非马端临氏之所为整齐类比，即王伯厚氏之所为考逸搜遗，是其研索之苦，襞绩之勤，为功良不可少，然观止矣。至若前人所谓，决断去取，各自成家，无取方圆求备，惟冀有当于春秋经世，庶几先王之志焉者，则河汉矣。余尝语君，史学不求家法，则贪奇嗜琐，但知日务增华，不过千年，将恐大地不足容架阁矣。君抚膺叹绝，欲以斯意刊定前史，自成一家。时议咸谓前史榛芜，莫甚于元人三史，而措功则宋史尤难。君遂慨然自任，尝据宋事与史策流传大违异者凡若干条，燕闲屡为学者言之。

文末章学诚发出悲鸣：

君居家孝友，与人忠信，度诸家传志所已详者，余不赘也。惟予爱若弟兄，前后二十余年，南北离合，历历可溯，得志未尝不相慰悦。至风尘潦倒，疾病患难，亦强半以君为依附焉。今君下世五年，而余又衰病若此。追念春明旧游，意气互相激发，何其盛也，而今安在哉。悲夫！[1]

《邵与桐别传》记载传主事迹的文字暂且不论，此处所引论学文字，与《浙东学术》颇有出入，非仅为邵晋涵作传，某种程度是章学诚自况，是为自己的学术最终论定。《邵与桐别传》的关键，是将邵晋涵拉进浙东阳明学的传承脉络之中，重申并强化浙东学术的观点。

《儒林传稿·邵晋涵传》取材章学诚的记载而不采洪亮吉的传文，可见阮元的眼光。阮元曾与邵晋涵直接交往，从之问学，对其学术有较多的了解，知其和章学诚有相通之处。阮元《南江邵氏遗书序》称："岁丙午，元初入京师，时前辈讲学者，有高邮王怀祖、兴化任子田，暨先生而三，元咸随事请问，捧手有所授焉。先生本得甬上姚江史学之正传，博闻强记，于宋明以来史事最深，学者唯知先生之经，未知先生之史也。"[2] 阮元肯定"姚江史学"的传统，即黄宗羲、万斯同、全祖望等甬上、姚江学者有关宋明史学的研究著述，而他认为邵晋涵得到了这种史学的真传。这与章学诚认为浙东学术以黄宗羲、万斯大、万斯同、全祖望一系为主，其长处在史学是非常接近的。所以，阮元的《邵晋涵传》采信章学诚的记载，有其自身认知的基础。

阮元与章学诚的学术主张不同，采用章学诚对于邵晋涵的记载，颇有值得玩味之处。阮元深知邵晋涵与章学诚关系密切，"素与会稽章学诚，以所蕴蓄者相知《文史通义》"，故而采纳章学诚对邵晋涵学术的归纳，有关邵晋涵主要学术观点和主要史学成就的叙

---

[1] 章学诚:《邵与桐别传》，载《章学诚遗书》卷十八，第176—177页。

[2] 阮元:《南江邵氏遗书序》，载邓经元点校《揅经室集》，第544—545页。

述，基本都来自章学诚。而采用钱大昕所说邵晋涵"生长浙东，习闻蕺山、南雷诸绪论"，[1] 也等于肯定邵晋涵是刘宗周、黄宗羲的后学。而将邵晋涵算作姚江史学即黄宗羲一系史学的传人，又何尝不是章氏的代表性见解。

阮元对邵晋涵传的安排，固然是受到章学诚的影响，不过，他并没有为邵晋涵单立正传，而是将其附于其族祖邵廷采之后，邵廷采也被阮元认定是黄宗羲的后学。在章学诚那里，"浙东"和"史学"同时归入邵晋涵传，并作为浙东学术的传人。阮元将邵晋涵纳入黄宗羲的学术传人中，不仅是对传主个人学派属性的认定，也是对整个浙东学术传承谱系的认同。

《儒林传稿》对章学诚的浙东学术说的采信不止这一处，有关邵廷采的记载也可以看到影响的印记。阮元将邵廷采作为正传人物，给予相当的重视，其中一个理由是将其当作黄宗羲的传人。《儒林传稿·邵廷采传》云："廷采为诸生，与徐景范皆从孔当受业，又尝从黄宗羲问学。廷采初读《传习录》，无所得，既读刘宗周《人谱》，曰:吾知王氏学所在始事矣。"[2] 尽管邵廷采不算经学人物，阮元还是肯定其地位。值得注意的是，章学诚也很重视邵廷采。以阮元对《文史通义》的了解，从中可能得知其人其事，而将学术不同的邵廷采、邵晋涵合并立传，正是章学诚《邵与桐别传》的设想之一，阮元延续了这种取法。

此外，在《任大椿传》《周书昌传》中，阮元也采用了《文史通义》的文字。任大椿是阮元的老师，在其传记中采用章学诚的记载，说明阮元对章氏《文史通义》有超出一般的了解和非同寻常的信任。

---

[1]　阮元:《儒林传稿》，载《续修四库全书》第 537 册，第 661 页。

[2]　阮元:《儒林传稿》，载《续修四库全书》第 537 册，第 660 页。

鉴于阮元知晓章学诚的"浙东学术"说，并接受章学诚的意见，在《儒林传稿》中，将邵晋涵归于"浙东学术"的谱系，那么他将黄宗羲、万斯大、万斯同、全祖望立为正传的举动，就不能视为与章学诚意见的偶然巧合。章学诚的清代"浙东学术"尊崇黄宗羲一系学者，甚至有过分突出之嫌，将黄宗羲的学术传承做了相当程度的简化和固化。阮元承认黄宗羲一系学者的重要地位，并将其当作浙江学术的主要代表，等于是接受章学诚的"浙东学术"说及其表述。相比于江藩的《汉学师承记》，立意不同，根本没有万斯大、万斯同、全祖望等人的位置，如果在不同的述学脉络中构建浙东学术，更能凸显阮元有关浙东学者记载的谱系意义。

第三节 浙东学术指称的联系与分别

《儒林传稿》有关浙江学术的记载，黄宗羲一系占有重要地位，而对黄宗羲等人的记载又侧重他们经史研究的成就。这与章学诚《文史通义》中的"浙东学术"说绝非巧合，而有事实的联系。阮元从不同的渠道了解到章学诚的学说，在《儒林传稿》多个传记中采用了《文史通义》的记载，并受到章学诚所提示的浙东学术谱系的影响。此说若能成立，则章学诚的浙东学术说及其谱系已经对清代官方学术论述产生了影响，并在其中占有一席之地。

阮元关于浙江学术的叙述，与章学诚所讲"浙东学术"也有不同之处，主要表现在以下两方面。

其一，阮元确认了黄宗羲及其传人的学术传承和历史地位，但是更强调他们在经学方面的贡献。阮元对构成今日浙东学派的黄宗羲、万斯大、万斯同、全祖望等人的记述，一方面揭载他们的史学成就，比如黄宗羲、万斯同对明史的贡献，黄宗羲、全祖望在宋明学术史方面的成就，称邵晋涵得到"姚江史学"的正传等，这些学术特点和重要成就，为今日学界所公认，另一方面，阮元特别重视他们的经学成就。这固然反映了阮元本人的尊经观念，也符合经学成就当列在儒林传首位的要求。黄宗羲等人的确在经学领域贡献良多，黄宗羲被称为"经学大师"，万斯大在三礼学和春秋研究方面确有专攻，全祖望的经学则得到阮元的推尊。这在当时的士林学界有口皆碑。阮元推重黄宗羲等人的经学，固然有与儒林传相配合的意图，也表明在他看来，阳明学一脉的传承并未中断，理应在清代儒林有其一席之地。

相比之下，章学诚的《浙东学术》更强调史学一面，认为浙东学术源出于陆，究性命于史，而仅指黄宗羲为隐逸，二万为经史之学，全祖望则有黄氏之意；而且认为"浙东史学，历有渊源"。[1] 概括浙东学术为史学，不无道理，但是对于黄宗羲及其弟子的学术成就而言，认识显然不够全面。史学只是浙江学者的重要方面，而不能扩大解释为浙江学者只究史学，不治经学。后来梁启超等人将浙东学派解释为浙东史学派，对史的解释和认识与章学诚的原初含义不尽相同，但仍然进一步加重了人们以史学局限浙东学人的偏见。相比之下，阮元对黄宗羲等人学术的叙述有相当的合理性，值得重视。今人吴光认为，应该将"浙东史学派"正名为"浙东经史学派"。而阮元对浙东学术的记载正是经史并重。今天对浙东学术的理解要在前人的基础上深入拓展，尤其是要破除后来的成见，还历史的本来面目，阮元的《儒林传稿》极具参考价值。

---

[1] 章学诚：《与阮学使论求遗书》，载章学诚著、仓修良编注《文史通义新编新注》，第 755 页。

其二，阮元对浙江学者的覆盖面较章学诚广，显示所谓浙东学派的观念及其所指，不能过于狭隘。阮元对浙东学术的名义保持比较谨慎的态度。他承认刘宗周的学术在浙江，尤其是在浙东宁波一带的影响，并以黄宗羲为刘宗周的正宗传人，对黄宗羲的后学进行了重点记述。但是浙东的范围广大，黄宗羲及其传人之外，还有其他一些学者，就是刘宗周系统的学术传承也还另有其人，比如刘汋、韩孔当等姚江书院派，就是黄宗羲同时期的主要阳明学者，阮元同样有所记载。而同属浙东的毛奇龄，更是受到阮元的高度重视，被视为清代"汉学"的先驱。这都是章学诚的《浙东学术》所不及之处。也就是说，章学诚的《浙东学术》重视黄宗羲一系成就众多的重要学者，固然应当，可是，如果将黄宗羲一系学人等同于浙东学术，则显然不够恰当。至少在全祖望眼中，黄宗羲学术的重要传人还有郑性等人，而全祖望对浙东、浙西的地理有明确的解说，并不使用"浙东学术"这样笼统含糊的名称。

清代浙江学者为数众多，浙东亦然，章学诚突显黄宗羲一系自有意义，但其他学者也不应忽视。今天学界对浙东学者的研究，超越了章学诚的谱系，更加接近阮元的论述。对于浙东学术的名义，阮元的理解似乎更符合徐元文、黄宗羲等人提出的初始含义，即以阳明学及其后学为浙东地区的学术代表。阮元修撰《儒林传稿》，在很多方面借鉴了清朝官修的《明史》，对于围绕《明史·儒林传》的争论心知肚明，对于黄宗羲包括其移书史馆论明理学的书信相当了解，所讲浙东学术，虽然吸收了章学诚着重史学的观念，仍不脱离阳明学的脉络。相比之下，章学诚所说浙东史学有陆学渊源，很可能是以此回避世间对阳明学的批评。

《儒林传稿》的相关传记暗采"浙东学术"的名义，是浙东学术进入清代学术史论述的重要环节，同时还显示出"浙东学术"进入历史叙述的动态进程和复杂意涵，为进一步开拓视野，用开放多元的视角研究考察浙东学术提供了参考。《儒林传稿》体现出的清代中后期浙东学术名义的特殊内涵，与后来学者的诸多议论不无暗合之处。如章太炎认为："清代学派中，尚有四明学派。此派不起于清，实源于宋。万斯大、万斯同兄弟均四明派，说经多讲三礼。"[1]同样肯定万氏兄弟的经学贡献。章太炎对清代经学的地域分布曾有清晰的说明："清代经学，自分布之地域观之，最先为苏州（后又分出常州一支），次徽州，又次为扬州，浙江在后。其在山东，则有孔广森及桂馥。在广东，则有侯康，讲《穀梁》；又有陈澧，亦是汉宋杂糅者。余如四川、两湖亦有经学家。唯有一处纯为宋学，绝对不受汉学影响者，即江西是也。江西本陆学极盛之地，宋代朱熹讲学之所，故在历史地理上为一特别区域。"[2] 这番意见除去广东、四川不论，大多和阮元的观点相近。今日对于浙东学派的理解，多基于民国以来的研究，而民国学人其实是跳过了或无视阮元等人的相关叙述，直接承接章学诚的观念并进一步放大。后来学术界虽然有所反省，察觉到章学诚的说法局限很大，却并未根本放弃倒建谱系的做法，各自所构建出来的浙东学派越是条理系统清晰明确，就越有可能体现后人的自以为是，而与当时的事实渐行渐远。如何依照历史进程的时空顺序，考察浙东学派因事因地因人而异的事实、说法与条理系统的联系及分别，考验学人的学识与智慧。这方面《儒林传稿》的记载可以提供相当的助益，这也是该书叙学的价值所在。

---

[1]　章太炎：《清代学术之系统》，载傅杰编校《章太炎学术史论集》，云南人民出版社，2008，第403页。

[2]　同上。

第二章　汉学名义与惠栋学统
——《汉学师承记》撰述旨趣再析

汉宋之分或汉宋之争，是清学演变中一大关节，也是后来清学史叙述的关键与中心论题。其中，厘清汉学一词从无到有之发生，梳理汉学名义因人、因时、因事之演进、递变，乃原始要终、正本清源地认识汉宋问题的入手门径，亦是必不可少的步骤。可是，愈到晚近，学人对于汉学一词愈是视作不言自明的习语，对其固有生动活泼、传衍变迁的丰富语义缺乏亲切体会。

在清代汉学语义演变脉络中，《汉学师承记》的地位相当关键。[1] 江藩撰写《汉学师承记》，第一次醒目地以汉学为旗帜，勾勒了清代经学传授的师承脉络，并以接近"史"述的方式，交代了清人的治学路向与意趣，不仅被之后的学人视为研习汉学最为扼要的门径书之一，[2] 也深刻影响了后人对于清学史的认识与叙述，其

---

[1]　本文所引江藩《国朝汉学师承记》，除引文之外，皆使用后世通行之名《汉学师承记》。

[2]　阮元为此书写序时即已提道："读此可知汉世儒林家法之承授，国朝学者经学之渊源。"阮元：《国朝汉学师承记序》，载《揅经室集》，邓经元点校，中华书局，1993，第248页。被认为是清学殿军大师的孙诒让，交代早年治学路径时说："年十六七，读江子屏《汉学师承记》，及阮文达公所集刊经解，始窥国朝通儒治经史、小学家法。"孙诒让：《札迻叙》，载《籀庼述林》，雪克点校，中华书局，（转下页）

流风余韵直至晚近。

　　另一方面，很大程度上正是缘于《汉学师承记》以汉学条贯清代经学体系，自面世起，它即饱受争议。各种质疑中，龚自珍之说最早出，亦最具典型，一直反复为后人引述。嘉庆二十二年（1817）冬至，龚自珍受江藩之嘱，品评《汉学师承记》撰述大旨，直言"名目有十不安"，主要即缘于汉学的名义，绝难笼罩"国朝经学"，也不能与宋学立异而立名树义。换言之，该书名有双重门户的嫌疑：一为汉宋门户，一为汉学门户（以汉学笼括清代经学）。故龚自珍认为此书名实不符，建议将"汉学"改为"经学"，且以为改名后便"浑浑圆无一切语弊矣"。[1] 至于内容，则可称"代不数人，数代一人"，上继汉代大儒司马迁与刘向。虽有过誉，确与对名目的质疑迥异其趣。[2] 龚氏似乎在说，若江藩依议改名，由该书特具之汉学名义形成的双重门户之见，自亦随之消解。这更突出了江藩汉学名义的玄妙。有意思的是，在龚自珍回馈阅后意见的第二年（嘉庆二十三年），江藩在广州阮元幕府重刻该书，书名一字未改，赫然仍为《汉学师承记》。从江藩撰写此书的立场出发，其汉学名义不仅应在书中安之若素，且可能十足有意。更改书名后，

（接上页）2010，第149页。应注意的是，阮元与孙诒让都未明确说从中见清人汉学家法，而代以经学、小学家法之说。这与下引龚自珍之意有相通之处。

　　[1]　龚自珍：《与江子屏笺》，载《龚自珍全集》，王佩诤校，上海古籍出版社，1975，第346—347页。

　　[2]　龚自珍：《江子屏所著书序》，载《龚自珍全集》，上海人民出版社，1975年，第194页。在此序中，龚氏直称"江先生书，曰《国朝经学师承记》"。事实上，江藩撰《汉学师承记》，又辑《经师经义目录》，据李慈铭言，"殊有班氏《儒林传》、《艺文志》家法"。李慈铭：《越缦堂读书记》，上海书店出版社，2000，第478页。两者本相互照应，倒与龚自珍的箴言相应。

虽看似只是形式上的改头换面，实际上精神亦将随之而变。

那么，从此意出发，江藩贯彻坚持的汉学名义，究竟因应于何人、何事、何义，到底具备何种特殊意味，与其全书精神、立意有何关系，自然成为不可回避的重要议题。学人对于《汉学师承记》多有品论，亦不乏专门论述，对诸如成书过程、资料取材、版本变迁、撰写立意，皆有论断，为后续研究提供了凭借。[1] 然若从江藩特具用心的汉学名义入手，勾勒其在汉学名义演变中的位置，抉发其中的具体指向与背后理趣，当可为深入一层领会《汉学师承记》的撰述旨趣进一解。更为紧要的是，以此为切入，可进一步贯通汉学名义演变的前后脉络，把握汉学名义递嬗背后因人而异的具体意涵，由此考镜源流、辨章学术，可见清代汉宋问题发生、演变的诸多面相。

第一节　易学与汉学发端

《汉学师承记》树起了汉学旗帜，又以汉学为线索勾勒清代经学的师承脉络，故要领会江藩撰述此书的旨趣，揣摩其对于汉学的认识，便应从其论述逻辑的起点入手，首先是疏证汉学发端这一最

---

[1]　目前的研究主要有朱维铮：《汉学与反汉学——江藩的〈汉学师承记〉、〈宋学渊源记〉和方东树的〈汉学商兑〉》，载《求索真文明——晚清学术史论》，上海古籍出版社，1996。漆永祥：《江藩与〈汉学师承记〉研究》，上海古籍出版社，2006。江藩纂：《汉学师承记笺释》，漆永祥笺释，上海古籍出版社，2006。戚学民：《"儒林列传"与"汉学师承"——〈汉学师承记〉的修撰及汉宋之争》，载桑兵、关晓红主编《先因后创与不破不立：中国近代学术流派研究》，生活·读书·新知三联书店，2007，第43-74页。

为吃紧的问题。

《汉学师承记》开章明义道：

> 经术一坏于东西晋之清谈，再坏于南北宋之道学。元、明
> 以来，此道益晦。至本朝，三惠之学，盛于吴中；江永、戴震
> 诸君，继起于歙。从此汉学昌明，千载沉霾，一朝复旦。[1]

显然以三惠之学，为清代汉学的发端。不过，在正文论及三惠
之学时，江藩落实于惠栋一人，称其：

> 年五十后，专心经术，尤邃于《易》。谓宣尼作《十翼》，
> 其微言大义，七十子之徒相传，至汉犹有存者。自王弼兴而汉
> 学亡，幸传其略于李鼎祚《集解》中。精研三十年，引伸触
> 类，始得贯通其旨。乃撰《周易述》一编，专宗虞仲翔，参以
> 荀、郑诸家之义。约其旨为注，演其说为疏。汉学之绝者千有
> 五百余年，至是而粲然复章矣。[2]

这一论述，鲜明扼要，自然引起学人注意。只是，江藩强调断
绝千有五百余年的汉学，至此一朝复旦，实与惠栋的《易》学密不
可分。内中意味深远，却鲜少有人能够充分论及，抉发其底蕴。而

---

[1]　江藩：《汉学师承记》卷一，载朱维铮、徐洪兴编校《汉学师承记（外二
种）》，生活·读书·新知三联书店，1998，第 8 页。

[2]　江藩：《汉学师承记》卷二，载《汉学师承记（外二种）》，第 30 页。《汉
学师承记》多引自时人传文，而从组织语句中自见意思。此语采自钱大昕。

不了解此意，实无法真正认识江藩所接受的汉学理念。[1]

一般来说，学人多倾向于将汉学对等于汉儒之学或治汉儒之学。刘师培在清末论及汉学之名义，便注意到："古无'汉学'之名，汉学之名始于近代。或以笃信好古，该汉学之范围。然治汉学者，未必尽用汉儒之说；即用汉儒之说，亦未必用以治汉儒所治之书。是则所谓汉学者，不过用汉儒之训故以说经，及用汉儒注书之条例，以治群书耳。故所学即以汉学标名。"[2] 此论甚为通达，可破拘泥之见，但他仍以此笼统之说书写近代汉学之变迁，而不能从近代学术变迁中见汉学名义的真相。显示时人对于汉学一词的认识，已经相当笼统含糊。不过，亦有学人尝试对此有所分辨。章太炎即称："汉学之名，本起明时七子，特以文辞异宋，假为斯号。"[3] 此说提示刨根问底的路径，但说法与实情有异。

[1]　目前学人已充分注意到《易》学在惠栋构筑汉学体系中的核心地位，也对惠栋相关论著的版本与撰写年代做了细致的考辨。如郑朝晖：《述者微言——惠栋易学研究》，博士学位论文，武汉大学，2005。陈居渊：《简论惠栋标帜"汉学"的易学特色》，《周易研究》2007年第4期。陈伯适：《汉易之风华再现——惠栋易学研究》，台北：文史哲出版社，2008。张丽珠：《惠栋与清代经学之"汉学"典范建立》，《中国学术年刊》2009年总第31期。皆为后续研究的凭借。然对惠栋汉学观念导源于宋儒易汉学，及由汉易学而欲超越宋儒之深意，则稍有间。若不能理解此意，那么江藩所谓"微言大义，七十子之徒相传，至汉犹有存者"，"汉学之绝者千有五百余年，至是而粲然复章"便难有落脚处。拙文《惠栋构筑汉学之渊源、立意及反响》（《中国哲学史》2014年第3期）论及此事，与本章在内容与征引文献上有相通处，但立意、解读各有侧重。

[2]　刘师培：《近代汉学变迁论》，载朱维铮、李妙根编《刘师培辛亥前文选》，生活·读书·新知三联书店，1998，第177页。

[3]　章太炎：《与叶德辉》，载马勇编《章太炎书信集》，河北人民出版社，2003，第601页。

事实上，惠栋本人即已称引汉学之名。惠栋在《易汉学》自序中，引宋人赵师秀诗句："辅嗣易行无汉学，玄晖诗变有唐风。"[1] 本应采自王应麟《困学纪闻》的记载，[2] 与原诗用字略有不同。赵诗原名《秋夜偶成》，[3] 为"非汉学"而非"无汉学"，一字之差，语意略变。

赵师秀诗可称宋时治《易》流派实录。与其大致同时的刘克庄，曾为《季父易稿》作序，说："《易》学有二，数也，理也。汉儒如京房、费直诸人，皆含章句而谈阴阳灾异，往往揆之前圣而不合，推之当世而少验。至王辅嗣出，始研寻经旨，一扫汉学，然其弊流而为玄虚矣。"[4] 跋《恕斋读易诗》又说："京房、严君平辈以《易》为占书，郑司农区区训诂不离汉学，至王弼始一扫凡陋，以理求《易》，当时美其吐金声于中朝，后人称寻微之功，必曰辅嗣。"[5] 可作赵师秀诗句的注脚。

显然，宋人的《易》学流派分类，一重象数，一重理喻，重数一派，即是汉学。王弼以理治《易》，大为风行，"一扫汉学"，"一扫凡陋"，对应之学即是汉学。但汉学并未因此而消失（"无"），刘克庄即说："本朝数学有华山陈氏、河南邵氏。"只是"今邵氏之书

[1] 惠栋：《易汉学自序》，《松崖文钞》卷一，载《续修四库全书》第1427册，上海古籍出版社，1995，第270页。

[2] 王应麟：《评诗》，载《困学纪闻》，孙通海点校，辽宁教育出版社，1998，第344页。

[3] 赵师秀：《清苑斋诗集》，不分卷，明汲古阁景宋钞本。

[4] 刘克庄：《季父易稿》，载《后村先生大全集》卷九五，四川大学出版社，2008，第2449页。

[5] 刘克庄：《恕斋读易诗》，载《后村先生大全集》卷一一一，第2879页。

虽存，通者极少"。[1] 元人袁桷亦称："易学以辞象变占为主，得失可稽也。王辅嗣出，一切理喻，汉学几于绝熄。宋邵子、朱子震始申言之，后八百余年而始兴者也。"[2] 显然，宋元以来，仍有儒者发明《易》汉学，其中就包括邵雍等宋代名儒。

由此可见，汉学的本义，实限定于易学之象数一派，而非汉儒之学的简称。此意一直延续至明末清初。

毛奇龄撰写《推易始末》，内中涉及明瞿塘来氏"卦综图"，称：

> 来氏名知德，蜀人，作《易注》，稍宗汉学。世之不闻汉学者，争以为异，颇称之。但不讲卦变，窃取卦之反对者名之为综，其不反对者名之为错，以为《象传》所云刚来柔进，皆从两卦上下错综而得之，遂改卦变为卦综，然仍多不合。盖推《易》倒《易》，截然两事，而欲强溷而一之，宜其舛也。来氏举嘉靖乡试，以易学荐授翰林院待诏，予同馆生。有编之入《明史·儒林传》者。夫只得汉学十分之一，而世竟传之且至如此，然则汉学可少耶。[3]

来氏所讲汉学，即是上承宋元儒者，旨趣相近。而从毛氏之语意，可见汉学在当时不无流行。

毛奇龄本人，亦是讲汉学的一大后劲。《推易始末》强调："王弼后起，尽扫诸前儒所说，而更以清谈，以为互体不足，遂及卦

---

[1]　刘克庄:《季父易稿》，载《后村先生大全集》卷九五，第2449页。

[2]　袁桷:《龚氏四书朱陆会同序》，《清容居士集》卷二一，载《文渊阁四库全书》第1203册，台湾商务印书馆，1986，第286页。

[3]　毛奇龄:《推易始末》卷三，载《文渊阁四库全书》第41册，第506页。

变，变又不足，推致五行，弥缝多阙，不如尽己之为快。而嗣此失
学之徒，便于饰陋，悉屏绝汉学，专宗弼说，而于是辞象变占，四
不存一，方体位数，十亡八九矣。……延及赵宋，则仅晓王学，而
不识汉学。"故有意发挥《易》汉学，称："《推易折衷图》，此则予
之折衷于诸儒者也。推易之说，虽发自仲氏，而诸儒实先启之。西
京以后，六季以前，必有早为是说者。而汉学中衰，遂致沦没，兹
从列代论变一线相沿者，稍参订之，以求合于仲氏之旨。第学荒
识浅，诸所未备，实赖后之多学者并论辨焉。"[1] 四库馆臣与国史
撰修官称，毛氏"言《易》，发明荀、虞、干、侯诸家旁通卦、卦
变、卦综之法，是后儒者多研究汉学，不敢以空言说经，实自奇龄
始"，[2] 亦将汉学落实于易学，并突显毛奇龄的地位作用。可以说，
自宋迄明末清初，汉学一脉始终绵延不绝，其本义即在治《易》之
一家。

惠栋大张汉学旗帜，同样以《易》为根本，渊源于此，而不局
限于此，其用心与抱负高远，绝异于前人。

从表相看，惠栋突破前人有两个地方。

其一，直接标明汉学，树立旗帜。惠栋搜集考订汉《易》，著
有《易汉学》一书，集合了孟喜、虞翻、京房、荀爽诸家绪论。该

---

[1]　毛奇龄:《推易始末》卷一，载《文渊阁四库全书》第41册，第482－483
页；毛奇龄:《推易始末》卷四，第509页。
[2]　四库馆臣称:"自明以来，申明汉儒之学，使儒者不敢以空言说经，实自
奇龄始。"《易小帖》提要，载《四库全书总目》卷六，中华书局，1965，第38页。
《国史儒林传》采自《提要》而略加修改。阮元:《集传录存》，载《揅经室集》，第
1025页。

书原名《汉易考》，后直接标名为汉学。[1] 但其实与前人的取径、理念有异。《易汉学》卷八"辨先天後天"条，明辨宋元人列于《易》汉学之"数"学大家邵雍承袭异学，称："邵氏之学，本之庐山老浮图。见谢上蔡《传易堂记序》。"[2] 又称毛奇龄《仲氏易》"非汉非宋"，是"思而不学者也"[3]；《推易始末》则"不足观"。[4]

其二，扩张汉学名义的范围。惠栋《易汉学》自序说："《六经》定于孔子，毁于秦，传于汉。汉学之亡久矣。独《诗》《礼》《公羊》犹存毛、郑、何三家。《春秋》为杜氏所乱，《尚书》为伪孔氏所乱，《易经》为王氏所乱。杜氏虽有更定，大校同于贾、服，伪孔氏则杂采马、王之说，汉学虽亡而未尽亡也。惟王辅嗣以假象说《易》，根本黄、老，而汉经师之义荡然无复有存者矣。"[5] 故惠栋亦有论著，旨在恢复两汉《春秋》《尚书》等专门之学。民国学人潘景郑收藏惠栋《古文春秋左传稿本》，根据潘氏跋文，此书为惠栋"手采贾、服旧注，不自立说"，"卷端初题曰《春秋左氏传集注》，后改题曰《古文春秋左传汉学》，复涂乙'汉学'二字"。[6]

---

[1]　叶景葵比读《易汉学》稿本与刻本"蒙以亨，行时中也"条，说："刻本云'说详《汉易考》'，稿本'汉易考'三字，朱笔改为'易汉学'。……据此可知先生所著《易汉学》原名《汉易考》，《周易述》原名《易述》。"叶景葵：《易汉学》跋语，上海图书馆藏稿本，无页码。

[2]　惠栋：《易汉学》卷八，载《周易述附易汉学、易例》，郑万耕点校，中华书局，2007，第631页。

[3]　惠栋：《本朝经学》，《九曜斋笔记》卷二，载《聚学轩丛书》第3集，清光绪二十九年（1903）刻本，第16页。

[4]　惠栋：《推易始末》，《九曜斋笔记》卷三，载《聚学轩丛书》第3集，第9页。

[5]　惠栋：《易汉学自序》，《松崖文钞》卷一，载《续修四库全书》第1427册，第270页。

[6]　潘景郑：《著砚楼书跋》，上海古籍出版社，2006，第7页。

　　而其用心，更为深远。惠栋《上制军尹元长先生书》，称其通过搜集汉儒解《易》之旧注古说，反复研求，"恍然悟洁静精微之旨，子游《礼运》、子思《中庸》纯是《易》理，乃知师法家传，渊源有自"。并且强调："此则栋独知之契，用敢献之左右者也。"[1] 惠栋此言，透露汉人解《易经》之旨，乃解别经之管钥，大可玩味。

　　所谓"栋独知之契"，可见抱负之大，也确有实指。惠栋《易例》"元亨利贞大义"条称："《易》道晦蚀且二千年矣。'元亨利贞'乃二篇之纲领，魏晋以后，注《易》者皆不得其解。"究其原因："后之学者征创异说，讳言《坎》《离》，于是造皮肤之语以释圣经，微言既绝，大义尤乖。殊不知圣人赞化育，以天地万物为《坎》《离》，何嫌何疑，而讳言之乎？"之所以惠栋本人可以独得其契，乃缘于："东汉之《易》犹存，荀、虞之说具在，用申师法，以明大义，以溯微言。二千年绝学庶几未坠，其在兹乎！其在兹乎！"[2]

　　必须注意的是，惠栋实际上将东汉以下包括程、朱一脉的注解，排斥在得圣人微言大义的正宗之外了。这很容易让人联想起韩愈以来尤其是朱熹的道统论：

　　　《中庸》何为而作也？子思子忧道学之失其传而作也。……再传以得孟氏……及其没而遂失其传焉。……然而尚幸此书之不泯，故程夫子兄弟者出，得有所考，以续夫千载不传之绪。……惜乎！……凡石氏之所辑录，仅出于其门人之所记，

────────────

[1]　惠栋：《上制军尹元长先生书》，《松崖文钞》卷一，载《续修四库全书》第 1427 册，第 275 页。

[2]　惠栋：《易例》卷上，载《周易述附易汉学、易例》，第 651-652 页。

是以大义虽明，而微言未析。……熹自蚤岁即尝受读而窃疑之，沉潜反复，盖亦有年，一旦恍然似有以得其要领者，然后乃敢会众说而折其中。[1]

朱熹之意，其《中庸章句》实从大义进于微言，得圣人之传。此虽为朱熹论道统之一面，而实为一大代表。

惠栋明显借用朱熹之论，却又有意序写与朱熹不一样的"道"之传授统系。朱熹道统论中极为重要的一个论断，即孟子之后不得其传，要扫除汉唐注疏之正统，以立理学之正宗。惠栋破朱熹之说，谓孟子之后汉人仍传其说，到王弼乱《易》，一扫汉学，才复中断。而至清代，惠栋"恍然悟洁静精微之旨，子游《礼运》、子思《中庸》，纯是《易》理"，[2] 又称，《中庸》"此仲尼微言也，子思传其家学，著为此书，非明《易》不能通此书也"。[3] 解开朱熹所谓承道学之传的《中庸》微言大义秘密的钥匙，正在《易》汉学。此举大有入室操戈之意。借朱熹以来的道统论，而又拔本塞源，重立传承的体系，明确大义微言之所系。

故惠栋号召汉学，不仅恢复两汉专门之学而已，而是以此为根基，进而阐明大义微言，与程、朱之学决胜。故而惠栋敢于豪言"二千年绝学庶几未坠"，"此则栋独知之契"。所以《周易述》不仅述而已，更有《易微言》与《易大义》，以证"七十子之徒所传之

---

[1]　朱熹：《中庸章句序》，载《四书章句集注》，中华书局，1983，第14—15页。

[2]　惠栋：《上制军尹元长先生书》，《松崖文钞》卷一，载《续修四库全书》第1427册，第275页。

[3]　惠栋：《易大谊》，载《指海》第5集，大东书局，1935年影印本，第1页。

大义，与宋儒旨趣不同"。[1]

惠栋解释宋儒不得其传的原因，在于被王弼所欺。惠栋《说文》笔记解"壬"谓："位北方也。阴极阳生，故《易》曰龙战于野，战者接也。训战为接，真古训也。王弼谓与阳战而伤，朱子谓两败俱伤。乱经者弼，而朱子从之也。阴阳消息何伤之有。七十子丧而大义乖，其是之谓乎。"[2] 因此，七十子丧而所乖之大义，自然不在与其旨趣大异的宋儒，而在能明汉《易》微言的惠氏一家，因此得失传二千年之绝学。这便是惠栋立汉学的用心与抱负。这与其说是汉学，还不如说是一种新的理学。惠栋一直强调："汉人经术，宋人理学，兼之者乃为大儒。"[3] 此与顾炎武"古之经学即理学"意趣相当接近，即藏理学于经学之中。

江藩作为惠栋的再传弟子，治学颇宗惠栋汉学，亦有赓续之意，对惠氏汉学当能体会。

惠栋最具用心之书在《周易述》，但其"书垂成而疾革，遂阙鼎至未济十五卦，及《序卦》、《杂卦》传二篇"。江藩不仅将其书补成，并加以疏证，自署"门人江藩集注并疏"。凌廷堪序《周易述补》，称"读其所补十五卦，引证精博，羽翼惠氏"。[4] 江藩尤其能领会惠栋以《易》汉学发挥七十子微言的深意，他说："惠松崖征君《周易述》三十八卷，内阙十五卦及《序卦》、《杂卦》二传，其《易大义》三卷，目录云《中庸》二卷，《礼运》一卷，阙。"所缺

<hr>

[1] 惠栋：《周易述》卷二二，载《周易述附易汉学、易例》，第456页。

[2] 惠栋：《惠氏读说文记》卷一四，清咸丰二年（1852）江都李氏半亩园刻本。

[3] 惠栋：《汉宋》，《九曜斋笔记》卷二，载《聚学轩丛书》第3集，第17页。

[4] 凌廷堪：《周易述补序》，载《校礼堂文集》，王文锦点校，中华书局，1998，第239页。

之《易大义》，应配前引惠栋"《中庸》、《礼运》纯是《易》理"的阐释。嘉庆二十三年，江藩得惠栋《中庸注》江声抄本，随即指出此非误传之《易大义》，"盖征君先作此注，其后欲著《易大义》以推广其说，当时著于录而实无是书。……是注虽征君少作，然七十子之微言，亦具在是矣"。颇能探知惠栋的论学心路。江藩深知此注的紧要，"昔年欲补此三卷，于《中庸》之旨，略通其谊，至于《礼运》，则反复求之而不能明也"。与惠栋之学稍有一间。故其感慨"今行年六十矣，垂老气尽，学业无成，弗克继先师之绪言"。[1]极能体现赓续惠栋汉学之意。

江藩除《汉学师承记》外，还有姊妹篇《宋学渊源记》。其中江氏批评"近今汉学昌明，遍于寰宇，有一知半解者，无不痛诋宋学"之风，认为与惠栋汉学的主张相悖，是出自对于惠栋学术真髓的理解。该书由达三撰序，交代相关旨趣，其言道："自宋儒'道统'之说起，谓二程心传直接邹鲁，从此心性、事功分为二道，儒林、道学判为两途；而汉儒之传经，唐儒之卫道，均不啻糟粕视之矣。殊不思洛、闽心学源本《六经》，若非汉、唐诸儒授受相传，宋儒亦何由而心悟！"[2]一定程度上质疑程、朱心传直接孔、孟之道，欲正面确立汉儒传经的地位，与江藩所秉承的惠栋汉学理念不远。

因此，深入惠栋汉学，方知《汉学师承记》所述汉学的本义，才可亲切体味《汉学师承记》将惠栋置于汉学发端之意。如此，"从此汉学昌明，千载沉霾，一朝复旦"之论，方可加于惠栋之上

---

[1]　江藩：《易大义跋》，《炳烛室杂文续补》卷一，载漆永祥整理《江藩集》，上海古籍出版社，2006，第 277 页。

[2]　达三：《国朝宋学渊源记·序》，载《汉学师承记（外二种）》，第 184 页。

而无突兀之感。

第二节　求古与求是

《汉学师承记》确立惠栋在清代汉学中的开创者地位，不仅与惠氏本身抱负相配，也与清学发展的事实相符。然而，以惠栋提倡的汉学通贯清代经学演进的大流，则更多是江藩的主观执拗，旨在应对部分乾嘉学人对于惠氏汉学的负面反响。

《汉学师承记》收录黄宗羲、顾炎武，并说明道："黎洲乃蕺山之学，矫'良知'之弊，以实践为主；亭林乃文清之裔，辨陆、王之非，以朱子为宗。故两家之学，皆深入宋儒之室，但以汉学为不可废耳。多骑墙之见，依违之言，岂真知灼见者哉？"[1] 江藩承认，黄宗羲、顾炎武皆以理学为本，而非以汉学立学，即一定程度承认"汉学"与"师承"名实不符。

清季皮锡瑞述清代经学历史，即有鉴于江藩书，称："国初诸儒治经，取汉、唐注疏及宋、元、明人之说，择善而从。由后人论之，为汉、宋兼采一派；而在诸公当日，不过实事求是，非必欲自成一家也。"真乃卓识，可视为江藩书的注语。皮氏进而推论道：

> 如江氏说，国初诸儒无一真知灼见者矣，岂独黄、顾二公！《师承记》首列阎若璩，江氏必以阎为真知灼见；案阎氏之功任考定古文之伪，而其《疏证》信蔡《传》臆造之事实，邵子意推之年代；其说《诗》，以王柏《诗疑》为然，谓《郑》、

---

[1]　江藩：《汉学师承记》卷八，载《汉学师承记（外二种）》，第158页。

《卫》为可删；乃误沿宋学，显背汉儒者。江刻于黄、顾而宽
于阎，是并阎氏之书未之考也。当时如胡渭《易图明辨》，能
辟《图》、《书》之谬，而《洪范》并攻汉儒。陈启源《毛诗稽
古编》能驳宋以申毛，而经说间谈佛教。万斯大、方苞等兼通
《三礼》，多信宋而疑汉。[1]

　　照皮氏所论，江藩书中的"汉学家"，大体都不能以汉学限之，
这与龚自珍之议旨趣相通，也就是说，汉学一词，很难容纳当时取
向各异的经学。

　　皮锡瑞之论，可谓《汉学师承记》中显见的"名实不符"。对
于顾、黄、阎、胡诸人，江藩尚可以汉学的前导渊源解释，今人亦
多如此安置。至于被江藩安置于汉学继起地位的戴震一系，虽已被
后人视作汉学的一大宗，却与惠氏汉学旨趣大异。对于这一点，江
藩应是心知肚明。

　　皮锡瑞驳江藩安置阎若璩等入汉学不符名义，而对于江藩尊
惠、戴为并世汉学大家则表示认同。皮氏称："雍、乾以后，古书渐
出，经义大明。惠、戴诸儒，为汉学大宗，已尽弃宋诠，独标汉帜
矣。"[2] 此说大体是晚清学人之共识，尤其是之后又经章太炎、梁启
超等好讲清学史诸大家的推扩，后人多将此说申为汉学师承的吴、
皖两系，成为清学史的一大常识。大体上说，今人对此论调，一般
即上溯至江藩的"至本朝，三惠之学，盛于吴中；江永、戴震诸君，

───────────

[1]　皮锡瑞：《经学复盛时代》，载《经学历史》，周予同注释，中华书局，
2004，第 222 页。

[2]　皮锡瑞：《经学复盛时代》，见《经学历史》，第 227 页。

继起于歙。从此汉学昌明，千载沉霾，一朝复旦"之论。[1] 然若加以深究，这甚至比将顾炎武、黄宗羲、阎若璩等列入"汉学"更为不妥，因为戴震等人从主观上即要与惠栋汉学相区分，甚至予以批驳。这一事实却因为奉惠、戴为汉学二大师的流行而被多数人所忽视。

诚如江藩所说，"乾隆中叶以后，惠氏之学大行"。[2] 与同时人的观察大体一致，"近之学者，多知崇尚汉学"。[3] 然而正如凌廷堪所言，其中以跟风之人为多。[4] 二期引起一些学人主动辨析、区分甚至批评，戴震即是其中旗帜。

乾隆以降，惠、戴齐名于士林，为一代儒宗。王鸣盛"交天下士，得通经者二人，吴郡惠定宇、歙州戴东原也"，[5] 并于当代名儒

---

[1]　江藩：《汉学师承记》卷一，载《汉学师承记（外二种）》，第8页。参见漆永祥：《汉学师承记笺释·前言》，上海古籍出版社，2006，第36-41页。漆说从江氏此书内容入手，论证"江藩心中，没有吴、皖两派分争角立的思想与意识，而《汉学师承记》中，也无有'尊惠贬戴'或'详吴略皖'的确凿证据"。然若从本章所述汉学之特殊内涵，以及戴震主动区分惠、戴之学引起的反响看，江藩以"春秋笔法"所述戴震之事，以及将戴震涵纳于本不能限之的"汉学"之内，则尊惠贬戴之意，甚为明显。

[2]　江藩：《易大义跋》，《炳烛室杂文续补》卷一，载《江藩集》，第277页。

[3]　凌廷堪：《与胡敬仲书》，载《校礼堂文集》，第203页。

[4]　乾隆五十八年，胡敬仲致信凌廷堪，说："近之学者，多知崇尚汉学，庶几古训复申，空言渐绌。"凌廷堪回复道："是固然已。第目前侈谈康成、高言叔重者，皆风气使然，容有缘之以饰陋，借之以窃名，岂如足下真知而笃好之乎？且宋以前学术屡变，非汉学一语遂可尽其源流。即如今所存之《十三经注疏》，亦不皆汉学也。"对于跟风之徒，则严词责道："当其将变也，千百人哗然而攻之者，庸人也；及其既变也，千百人靡然而从之者，亦庸人也。"（凌廷堪：《与胡敬仲书》，载《校礼堂文集》，第203-206页。）

[5]　王鸣盛：《古经解钩沉序》，《西庄始存稿》卷一五，载陈文和主编《嘉定王鸣盛全集》第10册，中华书局，2010，第280页。

中"断推两先生"。[1] 稍后，焦循论乾隆以来经学，称："吴有惠氏之学"，"徽有江氏之学、戴氏之学"。[2] 其时"海内考据家无不称惠、戴"。[3] 戴、惠亦深有渊源，洪榜记，戴震"于乾隆乙亥岁北上京师，见惠于扬州，一见订交"。[4] 钱穆则称戴、惠订交，是促使戴学一变之要因。[5] 然而，戴震却有心与惠学立异。

洪榜《戴先生行状》引王鸣盛语论惠、戴学，称："惠君之治经求其古，戴君求其是。"[6] 此说原出自戴氏之口。王鸣盛曾问戴震："子之学于定宇何如？"戴震明白答道："不同。定宇求古，吾求是。"[7]

戴震主动与惠学相区分，不仅寓有学术见解的歧异，似亦隐有高下之判。乾隆二十四年，即惠栋去世之明年，戴氏为王昶郑学斋作记，称当时学人说经能进于汉，进于郑玄，由数人为先倡，王昶为其一。时人有言"宋儒兴而汉注亡"，戴震甚不谓然。以为时人废弃"汉学"，乃缘于"自制艺选士以来，用宋儒之说，犹之奉新《经》而废《注》《疏》也"。并非宋儒排弃汉学，甚至"朱子晚年治《礼》，崇郑氏学何如哉"？戴震更强调"学者大患，在自失

---

[1]　洪榜：《戴先生行状》，载《戴震文集》，赵玉新点校，中华书局，1980，第 255 页。

[2]　焦循：《与孙渊如观察论考据著作书》，载《焦循诗文集》，刘建臻点校，广陵书社，2009，第 247 页。

[3]　任兆麟：《戴东原先生墓表》，载《有竹居集》卷一〇，清嘉庆元年（1796）两广节署刻本。

[4]　洪榜：《戴先生行状》，载《戴震文集》，第 255 页。

[5]　钱穆：《中国近三百年学术史》，商务印书馆，1997，第 355-357 页。

[6]　洪榜：《戴先生行状》，载《戴震文集》，第 255 页。

[7]　王鸣盛：《古经解钩沉序》，《西庄始存稿》卷一五，载陈文和主编《嘉定王鸣盛全集》第 10 册，第 280 页。

其心"，以为"不见圣人之心者，不得天地之心。不求诸前古圣贤之言与事，则无从探其心于千载下。是故由六书、九数、制度、名物，能通乎其词，然后以心相遇。是故求之茫茫空驰以逃难，歧为异端者，振其槁而更之，然后知古人治经有法，此之谓郑学"。[1] 如此之郑学，实亦戴震对于学问之见识。即经六书、九数、制度、名物，求通圣人名词，进知心意，并能反求诸己，体会与圣人同然之心，以成己成德。是即"求是"。此"是"，并非一言一语之的解，乃是能化学问本心于一体。求是之学，自然已超越汉宋之别。

　　乾隆三十年，戴震撰《题惠定宇先生授经图》一文，与前引《郑学斋记》意趣相通。戴氏对于"有汉儒经学，有宋儒经学，一主于故训，一主于理义"的分别，颇为反感，以为"《六经》微言，后人以歧趋而失之也"，进而指出："所谓理义，苟可以舍《经》而空凭胸臆，将人人凿空得之"。纠正其弊，需"求之古《经》。求之古《经》而遗文垂绝、今古悬隔也，然后求之故训。故训明则古《经》明，古《经》明则贤人圣人之理义明，而我心之所同然者，乃因之而明"。并以此印证惠栋治经之路径，乃"欲学者事于汉经师之故训，以博稽三古典章制度，由是推求理义，确有据依。彼歧故训、理义二之，是故训非以明理义，而故训胡为？理义不存乎典章制度，势必流入异学曲说而不自知，其亦远乎先生之教矣"。此文对于误解惠栋治经规矩，泥于汉经师故训、典章制度而不进求圣人理义的后学乃一箴砭。同时，也是借论惠学而自明心志。诸如"故训明则古经明，古经明则贤人圣人之理义明，而我心之所同然者，乃因之而明"的表述，不仅揭示治学进阶的路径，亦明治学需反求诸己以得"我心之所同然"，与《郑学斋记》文意相通。戴震

----

[1]　戴震:《郑学斋记》，载《戴震文集》，第 177 页。

明言"自愧学无所就，于前儒大师不能得所专主"，[1] 毫无树立某某学之意，亦表明与惠栋树汉学立场之异。

戴氏文义，隐然见其褒贬。其引时人"宋儒兴而汉注亡""有汉儒经学，宋儒经学"而加以否定，进而阐释治学理念。被戴氏所斥之论，惠栋实为大宗。卢见曾撰《经义考序》，称："《六经》至孔子而论定，孔子没，西河七十子之徒，转相授受。延及两汉，具有家法。逮有宋理学勃兴，诸儒各以己意说经，义理胜而家法转亡矣。"语意极近惠栋两汉经学传七十子之大义，而与宋儒旨趣大异之论。惠栋对卢序表示赞成，并评点道：

> 汉人传经有家法，当时备五经师。训诂之学，皆师所口授，其后乃著竹帛，故汉经师之说，立于学官。《五经》出于屋壁，多古字古言，非经师不能辨。经之义存乎训，识字审音，乃知其义。是以古训不可改也，经师不可废也。后人拨弃汉学，薄训诂而不为，即《尔雅》亦不尽信。其说经也，往往多凭私臆，经学由兹而晦。篇中"义理胜而家法亡"一语，道破前人之陋，为之称快。[2]

惠栋独标"汉学"，即从义理胜而家法亡之《易》学入手，以恢复汉学古注为本，发挥背后的微言大义，其论学逻辑之一，即宋儒理义与汉儒古注不同，应予区分。戴震撰《郑学斋记》后一年，撰《题惠定宇先生授经图》前五年（乾隆二十五年），致函任大椿

---

[1] 戴震：《题惠定宇先生授经图》，载《戴震文集》，第168页。

[2] 卢见曾：《经义考序》，《雅雨堂文集》卷一（惠栋评语附后），载《续修四库全书》第1423册，第449-450页。

道:"震向病同学者多株守古人。"[1] 求古与株守古人虽有不同,其间
分寸全凭学人拿捏得当,高下实在一线之隔。惠栋当在戴震所指学
人之列。

与惠、戴同时的学人文士,对于戴震自觉以求是、求古与惠氏
学分高下之举,不无认识。

王鸣盛与惠、戴皆相交不浅,其听闻戴震求是与求古之论后,
大致听出内中高下之判,即为惠栋抱不平,谓戴"虽自命不同,究
之求古即所以求是。舍古无是者也"。[2] "舍古无是",可谓惠栋恢
复"汉学"的立脚根本。王鸣盛私淑惠栋,曾赠诗惠栋云:"空谷斯
人在,归山独下帷。穷经惟复古,守道不干时。洞拟题三诏,诗应
续五噫。我来因听讲,长与白云期。"[3] 既表仰慕,亦坚求古之意。
王氏读书论学,颇本惠栋,"尝言汉人说经,必守家法,亦云师法,
自唐贞观撰诸经义疏而家法亡,宋元丰以新经义取士而汉学殆绝。
今好古之儒,皆知崇注疏矣,然注疏惟《诗》、《三礼》及《公羊
传》犹是汉人家法,它经注则出于魏晋人,未为醇备。故所撰《尚
书后案》,专宗郑康成,郑注亡逸者,采马、王补之。《孔传》虽
伪,其训诂犹有传授,非尽乡壁虚造,间亦取焉。经营二十余年,
自谓存古之功,与惠氏《周易述》相埒"。[4] 王氏《蛾术编》,对于

---

[1]　戴震:《与任孝廉幼植书》,载《戴震文集》,第 138 页。

[2]　王鸣盛:《古经解钩沉序》,《西庄始存稿》卷一五,载陈文和主编《嘉定
王鸣盛全集》第 10 册,第 280 页。

[3]　王鸣盛:《赠惠定宇》,《西庄始存稿》卷六,载陈文和主编《嘉定王鸣盛
全集》第 10 册,第 93 页。

[4]　钱大昕:《西沚先生墓志铭》,载《潜研堂集》,吕友仁校点,上海古籍出
版社,2009,第 840 页。

戴震则"多所辩驳"。[1] 章太炎《说林》称王鸣盛"为《蛾术编》,亦嗑嗑詈休宁"。王鸣盛的辩驳,出于论学见解之异,亦不无替惠栋回击之意,故章太炎下"同门相党"之论。[2] 清季,袁昶谓惠栋治《易》《尚书》,"宜非戴所敢望",而戴于惠所著《禘说》《明堂大道录》"有夏鼎商彝不适于用之诮",戴"又自谓释经、修词冶为一炉,与墨守笺疏体裁之经生异意"。[3] 王、袁之论,虽为驳义,却可疏证戴震对于惠栋学说的态度。

　　惠栋之后,戴震之学大为流行。道光年间,刊刻王鸣盛《蛾术编》的编者说:"近时谈考据者,前以顾亭林、后以戴东原两先生为最,学有根柢,言皆确实。"并对王鸣盛在《蛾术编》中指摘戴震学说而回护惠栋,极表不满,甚至将相关内容删去,颇失就学论学、存学术异见之度。[4] 但也侧面说明当时惠氏汉学相比于戴震学说渐趋弱势,已无之前的影响力。正如章太炎所述:"惠栋殁,吴材衰,学者皆拥树戴氏为大师,而固不执汉学。其识度深浅,亦人人殊异。"[5] 又谓:"自兹以降,学者虽同名汉师义法,然皆假其训诂度制还以相攻,若所谓以矛刺盾者是也。凡治学者,皆大匠然,材

---

[1]　沈梸惠识语,王鸣盛:《蛾术编》卷首,载陈文和主编《嘉定王鸣盛全集》第 2 册,第 38 页。

[2]　章太炎:《说林下》,载《章太炎全集·太炎文录初编》,徐复点校,上海人民出版社,2014,第 119 页。

[3]　袁昶:《毗邪台山散人日记》(三),载《历代日记丛钞》总第 70 册,学苑出版社,2006,第 440 页。

[4]　迮鹤寿:《凡例》,王鸣盛《蛾术编》卷首,载陈文和主编《嘉定王鸣盛全集》第 2 册,第 13 页。

[5]　章太炎:《学隐》,载《章太炎全集·检论》,朱维铮点校,上海人民出版社,2014,第 490 页。

朴自彼，而规矩尺度自我，故自东原以后者，与定宇之学殊科，而实超踊其上。"[1] 王国维亦谓："至乾嘉之间，而国朝学术与东汉比隆矣，然其中之巨子，亦悟其说之庞杂破碎，无当于学，遂出汉学固有之范围外，而取宋学之途径。"[2]

江藩对戴震欲驾"汉学"而上之的体会，应不会弱于王鸣盛、袁昶等人。而江氏最初的感受，或直接来自戴震对江氏业师余萧客的批评。

《汉学师承记》余萧客传文，记录余氏诸多事迹，其中涉及修撰《畿辅水利志》一事，与戴震弟子段玉裁所记迥异，极见意思。

段玉裁所撰《东原先生年谱》乾隆三十三年条：

> 是年，应直隶总督方恪敏公之聘，修《直隶河渠书》一百十一卷，未成。会恪敏薨，接任者前大学士杨公廷璋不能礼敬，先生辞之入都。己丑春，谓玉裁曰："吾固乐此不疲，惜未能竟。闻后莅事者，请余君仲林萧客为之，恐其才力不足。予书经水、支水先后延接，皆按地望地脉，次第不可稍移，恐仲林不能耳。"[3]

若按段说，是戴震首创此书，余萧客继其后，而戴震对余萧客的学力才识是否能堪其续，颇表怀疑。

江藩在余萧客传中则说：直隶总督方恪敏观承，闻其师之名，

---

[1]　章太炎：《与叶德辉》，载马勇编《章太炎书信集》，第601页。

[2]　王国维：《国朝汉学派戴阮二家之哲学说》，载傅杰编校《王国维论学集》，中国社会科学出版社，1997，第247页。

[3]　段玉裁：《东原先生年谱》，载《戴震文集》，第229页。

延至保定，修《畿辅水利志》（《直隶河渠书》异名）。当时名儒如"朱学士筼河先生、纪文达公昀、胡文恪公高望"皆与其师为论学友，"咸谓其学在深宁、亭林之间"，甚为推重。之后，"因目疾复作，举歊戴震以代"。[1] 此说与段玉裁之说迥异。其一，余萧客非继戴震者，而是相反；其二，余萧客之学识，甚受当世学林看重，而非才力不逮。两说谁是谁非姑且不论，[2] 江藩此传晚于段玉裁的《东原先生年谱》，其论断又迥异于前，应不无反驳段玉裁所记戴震说之意。虽然修书者的先后秩序是段玉裁所著年谱错误，对余萧客学识的看法，学林看重却只能质疑戴震立论不公，当然也有暗示段玉裁故意的可能。

江藩随即述及戴震对余氏名著《古经解钩沉》的批驳，"当日戴震谓是书'有钩而未沉者，有沉而未钩者'"。江藩对此品论道："然沉而未钩，诚如震言，若曰钩而未沉，则震之妄言也。"[3] 此文颇寓"春秋笔法"，而"妄言"之语，在以"史述"为形式的著作中显然极为突兀，尤见江藩之意。

值得注意的是，余萧客《古经解钩沉》即秉承惠栋恢复古学的旨趣而来。王鸣盛论此书即言："学莫贵乎有本，而功莫大乎存古。吾尝持此以求之今世之士，而廑廑乎得余子焉。"[4] 所谓"沉而未

---

[1] 江藩：《汉学师承记》卷二，载《汉学师承记（外二种）》，第40页。

[2] 据陈鸿森考证，戴震当是继余萧客之后，江藩之说更可信。参见陈鸿森：《汉学师承记笺释序》，漆永祥笺释《汉学师承记笺释》卷首，第5—6页。

[3] 江藩：《汉学师承记》卷二，载《汉学师承记（外二种）》，第40—41页。近藤光男、漆永祥笺注《汉学师承记》，皆对沉而未钩、钩而未沉语义之来源，有所阐释。详参漆永祥：《汉学师承记笺释》，第233页。

[4] 王鸣盛：《古经解钩沉序》，《西庄始存稿》卷一五，载陈文和主编《嘉定王鸣盛全集》第10册，第280页。

钧"，指未完全将古义钩出，自然难免，所以江藩说"诚如震言"；
"钩而未沉"，指虽存古，而未能见其中义理，大体即是"泥古"之
意，这对以追述惠栋之学的江藩来说，实在令他难以接受。

江藩的"春秋笔法"亦体现在其他传言中。《汉学师承记》"汪
中传"记汪氏之论谓："国朝诸儒崛起，接二千余年沉沦之绪，通儒
如顾宁人、阎百诗、梅定九、胡朏明、惠定宇、戴东原，皆继往开
来者。亭林始阐其端；河洛图书至胡氏而绌；中西推步至梅氏而精；
力攻古文者，阎氏也；专治汉《易》者，惠氏也；及东原出而集大
成焉。"[1]"钱大昕传"又谓："戴编修震尝谓人曰：'当代学者，吾以
晓徵为第二人。'盖东原毅然以第一人自居。然东原之学，以肆经
为宗，不读汉以后书。若先生学究天人，博综群籍，自开国以来，
蔚然一代儒宗也。以汉儒拟之，在高密之下，即贾逵、服虔，亦瞠
乎后矣，况不及贾、服者哉！"[2] 抬升钱大昕至郑玄的地位，而认
为戴震"不及贾、服"。事实上，此说当渊源于与江藩最为交好的
汪中。乾隆四十一年，汪中致信刘台拱谓："前造嘉定，与钱先生
语弥日。其人博学无方，而衷于至当，其高出戴君不止十等，诚一
代之儒宗也。"[3] 必须注意的是，判定戴震高下迥异的两说皆出自汪
中，一为公开明说，一是私下论定。深知此事的江藩两引之，当见
其中意思。

因此，在《汉学师承记》的描述中，不论是"三惠之学，盛
于吴中；江永、戴震诸君，继起于歙"，还是"如王光禄鸣盛、钱

[1]　江藩：《汉学师承记》卷七，载《汉学师承记（外二种）》，第 134 页。

[2]　江藩：《汉学师承记》卷三，载《汉学师承记（外二种）》，第 62 页。

[3]　刘文兴：《刘端临先生年谱》，《国学季刊》第 3 卷第 2 号，1932 年 6 月，
第 329−330 页。

少詹大昕、戴编修震、王侍郎兰泉先生，皆执经问难，以师礼事之"，[1] 都旨在显示惠氏乃汉学宗师，戴震为其后劲的位序，其中具有非常强烈的维护惠栋汉学学统之意，乃至章太炎称江藩《汉学师承记》与"戴君鉏铻"。[2]

第三节　确立惠栋汉学正统

惠、戴身后，学人多奉戴震为正宗，一隐一显，区别明显。尤其是与江藩同时的扬州学人，扩张戴震"求是"与"求古"的分别，不断冲击惠栋一系汉学，最终刺激江藩以"史述"的办法，确立以惠栋汉学为根本的学术统系，以与之争锋。

阮元尝纵论天下学术，谓：

> 今时天下学术以江南为最，江南凡分三处，一安徽，二扬、镇，三苏、常。徽州有金榜、程瑶田二三子，不致坠东原先生之绪。苏、常一带，则惟钱辛楣先生极精，其余若王鸣盛、江艮庭，皆拘墟不通；江郑堂后起，亦染株守之习，而将来若一变，则迥出诸君之上。其余若孙星衍、洪亮吉、钱坫塘，气魄皆可，不能大成。镇江、扬州号为极盛，若江都汪容甫之博闻强记，高邮王怀祖之公正通达，宝应刘端临之洁净精核，兴化任子田之细密详赡，金坛短若膺之精锐明畅，皆非外间所可及也。大约王为首，段次之，刘次之，汪次之，任次

---

[1]　江藩：《汉学师承记》卷二，载《汉学师承记（外二种）》，第37页。

[2]　章太炎：《说林下》，载《章太炎全集·太炎文录初编》，第119页。

之，此后则吾辈尚可追步尘躅。[1]

此文可见一时风气。苏、常学人多私淑或传承惠栋之学，其中杰出者如王鸣盛、江声，一一被阮元论作"拘墟不通"，不在一流之列。再传之江藩，亦染株守之习。阮元文中"拘墟不通""株守之习"，显然与戴震品定"求是"与"求古"有关，不通与株守，即是泥古不化。

阮元文中号称极盛之镇江、扬州，犹以王念孙为最高明。王氏嫡传戴震之学，出入汉学门户而不以之自限。王念孙曾为好友刘台拱遗书作序，称："端临邃于古学，自天文、律吕至于声音、文字，靡不该贯。其于汉、宋诸儒之说，不专一家，而唯是之求。精思所到，如与古作者晤言一室，而知其意指所在。比之征君阎百诗、先师戴庶常、亡友程易畴，学识盖相伯仲，以视凿空之谈，株守之见，犹黄鹄之与壤虫也。"[2] 其中，"于汉宋儒者之说，不专一家，而唯是之求"，与"株守之见"正相对应，不仅体现王念孙治学之轨辙，亦可印证阮元"拘墟不通"正是从"求是"的角度驳"泥古"之见。

嘉庆二年（1797），王念孙之子引之撰《经义述闻序》，称《经义述闻》以"闻于大人者以为圭臬"。其称述乃父治经规矩："说经者，期于得经意而已。前人传注，不皆合于经，则择其合经者从

---

[1]　阮元：《与友人书四》，陈鸿森辑《阮元揅经室遗文辑存（增订本）》，载杨晋龙主编《清代扬州学术》，台北："中央研究院"中国文哲研究所，2005，第770页。

[2]　王念孙：《刘端临遗书序》，《王石臞先生遗文》卷二，载罗振玉辑《高邮王氏遗书》，江苏古籍出版社，2000，第130页。

之；其皆不合，则以己意逆经意，而参之他经，证以成训，虽别为之说，亦无不可。必欲专守一家，无少出入，则何邵公之墨守，见伐于康成者矣。"亦即治经不尚墨守，贵于求是。王引之进而解释"大人之治经也"，乃是"诸说并列，则求其是，字有假借，则改其读。盖熟于汉学之门户，而不囿于汉学之藩篱者也"。[1]

王氏之言，盖有为而发也。他说："惠定宇先生考古虽勤，而识不高，心不细。见异于今者则从之，大都不论是非。如说《周礼》邱封之度，颠倒甚矣。"[2]披览《经义述闻》，第一卷第一条便订正惠栋因过信汉儒荀爽注之误。全书驳正惠氏易学不下五十次，可见"熟于汉学之门户，不囿于汉学之藩篱者"之意。

王引之《经义述闻》引起焦循、阮元的同感，而阮元等尊王念孙为当代大儒，大致亦出于此。

嘉庆三年三月，焦循读《经传释词》数篇章，道："读尊作《释辞》，四通九达，迥非貌为古学者可比。循尝怪为学之士自立一考据名目，以时代言，则唐必胜宋，汉必胜唐；以先儒言，则贾、孔必胜程、朱，许、郑必胜贾、孔，凡郑、许一言一字，皆奉为圭璧，而不敢少加疑辞。"[3]直言批驳"泥古"之学。从后续发展看，可知此批评当指向惠栋汉学。嘉庆十年六月，焦循获王引之赠《经义述闻》，阅后致书道："东吴惠氏为近代名儒，其《周易述》一书，循最不满之。大约其学拘于汉之经师，而不复穷究圣人之经。譬之

---

[1]　王引之：《经义述闻》，江苏古籍出版社，2000，第2页。

[2]　王引之：《与焦理堂先生书》，《王文简公文集》卷四，载罗振玉辑《高邮王氏遗书》，第205页。

[3]　焦循：《致王引之书（一）》，转引自王章涛《王念孙·王引之年谱》，广陵书社，2006，第99页。

管夷吾，名曰尊周，实奉霸耳。大作出，可以洗俗师之习矣。"[1] 即以惠栋为泥古求是的肇端。

张惠言乃治《虞氏易》的专家，其谓惠栋易学道："清之有天下百年，元和徵士惠栋始考古义，孟、京、荀、郑、虞氏，作《易汉学》。又自为解释，曰《周易述》，然掇拾于亡废之后，左右采获，十无二三。其所述大抵宗称虞氏，而未能尽通，则旁征他说以合之。盖从唐、五代、宋、元、明，朽坏散乱千有余年，区区修补收拾，欲一旦而其道复明，斯固难也。"[2] 虽语尚平正，实际上是说惠栋求古而未能尽通于古，所为与"一朝复旦"的意趣相差甚远。阮元有鉴于此，直言道："张皋闻惠言《周易》专主虞氏一家之学，极为精赡有家法。汉人之《易》，孟、费诸家，各有师承，势不能合而为一。惠氏《周易述》，虽发明汉学，杂取诸家，不成体制。要之，康成之学，断非仲翔之《易》，比而一之，多庞杂矣。"[3] 指惠栋宗汉学而不明汉人家法，甚至说："惠栋改字，多有似是而非者。"[4] 批评"浅儒袭汉学，心力每浮躁"。[5]

必须注意的是，王念孙、王引之、焦循等人皆将矛头指向惠栋汉学的立学之本，即《易汉学》与《周易述》。

从阮元、焦循的角度看，王念孙父子治经不尚墨守，贵于求是，是对"拘于汉之经师，而不复穷究圣人之经"学风的清心良药。王引之表示认同，对焦循道："来书言之，足使株守汉学而不求是者，

---

[1] 焦循：《致王引之书（二）》，转引自王章涛：《王念孙·王引之年谱》，第144页。

[2] 张惠言：《周易虞氏义·自序》，载《续修四库全书》第26册，第427页。

[3] 阮元：《定香亭笔谈》卷四，载《续修四库全书》第1138册，第542页。

[4] 陈澧：《东塾杂俎》，中山大学图书馆藏稿本。

[5] 阮元：《题凌次仲教授廷勘校礼图次石君诗韵》，载《揅经室集》，第804页。

爽然自失。"[1] 跳出汉学藩篱，进于求是之学，似已成一大风气。

不仅如此，封疆大吏兼领袖士林的阮元，一直推重被惠栋称作"非汉非宋，思而不学"的毛奇龄，甚至以官修《国史》来尊奉毛氏为清代汉学开始功臣，取代惠栋的地位，引起江藩的极度不满。[2]

嘉庆元年，阮元督学浙江。其时，陆成栋家藏《西河全集》准备刻板，遂向阮元索序。此序由焦循代作，可谓二人合作的产物。[3] 此序意在为毛奇龄翻全祖望讥评之案。全祖望称：

"百年以来，论古之荒谬者，萧山毛氏为尤。毛氏之论，说经为尤。诸经之中，《易》为尤。"[4] 又不惜违背史传义例，取"毛氏之丑态劣行，不惜铺张数千言，唯恐言之不尽"，撰成《萧山毛检讨别传》。[5] 阮元的序反驳道："议之者，以检讨好辨善詈，且以所引证索诸本书，间有不合也。余谓善论人者，略其短而著其功，表其长而正其误，若苛论之，虽孟、荀

[1]　王引之：《与焦理堂先生书》，《王文简公文集》卷四，载罗振玉辑《高邮王氏遗书》，第 205 页。

[2]　戚学民认为《汉学师承记》乃因应于《国史儒林传》，颇有见。戚学民：《"儒林列传"与"汉学师承"——《汉学师承记》的修撰及汉宋之争》，载桑兵、关晓红主编《先因后创与不破不立：近代中国学术流派研究》，第 43–74 页。至于江藩本意是影响阮元《儒林传稿》之创作，还是另存一本，则尚可讨论。

[3]　钱锺书代其父钱基博为钱穆《国学概论》作序，称此序实为焦循代作，载《郫斋丛书》之《理堂先生轶文》中。钱基博（钱锺书代）：《国学概论序》，载《国学概论》，商务印书馆，1931，第 2 页。

[4]　全祖望：《题仲氏易》，载朱铸禹校注《全祖望集汇校集注》，上海古籍出版社，2000，第 1271 页。

[5]　全祖望：《萧山毛检讨别传》（附严元照评语），载朱铸禹校注《全祖望集汇校集注》，第 985–989 页。

无完书矣。"又为毛奇龄正名道："国朝经学盛兴，检讨首出于东林、蕺山空文讲学之余，以经学自任，大声疾呼，而一时之实学顿起。……检讨推溯太极、《河》《洛》在胡朏明之先，发明荀、虞、干、侯之《易》在惠定宇之先，于《诗》驳申氏之伪，于《春秋》指胡氏之偏，《三礼》《四书》所辨正尤博。"将毛奇龄推尊为清代经学开始之人。又推荐士人"人蓄一编，以教子弟，所藉以兴起者，较之研求注疏，其取径为尤捷"。[1] 这使得毛奇龄之学相比之前大为流行。阮元不无自得地说："萧山毛西河、德清胡朏明书籍，予作序推重之，坊间多流传者。"[2]

嘉庆三年，阮元集合众家，编撰成《两浙輶轩录》，论及毛奇龄，亦极力称道："奇龄所自负者，独在经学，其解经，多与宋儒枘凿。……于九经、四子、六艺，旁及礼乐、经曲、律吕诸事，皆能竭根底而贯其枝叶，非苟然者。""西河先生，经术湛深，为一代著作巨手，萧山、秀水并峙浙东西。"[3]

阮元、焦循有意将自己对毛奇龄的推崇上升为国史的论述。嘉庆十五年，阮元担任国史馆总辑，撰修《国史儒林文苑传》。焦循向阮元进言道："《儒林》《文苑》两传既分，则各隶者不宜讹杂，盖经生非不娴辞赋，文士或亦有经训，是必权其重轻，如量而授。窃谓黄梨洲宗羲、毛大可奇龄、全椒山祖望诗文富矣，而学实冠乎文；朱竹垞彝尊、姜西溟宸英、汪钝翁琬非不说经，而文究优于学。"[1] 论及毛奇龄，一反朱筠称毛文过于学之论。[2] 焦循又强调："《儒林》以经，《文苑》以文"，其中"或有小节不拘，而文学实堪入选，则瑕瑜并见，互不容没"，"毛奇龄好为侮谩之词，全椒山恶之，并诋毁其经学。窃谓学不可诬，疵不必讳，述其学，兼著其疵可也，不当因其疵而遂没其学也"。[3] 所说延续《毛西河检讨全集后序》之意。阮元接受了焦循的建议，嘉庆十七年调任漕运总督时，[4] 将所撰《儒林文苑传稿》交出，毛奇龄传在《儒林传》内。

《国史儒林传》毛奇龄传语，完全采自他人文集传记，看似毫无主观，却从材料的取舍、落笔的轻重缓急上极见意思。此传最为核心的论断，即强调毛奇龄的汉学开始之功，自称据《四库全书总目》，毛"僦居杭州，著《仲氏易》，一日著一卦，凡六十四日而书成，托于其兄锡龄之绪言，故曰'仲氏'。又著《推易始末》四卷、《春秋占筮书》三卷、《易小帖》五卷、《易韵》四卷、《河图洛书原舛篇》一卷、《太极图说遗议》一卷。其言《易》，发明荀、虞、干、侯诸家，旁通卦、卦变、卦综之法，是后儒者多研究汉学，不敢以空言说经，实自奇龄始"。[5]

然而，比照《四库全书总目》原文，毛奇龄传语有意将贬词

---

　　[1]　焦循：《国史儒林文苑传议》，载《焦循诗文集》，第215页。

　　[2]　朱筠《曲阜颜氏弅藏尺牍序》称："笃学则有秀水朱彝尊、咸宁李因笃、吴潘耒、钱塘毛先舒、大兴张烈、慈溪姜宸英；称诗则有祥符周亮工、三原孙枝蔚、黄冈杜濬、萧山毛奇龄、莱阳宋琬、宣城施闰章、新城王士禄士祜士祯、商邱宋荦、益都赵执信、华阴王宏撰、钱塘查嗣韩。"朱筠：《笥河文集》卷五，载《续修四库全书》第1440册，第188页。

　　[3]　焦循：《国史儒林文苑传议》，载《焦循诗文集》，第217页。

　　[4]　阮元：《拟儒林传稿凡例》，载《揅经室集》，第1048页。

　　[5]　阮元：《集传录存》，载《揅经室集》，第1025页。

"其间虽不免有强词漫衍以博济辨之处"删去。[1] 更值得注意的是，上引毛奇龄传语原出于《易小帖》提要，是以一书之提要的评点总括六书。详考《四库全书总目》有关毛奇龄经学诸书提要，馆臣实多驳斥之语，传语仅取《易小帖》一书中的好评，其他一概置之不理。更不论诸如《四书索解》提要指毛氏"蹈禅家机锋之习，则非欲诂经，直欲骇俗耳。汉晋以来儒家，无此体例也"[2]。诸如此类，不可不谓与焦循所定"疵不必讳"之例大相径庭，也与所引四库提要的原意迥异其趣。

毛奇龄传语的作者之所以如此处理相关载籍，无疑旨在凸显毛奇龄清代汉学开山的地位。故传语仅引《绍兴府志》称毛氏"所自负在经学"，而不追究毛氏的自我论断，对于毛氏之学的核心体系——阳明心性之学———笔抹去，[3] 这与焦循、阮元所引重的《四库全书总目》不同。提要虽看重毛氏经学，却更能体会毛氏学说与刘宗周、王阳明的关系。《大学知本图说》提要便揭明："奇龄历诋先儒，而颇尊其乡学，其直指知本，仍王守仁之良知；其主诚意，则刘宗周之慎独也。而自称嵩山庙市高笠先生所传，为辽东贺钦之孙所秘授，盖托词也。"[4]《中庸说》提要也称："大旨以慎独为主，阐刘宗周之旨。盖宗周奇龄之乡人也。奇龄博洽群书，其说经善于考证，至于舍考证而谈义理，则违才易务，非其所长。又以辨才济之，愈辨而愈支，固其所矣。"[5]

[1] 《易小帖》提要，载《四库全书总目》卷六，中华书局，1965，第38页。

[2] 《四书索解》提要，载《四库全书总目》卷三七，第315页。

[3] 於梅舫：《从王学护法到汉学开山——毛奇龄学说形象递变与近代学术演进》，《中山大学学报》2014年第1期。

[4] 《大学知本图说》提要，载《四库全书总目》卷三七，第315页。

[5] 《中庸说》提要，载《四库全书总目》卷三七，第316页。

　　阮元如此推重毛奇龄，亦有确立自己学统之意。阮氏治学理念，多在经解书籍，犹以《经籍籑诂》为代表。阮元释《经籍籑诂》旨趣，称："经非诂不明，有诂训而后有义理。许氏《说文》以字解经，字学即经学也。余在浙，招诸生通经者三十余人，编辑《经籍籑诂》一百六卷，并延武进臧镛堂及弟礼堂总理其事。以字为经，以韵为纬，取汉至唐说经之书八十六种，条分而缕析之，俾读经者有所资焉。"[1] 其编次此书，"悉以造此训诂之人时代为先后，如此则凡一字一诂皆有以考其始自何人，从源至流，某人用某人之说，某人承某人之误，数千载盘结如指诸掌，不亦快哉"。[2] 通过考订源流的办法，疏证诸如性、命、仁等理学的核心命题之古义，于恢复训诂"正解"的基础上，寓破理学旧说之意。[3]

　　在一系列发挥"新义理"的文章中，阮元对论"仁"的两篇文章最为自负，与陈寿祺信中豪言："内庐山一段，乃千古学术关键，不足为外人道也。"[4] 其中《论语论仁论》，核心见解实际来自毛奇龄《四书改错》。阮元前后通过一系列措施，强调毛奇龄在清代学统中的地位，有意借此确定自己的位置。[5] 而其鞭锋所及，似乎不

[1]　阮元：《定香亭笔谈》卷四，载《续修四库全书》1138 册，第 526 页。

[2]　阮元：《与友人书四》，载陈鸿森辑《阮元揅经室遗文辑存（增订本）》，载杨晋龙主编《清代扬州学术》，第 770 页。

[3]　傅斯年也认为："阮氏聚积《诗》、《书》、《论语》、《孟子》中的论性、命字，以训诂学的方法定其字义，而后就其字义疏为理论，以张汉学家哲学之立场，以摇程朱之权威。"（傅斯年：《性命古训辨证》，载欧阳哲生主编《傅斯年全集》第 2 卷，湖南教育出版社，2003，第 505 页。）

[4]　阮元：《仪征阮宫保尚书札》，陈寿祺《左海文集》卷首，载《续修四库全书》第 1496 册，第 58 页。

[5]　於梅舫：《科考与经解——诂经精舍、学海堂的设置与运思》，《中山大学学报》2010 年第 6 期。

仅惠栋，亦含戴震。与阮元同时的汪喜孙便注意到："《四书》朱注，毛西河攻之太过。《经解》刻毛书，不刻戴氏《孟子字义疏证》，亦未观止也。"[1] 民国时期，傅斯年亦注意到阮元与戴震的不同，称："戴氏之书犹未脱乎一家之言，虽曰疏证孟子之字义，固仅发挥自己之哲学耳。至《性命古训》一书而方法丕变。"[2]

江藩与阮元同为扬州人，早年即已交好。阮元自称："自幸尚不为通人所弃也。元自出门以来，于前辈获见程、刘、王、任、钱数君，于同辈获见江藩、孙星衍、朱锡庚、李赓芸、凌廷堪数君。"虽称江藩染株守之习，只要能变，就会迥出诸人之上。[3] 可是江藩秉性执拗，虽不时周游于阮元幕府，仰其滋养，却绝不改变学问立场，甚至"两眼不向众人青"。[4] 乾隆六十年，钮树玉"舟次扬州，候江郑堂。出示秦刻《峄山碑》、阮学使《仪礼考》。偕诣徐心仲。郑堂云，扬州学者，焦、徐而已"。[5] 则阮元并不在高明之列。

阮元自谓"余之学多在训诂"，[6] 其论学理念，可以《经籍籑诂》、《性命古训》等为代表，即以字学为经学，探三代古迹，恢复圣人本意与后世迁转。江藩对此颇不认同，其《汉学师承记》认

---

[1]　汪喜孙：《与朝鲜某大夫书》，载杨晋龙主编《汪喜孙著作集》，台北："中央研究院"中国文哲研究所，2003，第 196 页。

[2]　傅斯年：《性命古训辨证》，载欧阳哲生主编《傅斯年全集》第 2 卷，第505 页。

[3]　阮元：《与友人书四》，陈鸿森辑《阮元揅经室遗文辑存（增订本）》，载杨晋龙主编《清代扬州学术》，第 770 页。

[4]　刘大观：《题江子屏书橐图》，《玉磐山房诗稿》卷四，载《江藩集》，第317 页。

[5]　钮树玉：《钮非石日记》，辽宁教育出版社，1998，第 7 页。

[6]　张鉴等《雷塘庵主弟子记》卷六，载《阮元年谱》，黄爱平点校，中华书局，1995，第 155 页。

为："近时，讲学者喜讲六书，孜孜于一字一音，苟问以三代制度、五礼大端，则茫然矣；至于潜心读史之人，更不能多得也。先进之中，惟钱竹汀、邵二澐两先生；友朋中，则李君孝臣、汪君容甫及君三人而已。"[1] 大致江藩不会仅仅将己见寓于著作，还会宣之于人前。谭莹在《宋学渊源记·跋》记道："郑堂学术、人品，颇近毛西河检讨，故留粤时，于阮文达亦颇有违言，则其他可知。"[2]

江藩的论学旨趣，于《汉学师承记》的取舍可见枢要。

非常熟悉阮元的江藩，必知阮元宣称毛奇龄"发明荀、虞、干、侯之《易》在惠定宇之先"，[3] 又称："其言《易》，发明荀、虞、干、侯诸家，旁通卦、卦变、卦综之法，是后儒者多研究汉学，不敢以空言说经，实自奇龄始。"[4] 江藩《汉学师承记》不仅有顾炎武、黄宗羲等宗朱子与阳明之学者，也有胡渭、阎若璩等不宗一家之学人，而恰恰没有被阮元尊为汉学开山人物的毛奇龄。此类看似不着墨之处，恰恰最见意思。

如果参看附录于《汉学师承记》的《经师经义目录》，甚至可知这一看似不经意处恰恰是江藩心中的大泼墨。目录中，列《易》一类，布有胡渭、惠士奇、惠栋、洪榜、张惠言、顾炎武诸家论著，而于毛奇龄一书不录。更解释道："惟毛奇龄《仲氏易》、《推易始末》、《春秋占筮书》、《易小帖》四书，颇宗旧旨，不杂芜词；但以变易、交易为伏羲之《易》，反易、对易之外，又增移易为文王、周公之《易》；牵合附会，不顾义理，务求词胜而已。凡此诸书，

[1]　江藩：《汉学师承记》卷七，载《汉学师承记（外二种）》，第144页。
[2]　伍崇曜：《宋学渊源记·跋》，载《汉学师承记（外二种）》，第231页。
[3]　阮元：《毛西河检讨全集后序》，载《揅经室集》，第543页。
[4]　阮元：《集传录存》，载《揅经室集》，第1025页。

不登兹录。"[1] 江氏所言，恰恰是阮元改四库提要之语义，将毛氏推为汉学开山的重要根据。江氏且又于《四书》类中，只字不提阮元在毛奇龄著作中甚为推重的《四书改错》，根本视为离经叛道。《汉学师承记》附汪喜孙跋道："若夫矫诬之学，震惊耳目，举世沿习，罔识其非。……毛西河肆意讥弹，譬如秦、楚之无道；……恶莠乱苗，似是而非，自非大儒，孰有能辨之者！"[2] "江藩有心与阮元针锋相对之意，跃然纸上。"[3]

综而论之，从汉学之发端、演进及各方反响的脉络中，定位江藩的位置与立场，细味《汉学师承记》的旨趣，可见其坚执汉学名义，不惜显露突兀的门户之见，实非有意与宋学相争为敌，而更多是替惠栋及其汉学争立学术的正宗与统系。[4]

---

[1]　江藩:《国朝经师经义目录》，载《汉学师承记（外二种）》，第163-164页。

[2]　汪喜孙:《国朝汉学师承记·跋》，载《汉学师承记（外二种）》，第160页。

[3]　《汉学师承记》由生活颇为拮据之江藩自刻，而非如寻常那样由阮元捐资，亦有一定意思。阮元《高密遗书序》称："子屏自刻《汉学师承考》（当是《汉学师承记》之误——引者按）。"（《揅经室再续集》卷三，载《续修四库全书》第1479册，第611页。）

[4]　江藩另撰有《宋学渊源记》，江氏在此书中批评"近今汉学昌明，遍于寰宇，有一知半解者，无不痛诋宋学"之风，认为与惠栋汉学之主张相悖。有关此书在汉宋之争中之位置与本意，详另文。

第三章　从"格致"到"科学"

——晚清学术体系的过渡与别择

（1895—1905）

从 19 世纪 30 年代开始，中国出现新一轮的西学东渐。在华传教士借用"格致"一词传达了全新的西方近代学术体系，它至少包括今人所说的哲学、自然科学与技术以及物理学三层含义。甲午战争以后，严复运用"西学格致"一词引入英国的实证主义科学体系，一些趋东学人另辟蹊径，借用"科学"一词输入日本近代学术。1900 年前后，严复改用"科学"取代"西学格致"。1905 年以后，"格致"一词逐渐淡出学术视野，"科学"概念开始建立在中国学术界中的话语地位。宏观上看，晚清学术经历了一个从"格致"到"科学"的转型过程，但若析微察异，可以发现从"格致"到"科学"并不是单一向度的简单替代，二者之间的意义过渡经历了相当的曲折。

第一节　从 Philosophy 到 Science 的西学"格致"

"格物致知"原本是中国理学中一个形而上学的命题，明末耶稣会士选取"格物致知之学"对应西学的 Philosophia，"格致"一词由此发生知识论与方法论上的意义转换，体现为一个融合西学、附属于经学的本土专门学问范畴 [1]。康熙晚期中西文化交流的中断后，"格致"一词在洋务运动前后被大量使用而重新焕发光彩。有研究显示，传教士在所办机构、杂志和科学著作中，极力保持"格致"在明末清初涵盖自然科学各门学科的含义，而当时办洋务习科技的士大夫则把"格致"等同于制造之理和实用技术。[2] 可见，"格致"是一个尚未统一、变化中的概念，且在新知识的引进者与解读者之间存在理解差距。

这种差距首先来自西学自身定义的模糊，并在与中文对译的过程中产生了进一步的隔阂。根据语义学的研究，西欧从中世纪到 17－18 世纪，Philosophy 与 Science 被认为是同义词。培根著作中的 the sciences 的原意就是知识、学术，而不是今天所谓的 Science。[3] 中国从 19 世纪初到 20 世纪初的一百年间，Philosophy 与 Science 的解释在"致知""格物"等传统语汇上重合。[4] 语义学的梳理表明，Philosophy 与 Science 在"格物致知"的范畴内共存，但未能解释三者之间的关系。反之，从"格致"一词的角度进行追溯，或可呈现概念之间的交叉与互动。

---

[1]   徐光台：《藉"格物穷理"之名:明末清初西学的传入》，三联书店主编《理性主义及其限制》，生活·读书·新知三联书店，2003，第 196 页。

[2]   金观涛、刘青峰：《从"格物致知"到"科学"、"生产力"——知识体系和文化关系的思想史研究》，载《观念史研究：中国现代重要政治术语的形成》，法律出版社，2010，第 335 页。

[3]   梅尔茨：《十九世纪欧洲思想史》第一卷，周昌忠译，商务出版社，1999，第 79 页。

[4]   黄克武：《近代中国英华字典中翻译语汇的变迁：以"科学"、"哲学"、"宗教"、"迷信"为例》，第三届"近代文化与近代中国"国际学术研讨会论文，北京，2015，第 48 页。

新一轮的西学东渐开始于 19 世纪 30 年代，50 年代逐渐兴盛，直至 90 年代都以传教士所办刊物及其著作作为传播主流。1822 年，英国人马礼逊编著的《英华字典》中，physical science 被译作"学格物"[1]。1866 年，德国人罗存德在香港编著的《英华字典》中，"格物"与 natural science 对译[2]。1853、1858 两年，王韬与英国传教士艾约瑟"译格致新学提纲"[3]；1860 年前后，伟烈亚力、傅兰雅与李善兰合译牛顿的《数理格致》[4]；1866 年，丁韪良著《格物入门》一书，内容包括水学、气学、火学、电学、力学、化学、算学七卷。以上书中的"格致"应为"格致学"的省词，与 natural philosophy 对译。由此可见，英语中的 physical science, natural science 与 natural philosophy 的意义相当，虽然包含数学，但侧重于指称物理、化学的范畴，是"格致"一词的狭义用法[5]。但该学的内容并不确定，有时兼赅物理与化学，如丁韪良将二者合称为"格物"，有时仅指物理学[6]。指代物理时，"格致"与"格物"意义相

---

[1]　黄克武：《近代中国英华字典中翻译语汇的变迁：以"科学"、"哲学"、"宗教"、"迷信"为例》，第三届"近代文化与近代中国"国际学术研讨会论文，第 29 页。

[2]　钟少华：《中文概念史论》，中国国际广播出版社，2012，第 53 页。

[3]　张志春：《王韬年谱》，河北教育出版社，1994，第 182 页。

[4]　王冰：《明清时代（1610～1910）物理学译著书目考》，《中国科技史料》1986 年第 5 期。

[5]　一般认为丁韪良的《格物入门》泛指自然科学总体，包括数学、物理、化学。王冰的研究表明该学只包含物理和化学，数学是关于其余各卷的一些计算。见王冰：《明清时代（1610～1910）物理学译著书目考》，《中国科技史料》1986 年第 5 期。

[6]　《光热电气新学考（未完）》，《万国公报（周刊）》第 323 卷，1875 年 2 月 13 日。（《万国公报》1868 年在上海创刊，早期为周刊，1883 年因故停刊，1889 年复刊后改为月刊。公报前后编撰体例有所变更，本书注释沿用刊物原有体例，此后不再一一注明。）

同[1]。但"格物"多被用于狭义,"格致"一词的运用更为广泛,在林乐知翻译的《格致启蒙》中,广义的科学知识称为"格致",物理学被区别为"格物学"[2]。潘慎文译史砥尔(斯宾塞)的著作,名之《格物质学》,以区别"格致","格致者,格物致知之谓,是举宇内各种学问而尽赅之矣。是书专论物质体变诸事,为格致学中首要之一门。按西名之意,当称质学或体学乃可,而前人译此学之书,以格物名之者;嫌其未符实义,爰颜之曰格物质学"[3]。

19世纪70年代以后,"格致"的意义发生变化。1876年,傅兰雅创办《格致汇编》,英译名为 *The Chinese Scientific Magazine*,一年后改为 *The Chinese Scientific and Technological Magazine*,主要是介绍基础性科学知识,偏重于工艺技术,"格致"与 science 对译,并延伸至工艺。同时,传教士强调了"格致"在方法论上的意义,如"格致之学即由各种测试、辩论得知绳束万物之条理"[4],并努力区分"博物学"与"格致学"的差别[5]。以上"格致学"对应的是

---

[1] 李佳白:《创设学校议》,《万国公报(月刊)》第84册,1896年1月。

[2] 如1879年江南制造局刊行的《格致启蒙》分化学、地理、天文、格物四卷,其中格物卷以英国物理学和气象学家斯图尔特(B. Stewart,1828-1887)的原著《格致启蒙丛书·物理学》(*Science Primer Series, Physics*)为底本。见王冰:《中外物理交流史》,湖南教育出版社,2001,第117页。

[3] 史砥尔:《格物质学》,潘慎文译,谢洪赉笔述,上海英华书馆,1898,凡例第1页。

[4] 这两句话分别出自艾约瑟译《格致总学启蒙》和罗亨利、瞿昂来译《格致小引》,是对于"Science: the Knowledge of the Laws of Nature obtained by Observation, Experiment, and Reasoning."的不同翻译。见王扬宗:《赫胥黎〈科学导论〉的两个中译本——兼论清末科学译著的准确性》,《中国科技史料》2000年第3期。

[5] 林乐知:《记上海创设格致书院》,《万国公报(周刊)》第36卷,1874年10月10日。

natural philosophy，或是 physics，后发展成为 science。它的范畴相对明晰，一般包括物理、化学、光学、电学、力学、天文、地质、矿物、动物学、植物学、人体解剖学、生理学、医学、几何、算术、代数等自然学科，偶尔也可以看到欧洲学术的新成员，如 1885年艾约瑟著《西学略述》，格致类中出现了稽古学和风俗学[1]。

与此同时，"格致"一词还在更广阔的范围内被使用，超出natural philosophy 的范围。1882 年傅兰雅开始编译《格致须知》，其中有气学、声学、重学、力学、水学、热学、电学、天文、地理、地志、地学、量法、算法、三角、代数、曲线、微积、画器、化学、矿学、全体、植物、动物、富国、理学（哲学）、西礼、戒礼等各种学科，虽然仅是启蒙性质，程度不深，但几乎涵盖了来自西方的所有学术门类。按照傅兰雅的计划，这套丛书准备出 10 集，每集 8 种，共 80 种。初、二、三集是自然科学，四、六集为工艺技术，五集属于社会科学，七集"医药须知"，八集"国志须知"和九集"国史须知"介绍西方各大国的地理和历史，十集"教务须知"介绍世界各大宗教。[2] 书名中的"格致"一词大致对应英文中的 philosophy，[3] 甚至超出 philosophy 的范畴，指称西方学术的总和，或称为"学问"。这一用法一方面显示西方正在进行中的学术分化

---

[1] 艾约瑟：《西学略述》，上海图书集成印书局，1898（光绪二十四年），目录第 2 页。

[2] 王扬宗：《傅兰雅与近代中国的科学启蒙》，科学出版社，2000，第 102 页。

[3] philosophy 是古老英国对于知识的称呼，它反映的是各门学科尚未从哲学中分化出来的传统哲学观。直至 19 世纪上半叶，这种哲学观依然很流行，凡是建筑在思维经验上的普遍原则，以及被表明为有必要的和有用的任何知识，在英国人那里，都被叫作哲学。见黑格尔：《哲学史讲演录》第 4 卷，贺麟、王太庆译，商务印书馆，1956，第 163 页。

的轨迹，有关自然、社会、人文的知识无不分化为系统知识，按照性质归置类别；同时延续了明末清初的"格致"意义，凡天地间之物，事、器、心、性、命、天地甚至宗教皆为可格之物，表明传统一元化的"格物致知"的观念仍在承上启下地发挥作用。

1886 年，艾约瑟所译《格致总学启蒙》出版，翻译原本是赫胥黎的《科学导论》（*Introductory Science Primers*）[1]，"格致"对译 Science。全书分为三卷，"上曰总论，乃发明人之性灵有知有觉，由此以极吾知足以虚灵不昧；中卷有体质为化成类，曰死物质，后论有质体为生长物，曰生物质；下卷论无形象之物，即论人之心灵以及七情六欲之学"[2]。其中"有体质之物"是自然之物，"无形象之物"的研究为心性学[3]，即心理学。文中所述的心理学非常简略，只是表明人的情感和心理变化都是格致学的研究对象。但是，文中使用大量文字讲述格致方法，谓"格致入门之路，即在人所共知之事理，其格致工之得有进境，亦在乎于精详者复加精详，验试者更加验试而已。陈述其各类事理时，应寻得一详明细切之分析法，布列为绳束万物井井有条之纲领"[4]。这些方法限定下的"格致学"，由物质延伸到心性，不再是简单的学问增加，而表明在实验方法支撑下欧洲学术版图的扩张。

综上所述，传教士所言"格致学"的范畴并不狭隘，在 19 世纪

[1]　王扬宗：《赫胥黎〈科学导论〉的两个中译本——兼谈清末科学译著的准确性》，《中国科技史料》，2000 年第 3 期。

[2]　傅兰雅：《批阅西学启蒙十六种说：格致总学启蒙》，《格致汇编》第 6 年第 2 卷，1891 年（光绪十七年）夏，第 48-49 页。

[3]　艾约瑟：《格致总学启蒙》，上海图书集成印书局，1898（光绪二十四年），目录第 2 页。

[4]　艾约瑟：《格致总学启蒙》卷上，第 6 页。

末它至少存在三个层次的含义：狭义"格致"的范畴相对固定，对应英语中的 physical science，natural science 与 natural philosophy；广义"格致"对应 Philosophy，正从混沌一元的、与道德价值裹挟的"格物穷理"之学向分化成科的西学形制转化；中层"格致"对应 Science，是以科学方法为支撑，从自然科学向社会人文学科不断扩张的实证科学的范畴。在一些译作中，以上用法常常混用，造成后人理解上的困难。如果参考 19 世纪欧洲科学的发展过程，了解英国学术正经历着从 natural philosophy 到 science 的转变，英语中的"自然哲学"与"科学"差别并不大，philosophy 有时就是 the science 的同义词等一系列相关信息，就不难理解"格致学"语义的多歧性。

"格致学"的意义是明末清初以来传教士们自觉赋予的，晚清时出现意义上的混淆，主要是因为中西之间存在语言文字上交流的窒碍，传教士能够找到的接榫中西学术的话语资源十分有限，著者或译者也许知道 philosophy，natural philosophy 和 science 之间的差别，却苦于找不到适合的汉语词汇给予表达，最终不得不在"格致"一词上层层叠加。欧洲发展了两百多年的学术成果在短短二十年间涌进中国，没有时间顺序，仅以"格致"一词全部涵盖，难免会造成时空错乱之感。林乐知解释说，这是因为"阅者未经深究，即难明晰，以其非熟习也"[1]。

然而，混乱并未就此完结，除了英国科学复杂的状况外，中国"格致学"的另一个源头是德国。1873 年德国传教士花之安著《德国学校论略》，书中介绍了德国大学（"太学院"）学科的划分和课

---

[1] 林乐知著、范祎述：《新名词之辨惑》，《万国公报（月刊）》第 184 册，1904 年 5 月。

程的设置。院内学问分列四种：经学、法学、智学、医学。其中智学分八课，格物学属其一，具体包括物理、化学、天文、地质、生物等自然科学，但不包括数学，是单纯的、对于自然界物质规律的探究[1]。德国学术的特点在于格物学与其他各学统一于"智学"（哲学，理学）之下，如谓"夫西国最重者理学，虽各等智慧分散无穷，贵乎能将各等智慧会归于一理，乃不至泛滥而无统纪．所谓握其原也"[2]。在德国的教育体系中，"格物学"分立为两个统系：有关工艺制造的技术由各类中等或高等技术学校承担，如"技艺院""格物院"等分科院校；学理的探究属于德国综合大学的学术鹄的。英国"格致"与德国"格物"的意义差异，当时的中国人难以领会，也无须理会，这与他们当下的自强诉求关系不大，但这种差异在未来的日子里越发显现。1905 年王国维站在德国哲学的立场上评价严复奉行的是"英吉利之功利论及进化论之哲学耳"，"严氏之学风，非哲学的，而宁科学的也，此其所以不能感动吾国之思想界者也"[3]。

此外，法国"格物"也有不同表述。法国天主教会创办的杂志《汇报》称："泰西之学分天人二类。天学者，超乎物性之理，渊妙不能穷，终身读之而不竟。……人学者，人力能致之学，种类纷繁，难于悉举。"揭其要则有：格物学（论性理之原委）、天文、气候、地理、地学、形性学（形物之功用）、化学、艺学、算学、博物、医学、律学、兵学、文学（词章）、史学等。矿学归地学，光

---

[1]　肖郎：《花之安〈德国学校论略〉初探》，《华东师范大学学报（教育科学版）》2000 年第 2 期。

[2]　花之安：《自西徂东》，上海书店出版社，2002，第 161 页。

[3]　王国维：《论近年之学术界》，载姚淦铭，王燕编《王国维文集》第 3 卷，中国文史出版社，1997，第 37 页。

电声磁重热气水等归形性学，农与商西国从无专学，乃近今维新之徒以光电等各列一学，而加以农商业学名目，强作解入。[1] 其中"形性学"即物理学，"格物学"则是"性理之学"，为哲学的一种，或称原物学（ontologia），或是原物（metaphysica，译言形上）。1904 年《汇报》转载震旦学院的"科学"课程分为三部分：一是格致（Philosophia），包括原言（Logica）、内界（Subjectiva）、外界（Objectiva）、原物（metaphysica）等；二是象数；三是形性学，[2]形性学才是物理学的指称，凡重学、水学、电学、磁学、光学等学科属之，[3] 但这种用法在中国并不普遍。

19 世纪 70 年代至 90 年代是传教士传播西学最为旺盛的时期。他们借用中国传统的"格致"一词，覆盖了广阔却又不尽相同的学术范畴，蕴涵同时也掩盖了西方学术发展进程中的不确定性和国家差异性，导致近代再次兴起的"格致学"从源头而言就是一个多歧的，且处于变化之中的概念。

第二节　中西"格致"辨义

甲午战争前，学习西方、寻求富强是时代主题。"格致学"的出现为维新士人在不背离传统的情况下，打开了西学大门。国人虽

---

[1] 《汇报序》，《汇报》1899 年 8 月 17 日第 100 号，转引自李楚材辑：《帝国主义侵华教育史资料：教会教育》，教育科学出版社，1987，第 394 页。

[2] 《震旦学院章程》，《汇报》第 560 号，1904 年 3 月。

[3] 如清人李杕译著《形性学要》一书，共 4 册 10 卷，以法国人迦诺原著为底本，所言皆物理学的内容。见熊月之：《晚清新学书目提要》，上海书店出版社，2014，第 92 页。

不能完全体会传教士传达的丰富而细腻的学术内涵，却对这些新学问表现出极大兴趣。蔡尔康因发现《格致汇编》销售甚畅，感慨"中国之人于格致之学，已日新其耳目，深信而爱慕之，详阅而考究之矣"[1]。

1861年，冯桂芬建议广采西学，"如算学、重学、视学、光学、化学等，皆得格物至理"[2]，此说被认为是中国"格致学"高扬的肇端。由于算学中西皆有，成为接引"格致"的榫点。从1867年恭亲王奕䜣提议在同文馆内设天文算学馆，到1896年清政府整顿书院，礼部设算学门，凡天文、地理、格致、制造属之[3]，算学的范畴远远超出今人的理解。近人以算学兼赅格致，表面上看是因为算学为各学基础，实际上是借算学为迂回之策，使"格致"不再被视作奇技淫巧而拒之门外。算学与"格致学"的学术关系，在兴学之初就被混淆。

随着西学的渗透，无论是提倡新学者，还是保全经学者，都无法认同以区区"格致"一词囊括全体的中西学术。在反复区别辨义的过程中，"格致"的意义被切割，中西"格致"逐渐两立，二者也不可避免地被拿来比照。有学者考查晚清经世文编，发现在1888年出版的《皇朝经世文续编》中，格致各学混杂于算学卷，算学卷从属于"文学"目，其边缘地位可见一斑。在1897年出版的《皇朝经世文三编》中，"格致"已在"学术"纲下单独成目，该目分

[1]　蔡尔康：《读〈格致汇编〉第二年第四卷书后》，载陈谷嘉、邓洪波主编《中国书院史资料》下册，浙江教育出版社，1998，第2344页。

[2]　冯桂芬：《校邠庐抗议》，戴扬本评注，中州古籍出版社，1998，第209页。

[3]　《礼部议复整顿各省书院折》，载朱有瓛主编《中国近代学制史料》第一辑下册，华东师范大学出版社，1986，第157页。

为上下两卷，各卷所收文章基本没有涉及具体的自然科学知识，几乎全是围绕"格致之学"和"格致之理"展开话题，内容集中强调了学习"格致之学"的必要性和紧迫性，以及如何认知广泛意义上的中西"格致"的异同。[1] 可见，"格致学"在十年间渐趋独立，"格致"一词的辨义发展成为近代学人讨论中西学术的话语平台。

中西"格致"的比较始于 19 世纪 70 年代。1874 年，在格致书院创办之初，徐寿表达了对于中西"格致"不同的理解，"惟是设教之法，古今各异，中外不同，而格致之学则一。然中国之所谓格致，所以诚正治平也；外国之所谓格致，所以变化制造也。中国之格致，功近于虚，虚则常伪；外国之格致，功征诸实，实则皆真也"[2]。张树声认为，"格物致知，中国求诸理，西人求诸事；考工利用，中国委诸匠，西人出诸儒。求诸理者，形而上而坐论易涉空言；委诸匠者，得其粗而士夫罕明制作"[3]。他们在中西"格致"之间初步构建了虚实、真伪、"格致之理"与"格致之事"等形上形下的二元格局。

略观格致书院的课艺，可以从中找寻到"格致"意义切割的过程与中西学术地位的变迁。1887、1889 两年，格致书院先后有三道命题对比中西"格致"。[4] 在作答 1887 年的课艺命题"格致之学中

---

[1]　章可：《论晚清经世文编中"学术"的边缘化》，《史林》2009 年第 3 期。

[2]　徐寿：《拟创建格致书院论》，《申报》第 574 号，1874 年 3 月 16 日。

[3]　张树声：《建造实学馆工竣延派总办酌定章程片》，载朱有瓛主编《中国近代学制史料》第一辑上册，华东师范大学出版社，1983，第 477 页。

[4]　课艺命题第一是"格致之学中西异同论"（1887）；第二是"问大学格致之说，自郑康成以下无虑数十家，于近今西学有偶合否？西学格致始于希腊之阿卢力士托德尔，至英人贝根出尽变前说，其学始精，逮达文、施本思二家之书行，其学益备，能详其源流欤"（1889）；第三是"泰西格致之学与近刻翻译诸书详略得失何者为最要论"（1889）。

西异同论"时，学生大多认为中西"格致"道艺兼备，如谓"格致之理，固无不同，而格致之事各有详略精粗之不同"[1]；或曰"中人以身心性命、三纲五常为格致之根原"，"西人以水火光声化算电热为格致之纲领"[2]。比较而言，"中国风气重道而轻艺，西洋风气重艺而轻道，然自古至今，治乱安危，恒系乎道之隆污，不系乎艺之巧拙也。今天下中外周通，强邻窥伺，挟其所长，以傲我所短，中国于是欲师其长技以制之，此西学之讲求，所以难已也"[3]。学生普遍以道艺二元区分中西"格致"异同，认为西学格致虽不优于中学格致，却为中国当下之急务。

1889 年李鸿章是课艺的命题者，他要求学生分析西学"格致"的源流并与中学"格致"进行比较。题目本身就否定了西学中源说，学生的答卷也出现不同以往的声音。王佐才认为，中学"格致""乃义理之格致，而非物理之格致也"，"格致"之学"中西相合者，系偶然之迹；中西不合者，乃趋向之歧。此其故由于中国每尊古而薄今，视古人为万不可及，往往墨守成法而不知变通；西人喜新而厌故，视学问为后来居上，往往求胜于前人而务求实际，此中西格致之所由分也"[4]。钟天纬超越道艺二元论的框架，认为"格

---

[1]　葛道殷：《格致之学中西异同论》丁亥卷，载上海图书馆编《格致书院课艺》1，上海科学技术文献出版社影印本，2016，第 169 页。

[2]　赵元益：《格致之学中西异同论》丁亥卷，载上海图书馆编《格致书院课艺》1，第 187 页。

[3]　彭瑞熙：《格致之学中西异同论》丁亥卷，载上海图书馆编《格致书院课艺》1，第 167 页。

[4]　王佐才：《问大学格致之说，自郑康成以下无虑数十家，于近今西学有偶合否？西学格致始于希腊之阿卢力士托德尔，至英人贝根出尽变前说，其学始精，逮达文、施本思二家之书行，其学益备，能详其源流欤？》乙丑上，载上海图书馆编《格致书院课艺》2，第 29、31 页。

致"虽有物理与义理之分,但"言道而艺未尝不赅其中,言艺而道亦究莫能外,其源流固无不合也"。中学"格致"以义理为主,于西学只有无心之暗合;西学"格致"也仅为西国"理学"之一端,从亚里士多德发展到斯宾塞,渐从"物理"进于"人学",学术中的"确可知者"不过是"确不可知者"的"外见之粗质"[1]。钟天纬的认识事实上已经触摸到西学的发展历程与本质,明确区分中西"格致"为"义理"与"物理"两种根本不同的知识体系。[2]1890年,在"西学储才说"的课艺问答中,学生杨家禾说"格致之道,中国素所不讲,自洋务兴而西学尚矣"[3]。至此,"格致学"成为中国素所未有的独立的西学体系。格致书院是近代中国最早教授科学知识的教育机构之一,与一般国人相较具有明显的超前意识。

1890年,《万国公报》以"格致之学泰西与中国有无异同"为题长期征文,所载文章与格致课艺略有不同。论者多数认为中西"格致"小异而大同,如谓"泰西之格致学于耶稣,中国之格致学于孔孟",二者确有不同,但中西之人"其体则以仁义礼智之性","其用则有恻隐羞恶恭敬是非之情","此心此理之同,固合泰西与

---

[1] 钟天纬:《问大学格致之说,自郑康成以下无虑数十家,于近今西学有偶合否?西学格致始于希腊之阿卢力士托德尔,至英人贝根出尽变前说,其学始精,逮达文、施本思二家之书行,其学益备,能详其源流欤?》乙丑上,载上海图书馆编《格致书院课艺》2,第59页。

[2] 有学者考证,"王佐才"是钟天纬的化名,他曾以"李龙光""朱震甲""李培禧""商霖"等化名参加课艺,获得奖励14次。见薛毓良编《钟天纬传》,上海社会科学院出版社,2011,第55-56页。

[3] 杨家禾:《西学储才说》庚寅下,载上海图书馆编《格致书院课艺》2,第560页。

中国同归于一辙"[1]。有人说中国汉儒训"物"为"物理"，宋儒训"物"为"事理"，西学"不外乎化合、采练、推算及一切制造之术"，"中西之言物虽异，而穷理之功无异"，西国格致"正中国彻上彻下之道也。"盖其道有二，一从本原下究乎万物，而万物无不包举，此上彻下之道也。一从万物上推本原，而万物咸有归宿，此下彻上之道"；中西相较，西学上阐天道大原，下明福国利民之策，尤为切于世用；"中国之格致虚言心性，非深通理，学者不能知。即或知之，要亦不切于世用，而又分其力于训诂辞章，萦其情于功名富贵，则其为学亦若存若亡而已"[2]。或言中西"格致"原本"义理"与"物理"兼具，如今中学止于"义理"，"物理"为西人独擅。还有人认为中国异于泰西者，无专学，无考试而已。[3]概括而言，征文普遍认为中西"格致"体用兼备，唯中学"格致"在器物的层面有所欠缺。文字对于西学"义理"多有肯定，当是《万国公报》的宗教背景使然。

张之洞也有过类似的区分，结论却有不同。他把中学"格致"分为《中庸》与《大学》两种："《中庸》'天下至诚'、'尽物之性'，'赞天地之化育'，是西学格致之义。《大学》'格致'与西人'格致'绝不相涉，译西书者借其字耳。"他抽取《周礼》《中庸》《礼运》《论语》《大学》等各篇文字中关于民生的字眼比附西学，认为"圣经皆已发其理，创其制"，尚未能"习西人之技，具西人之器，

[1]　胡汉林：《问格致之学泰西与中国有无异同》，《万国公报（月刊）》第57册，1893年10月。

[2]　吉绍衣：《问格致之学泰西与中国有无异同》，《万国公报（月刊）》第19册，1890年8月。

[3]　富济逸人：《问格致之学泰西与中国有无异同》，《万国公报（月刊）》第53册，1893年6月。

同西人之法"。由于中西之理同，因而不必溺于自塞、自欺、自扰之弊，以"中学为内学，西学为外学，中学治身心，西学应世事，不必尽索之于经文，而必无悖于经义"。[1] 换言之，张之洞认为中学"格致"兼具形上形下，"物理"方面不及西学，有必要采补，但形上精义唯中学独有，包含于《大学》"格致"之中。刘锡鸿甚至认为西方工艺制造之学以"格致"名之："殆假《大学》条目以美其号，而号众以来学也。虽然，此岂可假借哉？""所谓西学，盖工匠技艺之事也。易'格致书院'之名，而名之曰'艺林堂'，聚工匠巧者而督课之，使之精求制造以听役于官，犹百工居肆然者，是则于义为当。"[2]

由此可见，在义理/物理的二元结构中，国人对于中西"格致"的评价至少存在三种态度：一种认为中学"格致"仅为"义理"，而无"物理"，"格致之学中西儒士皆以为治平之本，但名虽同而实则异也。盖中国仅言其理，而西国兼究其法也[3]。第二种认为中学"格致"兼具"物理"与"义理"，只是"物理"略有缺失；西学"格致"有"物理"，而无中国精深之"义理"。第三种认为中西"格致"兼赅"物理"与"义理"，"义理"之上没有短长，唯"物理"或缺。三种判断对西学"义理"的评价有所不同，但都肯定了中学"格致"在道德上的价值，且在器物方面存在不足。于是，暂时忽略"义理"上的纷争，致力于"物理"上的补苴罅漏，成为当时国人的共同目标。

---

[1] 张之洞：《劝学篇·会通》，上海书店出版社，2002，第69-71页。

[2] 刘锡鸿：《观格致书院后》，载《英轺私记》，岳麓书社，1986，第50-51页。

[3] 《〈申报〉评〈格致汇编〉》(1876)，载陈谷嘉、邓洪波主编《中国书院史资料》下册，第2342页。

　　以上所谓的"格致"在学术层面上采纳的是中层"格致学"的含义，且"学""艺"一体，"学"为"艺"的基础，但"艺"的实用价值被特别强调。1883年王韬拟在艺学门类下设"格致学"[1]。1897年在教育改革的议论中，有人建议大学设格致科。[2]官书局开办时，有人提议将学问分立十科，制造格致各学附属于工学科。[3]可见，国人兴学的目的相当明确，传教士使用的涵盖西方所有学术门类的广义"格致"少有人提及，仅孙维新观察到艾约瑟的《西学启蒙》，"其书于格致学外多讲理学，为他书所不及"[4]。艾尔曼将格致学院的英文直接译为"上海综合工学院"[5]，这大概更能体现当时国人对于"格致"意义的取舍。

　　中国人对于现代物理学的知识早有接触，但确立物理学为独立学科相对较晚。[6]在甲午战争以前，国人对西学认识程度有限，在使用狭义"格致"的概念时，基本上涵盖理化。郑观应建议考试分

---

　　[1]　王韬在《变法自强》（中）将科举科目分为文学、艺学两类，格致属艺学，"格致能知造物别器之微奥，光学、化学悉所包涵"。见王韬：《弢园文录外编》，上海书店出版社，2002，第32页。

　　[2]　都友来稿：《熊编修亦奇条议大学堂课程》，《集成报》第2册，1897年5月16日，第2页。

　　[3]　《官书局议覆开办京师大学堂折》，《时务报》第20册，1897年3月13日，第6页。

　　[4]　孙维新：《泰西格致之学与近刻翻译诸书详略得失何者为最要论》乙丑上，载上海图书馆编《格致书院课艺》2，第91页。

　　[5]　艾尔曼：《从前现代的格致学到现代的科学》，载刘东主编《中国学术》第2辑，商务印书馆，2000，第30页。

　　[6]　中国有近代意义的"物理"一词最早出现在郑观应1895年出版的《盛世危言》中，但真正确立当在1905年前后。蔡铁权：《"物理"流变考》，《浙江师范大学学报（自然科学版）》2001年第1期。

六科，其一为格致科，凡声光电化皆属[1]。张之洞设自强学堂，分方言、格致、算学、商务四门，"格致兼通化学、重学、电学、光学等事，为众学之入门"[2]。同文馆的"格致学"不赅化学，却包括了动植物学。[3] 在晚清教育改革还未完成之前，作为物理学的"格致"多体现在提倡新学者的言论中，较少为普通民众所知。

总体而言，国人在甲午战争之前对于"格致"的理解趋向于"格致之学"，即今天所说的科学与技术。在求富求强的思想指导下，"格致学"主要落实在民族工业与军事制造业的发展上。"中学为体、西学为用"为中西学术的调和提供了理论前提。由于过多的目光聚焦于现实需求，被强调为"体"的中学格致在实际操作中，往往被整体性地束之高阁。[4]

第三节 "西学格致"体系的形成

1895 年后，国人在甲午战争的失败中猛醒，认识到日本战胜中国的法宝是"学"而非"艺"，洋务派单纯的技术追求实非救国正轨。由此提出"学""艺"分立，中国的"学战"拉开了序幕。不过，在求"学"的道路上，则各有轨辙。

---

[1] 郑观应著，夏东元编：《郑观应集》上册，上海人民出版社，1982，第299 页。

[2] 《两广总督张之洞片》，载朱有瓛主编《中国近代学制史料》第一辑上册，第 306 页。

[3] 《〈清会典〉记同文馆各科课程内容》，载朱有瓛主编《中国近代学制史料》第一辑上册，第 78 页。

[4] 罗厚立（罗志田）：《原来张之洞》，《南方周末》2004 年 6 月 17 日刊。

　　1895 年，悲愤的严复在连续发表的《论世亟之变》《原强》《救亡决论》三篇文章中，首先为国人呈现出一个以"西学格致"为核心的学术体系。其中，以《原强》一文表述得最为清晰。文章中，严复对斯宾塞的群学推崇有加，认为此学"宗其理而大阐人伦之事"，不但与《大学》契合，而且发《大学》未发之覆。群学的优点在于"持一理论一事也，必根柢物理，征引人事，推其端于至真之原，究其极于不遁之效而后已"，于是打通了"格致之学"与"格致之理"，将"物理"与"人事"贯通为一个整体。如治群学，必以"格致"为先，若"格致之学不先，褊僻之情未去，束教拘虚，生心害政，固无往而不误人家国者也。是故欲治群学，且必先有事于诸学焉"。诸学以"名数力质"为根基，其次就是"天地人"三学。"人学"又析解为二：曰"生学"，曰"心学"。"生学者，论人类长养孳乳之大法也。心学者，言斯民知行感应之秘机也。盖一人之身，其形神相资以为用；故一国之立，亦力德相备而后存；而一切政治之施，与其强弱盛衰之迹，特皆如释民所谓循业发现者耳，夫固有为之根而受其蕴者也。"诸学之上为群学，"群学治，而后能修齐治平，用以持世保民以日进于郅治馨香之极盛也"。[1] 由此，严复阐述了一个完整的从"格致"到群学的学术递进的轨迹，大致对应今人所说的自然科学、社会科学，以及统摄各学的具有实证主义哲学性质的社会学体系。

　　《救亡决论》一文中，严复对比中西学术的差异，指出"西学格致"之长在于"凡学之事，不仅求知未知，求能不能已也。……其绝大妙用，在于有以炼智虑而操心思，使习于沈者不至为浮，习

_____

　　[1]　严复：《原强》，载《严复集》第一册，中华书局，1986，第 6-7 页。

于诚者不能为妄"。[1] 所成之"学"必须是"部居群分，层累枝叶，确乎可证，涣然大同，无一语游移，无一事违反；藏之于心则成理，施之于事则为术；首尾赅备，因应厘然，夫而后得谓之为'学'"。[2] 故而，"格致学"实为"艺学"根本，甚至是治平之基，"品物理简，民群理繁，世未有不精于格物，而长于治国者"[3]。对于中国而言，"西学格致，非迂涂也，一言救亡，则将舍是而不可"[4]。在外患凭陵之下，使国家一无可恃，唯有继今以往，从事西学，"皆视物理之明昧，为人事之废兴"[5]。

1898 年，严复在《西学门径功用》一文中提及治学方法。他说"大抵学以穷理，常分三际"，即考订、贯通与试验。"格物穷理之用，其涂术不过二端：一曰内导；一曰外导。""内导者，合异事而观其同，而得其公例。""学至外导，则可据已然已知以推未然未知者。""学问之事，其用皆二：一为专门之用；一为公家之用。""专门之用"指核数、测量、制造、电工、栽种等实际用处。比较而言，"公家之用最大"，"举以炼心制事是也"。"为学之道，第一步则须玄学"，包括"一名、二数"。继之以"玄著学"，"一力""二质"，后"考专门之物者也。如天学，如地学，如人学，如动植之学"。此后"必事生理之学"，"又必事心理之学"，"生、心二理明，而后终之以群学"。[6] 概括而言，严复所论"格致"实有广狭二义：狭义"格致"特指名数力质诸学；广义"格致"是指孔德式的，建

---

[1] 严复：《救亡决论》，载《严复集》第一册，第 45–46 页。

[2] 严复：《救亡决论》，载《严复集》第一册，第 52 页。

[3] 斯宾塞：《群学肄言》，严复译，商务印书馆，1981，第 3 页。

[4] 严复：《救亡决论》，载《严复集》第一册，第 45 页。

[5] 严复：《救亡决论》，载《严复集》第一册，第 48 页。

[6] 严复：《西学门径功用》，载《严复集》第一册，第 92–95 页。

立在自然科学基础之上的社会学体系，涵盖了完整的学术范围、方法、功用以及学术路径，特别强调了实证主义科学必须具备的真实性、致用性、精确性以及系统性。

同年，在正式出版的《天演论》中，严复转述了斯宾塞的观点，认为人类道德的出现是人类适应自然界的结果。民群间的"善相感通之德，乃天择以后之事，非其始之即如是也"，"天演之事，将使能群者存，不群者灭；善群者存，不善群者灭"，"经物竞之烈，亡矣，不可见矣"。[1] 因此，就道德而言，应该是"人能宏道，非道宏人"。[2] "宏道"之法也应从"西学格致"入手，即如斯宾塞所言的就学次第，以名数二学为始基，格物如力质诸科次之，再进而为天文地质，再进而治生学，后进以心灵之学，最后乃治群学，而以德行之学终焉。[3] 对于人类的未来，严复表达得非常乐观，"民群任天演之自然，则必日进善而不日趋恶，而郅治必有时而臻者"。[4] 至此，严复基本建立了一个以"格致"为基础，以群学为旨归，以德行为终结的学术／道德体系。1896 年，吴汝纶作为《天演论》的第一个读者敏感地觉察到《天演论》对中国自强的现实功用。他致信严复称："尊译《天演论》，计已脱稿。所示外国格致家谓：顺乎天演，则郅治终成。赫胥黎又谓：不讲治功，则人道不立。此其资益于自强之治者，诚深诚邃。"[5] 可见，严复的"西学格致"从一开始吸引国人的就不是它的学科体系，而是直达"群治"的

---

[1]　严复:《天演论》卷上，载《严复集》第五册，第 1347 页。

[2]　严复:《原强》，载《严复集》第一册，第 14 页。

[3]　严复:《原富按语》，载《严复集》第四册，第 905 页。

[4]　严复:《天演论》卷下，载《严复集》第五册，第 1392 页。

[5]　吴汝纶:《吴汝纶致严复》(一)(二)，载《严复集》第五册，第 1560 页。

政治合理性。

　　基于斯宾塞由"智"入"德"的进化观点，严复提出在"鼓民力、开民智、新民德"三民思想中"以民智为最急"[1]。他批判中国的八股学"锢智慧、坏心术、滋游手"，汉学"繁于西学而无用"，宋学"高于西学而无实"，词章"一及事功，则淫遁诐邪，生于其心，害于其政矣；苟且粉饰，出于其政者，害于其事矣"。[2] 在1898年的保国、保教、保种孰为先后的讨论中，严复认为白人二百年以来，因民智益开而教化大进；黄种人由于文化未开，教养失宜，而导致民德日漓。[3] 概而言之，中国人因无智而无德，只有等"从事西学之后，平心察理，然后知中国从来政教之少是而多非，即吾圣人之精意微言，亦必既通西学之后，以归求反观，而后有以窥其精微，而服其为不可易也"[4]，待"我辈砥节砺行，孔教固不必保而自保矣"[5]。

　　不过，当严复投身于戊戌维新的现实斗争之后，隐约感觉到理论与现实间的差距，中国的问题似乎不仅仅是开智慧所能够解决的。1898年，他探讨欧人富强的原因，除了学问与政治之外，还有赖于"一童子之劳，锲而不舍，积渐扩充，遂以贯天人之奥，究造化之原焉"；有赖于"一二人托诸空言，以为天理人心，必当如此，不避利害，不畏艰难，言之不已"；而中国之民不但自己"听天下之言，无疾言也；观天下之色，无遽色也；察天下之行事，无

----

[1] 严复：《原强》，载《严复集》第一册，第14页。
[2] 严复：《救亡决论》，载《严复集》第一册，第41-45页。
[3] 严复：《保种余义》，载《严复集》第一册，第86-87页。
[4] 严复：《救亡决论》，载《严复集》第一册，第49页。
[5] 严复：《有如三保》，载《严复集》第一册，第82页。

轻举妄动也",还会群目那一二特立独行之人为"兽子",为"病狂",以"沮丧天下古今人材之进境"。于是他感慨道:"政教既敝,则人心亦敝而已。"[1] 这"人心之弊",他解释为"离心力",即认为对中国而言,来自内部的"离心力"尤可畏于来自西方的阻力。这一年,他对中国的"民智"与"民德"都表现得颇为绝望,认为不知进取的世俗人心才是国家灭亡之由。对待如此幼稚的国民,他表示不得不"赖有父母之教养"[2],这一说法显然与他之前倡导的"个体自由"存在反差。

此后,严复对于之前的思想逐渐有所修正,明确表示智识与道德之间并没有必然的因果关系。他理解的"太平"社会应该是"家给人足","比户可封","刑措不用",为强且富的西洋并没有因为智识的进步而达到"至治极盛"之境。因此,"民智"大开未必会造成道德日进,只有"民力""民智""民德""三者既立而后其政法从之",才可以塑造完全的社会。[3] 不过,尽管他看到西方社会的种种弊端,但仍然保持了斯宾塞式的乐观态度,认为社会进步将是一个渐进的过程,最终会到达至仁。因此,严复精心构建的"西学格致"体系,一方面延续了从 Science 到"格致学",再到"西学格致"的西学输入路径,另一方面也超越了西学"格致"的范畴,成为一整套宣扬实证主义进化论、具有普遍哲学意义的社会学理论。

需要说明的是,严复的"西学格致"只是当时众多"格致"中的一义,大多数人对它的理解并没有如此精确,"格致学"的多歧

---

[1] 严复:《论中国之阻力与离心力》,载《严复集》第一册,第466页。

[2] 严复:《论中国教化之退》,载《严复集》第一册,第483页。

[3] 严复:《原强修订稿》,载《严复集》第一册,第24-25页。

意义仍旧存在。有人拿"格致"与"斐洛苏非"（Philosophy）对译，采用了广义的"格致"定义；[1] 有人将"格致"理解为单纯的科学技术。如邓实创办的《政艺通报》中，收录了诸如《论格致学缘起》《论格致新器》《论格致大略》《格致浅理》《中西格致异同考》[2] 等考究学理的文章，所述格致多是缘起于培根，讲求新法、实效的西方现代科学技术。与此同时，一部分中国学人坚持认为拿"格致"指称西学圆凿方枘，名不副实。章太炎说近创名词中，"最可嗤鄙者，则有格致二字。格致者何？日本所谓物理学也。而一孔小儒，以《礼记大学》中之格物致知一语，附会西方声光电化有机无机诸学，以为中国古已有之，而移缪及于实事"。宋恕指责"我国译人用'格致'二字，既背古训，且谬朱谊，远不如日人用'物理'二字之为雅切"。[3] 章太炎与宋恕的呼声反映了当时的学术参照系有所改变，转用与中国同文同种的东学似乎远比直接输入西学来得便利。此风之下，一些被赋予新义的汉字书写形式的日本语汇重返本土，[4] "科学"成为其中显著的一例。

---

[1]　《中西格致异同考》，《政艺通报》1902 年 7 月 19 日第 10 期，第 38 页。

[2]　见《政艺通报》1902 年第 3、5、10 期。

[3]　宋恕：《致孙仲容书》（1901 年 6 月），载胡珠生编《宋恕集》上册，中华书局，1993，第 609 页。

[4]　这种情况一直维持到 1919 年，被语言学家称为"日本语导入期"。沈国威：《近代日中語彙交流史——新漢語の生成と受容》，转引自朱京伟《19 世纪以降の中日語彙交流と借用語の研究——研究の资料と方法をめくつて》，载徐一平、（日）佐藤公彦主编《日本学研究》（12），世界知识出版社，2003，第 64 页。

第四节　从"格致学"到日本"科学"

"科学"一词来自日本。[1] 日本用"科学"对译 science，开始是因为"科学"有"分科之学"的意义。[2] 到 19 世纪 80 年代，日本"科学"的含义基本固定，具体是指可以类分的各个学科，广义而言是具有近代科学特性的各门学科，狭义则指自然科学。"科学"初入中国时，其意义与本义差别不大，如 1899 年，《清议报》上所录的日人文章中，有指"科学"之进步与开苏伊士运河，西比利亚（西伯利亚）的铁道，尼加粒瓦（尼加拉瓜）的运河，太平洋海底的电缆和希马拉耶（喜马拉雅）横亘以铁道相关联。[3] 此"科学"即指自然科学的发展与社会进步的关系。井上哲次郎在《心理新说序》中所说的"科学"则不特指自然科学，而是清晰地论述了欧洲科学的发展次第。[4]

至于近代中国第一个使用"科学"一词的人究竟为谁，学界尚无定论。考证是什么人最早使用"科学"固然重要，但更重要的是在什么意义上使用该词。事实上，在 1902 年之前使用"科学"一词的中国人并不多。他们大部分在国内接受教育，却或多或少受到日本学术的影响。1902 年以后，随着清末新政逐渐深入，"科学"被更广泛地传播运用。当时传播的渠道有二：一是教科书的翻

---

[1]　刘禾：《跨语际实践：文学、民族文化与被译介的现代性（中国，1900—1937）》，宋伟杰等译，生活·读书·新知三联书店，2000，第 67 页，注 96。

[2]　金观涛、刘青峰：《"科举"和"科学"：重大社会事件和观念转化的案例研究》，载《观念史研究：中国现代重要政治术语的形成》，第 423 页。

[3]　《论太平洋之未来与日本国策》，《清议报》1899 年 4 月 30 日第 13 册，第 11-12 页。

[4]　井上哲次郎：《心理新说序》，《清议报》1899 年 6 月 18 日第 18 册，第 5 页。

译，一是报刊杂志的传播。前者在中国学制改革的过程中发挥了巨大的作用，而报刊杂志则直接反映了社会思想的整体流向。通过分析 1900—1905 年间，近代期刊上出现的以"科学"为题的杂志、文章或是栏目，可以管中窥豹，大致看出"科学"概念的走向。

当时"科学"概念的出处可分三类，第一类出现在较早创办的，与日本直接相关的各类杂志之中。此类杂志又可细分为二：一是在日本出版发行的杂志。除了《新民丛报》《新小说》等为流亡日本的梁启超主办，其余大多是留日学生创办，如《译书汇编》《浙江潮》《江苏》等。这类杂志表达"科学"的文体大多是科普短文，以介绍日本的新理新知为主。二是在国内发行的杂志，杂志的创办人或是杂志内容多多少少与东学有着关联。其中包括留日归国学生所办的杂志，如林獬的《中国白话报》，戢翼翚、杨廷栋等人主持的《大陆》报；一种是在文字中明确表明"科学"来源于日本。如杜亚泉的《亚泉杂志》，虞和钦的《科学世界》，以及罗振玉创办的《教育世界》。后者在 1904 年之前，以译介日本颁布的教育法规、准则条例，和日文转译的欧美教育制度为主要内容。以上两类杂志的主创者或编译者都有一定的日文基础，可直接阅读日文，他们得到的基本上是第一手的日本"科学"。还有一种没有明确资料显示主创者的日本学术背景，但从杂志的具体内容来看，可推测其以日本"科学"为源头，如《女子世界》[1] 等。

---

[1]　《女子世界》于 1904 年创刊，前期在上海编辑，后移至常熟，早期由上海大同书局发行，后由小说林社负责发行。目前没有确切资料表明主编丁初我有东学背景，但撰稿人如蒋维乔则熟知日文。见夏晓虹：《晚清女报的性别观照——〈女子世界〉研究》，载《晚清女性与近代中国》，北京大学出版社，2004，第 68、73 页。

　　第二类是出现在西人杂志上的"科学"。西人笔下的"科学"出现得较晚，目前可以检索到的是 1904 年的《万国公报》与《华美保教》二种，其登载的短文内容一致，从时间上看，应该是《华美保教》转载《万国公报》的内容。文章称："近日人种学日益发达，西国学校中新兴一种科学。"[1] 且将其归于格致类。比照《万国公报》中的其他文章可知，该报中"科学"与"格致"并用，"科学"指学科名词的总汇，"格致"才是 science 的对译。[2] 可见，在传教士的理解中，"科学"与"格致"并非一事，他们可以借用日本"科学"来表达学问共同的存在形式，但更习惯用"格致"表达相应的学术类别。

　　第三类出现在国内创办的各类杂志中。1904 年以后，《广益丛报》《鹭江报》《教育杂志》等报刊上登载的奏折文牍中开始出现"科学"字样，从内容上看与教育相关，从时间上看与中国的学制改革不无牵连，只是"科学"的意味稍有改变，显现出教科之义。这样的含义很难直接在日本"科学"中找到对应的版本，或许可以称之为日本"科学"的衍生物。

　　总体而言，"科学"一词作为日本学术的载体从 19 世纪末进入中国，最初表现为自然科学或分科之学的意义，但仅由少数人使用。20 世纪初，"科学"开始大量出现在中国的报刊上，除了原有的两个意义之外，似乎有逸出本义，指向教育的趋势。应该说，1905 年以前，日本"科学"无疑是在中国传播的主流，拥有日本

---

　　[1]　范祎述:《科学新名》，林乐知译，《万国公报（月刊）》第 188 册，1904 年 9 月，第 26 页。

　　[2]　林乐知著，范祎述:《新名词之辨惑》，《万国公报（月刊）》第 184 册，1904 年 5 月，第 24 页。

学术背景的学人则担纲了传播的重任。但随着东学在中国的渗透，运用者的身份日渐复杂，"科学"逐渐显现出异于本意的趋势，"科学"的形象反而越来越模糊。

在"科学"的众多意义当中，指代自然科学的部分确定无疑。由此有研究者愿意拿"格致学"与"科学"比照，更有人认为近代中国学术经历了由"格致"到"科学"的过渡。如果专言自然科学领域的转化，此言不差，如果拓宽视野就会发现，二者实际上存在很大差异。事实上，近代中国的"格致"与"科学"各自都为独立的学术体系，是随着情势变化而不断变化的学术空间，它们的意义在某些部分重合，各自还包含了无法重叠的部分。

在传教士的言说中，"科学"大多代表的是学术存在的形式，指的是分科之学，它与日本"科学"的本意更为接近。留日学生编辑的《新尔雅》中，指"考究物体外部形状之变化者，谓之格致"[1]，包括"重学、声学、光学、热学、磁气学、电学、气象学"，其意义更接近现在所说的现代物理学。"科学"一词设在"释教育"的纲目下，"研究世界之现象与以系统的知识者，名曰科学"[2]。其中又有自然科学、记述科学、理论科学、规范科学、经验科学、演绎科学、精神科学、普遍科学等新名词的罗列。"哲学"被单独列出，以表明其超越"科学"的地位。吴汝纶曾在日记中转载日本教习西山荣久所译的"科学"内容，谓今世硕学，"皆分科学为三种：自然科学、社会科学以及心理科学"[3]。1905 年，《江苏》杂志译

---

[1] 汪荣宝、叶澜：《新尔雅》，上海明权社，1903，第 121 页。

[2] 汪荣宝、叶澜：《新尔雅》，第 59 页。

[3] 吴汝纶撰：《吴汝纶全集》四，施培毅、徐寿凯校点，黄山书社，2002，第 548-549 页。

《哲学概论》，记载的"科学"类别更为详实。[1] 以上均是近代学人对于"科学"形态囫囵吞枣式的简单罗列，但从学术的从属关系中可以看到，"科学"的范畴比"格致学""理学"更为广阔。"科学"是根据研究范围、研究对象、研究方法等特性而划分成的不同的学术部类，"科学"二字往往成为某种学术类别的后缀，以表明其具有的专门性与系统性。总体而言，"科学"囊括了一切可分科研究的学术种类，是一个正在持续壮大的学术总汇。

艾尔曼认为日本学者在明治初期（19 世纪 60 年代），把德语的 Wissenschaft 称为"科学"，字面意思是"基于技术训练的分类学问"，在新式科学和"穷理"的自然研究之间划清界限，而中国留学生和学者采纳了这样的二分法，用"格致"总体指称各种"科学"的集合，单独的技术学科则被命名为"科学"。[2] 这一理解稍显狭隘，以上罗列的"科学"种类已经远远超出科学技术的范畴，加上国人对于概念的理解尚且懵懂，大多数人简单地以为它就是分科形式下的学问集合，单独的学科往往用"一科学""一种科学"来称呼，甚至将"科学"理解为所有新学的总归。1904 年，北洋官报局增辑《学报汇编》"以辅助教科，保存国粹"[3]。汇编分甲、乙、丙三编，甲编为学术部，多言教育之事，乙编为政艺部，丙编名为"科学丛录"，目的是"刺取新书新报中的精理名言，分门别类，采西益中，力屏空谭，专重实业"，下分四集：曰杂志、曰学说、曰

---

[1]　侯生：《哲学概论》（续前稿），《江苏》1903 年 6 月 25 日第 4 期，第 47—49 页。

[2]　艾尔曼：《从前现代的格致学到现代的科学》，载刘东主编《中国学术》第 2 辑，第 37 页。

[3]　北洋官报局编印：《科学丛录二：甲辰学报汇编提要》，《学报汇编》1905 年第 27 期，第 1 页。

文编、曰调查。[1] 事实上，这是一个以"科学"为名的大杂烩，凡泰西学说，中学新说，适合时势或抨击时弊的论学文章都归属之，"科学"成为所有新理新知的代名词。

同时，对于"格致学"的分层理解依然存在，留日学生习惯于把它等同于物理学或是自然科学，传教士以及国内学人依旧愿意在更空泛的意义上使用它。刘师培说学问有"下学"与"上达"之分，"下学，即西人之实科，所谓形下为器也；上达，即西儒之哲学，所谓形上为道也。《大学》言'格物致知'，亦即此意。其曰'致知在格物'者，即上达基于下学之意也"。[2] 同时有人批评说："自同光以来，海禁大开，翻译西方书籍，每以'格致'二字为泰西科学之代名词。固与《大学》所谓'格致'者渺不相涉。"[3] 直到20世纪初，"格致"一词的多歧意义依然存在，国人从不同角度攫取他们需要的意义，但概念的莫衷一是使得现代科学既易于接受，也显得面目模糊。

研究者通过关键词检索，发现1901到1905年间，"格致"与"科学"两个词普遍出现，可称之为并用期；1906年是一个转折点，1906年以后，"格致"不再和"科学"并存，并迅速消亡。[4] "格致"消亡已是一个不争的事实，但"格致"是否被"科学"取代，以及

---

[1]　北洋官报局编印：《科学丛录二：甲辰学报汇编提要》，《学报汇编》第27期，1905，第23页。

[2]　刘光汉：《国学发微（续）》，《国粹学报》1905年3月25日第2号，第2页。

[3]　刘声木：《陈元龙已误用格致二字》，载《苌楚斋随笔续笔三笔四笔五笔》下册，中华书局，1998，第994页。

[4]　金观涛、刘青峰：《从"格物致知"到"科学"、"生产力"——知识体系和文化关系的思想史研究》，载《观念史研究：中国现代重要政治术语的形成》，第342页。

"科学"是否是替代"格致"而存在,其实是两个不同的问题。如果把近代"格致"和"科学"想象为两个各自独立的、处在变化之中的概念,他们在近代中国特殊语境下发生交汇、渗透,产生了交集,但相交的仅仅是自然科学的部分,除此以外,它们各自存在一个相对独立的学术空间。因此,近代中国并不存在一个从"格致"到"科学"的单一向度的发展过程,但宏观的发展趋势清晰可见,即传统的学术概念逐渐退出历史舞台,越来越多来自东西洋的新概念涌进中国的学术视野。"格致"一词的淡出,意味着国人不再需要借用传统词汇诠释西学,而是过渡到用外来词汇表述中学,从"格致"到"科学"是一整套学术范式的转移。

第五节　严译"科学"与日本"科学"辨义

或许由于"格致"与"科学"部分内容重合,也由于日本词汇具有更广泛的社会影响力,严复开始借用日本"科学"的字样表达之前的"西学格致"的思想。1901 年,《原富》的翻译中出现了"科学"字样。1902 年,《群学肄言》的翻译足本中出现大量的"科学"。[1] 从内容上看,书中的"科学"是原来的"西学格致"。它也存在广狭二义:狭义上言,专指自然科学;广义上言,它是一个以自然科学为根基,包括了自然科学与社会科学在内的学术整体。

严译"科学"的出现表明,严复译词在与日语新词的生存竞争

---

[1]　斯宾塞:《群学肄言》,严复译,第 31 页。

中落败。[1] 探究原因，沈国威推测是受到《清议报》等日本资源的影响。[2] 其他研究多将"科学"作为和制汉语的一种，分析严复译词不敌和制汉语的原因有三：一是清末以来，译自日本的书刊垄断了出版界，和制汉语约定俗成后，形成语言系统上的优势。二是严复译文执意渊雅，与近代语言文字走向通俗化、大众化逆向而动。三是严复好用单音词、音译，无法充分表达概念的精确性与丰富性。[3] 但是，以上结论仅仅是语言学意义上的解释，具体到"科学"一词，还需有更深入的考察。

自从严复译著中出现"科学"字样，严译"科学"便与日本"科学"在"科学"概念的范畴内并存，二者在自然科学的内容上几乎重合。以《科学世界》为例，虞和钦在《原理学》一文中，叙述了自然科学的原理与应用价值。他说世界上有至大至广无限量的事物，随之有至大至广无限量的现象，而穷究这些事物和现象的道理和本原，正是"理科"或"理学"（即自然科学）的任务。而且，"理学者，乃以至广至渺之世界观念，而与社会以直接之益者也。其目虽多，而以有实用之智识为尤要"。[4] 林森讲述了西方科学的发展历程以及"科学"对于精神道德的促进作用。"欧洲理科之学，在前世纪不别为专家，惟推寻概要，包函于哲学之内。"中

---

[1] 史华兹：《寻求富强：严复与西方》，叶凤美译，江苏人民出版社，1995，第 88 页。

[2] 沈国威：《严复与"科学"》，《东アジア文化交涉研究》（日本）2009 年第 4 期。

[3] 参见王中江：《中日文化关系的一个侧面——从严译术语到日译术语的转换及其缘由》，《近代史研究》1995 年第 4 期。黄克武：《新名词之战：清末严复译语与和制汉语的竞赛》，《"中央研究院"近代史研究所集刊》2008 年第 62 期。

[4] 虞和钦：《原理学》，《科学世界》1904 年 12 月第 10 期，第 2 页。

世纪以后，学术为之一变，"尊观察，重实验，自然科学渐自哲学分离，而一切心理、人群、政法、经济，且浸蒙间接之助，而一新理解焉"。理学的价值也因此而延伸，"考自然，穷物化，抉迷信，治怪谈，其要切人生，固足以辨类知方，供实际生活之需用"；"而其至纯也大，又足以动感情，陶品性，发高尚优美之趣，而起进取活泼之风"。进而推论，"今者，我国多难，风潮恶烈"，绝非放论空言能抗来日大难，唯有"极意研求，企实业之改良，而图种性之进步"。[1]《科学世界》为上海科学仪器馆创办，更关注实业救国，但在"科学"的理解上与严复可谓志同道合。

问题在于，除了自然科学部分重叠之外，严译"科学"与日本"科学"还存在根本性差异。在严复的实证主义科学体系中，自然科学是构建天演学与群学的基石，各学之间有着严格的次第与等级。广义的日本"科学"是建立在分科形态之上的混沌的学术集合，自然科学虽是集合体中不可或缺的一部分，但各学之间缺乏严译"科学"的系统性。实业救国只是接引日本"科学"的一种路径，"以政学为主义，以艺学为附庸"[2]则是更具社会影响力的思想导向，它与严复的以"科学"为先导，以群学为指归的学术指向反向而行。

甲午之后，有鉴于洋务运动的失败，一些爱国之人致力于探究日本成功的法则。梁启超认为："泰西诸国，首重政治学院，其为学也，以公理公法为经，以希腊罗马古史为纬，以近政近事为用。其学成者授之以政，此为立国基第一义。日本效之，变法则独先学

---

[1] 林森：《发刊词一》，《科学世界》1903年3月第1期，第4—5页。

[2] 梁启超：《与林迪臣太守书》，载《饮冰室合集》文集之三，中华书局，1989，第2页。

校;学校则独重政治,此所以不三十年而崛起于东瀛也。"他将"政学"与"艺学"对比,认为:"政学之成较易,艺学之成较难,政学之用较广,艺学之用较狭。使其国有政才而无艺才也,则行政之人,振兴艺事,直易易耳。即不尔,而借材异地,用客卿而操纵之,无所不可也。使其国有艺才而无政才也,则绝技虽多,执政者不知所以用之。其终也必为他人所用。今之中国,其习专门之业稍有成就者,固不乏人,独其讲求古今中外治天下之道,深知其意者,盖不多见。此所以虽有一二艺才而卒无用也。"[1]1897年,梁启超在上海创办大同书局,即"以东文为主,而辅以西文;以政学为先,而次以艺学"[2]。次年,张之洞也主张"大抵救时之计,谋国之方,政尤急于艺"[3]。

趋东士人所说的"艺学",同指洋务运动中兴盛的科技之学,但他们提倡的"政学"范围广泛,内容有别。梁启超的大同书局首译之书以各国变法之事、宪法事、功课书、章程书,以及商务书为主;[4]张之洞固守"中体西用"原则,主要指学校、地理、度支、赋税、武备、律例、观工、通商各别项,[5]以西方的各种应用制度为主。据日本学者村田雄二郎研究,康有为在《日本变政考》中,表现出对《教育敕语》的漠视,最关心西方文明对于中国的文化挑战。[6]换言之,康有为更关注日本变法维新的一面,忽略了日本传

---

[1] 梁启超:《与林迪臣太守书》,载《饮冰室合集》文集之三,第2—3页。

[2] 梁启超:《大同译书局叙例》,载《饮冰室合集》文集之二,第58页。

[3] 张之洞:《劝学篇·设学》,第41页。

[4] 梁启超:《大同译书局叙例》,载《饮冰室合集》文集之二,第58页。

[5] 张之洞:《劝学篇.设学》,第41页。

[6] 村田雄二郎:《康有为的日本研究及其特点——〈日本变政考〉、〈日本书目志〉管见》,《近代史研究》1993年第1期。

统发挥的作用。在清政府的教育构想中，中体是不可动摇的根基，"独特的日本学校教育，以儒家道德为本的修身教育与近代诸学科结合起来，已成为中国的理想楷模"[1]。在共同的东学指向上，维新派与当政者的初衷并不一致。

"科学"一词随着东学大潮进入中国，最初仅被少数人提及，除了简单的科学知识的介绍外，借以表达的多是社会人文方面的观念。1898年，王国维借用"科学"为中国引入日本实证史学的观念。1900年，章太炎在删改后的《訄书》中运用"科学"反宗教，[2] 批王学，[3] 以表达他革命的意愿。"科学"从字面上可理解为自然科学，或是以古代名学为基础的分类治学的方法，[4] 但贯穿始终的是实证科学提供的唯物主义的批判精神。1901年，蔡元培在《学堂教科论》中运用"科学"一词表达分科治学，他借鉴日人井上圆了的学术分科体系，欲以哲学统筹其他各学，充满了唯心主义色彩。据日本学者后藤延子研究，蔡元培之所以对井上圆了的思想产生兴趣，是因为当时的蔡元培正在为中国寻找行之有效的宗教资源，作为团结国民的精神纽带。井上提供的佛学思想是建立在自然科学与哲学基础上的新宗教，[5] 宗教与"科学"并行不悖。

同年，杜亚泉对于"政学为要"表示担忧，说："今世界之公言

---

[1]　任达:《新政革命与日本:中国，1898—1912》，第159页。

[2]　章炳麟:《訄书详注》，徐复注，上海古籍出版社，2000，第698页。

[3]　章炳麟:《訄书详注·王学第十》，第110页。

[4]　唐文权、罗福惠:《章太炎思想研究》，华中师范大学出版社，1986，第160页。

[5]　后藤延子:《蔡元培〈佛教护国论〉探源》，载中国蔡元培研究会编《纪念蔡元培先生诞辰130周年国际学术讨论会文集》，北京大学出版社，1999，第449-461页。

曰,二十世纪者,工艺时代。"政治的发达与进步皆借"艺术"以成,如今国人嚣嚣然争于政治,而忽略了"争存于万国之实"。[1]杜亚泉的"艺术"是指可以转化为生产力的科学技术,"艺术"的根底在于"格致算化农商工艺诸科学",此说恰从反面证明"政学为要"已成趋势。杜亚泉本人在绍兴中西学堂任教时,一边传授科学知识,一边提倡新思想,提倡"物竞争存之进化论",并因此与思想守旧的教员发生冲突。[2] 由此可知,在"西艺非要,西政为要"[3]的思想引导下,"科学"一词的运用体现出以"政学"为主,或是为"政学"服务的特点,虽然包含了自然科学的内容,但有被边缘化的趋向。恰如王国维所说:"数年以来,形上之学渐入于中国,而又有一日本焉,为之中间之驿骑,于是日本所造译西语之汉文,以混混之势,而侵入我国之文学界。"[4]

从学术角度而言,以上各家的"科学"认识并不一致,都是转自东西学术的一鳞半爪而不成体系。按照严复的"科学"标准衡量,它们既不精确,也不系统,更不可信,不足以称"科学"。严复评价说:"日本之所勤苦而仅得者,亦非其所故有……彼之去故就新,为时仅三十年耳。今求泰西二三千年孳乳演迤之学术,于三十年勤苦仅得之日本,虽其盛有译著,其名义可决其未安也,其考订可卜其未密也。乃徒以近我之故,沛然率天下学者群而趋之,世

[1] 杜亚泉:《〈亚泉杂志〉序》,载许纪霖、田建业编《杜亚泉文存》,上海教育出版社,2003,第230页。

[2] 蔡元培:《书杜亚泉先生遗事》,载许纪霖、田建业编《一溪集:杜亚泉的生平与思想》,生活·读书·新知三联书店,1999,第6页。

[3] 张之洞:《劝学篇·序》,第1页。

[4] 王国维:《论新学语之输入》,载姚淦铭、王燕编《王国维文集》第3卷,第41页。

有无志而不好学如此者乎？" [1] 梁启超等人提出的以"政学为主义，艺学为附庸"更是颠倒错乱，本末倒置。"其所谓艺者，非指科学乎？名、数、质、力，四者皆科学也。其通理公例，经纬万端，而西政之善者，即本斯而立"，"中国之政，所以日形其绌，不足争存者，亦坐不本科学，而与通理公例违行故耳。是故以科学为艺，则西艺实西政之本。设谓艺非科学，则政艺二者，乃并出于科学，若左右手然，未闻左右之相为本末也" [2]。

严复反对梁启超以其成之难易、用之广狭来判定"政学"与"艺学"的轻重缓急，说："今世学者，为西人之政论易，为西人之科学难。政论有骄嚣之风，如自由、平等、民权、压力、革命皆是。科学多朴茂之意，且其人既不通科学，则其政论必多不根，而于天演消息之微，不能喻也。此未必不为吾国前途之害。故中国此后教育，在在宜著意科学，使学者之心虑沈潜，浸渍于因果实证之间，庶他日学成，有疗病起弱之实力，能破旧学之拘挛，而其干图新也审，则真中国之幸福矣！" [3] 在与曹典球的信中，他表示："大抵翻译之事，从其原文本书下手者，已隔一尘，若数转为译，则源远益分，未必不害，故不敢也。颇怪近世人争趋东学，往往入者主之，则以谓实胜西学。通商大埠广告所列，大抵皆从东文来。夫以华人而从东文求西学，谓之慰情胜无，犹有说也；至谓胜其原本之睹，此何异睹西子于图画，而以为美于真形者乎？俗说之悖常如此矣！" [4]

---

[1] 严复:《与〈外交报〉主人书》，载《严复集》第三册，第 561 页。

[2] 严复:《与〈外交报〉主人书》，载《严复集》第三册，第 559 页。

[3] 严复:《与〈外交报〉主人书》，载《严复集》第三册，第 564-565 页。

[4] 严复:《与曹典球书》，载《严复集》第三册，第 567 页。

其时,凡主张自然科学者,多持与严复相同的观点。王本祥在《科学世界》上强调说,美国立国距今仅一百三十年,因实行"工商竞进,内力充实",乃成世界上第一等国。[1]究其根本,固然是因为"有华盛顿、林肯、麦荆来(威廉·麦金莱)诸大总统之汗血,从事力争经营而得者",但"非有物质上的文明助其焰而扬其波,亦安能庶而富,富而教,若今之极盛也。前有傅兰克令(富兰克林),后有爱提森(爱迪生),遂演成北美新大陆之锦绣世界。孰谓形而下学不足重乎"。[2]那些"闻卢骚(卢梭)、达尔文之学,而遗其自然科学,是失实也"。[3]杜亚泉也认为,"今世界之公言曰,二十世纪者,工艺时代",政治的发达与进步皆借"艺术"以成,如今国人嚣嚣然争于政治,忽略了"争存于万国之实"。[4]以上各人皆由东学获取"科学",由此可见日本"科学"内部的多样性。

与严复指责东学政论太过浮泛、不本"科学"相对,梁启超认为严复译著"文笔太务渊雅,刻意模仿先秦文体,非多读古书之人,一翻殆难索解。夫文界之宜革命久矣。欧美、日本诸国文体之变化,常与其文明程度成正比例,况此等学理邃赜之书,非以流畅锐达之笔行之,安能使学僮受其益乎?著译之业,将以播文明思想于国民也,非为藏山不朽之名誉也"。[5]严复反驳道:"仆之于文,

[1] 王本祥:《电气大王爱提森传》,《科学世界》1903年7月第5期,第69页。

[2] 王本祥:《电气大王爱提森传(续)》,《科学世界》1903年10月第8期,第49页。

[3] 钟观光:《祝词》,《科学世界》1903年3月第1期,第8页。

[4] 杜亚泉:《〈亚泉杂志〉序》,载许纪霖、田建业编《杜亚泉文存》,第230页。

[5] 亚当·斯密:《原富》,严复译,《新民丛报》1902年2月8日第1号,第115页。

非务渊雅也，务其是耳。""若徒为近俗之辞，以取便市井乡僻之不学，此于文界，乃所谓陵迟，非革命也。且不佞之所以从事者，学理邃赜之书也，非以饷学童而望其受益也，吾译正以待多读中国古书之人。"[1] 对比之下，可见因面对的受众不同，译著的学术性与通俗性一时无法兼顾。

与严译"科学"强调的实证性、准确性、系统性相比，日本"科学"的多样性、模糊性、通俗性自然造成了严复指责的"轻佻浮伪，无缜密诚实之根"[2]。导致日本"科学"面目模糊的原因有二：一是"科学"本是日本西化的产物，不但糅合了西学特征，且保留了本民族思维方式与语言习惯的痕迹，西学的内化经历了外人不可切实了解的复杂过程。二是"科学"概念进入中国后，其不自明性造成国人理解上的隔膜，又因各人际遇不同，思想诉求存在差异，使得"科学"含义承载了更多的意义。"科学"概念进入中国后呈混沌状态，不仅是因为其本土样貌模糊不清，更因为国人在此基础之上叠加了个性化的误读与附会。吊诡的是，日本"科学"在严复的指责下显得不够"科学"，而严译"科学"又何尝不是日本"科学"的意义歧出。

历史的发展往往耐人寻味，看起来更接近西方近代科学本质的严译"科学"反不如日本"科学"受到国人关注。从目前掌握的资料来看，严复的"科学"体系在晚清应者寥寥，至今只发现1907年蛤笑曾经引用他的玄、间、著三科的分类方法，其间还有细微的不同，如他所说的"著科"列有生理动物，却落下了严复所说的

---

[1]　严复：《与梁启超书》，载《严复集》第三册，第516-517页。

[2]　严复：《与曹典球书》，载《严复集》第三册，第567页。

"人物"之学。[1] 事实表明，不仅严译词汇在与日语新词的竞争中落败，借助"科学"一词输入的实证科学体系也在"科学"概念内部的竞争中败下阵来。

日本学者分析本国教育从西洋化转向日本化的过程后认为，非西方的后起国家在西学的道路上，推动历史前进的最基本的力量仍旧是国内的政治、文化、经济因素，西洋化起到的不过是刺激与样板作用。[2] 后起国家在转型的过程中，面临道路选择与传统转化的两大历史任务，转化后的日本"科学"已经不是西方 Science 的本义，而是一个经过选择以及与传统结合的本土"科学"。同理，作为后起国家的中国在严译"科学"与日本"科学"之间的取舍，同样是各种思想碰撞的结果。20 世纪初，随着"科学"一词的普及，概念的意义流向将逐渐揭示语义竞争蕴含的真实目的。

[1] 蛤笑：《劝学说》，《东方杂志》1908 年 1 月 28 日第 4 卷第 12 期，第 218 页。

[2] 永井道雄：《近代化与教育》，王振宇、张葆春译，吉林人民出版社，1984，第 50、82 页。

第四章　历史分期观念与"中国近世史"的生成

　　传统中国史学多强调通史或断代，一般学界熟悉的历史分期，实为清末国人借助西方和日本思想资源改造创新的产物。日本学者以西式历史分期为模板撰写东洋（支那）史，形同重塑东方历史。清末学制革新与学堂教育普及，有助于相关理念的引入、传播和植根。而其中"中国近世史"的生成衍化，成为在世界体系下重新阐释中国历史的重要媒介，并通过历史反思寄托了对未来发展的期待。这一分期超越了单纯的时间指向，成为兼具时空进化观，包含政治宣传与思想导向的概念。考察"中国近世史"的形成发展过程，有助于理解清末历史分期的思想观念传入变化的来龙去脉，从渊源上明了日后"中国近代史"架构的形成及影响。[1]

---

　　[1]　与本专题相关的主要研究进展：欧阳军喜梳理了"中国近代史"作为学科的形成条件和过程（欧阳军喜：《论"中国近代史"学科的形成》，《史学史研究》2003 年第 2 期）；方秋梅爬梳了清末新名词引入过程中，"近世"和"近代"的意指内涵及史学影响（方秋梅：《"近代"、"近世"，历史分期与史学观念》，《史学史研究》2004 年第 3 期）；尚小明则指出民国时期大学的"中国通史"讲授从"分期"到"断代"的演变（尚小明：《由"分期"史到"断代"史——民国时期大学"中国通史"讲授体系之演变》，《史学集刊》2011 年第 1 期）；赵庆云考察了"中国近代史"发展过程中的时限演变和争议（赵庆云：《何为"近代"——中国近代史（转下页）

第一节　分期、进化、日本

一般学界所理解的历史分期及其著述模式，大都源于清末新知识的输入。但对近代西方史学观念究竟如何进入中国，进而改变传统史学的叙述方式，并最终影响到后人的历史认识与判断，却语焉不详。

传统中国史学撰述多采用通史或断代的形式。前者因时间连续，很难分期展示历史的阶段性演进与变化，后者以皇朝断代为限，着眼于一朝一代的人事兴替与文物制度，不见前因后果。与近代西方分期式历史著述相比，传统史学更不涉及社会性质变迁之类的阐释。

体裁与历史观紧密相连。中国传统史观多采用循环论，从战国后期邹衍的"五德终始说"，到明清之际王夫之的"天下之势，一离一合，一治一乱而已"，皆是内部的治乱兴衰，而非历史的进化发展。非但如此，总体上还有厚古薄今的取向，以上古为黄金时代，希望通过复古走向治世。

当然，古代典籍中也存在类似历史时段划分的提法，通过时间长短的对比展示某一事件的前后联系与演变，只是不具备历史撰述的意义。学者以后来观念考察古人思想时，多认为韩非较早提出了历史分期观念。《韩非子》的《五蠹篇》将远古至战国的历史分为上古、中古、近古和当今四期，旨在说明治国之道不能墨守成规，

（接上页）时限问题讨论述评》，《兰州学刊》2015 年第 11 期）；刘超详细梳理了自清末到民国的中国历史教科书的分期及其内涵意义（刘超：《历史书写与认同建构——清末民国时期中国历史教科书研究》，社会科学文献出版社，2016）。本文侧重于研究清末历史分期观念的传入对"中国近世史"产生的影响。

须因时而变。[1] 四个阶段分别对应远古的三皇时代，五帝的尧舜禹时期，夏商周和作者所处的时代，划分的主要依据是以时间远近为界标的时代兴替。

这些时间性指示在后人的著述中得到应用。如司马迁就在《史记》中以近古指春秋战国，以近世指汉代，并借用邹衍的学说展示了远古至汉代的历史循环。这样，太史公既展示了时间上由远及近的范围，也说明了皇朝之间更替的必然性。唐人张彦远的《历代名画记》评定名画价值时称："今分为三古，以定贵贱。以汉、魏、三国为上古……以晋、宋为中古……齐、梁、北魏、后魏、后周为下古……隋及国初为近代之价。"[2] 时段划分显示今不如古的趋向。由于时间性指示仅仅以远近为准，随着历史的发展，在不同的时代，指向的时限发生相应的变化，呈现变动不居的相对性与模糊性。如韩非所称的"近世"，就成了后人的"上古"；张彦远的"近代"为隋以后，清人昭梿的《啸亭杂录》则多以"近世"或"近代"指清朝。[3]

近代分期观念源于欧洲学者著史的阶段划分，用以阐释时代的发展变迁，往往涉及社会性质的转化，时限上具有精确指示的特点，为中国传统史书所无。西方近代历史分期观念及其著述模式，多以罗马帝国的衰亡为上古史的终结（其中存在罗马分裂与西罗马帝国灭亡的不同划分），以中世纪神学时代为中古史，此后则

---

[1]　韩非:《韩非子》卷十九，中华书局，2003，第442页。

[2]　张彦远:《历代名画记》，浙江人民美术出版社，2012，第31页。

[3]　昭梿:《啸亭杂录　续录》，冬青校点，上海古籍出版社，2012，第70、221页。清人将"近世"与"近代"等同混用指代清朝的做法，实为延续传统理念的无意举措，却在某种程度上为近代西方历史分期观念的传入与国人的接受提供了便利，也埋下日后思想转化及对立的伏笔。

为近世史（其起点标准甚多，包括宗教改革、新航路开辟、工业革命等）。学者在历史著述中借用分期观念冲破了中世纪神学的束缚，将其所处的时代置于历史发展的最新与最高阶段，并强调新时期相对于此前的重要性与特殊性。

比较而言，中国典籍中的时段之分，只不过是大概显示时间的远近，并无社会进化发展的意义，与近代西方历史分期观念存在时限与内涵的巨大差别。若将二者强行等同，势必失去各自的真实本义。不过，传统中国史书的时间指向，为日本学者引入分期观念时，对应翻译相关名词概念（如"上古""中古""近世""近代"等）提供了便利。同时，也有助于借助历史分期的进化思想冲破历史循环论的束缚，转变今不如昔的观念，将当下置于历史发展的最新阶段，通过社会性质与状态的演变，赋予当代与未来以积极意义。[1]

18 世纪末到 19 世纪初，西方学者所写中国史已经使用了近代分期法。他们将中国的历史分为神话时期（Mythological Era）、古代史（Ancient History）、中世纪历史（History of Middle Age）和近代史（Modern History）。相关著述活动在中西交流中以传教士为载体逐渐东传。[2] 这些以西方观念解释和书写东方历史的做法，意在实现东西历史的对应比较，具有很强的西方话语意味。其对东方的描述与中国历史的真实是否吻合以及如何联系，令人存疑，并

---

[1]　朱希祖后来说明历史解释理论的转变，称"循环说之黄金时代在过去，重模仿；进化说之黄金时代在未来，重创造"。朱希祖：《北京大学史学系编辑中国史条例》，《北京大学日刊》1921 年 10 月 19 日第 869 号。

[2]　关于早期东方学家对中国历史进行阶段划分，中山大学吴义雄教授已展开研究。此处的认识与叙述，得到了吴教授的指导。

辗转影响到东方各国对西方近代历史分期观念的借鉴与再创的复杂表现。

相较于西人的努力，明治时期的日本学者借用近代西方历史分期重述东洋（支那）史，对清末中国产生了更为直接的影响。其著述利用中国古代典籍中的时段划分对应分期观念，以中国为主体，分阶段构建东洋历史的发展历程，并初步阐释了不同阶段的时代特征，从而逐渐改变了中国（甚至是东亚）传统史学的撰述模式，重新塑造了东亚历史发展的观念，影响延续至今。

相关尝试以那珂通世、市村瓒次郎和桑原骘藏的著作为代表。1890 年，那珂在《支那通史》中分中国历史为上世史、中世史和近世史三段，上世史为"唐尧、三代、春秋战国"，中世史分为"秦汉三国至晋并吴""晋南北朝隋唐""五代辽宋（至宁宗开禧中）金（至章宗末年）"三期，近世史也分为"自蒙古始兴至元惠宗北迁""自明太祖至毅宗时（清太宗时）"和"自清世祖时（明帝由松时）至今"三期。[1]1894 年，市村瓒次郎的《支那史要》以古代史、上世史、中世史、近世史和今代史五段，对应开辟到秦并吞六国、秦到隋统一、隋到宋亡、元统一到清道光年间、道光以后。[2] 1898 年，桑原骘藏的《中等东洋史》（在中国改称《东洋史要》）分为上古、中古、近古和近世四期，即"汉族充斥时代，谓从太古至秦统一之间""汉族全盛时代，谓从秦一统至唐亡，凡千百年间""蒙古族极盛时代，专指从五代至明末""欧人东渐时代，由前清至现代，凡三百年间"。[3]

---

[1]　那珂通世：《支那通史》，东文学社，1899，总论。

[2]　市村瓒次郎：《支那史要》，陈毅译，广智书局，1903。

[3]　桑原骘藏：《东洋史要》，金为译述，商务印书馆，1913，第 9~10 页。

三人借助分期观念展示了东洋历史的阶段演变与发展，并试图以新式历史著述调和西方思想与东方历史。这为日本学者重新编排中国历史提供了新范式，成为东亚（尤其是中国）自我历史撰述模式改变的开端。

三位日本学者的历史分期对秦朝统一的认识较为一致，均认为由此终结了中国的远古历史，开启了全新的时代。桑原骘藏称中国上古为"汉族充腓时代"，"此时之一切事变，在东洋史中，可称最为扼要"，而中国历史"经三皇五帝三代，而中央集权之基渐固，迨秦始皇帝出，遂建统一之治"。[1] 以中央集权和统一作为分期的重要依据。

联系之外，区别也不小。由于对中国历史的理解不同，以及受东方传统理念和西方近代思想分歧的影响，那珂通世虽然采用历史分期，却仍然沿用断代的形式。只是著述模式与主题发生转变，摆脱皇朝政治史的束缚，更加注重制度与文化的发展演变，并以之为分期标准。市村瓒次郎的分期与那珂通世的大体相同，而更加强调最近历史的重要性。他的"今代史"划分拓展历史视野，突显中西关系演化的影响，展现皇朝内部的前后剧变。相对而言，桑原骘藏的分期更接近西方近代历史分期观念的本意，通过东西历史对比，着重于民族主体和中西关系的变迁，以世界发展趋势重新审视东亚历史。

三人对于元朝建立（或称蒙古兴起）的认识与处理，显示出他们不同于中国人的判断以及分期观念的差异。那珂通世和市村瓒次郎将蒙古兴起或元朝建立视为"近世历史"的开端，桑原骘藏则以之为近古，阶段判定虽有分歧，但都认定"此期洵蒙古蓬勃之世，

---

[1]　桑原骘藏:《东洋史要》，第9页。

彼族于东洋厄运，实为事变之主动力"[1]。桑原特别强调这是北方尤其是蒙古民族主宰东洋的时代，其本质不同于此前汉族有着绝对影响的历史时期。

分期各异也显示出三人区分传统中国与近世中国的不同标准，涉及对中国历史内部转变不同时间的判定。与那珂和市村将唐宋视为中世史不同，桑原以五代至明末的蒙古极盛时代为近古，试图通过唐宋两代的割裂与分离，说明中国历史的重大变化。这一认识反映了近代日本东洋（支那）史领域"唐宋变革论"的观念。[2]

对清代与"近世史"的处理也有所不同。那珂通世将整个清代作为近世历史的一部分，本质是皇朝断代的自然承接。市村瓒次郎则以道光朝为界，将此前的清代视为近世历史的一部分，此后则为"今代史"，清代的整体性前后断裂，凸显中西交通加深使得中国面临不同以往的新局势。桑原骘藏的近世史则直接对应清代，借以展示"欧人东渐时代"东西洋政治关系"递以增密"的事实。[3] 这些分别表明日本的东洋（支那）史学者对西方近代分期观念吸纳应用的差异，受其影响，各种差别后来在中国人重构本国历史时也有所体现，如近代史究竟以清初还是鸦片战争为开端，争议就持续了很长时间。

分期观念及其叙述模式，体现了进化的思想，也有西方"科学历史"的意味，阐释了历史发展中的社会性质转变。其应用使日本学者逐渐走出东方传统史学的局限，将东西历史以同样的标准进行

---

[1]   桑原骘藏:《东洋史要》，第 10 页。

[2]   关于"唐宋变革论"在 20 世纪中日史学界的影响，参见李华瑞:《20 世纪中日"唐宋变革"观研究述评》，《史学理论研究》2003 年第 4 期。

[3]   桑原骘藏:《东洋史要》，第 10 页。

对应，用分期观念建构新的东洋（支那）历史。

从那珂通世到桑原骘藏，新史书逐渐走出一姓成败的束缚，逐渐聚焦于整体历史的发展变迁和不同阶段的特点。不过，新装能否合体，并非毫无疑问。其中一个重要问题是，东洋历史能否应完全照搬西方历史分期观念来叙述。桑原对此有过经典阐释："凡一群治事变，必有终始因果之关系，决不容划然剖分于彼此之间。虽然，时或因一钜事之斗现，而其前后之世局，有不得不随之一新者，史家为便撰辑计，爰标举此类事变，以区分史期。"可是，东亚各国"彼此关系殊浅，因之区分史期，颇难着手。今姑以中国本部之大势为枢纽，而参考其四围诸国之兴亡，各族之盛衰，与有关系者，可分东洋史之时代为四期"。[1] 所论显然并非完全认同统一的历史分期。以东洋响应西方固然不宜，东亚各国也自有分别，不能强行一律。桑原注意到各国历史发展的连续性，对西方学说能否照搬至东亚，似不无保留。

历史分期同样也被应用于日本学者的"支那（中国）文学史"撰述。1892 年，儿岛献吉郎最早在《支那文学史》中分期，并在两年后的《文学小史》中进一步提出"上古""中古""近古"和"今世"等概念，分别对应太古至秦，汉至唐，宋至清初和（顾炎武诸人以降）清代。此后，藤田丰八讲习"中国文学史"时，以"古代""中世"和"今世"三期，对应"上古至秦""汉至唐宋"及"元至清"。[2]

两位日本学者的划分，既有具体阶段的差异，也有名词指称

---

[1] 桑原骘藏：《东洋史要》，第 8-9 页。

[2] 以上转引自段江丽：《明治年间日本学人所撰"中国文学史"述论》，《中国文化研究》2014 年冬季号。

的不同。如果说"古代"或"上古"只是名称有别，内容基本相同，自此以下，则差异越趋明显，如唐宋如何处理，中古的时限以及"今世"的涵盖等，文学史分期也出现了类似于东洋（支那）史的复杂分别。这些观念逐渐传入中国，影响到国人对历史分期的认识，尤其是文学分期未必与皇朝断代完全契合的观点。

受进化论和分期观念的影响，日本学者开始重视近世在新历史中的地位，撰写了大量的近世中国史书籍。梁启超在介绍日本的中国史著作时称："此外言中国近世事者甚多，分属史论及传记两门论之。其学术史亦别从其类。"[1] 现实政治影响与中日两国之间的密切关联，使日本学者强调中国近世历史对国家发展的殷鉴作用，无形中更提升了近世的重要性。

日本学者撰述的近世中国史，也有时限和模式的变化。河野通之的《最近支那史》称"盖近世之事，与今日关涉，时愈近，鉴戒愈切，此尤不可不详知"，并以"元明清三代治乱兴废之略"为最近支那史，其起始时间为"（元）太祖太宗等远征宏图"。他强调所著与传统史学的区别，在于治乱兴衰之外，还涉及兵制、宗教和外交等内容。石村贞一的序言指出，中日自古交通，风俗人情相似，且"至近代之事，则最与我之今日关系极多，盖时势愈近，则关系愈切，学者不可以不知也"。河野之书不仅可以使读者知晓中国最近事情，更有"窥亚细亚大陆形势沿革"的作用。[2]

河野通之的"最近支那史"划分接近那珂通世的近世史，以及

---

[1]　梁启超：《东籍月旦》，载《饮冰室合集》文集之四，中华书局，1989，第101页。

[2]　河野通之、石树贞一：《最近支那史》，振东室书社，1898，第1-2页。河野通之作此书凡例的时间是在1896年11月，石村贞一于1898年1月完成跋语。

市村瓒次郎的近世史和今代史。而石村贞一"窥亚细亚大陆形势沿革"的阐释，扩大了最近中国历史的辐射范围，对此后日本学者的近世历史认识产生影响。桑原骘藏就将近世史视为东西关系进一步发展的时代。有日本学者甚至称："而忽必烈以后之近世史，则亚细亚、欧罗巴之历史上干系，爰开始焉。"[1] 其近世中国史从元代起始，突显亚洲与欧洲（或称东洋与西洋）交往影响的作用。以东西交流的加深为标准划分近世历史，跨越了东洋的时空范围，扩展了历史视野。近世作为历史发展的更高阶段，虽然存在名称与时限的差异，重要性却毫无例外地与日俱增。当然，日本学者在此过程中强调世界眼光和服务本国未来发展的需要，又使得相关历史著述充满了浓厚的现实关怀和民族情绪。

日本学者东洋（支那）史中的近世史，除了始于元朝的划分外，还有与清代的对应（如桑原骘藏）甚至与具体时间挂钩的情形。三岛雄太郎的《支那近三百年史》叙述有清一代的历史，脱稿时本拟名"清国史"，因这一名称"乃代名而非国号"，而书中所述之密切关系者为汉族，故"爰易今名，明不为帝室作也"。[2] 将清史和近世史明确分别，依据之一是历史的主体为汉族，依据之二是不为帝室修家谱。从中国近世历史的具体内容考查，则日本学者不仅关注皇朝更替的治乱兴衰，也开始重视文物制度和社会发展。三岛雄太郎就称其著述"既不专为帝室所作，则于社会之状况，允宜特别研究"。[3]

由此引出的另一问题，是"近世"和"近代"的联系及分别。

---

[1]　白河次郎、国府种德:《支那文明史》，竞化书局，1903，第 2 页。

[2]　三岛雄太郎:《支那近三百年史》，群谊书社，1903，第 1 页。

[3]　同上。

河野和石村均指"近代"是"近世"的组成部分；市村的"今代"
实有后来"近代"之义，是"近世"的最新发展与未来指向。"近
世"与"近代"都重视东西交流，使得后人论及历史分期时，常将
二者混同。

日本学者的历史著述借助西方强势话语赋予近世历史以重要意
义。1900 年，有贺长雄的《近世政治史》以德意志统一为起点，而
同期发表的《近世外交史》以拿破仑战争为起点。[1] 作者有意以西
方历史的重要事件为不同领域分期的标准，如："拿破仑之一兴一
亡，于外交上观之，诚自中古而之近时，为世局转移之一中心要
点"。[2] 如此一来，西方成为世界历史的主导，以世界历史的大事
件来划定东亚的发展阶段，在东西对比中形成以西方为中心的历史
新认识。

由上可知，在近代西方历史分期观念东传的过程中，由于居间
的日本学者的引入、媒介及调和作用，中、东、西学发生融合混杂。
日本学者在东洋（支那）史著述中采用东亚前所未有的历史分期观
念，进而开启新的历史撰述模式。具有近代意义的分期观念虽然源
自欧洲，对应术语却借用中国古代典籍，力图对欧洲思想进行创造
性转化，以期符合东亚的实际。著述形式则突破了皇朝断代或通史
的传统，勾勒出以中国为主体的东洋（支那）史阶段性演进历程。
日本学者的历史分期差异，既有对中国历史认识理解的不同，也体
现了他们自身对东西方史学撰述理念形式的调和。分期所蕴含的进
化思想，表明历史观念及其叙述已经与中国的传统史学截然不同。

不过，正如河野通之和石村贞一所言，日本学者融合东西的新

---

[1] 见《译书汇编》1900 年 12 月 5 日第 1 期。

[2] 有贺长雄:《近世外交史》,《译书汇编》1900 年 12 月 5 日第 1 期。

观念和新叙事，着眼点是为日本而非中国。东洋（支那）史的"中国性"究竟如何，已经成疑。东西思想的糅合以及由此产生的差异，清末逐渐传入中国，影响到国人对历史分期观念的接受和使用。日本的东洋史，蕴含了希望构建新的知识体系，进而影响其他东亚国家的精神世界，最终掌控东亚历史解释权的用意。甲午后中国开始大规模学习日本，东学的影响日益增强，国人开始尝试按阶段划分本国历史，出现了"中国近世史"的指称。叶瀚主张分代论述自秦以来的"成迹"，因精简难定，故听从友人意见，从清朝开始讲，然后反诸古代，并简要介绍西方近百年历史，以求"广风化"。其"中国近世史"为"自国朝受命起，迄于今"的清代历史。[1]

叶瀚提出的"近百年"的概念，显示中国与世界关联的重要，有意借助世界历史提升同一时期中国历史的地位。同时期的一些演义小说也以"中国近世史"涵盖从努尔哈赤开始的清代历史。[2] 一般而言，"中国近世史"以时间概念指代清朝，有别于朝代史，显示传统理念与近代思想的调适，为清末新式教育中本国史的分期讲授奠定了基础。

第二节　接受与再创

庚子后"新政"复行，教育制度变革成为其中的重要内容。新式教育的兴起使得历史分期观念借助课程设置与教材编纂深入国人

---

[1]　叶瀚：《古今中外通史演义叙》，《蒙学报》1898 年 2 月 28 日第 10 期。

[2]　《中国近世代史演义》，《蒙学报》1898 年 6 月 11 日第 24 期。

的社会化进程，与梁启超等人提倡的新史学相辅相成，逐渐改变了国人的历史认识。在将分期观念融入本国史的撰述时，各方面都意识到传统观念与西方思想的差异。

清末新学巨子梁启超较早接触到历史分期问题，所撰《东籍月旦》叙述了分期式世界史的佳作，并重点介绍了那珂通世、市村瓒次郎和桑原骘藏的东洋（支那）史。[1] 不过，在他看来，历史分期主要还是方便叙述，1901 年写的《中国史叙论》指出，历史因人世社会的因果关系，很难截然分期，分期只是"权宜之法"，"就其事变之著大而有影响于社会者"加以划分，虽然"不得已"，还是不免"武断"。其上世史为"自黄帝以后以迄秦之统一"的"中国之中国"，中世史为"自秦一统后至清代乾隆之末年"的"亚洲之中国"，近世史为"乾隆末年以至于今日"的"世界之中国"，且"不过是将来史之楔子"。[2]

这样的看法仍见中国传统史学的通达，但隐约能看到市村瓒次郎的影响。其"中世史"涵盖了后者的"上世史""中世史"和"近世史"，而"近世史"则将清史一分为二，分的名目相似，划的时段却有所不同。总体上将"中国—亚洲—世界"融为一炉，用进化和世界眼光看待中国历史的发展进程，又不得不顾及中国历史的实际。而对民族主体演变的重视则接近桑原骘藏的解释，寄托了热切的现实关怀。

梁启超少年暴得大名，学问及思想都尚未定性，在波谲云诡的清季民初，伴随与时俱进而来的，就是流质善变。1902 年，他在《新史学》中猛烈抨击传统史学"知有陈迹而不知有今务"，直言西

---

[1] 梁启超：《东籍月旦》，载《饮冰室合集》文集之四，第 90-95、98-99 页。

[2] 梁启超：《中国史叙论》，载《饮冰室合集》文集之六，第 11-12 页。

方史家"近世则记载愈详",而中国却是"二百六十八年以来之事实,竟无一书可凭借"。[1] 虽然始终重视近世,但与泰西"近世史"相对应的,变成整个清代,与前说以乾隆末年作为中世与近世的分界差别很大。

同年,梁启超的《论中国学术思想变迁之大势》又将"近世史"分为"近二百五十年"的"衰落时代"与"今日"的"复兴时代",即以1902年为界,用"近世史"的名义将清代前后分开,凸显其反清的情绪。[2] 1904年续写时,则以"界说不甚分明"为由,将"近世之学术"定为"起明亡以迄今日"。[3] 其中可能借用了日本的观念,从"近世史"中分出乾嘉以后最近数十年为"最近世"。[4]

梁启超的变来变去,往往有其一以贯之的脉络,他显然意识到今时不同往日,中国已经进入新的历史时期,只是这一时期具体从何时开始,以何种因素为主导,他还有些犹疑或随意。无论是乾隆末年、乾嘉以后还是1902年,中国的近世都与内部的衰微、外来的侵袭以及全面改制密切相关。

这一时期梁启超谈论历史学术,目的在于政治。其历史分期既受进化观的影响,以求发展的公理公例,也提示出"新史学"应该

---

[1]　梁启超:《新史学》,载《饮冰室合集》文集之九,第3–4页。

[2]　梁启超:《论中国学术思想变迁之大势》,载《饮冰室合集》文集之七,第2–3页。

[3]　梁启超:《论中国学术思想变迁之大势》,载《饮冰室合集》文集之七,第77页。

[4]　梁启超:《论中国学术思想变迁之大势》,载《饮冰室合集》文集之七,第96页。中国此时已大量翻译东籍,其中便有以"最近世史"命名之书。参见实藤惠秀:《中国人留学日本史》(修订译本),谭汝谦、林启彦译,北京大学出版社,2012,第191–192页。

改变叙述方式。至于前后变化，显示清末学人因中学、西学、东学的知识背景不同，因应外来学说思想时产生千差万别。这些差异影响到新式历史教材的编纂，进而重塑国人对本国历史的认识。

教育变革与教材编译，对于历史分期观念的落地生根尤为重要。1902 年，管学大臣张百熙以日本教育制度为蓝本，拟定《钦定学堂章程》（即壬寅学制），规定不同层级的学堂史学课程的年限，要如期授完中外历史。这样，分别及分段讲授中国史与世界史，成为制度性需求。可以说，壬寅学制为历史分期设定了强制性机制。

分期讲授较早出现在学堂教育的世界史课程中。《钦定学堂章程》规定，京师大学堂的师范馆和中学堂应开设"外国上世史""外国中世史"和"外国近世史"等课程，而小学堂的中国史则分为上古三代、秦汉、两晋南北朝、唐五代、宋辽金元、明六阶段。[1] 学堂的中外历史教育虽然采用不同的划分方式，在不同层级实施，但外国史的分期与本国史的断代都要对应六年的学制学时。尽管壬寅学制中本国史没有用"上世史""中世史""近世史"等名目，朝代的组合还是具有分期的雏形。

《钦定学堂章程》未及全面实施，1904 年，由张之洞、荣庆、张百熙共同制定的《奏定学堂章程》正式颁布，成为清季首个全面正式实施的系统学制（即癸卯学制）。依据癸卯学制的课程设置，历史分期较前略显明晰，规定高等小学堂"宜多讲本朝仁政"；中学堂应"先讲中国史……陈述本朝列圣之善政德泽，暨中国百年以内之大事"；大学堂自习参考书应"《史记》《前后汉书》《三国志》

---

[1] 璩鑫圭、唐良炎编：《中国近代教育史资料汇编：学制演变》，上海教育出版社，1991，第 238—274 页。

为一类，晋至隋为一类，唐、五代至宋为一类，辽、金、元为一类，明为一类。治正史者每人须习一类，不得仅治一朝之史。若治明史者，须兼详考国朝事实合为一类，不得仅治明史"。[1] 虽未明确主张分期讲授中国历史，但是强调"本朝""中国百年以内"，体现了厚今薄古的取向，既彰显了朝代治乱兴衰之义，也反映了时代发展的需求，着重于国民性的培养与近百年大事的知晓等。[2] 而治一朝之史不限于断代的主张，则有让历史通贯与分期相辅相成的意向。教育立法与体系化课程，促使历史分期观念深入国人的知识系统和精神世界。

　　癸卯学制的大旨后来进一步清晰化。1906 年 7 月 21 日颁行的学部《优级师范选科简章》规定，历史地理本科主科目为第一年专授"中国历代史"和"中国近世史"，两课程时间相同。[3] 所谓"中国近世史"，对应清朝。这导致两个重要趋向，一是近世历史在中国史教学中取得与"历代史"同等的地位，详近略古的宗旨更加明确；二是形式上突破王朝历史的架构，中国凸显于前，王朝退隐于后。

　　清末教育改制为历史分期观念扎根中国提供了制度保障。国人开始以分期方式讲授中国史，希望借助进化观叙述本国历史的阶段性演进。晚近历史在分期叙述中成为重点讲授的崭新阶段，在过去、现在和未来的勾连中彰显了重要性。不过，按照清末学制规程，皇朝断代仍是本国史的主讲形式，这种二元化的存在影响到民

---

　　[1]　璩鑫圭、唐良炎编:《中国近代教育史资料汇编: 学制演变》，第 350–352 页。

　　[2]　璩鑫圭、唐良炎编:《中国近代教育史资料汇编: 学制演变》，第 295–296、310、321 页。

　　[3]　璩鑫圭、唐良炎编:《中国近代教育史资料汇编: 学制演变》，第 567 页。

国高校"中国通史"的讲授。[1]

新学制要求教学以教科书为依据，国人大量翻译日本和欧美书籍作为学堂教材之用，以期符合学制精神与教育宗旨。分期观念借助新编历史教材，很快普遍改变了中国历史的撰述与讲授模式。

早在戊戌时期，翻译外国书籍之事就已经备受关注，康梁等人还特意强调转译日译西书的重要。随着清末新政的推行与新式教育的发展，要求翻译近代外国新书的呼声越来越高，中日同文的优势则提供了一定的便利。1901 年 4 月，袁世凯奏陈"惟有译书一法，最为便捷"，主张以日本和欧美译本为主，翻译"中外有裨实用之各项书籍"，"搜罗印证，汇辑成编，发交京外各学堂，循序购买，以期学术一律，而免分歧"。[2] 同年 7 月 20 日，张之洞和刘坤一的"会奏变法自强第三疏"也主张引进日本所译"外国政术、学术之书"。[3] 次年，张之洞奏称，应以桑原骘藏的《东洋史要》为本，讲授中国历史。[4] 受此影响，日本学者的著作开始作为教科书被引进新式学堂，历史分期以及"近世史"观念相伴而来。外国的中国史或东洋（支那）史书籍的引入，改变了中国固有的历史认识，开启了中国学者重构本国历史的进程。

世界史著作的译介，是历史分期观念导入的另一途径。20 世纪初在中国有重要影响的世界史著作包括《万国历史》《万国史纲》

---

[1]　民国大学的"中国通史"讲授，既有历史分期的形式，也有以皇朝断代为标准，两种模式存在于不同的时期和学校。参见尚小明：《由"分期"史到"断代"史——民国时期大学"中国通史"讲授体系之演变》，《史学集刊》2011 年第 1 期。

[2]　璩鑫圭、唐良炎编：《中国近代教育史资料汇编：学制演变》，第 9 页。

[3]　璩鑫圭、唐良炎编：《中国近代教育史资料汇编：学制演变》，第 23 页。

[4]　璩鑫圭、唐良炎编：《中国近代教育史资料汇编：学制演变》，第 104-105 页。

《世界通史》《迈尔通史》《万国史略》和《世界近世史》等。[1] 这些著作大都分为上古（上世）、中古（中世）和近世三期，依据迈尔的著作，其划分标准与时段为上古史止于西罗马灭亡或以条顿人迁徙为界限，近世史的起点则存在发现美洲、土耳其人攻克君士坦丁堡和工业革命之间的纠葛。[2]

世界史的分期标准或如《万国史纲》所称，"史期之区分者，据振动宇内大势与大事变，而定其当区分之时"[3]。关于大事的理解，因人而异，所以不同作者的"近世史"起点有文艺复兴、宗教改革、美洲发现等差异。1902 年到 1903 年，这些书籍多被翻译为学堂用世界史教科书。据《学部官报》刊载的书目提要可知，其分期尤其是"近世史"观念，已经得到官方的认可。[4]

中外历史教科书的分期，涉及如何以世界视角认识"近世"中国，纳中国入世界。这一观念即数年前梁启超所指近世史为"世界之中国"。[5] 将中国与世界的历史合为一体，不仅使中国进入"世界"，而且衍生出"中国近世史"。1904 年出版的《近世世界史》，认为历史分期能够向国民显示世界的进化历程，开导民众的世界观念。作者以分期为历史自然发展的体现，标准多样，非世人所能轻率决定，应以"著名之事实，为之枢轴，为之脉络，以示其真相于

---

[1] 熊月之:《西学东渐与清末社会（修订版）》，中国人民大学出版社，2011，第 530~532 页。

[2] 迈尔:《迈尔通史》，黄佐廷口译，张在新笔述，山西大学堂译书院，1905，第 1 页。

[3] 元良勇次郎、家永丰吉:《万国史纲》，邵希雍译，商务印书馆，1906，第 6 页。

[4] 《审定书目·书目提要》，《学部官报》1908 年 6 月 19 日第 57 期。

[5] 梁启超:《中国史叙论》，载《饮冰室合集》文集之六，第 12 页。

千岁之后者"。所定"世界近世史"的开端为国土发现和交通开拓之时，这也是"世界历史最发达之时代"[1]，显示"局面之阔大与世态之错综"。[2]

推崇世界近世史的另一目的，旨在使国人"周知彼国之情状而亦油然兴起其爱吾本国，爱吾种族之思想，以求自强自立而相竞于天演之界也"[3]。赋予近世历史以养成爱国爱种思想的重要时代功能，使得历史分期超越史学的范畴，承载培养国民性以利国际竞争的使命。

除翻译照搬外，中国学者还尝试以日本著作为蓝本编纂新式历史教科书。1902 年罗振玉即提出，教科书编订"宜先译日本书为蓝本而后改修之……若本国之历史、地理，亦必先译东书，师其体例而后自编辑之"，使用过程中，还应根据效果继续修改编订。[4]

借鉴日本及依据史事酌情修订的结果，并未实现袁世凯所期望的"学术一律，而免分歧"，反而因为思想来源与自身学养的差异，造成分期与时限的多样性。

1902 年，柳诒徵借鉴那珂通世的《支那通史》编成《历代史略》，分别由江楚编译局和上海中新书局于 1903 年、1906 年出版。因那珂只写到宋代，柳诒徵续编了元明两代以成完璧。柳氏称，中国历史因政治、学术、疆域和国势不同，大致可分为止于秦统一的上世史，秦至唐的中世史以及五代至明亡的近世史，且"宋元以来

---

[1]　《近世世界史之观念》，《大陆报》1903 年 1 月 18 日第 2 期。

[2]　同上。

[3]　元良勇次郎、家永丰吉：《万国史纲》，第 2 页。

[4]　璩鑫圭、唐良炎编：《中国近代教育史资料汇编：学制演变》，第 227 页。

之风与上古划然不可复合"。[1] 所据蓝本虽为《支那通史》，分期却更接近于桑原骘藏，并非简单照搬。

1903 年，柳诒徵的亲友陈庆年考虑到"桑原骘藏之书尤号佳构，所谓文不繁，事不散，义不隘者，盖皆得之"[2]，以《东洋史要》为蓝本编成《中国历史教科书》。此书基本照搬底本，仅至明末。或认为可以汪荣宝的《本朝史讲义》接续，"两美璧合"[3]。柳、陈的著作都被学部审定为学堂的历史教科书，影响较为深远。[4]

有人担心照搬改编日本书固然便利，但历史事实难免因外人视角的不同而抑扬失当，甚至使国人忘记祖国。中国史不同于世界史和东洋史，应该"各自为例，不相袭涉"。[5] 李岳瑞指斥用译书作为本国历史教科书，"方枘圆凿，断弗适用"[6]，担忧译书会干扰"中国性"。

"本国化"并不否认分期观念对中国史教科书编订的指导作用。历史虽然"累代一贯"，但"或因一事变起，而有足使当时大势面目一新者，史家为便编述计，特据此类事变，以为标准，而区分时代焉"。[7] 尤为重要的是，分期有助于打破皇朝断代体系，展现民

[1] 柳诒徵：《历代史略》，江楚编译局，1903，第 10-11 页。柳氏基本接受了那珂的历史分期，如元明在《支那通史》中属于"近世史"，多年后他在讲述"中国文化史"时以为元明为"近世史"的开端。

[2] 陈庆年：《中国历史教科书》，商务印书馆，1909，第 1-2 页。

[3] 《绍介批评》，《教育杂志》1909 年 8 月 10 日第 1 卷第 7 期。

[4] 《审定书目·书目提要》，《学部官报》1908 年 6 月 19 日第 57 期。

[5] 丁保书：《蒙学中国历史教科书》，文明书局，1903，第 1 页。

[6] 李岳瑞：《国史读本》，广智书局，1909，第 1-2 页。

[7] 汪荣宝：《清史讲义》，载沈云龙主编《近代中国史料丛刊续编》第 94 辑之 939，台北：文海出版社，1982，第 1-4 页。

族和国民精神。许之衡论道："断代一例，尤为史家大惑。断代者，徒为君主易姓之符号，是朝史而非国史也，谓为二十四朝之家谱，又岂过欤。故今后之作史，必不当断代，而不嫌断世（如上古、中古、近古之类），羯以考民族变迁之迹焉。"[1] 不当断代而要断世，目的是以"国史"取代一家一姓的王朝史。

其他中国历史教科书或讲义的编撰者，也基本是在分期的架构下杂糅东西，调适中外，只是名称与时限有所差别。

张肇桐 1902 年所编教材分为上古、中古、近古和今古四阶段，分别涵盖伏羲至周亡、秦统一至隋末、唐至明末和清。[2] 夏曾佑 1907 年的《最新教科书中国历史》以"自草昧以至周末"为上古，"自秦至唐"为中古及"自宋至今"为近古，近古又分为"五季宋元明"的退化期和"国朝二百六十一年"的更化期。[3] 同年，陈懋治所编教科书以三皇五帝至战国为上古史，秦迄唐为中古史，五代至明末为近古史，清朝统一到甲午战前为近世。[4] 黄节等人拟编的近世史虽未成书，据相关材料，时限为宋代至当时。[5] 吴葆诚的《东西洋历史教科书》以中国为主体，其上古史止于战国，中古史为秦汉至唐末，近古史为五代至明，近世史为欧人东渐至清日战争。[6]

徐念慈 1907 年的《中国历史讲义》，分为太古、上古、中古、

[1]　许之衡:《读国粹学报感言》,《国粹学报》1905 年 7 月 29 日第 1 卷第 6 期。

[2]　张肇桐:《高等小学国史教科书》,文明书局,1902。

[3]　夏曾佑:《最新中学教科书中国历史》,商务印书馆,1904,第 6-7 页。

[4]　陈懋治:《高等小学中国历史教科书》,文明书局,1904。

[5]　晦闻（黄节）:《拟编著中国近世史感题》,《政艺通报》1904 年 4 月 30 日第 3 卷第 5 期。

[6]　吴葆诚:《东西洋历史教科书》,文明书局,1905。

近古、近代和现世六段，分别涵盖尧舜前、夏至战国、秦至唐末、五代至北宋、明和满洲初兴至欧洲东渐（第二次鸦片战争）。[1] 蒋维乔 1908 年的《简明中国历史教科书》分上古、中古、近古、近世四期，对应太古至战国、秦至五代、北宋至明、清。[2] 同年，章嵚所编教科书的分期与蒋维乔等基本相同，只不过名称为远代史、中代史、近代史和最近代史。[3] 张运礼 1909 年的《新编中国历史全书》定太古至秦统一定为上古史，秦统一至唐末为中古史，五代至明末定为近古史，然后为本朝史（清史）。而在一些人看来，本朝史就是近世史，如汪荣宝的《本朝史讲义》就断言："清史者，中国历史之一部，即全史中之近世史也。"[4] 沈颐的《中国历史讲义》分期与张运礼相同，以上古为开化时代，中古为全盛时代，近古为退化时代，本朝的近世期为更化时代。[5]

考查各家文本，陈懋治、吴葆诚、张运礼、沈颐从名称、时段甚至内容基本参照《东洋史要》；蒋维乔的名称和时限大致与桑原骘藏相同，但将五代划入中古，显然以五代为唐的延续，视为中古终结而非近古肇端；章嵚与蒋维乔的分期时限一致，只是名称不同。张肇桐的分期，"今代"之名虽同市村，内容却更近桑原。[6] 夏曾佑在上古、中古和近古三期之下，再细分为传疑、化成、极盛、中

[1] 徐念慈、丁祖荫、曾朴:《中国历史讲义》，宏文馆，1907。

[2] 蒋维乔:《简明中国历史教科书》，商务印书馆，1908。

[3] 章嵚:《中学中国历史教科书》，文明书局，1908。

[4] 张运礼:《新编中国历史全书（新编中国历史教科书）》，商务印书馆，1909。汪荣宝:《清史讲义》，第 1 页。

[5] 沈颐:《中国历史讲义·叙论》，《师范讲义》1910 年 6 月 26 日第 1 期。

[6] 商务印书馆 1903 年出版的《国史初级教科书》，其上古、中古与张氏所分相同，而以唐至元为下古，明清为近世。

衰、复盛、退化和更化七段，[1] 显然杂糅了桑原、市村和那珂的分法。有关古代的分期及指称主要借鉴日本，近世史的概念和时段却明显不同。

中国自编历史教科书，旨在"钩稽人类之陈迹，以发见其进化之次第，务令首尾相贯，因果毕呈"[2]，以社会演进展示国家和民族的变迁，提供重新认识本国史的新视角。刘师培就指出中国传统史书的多种缺点，认为新编历史教科书应仿照西方区分时代，使读者易于了解。[3] 各种分期虽然主要借鉴日本，也有立异之处。尤其是以国人的眼光审视本国历史的发展演化，并不认为蒙元是能够独立开启新时代的分界，徐念慈甚至没提及元代。这不仅折射出自编中国历史教科书和讲义对"中国性"阐释的关怀与追求，也反映出近代中国人作为地域和社会程度指向的"世界"观念主要由泰西演化而来。

历史分期可以摆脱王朝史的局限，时段与清代历史高度重合的"中国近世史"，凸显了这方面的作用。尽管从时限和指称看，"近世史"的所指稳定性明显不足，"最近世史""近古史""近代史""最近代史""今代史""本朝史""近三百年史"等，与"近世史"的联系及分别因人而异。尤其是清末已经出现的"中国近代史"，与"近世史"存在时限和内容的密切关联，却与今日通行的概念渊源各异。这也影响到了"中国近世史"的继续发展和"中国近代史"的形成定型。

---

[1] 夏曾佑：《最新中学教科书中国历史》，第 6-7 页。

[2] 汪荣宝：《清史讲义》，第 1 页。

[3] 刘师培：《中国历史教科书》，国学保存会，1905，第 1-2 页。

第三节　以当世观近世

　　清末历史分期观念的移植过程中，外来理念主导的"中国近世史"划分，受现实政治的制约，开启了本土化进程。表现主要有二：一是"中国近世史"体现出来的进化观念，重新塑造了国人的历史观及其对中国历史的认识。二是在著述与教学领域突破了单纯的时间指示性，逐渐成为兼具时空性、具有政治思想和宣传意涵的概念集合。随着意义的拓展，变成反思当世历史并期待未来变革的重要媒介，有着强烈的现实关怀。

　　清末国人"中国近世史"的时限与内容或有不同，范围大体不出清代。至于究竟以何时何事为起点分界，则因人而异。大体有明末清初和鸦片战争两种分法，这一分歧长期延续，后来演变为近代史起点之争。1896 年，申报刊登《论中国近世资格用人之弊》的文章，批评传统政治以资历为用人标准的做法，造成近世中国"苟且偷安，因陋就简之局"。[1] 所论"中国近世"始于中西冲突，主要涵盖鸦片战争后的历史。受时局的影响，这一近世历史观主要不是探究学术性问题，而是在民族危机的大背景下，借助"近世史"观念将中国历史和现实进行前后对比，从而提升近世的重要性。

　　以史为鉴，以史资政，本来就是中国传统史学的重要功能。康有为的《日本书目志》指《日本文明史》等历史著作是变法图强的记录，希望将这些书籍介绍给中国的"开新之士"，以广开民智，[2] 意图是以日本近世历史富国强兵的经验，为变法维新提供衡鉴。后

---

[1]　《论中国近世资格用人之弊》，《申报》1896 年 2 月 21 日第 1 张第 1 版。

[2]　姜义华、张荣芳编校：《康有为全集》第 3 集，中国人民大学出版社，2007，第 318 页。

来留日学生论及上古、中古与近世的关联，仍然声称"上古、中古不之知，至于近世界称为国家者，断断其无有"，意在为预备立宪鸣锣开道。[1]

至于近世史与清史的关系，日本学者或将二者完全等同，或认为彼此存在不同的包含关系。清朝历史前后绵延近三百年，为了避免王朝体系之讥，便出现"近三百年史"等指代。三岛雄太郎的《支那近三百年史》认为清代是中国历史统一联系的整体，分为三期，即国初至康熙二十年的草创时代，康熙二十年至乾隆六十年的鼎盛时代与始于嘉庆的凌替时代。[2] 市村瓒次郎较早以道光为界划分清代。三岛雄太郎则称嘉庆元年后的清史已与传统历史渐行渐远，欧洲列强的进入使清朝的全盛时期如大江东去不可复回。《支那近三百年史》明确指出鸦片战争后中西之间的主客易势，清朝的发展与以往迥异。中国能否改变固有的政治、社会和学术弊端，关系到未来的走向。在作者看来，"如此民族，果可以处二十世纪之世界乎？恐今世纪之上半期，必有以解此问题"。[3]

日本学者对中国未来发展的推测，言语之中不免轻视，却刺激国人反思鸦片战后的历史，以求在新世纪的国际竞争中立于不败之地。鸦片战后中西关系演变逐渐成为时人重新审视清代，甚至是中国历史发展的重要节点，清代的整体性备受冲击，在历史分期的架构下，同一朝代的历史前所未有地出现前后两分的可能。

清季出现东学压倒西学的情形，中国留日学生听授的历史课

---

[1]　《湖南留日学生黄君投函论政党事》，《申报》1910 年 2 月 4 日第 2 张后幅第 3 版。

[2]　三岛雄太郎：《支那近三百年史》，第 2 页。

[3]　三岛雄太郎：《支那近三百年史》，第 4、6 页。

程，基本采用分期式，并侧重近世历史。早稻田大学政法理财科第一学年讲授东洋政治史、最近政治史，第二学年讲授近时外交史；师范科第二学年讲授东洋近世史；政治经济科第一年第二年主讲近代史，第三年讲授近时外交史与最近政治史；商科第二年则开设了外交史。[1] 近世史在史学教育中占有重要地位，尤其以政治史与外交史为主要内容。

群趋东邻修国史，本来就是文化上认可用夷变夏的表现，系统学习之下，自然而然地也就接受了历史分期观念，并且作为举一反三的重要凭借。完整听过"世界近世史"的钱玄同，反观中国历史，"正不知吾国之孙公何日大撞革命之钟，卷三色之旗，以灭虏而朝食，殊为焦盼"。[2] 同时留日的朱希祖接触到"最近史""近世史""最近世史""东洋近时外交史"等分期概念，并阅读了浮田和民编写的"近世史"。[3] 这对他们今后的中国史观及其著述产生了深远的影响。

受日本东洋史学的熏染，中国学者的国史叙述对清代与"中国近世史"关系的划分阐释同样具有多样性，或将二者直接对应，或认为近世不仅包括清史，或分割一段划为"中国近世史"。无论如何，清代都是近世历史的主体，而且侧重中西关系变化的作用。

梁启超以乾隆末年为界划分清代，分中世史和近世史，[4] 后又

---

[1] 《日本早稻田大学中国留学生章程纪要》，《东方杂志》1905 年 4 月 25 日第 2 卷第 4 号。

[2] 杨天石主编《钱玄同日记》，北京大学出版社，2014，第 88 页。

[3] 朱希祖：《朱希祖日记》，中华书局，2012，第 44-84 页。

[4] 梁启超：《中国史叙论》，载《饮冰室合集》文集之六，第 12 页。

将清代与近世史对应，但细分为永历康熙、乾嘉和最近世三段。[1]
陈懋治以清统一至清与日韩关系为近世史，且前后延伸，满洲兴起
至欧人东渐为前纪，甲午之役后为今纪。[2] 汪荣宝以清史为近世史，
并细分为创业至三藩平定的开创期、康熙中至乾隆末的全盛期、嘉
庆初以后的忧患期。[3] 沈颐以清代为近世期，内部细分的前两期与
汪荣宝相同，而以嘉庆初至庚辛之"拳祸"为忧患期，庚辛以后为
变更期。[4]

汪荣宝对清代（近世）历史的细分，可能借鉴了三岛雄太郎的
观点，但很难认同后者对中国未来发展的质疑。他指出清代的忧患
期既有内部的民变叛乱，更有鸦片战争后西方的急剧扩张与本国的
屡遭失败，他对清代的内部细分展现了嘉庆以来，尤其是鸦片战
争后中国历史的根本转变，于近百年历史反思中寄托了对未来发
展的期待。

近代意义的分期也应用于学术思想史领域。刘师培《论近世文
学之变迁》《近代汉学变迁论》中的"近世"和"近代"概念，所
指时限基本一致，都是明末清初至当时。[5] 与政治史、外交史的考
察重点不同，清代学术的进展及其在整个学术史上的重要地位，使
得清季学人更倾向于不以政治事件为截然划开的分界线。

[1]　梁启超：《论中国学术思想变迁之大势》，载《饮冰室合集》文集之六，第 77 页。

[2]　陈懋治：《高等小学中国历史教科书》，第 74-89 页。

[3]　《绍介批评》，《教育杂志》1909 年 8 月 10 日第 1 卷第 7 期。

[4]　沈颐：《中国历史讲义·第五编·近世期》，《师范讲义》1911 年 3 月 20 日第 10 期。

[5]　刘师培：《论近世文学之变迁》，《国粹学报》1907 年 3 月 4 日第 3 卷第 1 期；刘师培：《近代汉学变迁论》，《国粹学报》1907 年 7 月 29 日第 3 卷第 6 期。

如前所述，桑原骘藏视"近世史"为"欧人东渐时代"，梁启超以"中国近世史"为"世界之中国"。两人的近世于时间指示外，暗含空间扩展的深意。丁保书吸收并延续了这一观念，指出明代中叶以来"日趋于多事，实亚细亚洲形势变迁时也"，故"是时航海而东者日益多，而东洋（中国、日本、朝鲜等地）之天地，别开一世界矣"。[1] 按照这类阐释，"中国近世史"的空间范围已经超出东洋，牵涉欧亚。也就是说，是否进入近世，不能像古代那样，仅仅以中国自身为考量。

分期之下的近世历史，对于清季国人犹如梦魇般的存在，"中国近世史"自然会寄托现实政治的诉求和未来奋斗的期望，含有在世界竞争中保国卫种的深意。丁保书称其书为"起近今丧亡之痛，长学识，雪国耻，是在吾党"，而"今黄种与白种竞争，犹昔汉族与非汉族竞争也。是编以卫种族，张国威为主……以壮我幼年之气"。汉与非汉之争，黄种白种之争，为近世的重要指标，保种卫国的锋芒所向，既有列强，也包括清廷。

陈懋治以欧人东侵与耶稣教传入为近世历史的开端，指出新航路开辟使欧洲人基本掌握了东方世界的贸易权，对亚洲历史发展产生重大影响。[2] 随着东西交流的快速增长，东方被拖入西方主导的世界体系之中，开启了包括中国在内的东方近世历史。"中国近世史"的划分与东西交流竞争紧密关联，使得中国历史纳入西方历史体系之中，这赋予中国的近世以鲜明的世界性。

清末兴起的种族革命与民族观念也成为"中国近世史"的重要内容。横阳翼天氏（曾鲲化）所撰《中国历史》，以汉族强弱与

---

[1]　丁保书：《蒙学中国历史教科书》，第 2-3、52 页。

[2]　陈懋治：《高等小学中国历史教科书》，第 76 页。

对外交涉为近世纪、前世纪和现世纪的分期标准。[1] 有人讲"东方亚细亚近代史",以本国稗官野史显示清朝对汉人的残酷统治,并与郑思肖的《心史》比拟,意图唤起国民实行种族革命,推翻清朝。[2] 黄节也强调"中国近世史"应注意民族性的叙述与解释。[3] 以近世史取代清朝史,叙述的重心除了以社会取代王朝,更要以汉族为主体。

如此一来,"中国近世史"成为激发民众救国图强甚至反清革命的强劲动力。曹曾涵在《万国史纲》的序言中即称,历史为使民众产生"爱国家爱种族之思想"[4]。逐渐兴起的国耻史编纂,更是通过对晚近尤其是道光以后的历史叙述,激励国民精神,裨益国民教育。[5] 有研究指出:"最早由中国爱国学者自己编纂,以'国耻史'的书名和题材出现的,是1909年沈文濬刊行《国耻小史》。"该书实际是"从鸦片战争开始的帝国主义侵略中国、中国蒙受耻辱的历史",在清末民国反帝爱国历史教育中发挥了巨大作用。[6]《教育杂志》介绍此书时称,道光后的历史都是受辱蒙羞的苦难经历,国人不从中吸取教训,奋发图强以雪洗国耻,反而相互戕害。进而论及合格的国耻史编纂首先应追求历史的真实性,并详细记录

---

[1]　东新译社编纂,横阳翼天氏编辑:《中国历史》,东新译社,1903。

[2]　《兰心楼史话》,《汉声》1903年7月24日第6期。

[3]　晦闻(黄节):《拟编著中国近世史感题》,《政艺通报》1904年4月30日第3卷第5期。

[4]　元良勇次郎、家永丰吉:《万国史纲》,第1页。

[5]　《绍介批评》,《教育杂志》1909年8月10日第1卷第7期。

[6]　俞旦初:《爱国主义与中国近代史学》,中国社会科学出版社,1996,第159-160页。

相关史事。[1]

随着"中国近世史"意涵的增加及其与现实的紧密关系日益显现，近世在国史上的重要地位更加引起关注。夏曾佑的《最新中学教科书中国历史》虽未详说近古之世，却概括论道："国朝二百六十一年为更化之期，此期前半，学问政治，集秦以来之大成，后半，世局人心，开秦以来所未有，此盖处秦人成局之已穷，而将转入他局者，故谓之更化期。"[2]与当时通行的近世史相近的更化期，具有继往开来的转折意义。

汪荣宝在京师大学堂讲授本国史，断言："学者欲知道今日中国变迁之由来，及世界列国对我之大势，则研究近世史为尤要焉。迩来东西史家，常有倒叙之法，即由近世之事实，次第上溯，以至太古。此虽史篇之变体，然其用意，欲使学者先今而后古，详近而略远，以养成应变致用之知识，其诸大雅所不讥也。"[3]沈颐也认为，"学者欲知一国变迁所由来，应先研究其史乘。欲知一国最近变迁所由来，应先研究其近世史……则研究近世史乘，以自择其因应之术，尤为事势所不可缓焉"，并以"近世期者，为吾国更化时代"。[4]先今后古，详近略远，是因为近世历史有用于时，有助于了解现状的由来，是恰当选择"因应之术"的关键。而历史学的知识教育与现实关怀的二元结构，一直持续至今。

"中国近世史"成为进化发展的最新阶段，而"以当世观近世"

---

[1]　《绍介批评》，《教育杂志》1909 年 8 月 10 日第 1 卷第 7 期。

[2]　夏曾佑：《最新中学教科书中国历史》，第 6–7 页。

[3]　汪荣宝：《清史讲义》，第 2 页。

[4]　沈颐：《中国历史讲义·第五编·近世期》，《师范讲义》1911 年 3 月 20 日第 10 期。

的观念影响及于"中国近世史"的认识。国人意识到鸦片战争使清代前后迥异，所开启的历史时段与传统完全不同。由此带来的问题是，即使借助世界史的视角，也要在晚明欧人东来与鸦片战争之间权衡取舍，才能断定近世的起点。鸦片战后，"西力之东侵，遂如洪水猛兽，一发而不可制，而革命潮流，亦与之俱长。专制帝国之命运，盖骎骎告终矣"[1]，由此产生的历史剧变，冲击了清代历史的整体性与统一性，使得越来越多的人倾向于以此作为国史分期的近世标准。

此事连带引发的问题，是"中国近世史"与后来"中国近代史"的纠葛。从时限考查，前者确立了后者的时间范围，是后者形成的基础，也是一些人将二者等同的重要原因。从中外关系的角度考查，"中国近世史"一定程度意味着中国性减弱，世界性增强，可是相较于东洋史和支那史的近世期，清末中国学者的近世史具有很强的中国性；而以鸦片战争为开端的"中国近代史"，则与传统中国有着天然的鸿沟。如果说"中国近世史"重在历史的一脉相承，"中国近代史"就有与传统断裂走向世界的意味。

结　语

考查清末中国历史撰述中分期观念的引进、承接与应用，中、东、西不同的知识系统不断相互冲突调和。历史循环论之下，传统典籍的时段划分只是时间远近的含糊表达，随着时间的推移变动不居。作为欧洲近代历史观表现形式的分期，却是精确的历史转折和

---

[1]　汪荣宝:《清史讲义》，第4页。

社会发展程度的分界。居间的日本人应用历史分期，常常处于变动不居和精确指示的矛盾之中。他们借助西方观念，以求精确指示，却尝试保留某些变动不居的可能。桑原骘藏虽称"钜事之斗现"使"前后之世局"不得不更新，分期标准却依赖主观判定。那一时期日本学人的历史著述，尤其是自创的东洋史或支那史，存在形形色色的复杂分期，显示传统与近代二元对立下东西观念的交融调和。

受明治日本新学术的影响，清末中国学者使用分期观念编订历史教科书或撰写一般历史，也因为知识来源及个人认识的差异，存在不同的分法，其中尤以"中国近世史"的划分最具多样性。无论是以中西交通、清朝兴起还是鸦片战争作为界标，内外因素都是主要依据。这些分歧固然源于标准的不统一，更显示传统模糊指称与近代精确划分的差异与调和。今日海峡两岸对"中国近代史"内涵外延的不同定义，便是当时折中的遗留。

只是随着近代新式教育的发展与分科的确立，历史分期逐渐实现了确指的强化。分期与断代的结合，尤其是"中国近代史"（以"中国近世史"为基础）的缘起演变，最终使得相对模糊的传统时间指称逐渐淡出，只留下历史分期的精确指称与具体对应。传统史学的叙述模式也最终消散在近代外来思想的强势话语中。今日以精确指称认识历史分期，实际已无法理解传统的深意与前人的努力，这一结果可能是清末中日学人所未曾想到的。

综观史事可知，明治日本学者将近代西方的历史分期观念用于东洋（支那）史撰述，为东亚世界提供了全新的史学撰述模式。清末新式教育的发展推动了进化史观的输入，历史课程设置与中国史教科书编纂有助于分期观念的传播，国人在吸收和借鉴时，并未生硬照搬，而是尝试依据本国史事进行调适。"中国近世史"由时间指称演变为兼具时间、空间、政治和思想意义的集合概念，又因世界性因素的融入而与清代历史有着密切的关系。其在历史反思与现实关怀中实现了地位的不断提升，世人的近世历史认识呈现出"以当世观近世"的特点。这对"中国近世史"在民国的继续发展以及"中国近代史"的形成产生了长远的影响。

第五章　李济的中国民族史研究
——"去民族化"与推动中国科学发展的矛盾结合

作为民国时期中央研究院历史语言研究所的考古组主任，李济因其领导的殷墟发掘而享誉世界。在经历了数十年的"遗忘"之后，中国的学术史研究越来越重视这位"考古学之父"的成就。但既有研究多局限在考古学一门，其次是人类学史的叙述中稍有涉及。实际上，李济的学术兴趣广泛，曾涉猎心理学、优生学、人类学（民族学、体质人类学）与考古学。在人类学史领域，李济一生关注的中国人体质分类与其形成史的研究，鲜有学者触及。[1]

---

[1]　张森水注意到李济的考古学方法对周口店旧石器时代遗址发掘有很大的影响，见张森水：《李济先生与周口店研究》，《人类学学报》1996 年第 4 期；王道还重点考查了李济的博士论文，认为其体质测量方法停留在 20 世纪 20 年代之前的错误观点上，见王道：《史语所的体质人类学家：李济、史禄国、吴定良、杨希枚、余锦泉》，载杜正胜、王汎森主编《新学术之路——中央研究院历史语言研究所七十周年纪念文集》，"中央研究院"史语所，1998。张子辉简要概括了李济的民族史观念，见张子辉：《李济民族史观探析》，《青海师专学报（教育科学）》2004 年第 6 期；王文光、段红云也曾提及李济的民族史研究，见王文光、段红云：《民国时期的中国民族史研究及民族史学科的发展》，《广西民族大学学报（哲学社会科学版）》2008 年第 6 期。李光谟与岱峻的著作对李济一生经历有详细叙述，提供了甚多基础资料，见李光谟：《从清华园到史语所——李济治学生涯琐记》，清华大学出版社，2004；岱峻：《李济传》，江苏文艺出版社，2009。

　　本章从李济对中国人体质的测量与研究着眼，分析其目标与方法，勾勒出他在这一领域中数十年思考的轨迹，并尝试揭示学术研究中的一种复杂的"中立"态度。李济一方面认为，利用欧美人发明的人类学方法来研究中国民族，是当时中国学界应走的正道。但前提是要去除其中的"欧洲中心主义"气味，以及摆脱研究者自身民族意识的限制，对所有理论教条进行细致检查。故他在讨论中国民族的形成时，尝试结合体质测量与有关民族认同的历史记载，兼顾"中国人"在体质与文化两方面均表现出来的"同一"与"多元"并存现象；另一方面，当他逐渐感到人种史已经深陷欧美人的"民族主义"泥淖中时，为推进中国科学的发展，尤其是为改变中国人对待自身文化之观念，又强调考察中国民族的历史离不开这种基于人的形体测量的人种史研究。

　　了解这一态度，对理解民国时期学术成果的思想史意义甚为重要。李济的中国民族史研究表明"民族主义"在中国学术领域内存在着极为复杂的态势。冯客（Frank Dikoetter）曾将李济纳入支持种族观念的阵营，实际上是对李济研究的误解。前者认为民国时期中国知识分子在对民族认同的重建中，受进化理论的影响，追求"原初纯粹性"，即"一种未经混杂的种族幻想被投映到理想化的过去，以补偿在由西方创建的新世界秩序中自己民族的卑下地位"，李济正是其中一例。[1] 但事实恰好相反，所有种族均为历史上各种人群混杂而成，才是李济一生信奉的观念。

　　杜赞奇（Prasenjit Duara）认为，"民族"是中国现代"启蒙历史的叙述结构"的主体。他发现当时中国许多专业史学家均设

---

　　[1]　冯客：《近代中国之种族观念》，杨立华译，江苏人民出版社，1999，第120-122页。

法使"民族"这一主体"显示较强的持续性和同一性",并在"种族""民族"与"历史"这三个概念的灵活组织中获取这种"持续"与"同一"的性格。[1] 李济的中国民族史研究同样依赖这三个概念,但他认为,"民族"的"同一"与"多元",在体质与文化两方面都是共存的。

20世纪初的中国人中曾存在着"民族主义"与"世界主义"交织的心理现象,[2] 李济与比他稍长的胡适在这一点上甚为接近,但主要表现于学术研究的领域。梳理其尝试摆脱"民族主义"的中国民族史研究内容,或有助于揭示现代中国学人在调适本民族特性与科学普适性关系时的矛盾处境,及其在人种史反思中做出的独特贡献。

第一节　摆脱"民族主义"的方法:体质、民族志与小范围区域比较

李济曾经的志向之一,"是想把中国人的脑袋量清楚,来与世界人类的脑袋比较一下,寻出他所属的人种在天演路上的阶级出来"。[3] 但他在哈佛大学学习体质人类学的结果,偏离了这一设想。因为当他以"省"为单位分析并比较了现代中国各省人的体质特征

---

[1]　杜赞奇:《从民族国家拯救历史:民族主义话语与中国现代史研究》,王宪明译,社会科学文献出版社,2003,第3-38页。

[2]　罗志田:《理想与现实:清季民初世界主义与民族主义的关联互动》,载《近代读书人的思想世界与治学取向》,北京大学出版社,2009,第55-103页。

[3]　李光谟:《从一份自撰简历说起》,载《从清华园到史语所——李济治学生涯琐记》,第14页。

后，发现现代中国人体征复杂，并不能代表一个纯一的种族。

在这一基础上李济提出，讨论"中国人的起源"问题是个本末倒置的事情，因为除了有关地理分布外，"根本没有人确切地知道何谓中国人"。故目前能够解决的问题应当是"中国人的形成"。他引入与体质并不相同的文化单位，即反映出历史上"我群"与"你群"势力消长的几种记载，继续以"省"为单位进行分析：分省分时代地列出各个文化群体，排除从统计学上看不甚可靠的数据，在留下的几组材料中，找出最有可能的文化群体与体质特征的对应关系。在这里，李济首先是"把作为历史概念的我群和作为体质单位的黄帝的后代加以区别"。即，"我群"概念实际上是流动的，不同时代"我群"的范围并不固定。他把从历史记载中抽绎出的最古老的"我群"称为"黄帝的后代"，并假定这一群体在体质上有一共同特征。在比较中，他发现"山东似乎保持了比其他任何省份都更统一的种群"，层次变化最简单。"在山东，黄帝的后代构成较古老的一层，而在其他 5 个省份，他们则是表面上的一层。"在这 6 个省份里，又剔除过于年轻和案例太少的省份，这样就只剩江苏和山东做比较，前者以黄帝的后代为最晚近的层次，后者以通古斯人为最晚近的层次。李济假设现代中国各省人体质测量数据的平均指数更贴切地代表着晚近层次，因此得出，黄帝的后代为"显著的圆头和明显的狭鼻"，通古斯人则是"长头类型，也倾向于狭鼻"。此外李济还推测，藏－缅语族群为长头阔鼻，孟－高棉语族群为短头阔鼻。[1]

李济在一篇总结性的文章中提到，"中国人"的复杂性与欧洲

---

[1]　李济：《中国民族的形成》，载张光直、李光谟主编《李济文集》第 1 卷，上海人民出版社，2006，第 51-249 页。

人的复杂性相似，即无论就"民族"而言，还是就"体质"而言，都有"同一"与"多元"的两面。[1] 正因如此，从词源学上追溯"中国人"的起源，便只具有语言学上的意义。[2] 大约同时朱希祖发表的一篇《文字学上之中国人种观察》，仍把"人种"概念与文字记录中代表文化认同的概念混为一谈。[3] 李济则倾向于严格区分二者，但同时又将其结合起来观察。

故李济实际上注意到两个问题，一是现代"中国人的类型以及他们与其他人种的联系"，他认为这是定义静态的人；"对于活生生的人，人的动态方面，则只能通过生物学之外的办法，或许可以称之为民族学的方法来加以研究"。这里，他对"民族学"一词并不那么肯定，所指的，是历史记载中"民族志的（ethnographical）概念"——"我群"和"你群"。他提出的研究设想也从这两个方面展开：大规模测量现代中国人的体质，取得坚实的关于中国人体质状态的知识；以及，寻找"中国人"的历史变迁轨迹。

李济尝试由第一个问题着手，然后从有关民族历史记载的最晚时代倒推上去，找出各个文化群体可能对应的体质类型。但是这样一来，讨论历史上中国人的体质特征便出现一个问题：在没有文字记录的上古时代，这种倒推不能进行。不过他在文章中已经提到，发掘历史源头的最重要的资料其实是考古学的。当时这类资料完全缺乏，退而求其次，才用上了文字资料。而且，最后仅仅推

---

[1]　李济：《中国的若干人类学问题》，载张光直、李光谟主编《李济文集》第1卷，第3页。

[2]　李济：《中国民族的形成》，载张光直、李光谟主编《李济文集》第1卷，第56页。

[3]　朱希祖：《朱希祖文存》，上海古籍出版社，2006，第201页。

出文字资料可以达到的时间上限，即大约二千年内的中国人的形成问题。[1]

然而，这一追溯造成的结果，某种程度上是"中国人"在历史上的"消失"，取而代之的，是"黄帝后代、通古斯族"等更小的人群单位。李济曾提出，中国人类学家应从细节上审查所有人类学的理论教条，使科学去欧洲化（to de-Europeanize science），使自己去民族化（to denationalize himself），对此还设想出一种"双语互证的研究模式"。[2] 在"中国人"概念上进行的反思明显受到这种有意摆脱"民族主义"限制的影响。[3]

李济回国之后进行的研究，仍然试图遵循上述路径。1923 年，李济赴河南新郑调查出土古墓，搜集并研究了几份人类遗骨，不久以《新郑的骨》为名发表。数年之后，当傅斯年为新成立的中央研究院历史语言研究所物色考古组负责人时，似乎便是从这篇文章感受到了李济"去欧洲化"的意图。傅斯年在写给当时清华大学几位教授的信中说："李仲揆盛称李济之，我见其驳史禄国文，实在甚好。我想请他担任我们研究所的考古一组主任，如他兴趣在人类学，亦好。"[4] 杜正胜认为，这篇"驳史禄国文"指的就是《新郑的

---

[1]　李济：《中国民族的形成》，载张光直、李光谟主编《李济文集》第 1 卷，第 51-249 页。

[2]　语出罗志田：《发现在中国的历史——关于中国近代史研究的一点反思》，《北京大学学报（哲学社会科学版）》2004 年第 5 期。

[3]　李济："Some Anthropological Problems of China"，载张光直、李光谟主编《李济文集》第 5 卷，第 303-309 页。参见查晓英：《"正当的历史观"：论李济的考古学研究与民族主义》，《考古》2012 年第 5 期。

[4]　傅斯年：《致冯友兰、罗家伦、杨振声》，载罗久芳等编校《罗家伦先生文存补遗》，"中央研究院"近代史研究所，2009，第 366 页。

骨》。[1] 因为直到1928年李济刊发的论著中，引用了史禄国文章的，只有这一篇。

李济在测量了人骨的基本数据后，参考怀尔德（H. H. Wilder）实验室手册内提供的表格，得出长骨（即股骨、肱骨和尺骨）与身高的对应数值，并不十分一致。他推测"主要原因是怀尔德手册中的数据表是建立在法国人的材料基础上的，而中国人的平均数值可能完全不同于法国人的身体比例"。但是，"史禄国（S. M. Shirokogoroff）最近的一篇文章指出，在山东、直隶和满洲的现代中国人的上臂、前臂之间的平均比例是 100 : 76.38，这个比例十分接近怀尔德一书所列的法国人的比例"。由于史禄国计算的是现代中国人，而李济测量的是古人遗骨，且地点也不相同，因此，李济不可能说史禄国错误。他指出，如果史禄国计算的比例，即与法国人近似的比例，同样适用于现代的河南人，那么可以推断，这个地区的居民在过去的一个历史时期内，发生了很大的变迁。[2]

尽管"李济反驳史禄国"这一说，可能仅仅出于傅斯年不甚严格的私人书信。但是，李济与史禄国在大致相同的研究课题上，确实存在着不同的处理方式。例如，比较起来，史禄国进行的人体测量，每个对象所测的项目更多，观察内容更丰富；李济则依据"统计上多多益准的公例"，认为"一百个人十处测量的可靠程度，一定比不上一千个人一处的测量的可靠的程度"，[3] 故其所描述体质类

---

[1]　杜正胜：《无中生有的志业——傅斯年的史学革命与史语所的创立》，载杜正胜、王汎森主编《新学术之路》，第 30 页。

[2]　李济：《新郑的骨》，载张光直、李光谟主编《李济文集》第 1 卷，第 24—32 页。

[3]　李济：《湖北人种测量之结果》，载张光直、李光谟主编《李济文集》第 5 卷，第 420 页。

型的形象较史禄国所述，简单很多。更为不同的是，在分析古代人群时，李济反对视"中国人"为纯一的种族，史禄国则径直将"Chinese"作为一种类型。甚至费孝通对后者也有些不解，但认为那是他"所处时代的限制"。[1]

史禄国在 1923 年出版的 *Anthropology of Northern China*，以调查中国北方、朝鲜、西伯利亚等地的居民体质为据，推测并描述了这一地区人类迁移及形成现代人群的过程。其方法，是将历史记载作为参考，一边构拟原始中国人与通古斯等人群的迁移融合史，一边分析现代居民体质特征的地区分布，然后总合起来叙述人群历时性的融合与变迁过程。[2] 这种办法似需要发挥更多想象力。李济论中国民族的形成，只追溯到公元前七百多年；史禄国的推论，则追溯到了公元前两三千年。

李济通过细分比较的区域，发现在当时"中国本部"地域内的人群存在着体质多元的现象，即"中国人"并非一个纯一种族。但他似乎尚未满足于这一结论，有可能是怀疑在美国测量的中国人不是那么"百分百"的"中国人"，因此他发愿，回国之后，要测量"几千几百个百分之百的中国人"。[3] 在丁文江的帮助下，李济赴新郑调查考古遗存后不久，又在湖北进行了体质调查。1925 年 10

---

[1] 费孝通：《从史禄国老师学体质人类学》，《北京大学学报（哲学社会科学版）》1994 年第 5 期。不过，这并不妨碍费孝通将"中华民族多元一体格局"的观点的来源，追溯到史禄国那里。

[2] S. M. Shrokogoroff, *Anthropology of Northern China*, Humanities Press, 1923；费孝通：《从史禄国老师学体质人类学》，《北京大学学报（哲学社会科学版）》1994 年第 5 期。

[3] 李济：《湖北人种测量之结果》，载张光直、李光谟主编《李济文集》第 5 卷，第 420 页。

月，他在中国科学社发表演讲，题为《湖北人种测量的结果》。这一次调查中，他选择了人体的十三个绝对测验的点，对一千人进行了测量。但是演讲中，他只选取了三个点来进行讨论，即体高、头宽指数和鼻宽指数。这三种数据同时也是其博士论文中测量统计的数据。如同其博士论文一样，研究的路径是，先分析平均数，然后通过划分地理区域，分析平均数可否代表一种"纯一"性。李济以湖北的府治为单位，将被测者的三个测量点测出的数据分别进行统计，发现身高的分布呈北高南低的趋势；头宽指数呈东西高、中间低的"凹"字形；鼻宽指数是西北复杂多样、东南整齐均匀。也就是说，不同区域的人体特征的组合并不一致。

为什么会呈现这种局面，李济再一次拿出历史证据说，"中国人民在中国以内的移动都是由西北向东南。永嘉、靖康两个大移动就是很好的证据"。但头形、鼻形的变化并未与身高一致，他推测说，可能先后迁入湖北的人群体征不同，最早一支体矮头圆而鼻宽者，遍布湖北；此后从西北又来一支体高头圆而鼻窄者，这一支在湖北西北部尚未与原来一支融合，但到东南部时，与当地原有人群渐渐混合；最近一支，大概为头长鼻窄身高的，人数不多，入湖北后停留于中部的居多，而与原来两支混合。[1]

李济此处的推测法，与其博士论文所用者，并不完全相同。最大的区别在于，其博士论文中的人群类型推断，有丰富的历史记录作为证据。可以根据史籍载记将人群迁移分省并分时代列出层次，将现代中国人体质数据进行对应，得出各个较原初的人群体质特征。但湖北一地的人种分析，可能无法得到如此丰富的历史记录作

---

[1]　李济：《湖北人种测量的结果》，载张光直、李光谟主编《李济文集》第5卷，第420—423页。

为一种比较证据。

对李济而言，尽管能够代表全体中国人的体质测量特征尚待研究，但中国人体质在历史上发生过很大变化已经是一个肯定的结论，证据之一便是可靠的历史记载。正因如此，李济推测他与史禄国所得数据的不同可能缘于该地居民类型的变迁后，说："立足于历史，这个推论是可以站得住的。但是从人体测量的证据来说，还不足以提供最终的定论。"[1]

傅斯年创办史语所，一个很大的动机是同西方学者"争胜"，选择李济正是因为"李济兼具有'我所能而欧洲人所不能，和欧洲人所能而亦能之'的本事"。[2] 尽管《新郑的骨》一文并未明确反驳史禄国，但不说明李济没有这样的企图和行动。李济认为，通过仔细分析中国境内各个较小区域内的人类体质，比较而言，"中国人"并非一个纯一种族。故在对现代中国人进行较全面的体质调查以确定代表"中国人"的具体体质特征之前，是不可能谈清楚"中国人的起源"的。首先应理清的问题，当是"中国人的形成过程"，即将问题置换成讨论历史上各种人群如何移动融合而形成了现代中国人。通过结合"民族志"记载与"体质"测量两方面证据，推测这些古代人群的体质特征。史禄国尽管也观察到了"中国人"体质的多样性，但仍以"中国人"为单位追寻变迁演化的轨迹，设想着有一定边界的原始中国人群与其周边的通古斯等人群交互影响。这或许是两人最大的差异。1929 年李济在写给傅斯年的信中自

---

[1] 李济：《新郑的骨》，载张光直、李光谟主编《李济文集》第 1 卷，第 30 页。

[2] 杜正胜：《无中生有的志业——傅斯年的史学革命与史语所的创立》，载杜正胜、王汎森主编《新学术之路——中央研究院历史语言研究所七十周年纪念文集》，第 28-30 页。

信地声称，他的博士论文所用之方法，为"研究中国人种史惟一之方法"。[1]

第二节　中国民族史的范围

1925 年后，李济的工作重心偏向了考古学领域。李光谟因此推测，李济接受了阿列士·赫德利奇卡的劝告，以没有医学博士学位而放弃了体质人类学的研究。[2] 这个推论可能并不准确。从史语所初期的机构设置看，李济并未将体质人类学排除在外。他在 1928年底加入史语所，负责考古组工作。1929 年史语所改编，将原定八组归并为三组，李济为第三组主任，负责"考古学人类学民物学"。[3] 他后来在回忆中表示，这次改编"较之原来的设计，不但是一件切合实情的改进，同时在理论上及组织上也是一大进步"。[4]

---

[1]　李济：《李济致傅斯年》，载李光谟《从清华园到史语所——李济治学生涯琐记》，第 302-303 页。刘小云认为，傅斯年本来极为支持史禄国，尤其是他的体质人类学与语言学的研究。但在发现李济反驳史禄国的文章后，认为李济更符合他的理想。刘小云：《知行两相难——史禄国云南调查事件探析》，《学术探索》2007 年第 4 期。

[2]　李光谟：《从清华园到史语所——李济治学生涯琐记》，第 57 页。

[3]　傅斯年：《国立中央研究院历史语言研究所十七年度报告》，载欧阳哲生编《傅斯年全集》第六卷，湖南教育出版社，2003，第 9-28 页。

[4]　李济：《傅孟真先生领导的历史语言研究所——几个基本观念及几件重要工作的回顾》，载张光直、李光谟主编《李济文集》第 5 卷，第 164-170 页。李济在同一篇文章中还说："（史语所）筹备期间的研究计划，本包括了若干民族调查的题目，并约有一位白俄的学者史禄国教授担任此事。后以社会科学研究所已有蔡故院长领导的民族学组，故北平改组时，史语所就决定不在本所重复这门研究。（转下页）

李济受美国人类学教育，他自己论述中国人类学的总体问题时，即包含了体质人类学、民族学、考古学与语言学几个部门。[1] 且一般视为历史学的关于"我群"与"你群"的载记和研究，被李济称作"民族志"与"民族学"。[2] 故史语所的研究机构的设置，与李济本身的人类学设想是比较一致的。他认为史语所的领导人傅斯年"最关切的学术问题，实在中国民族文化的原始阶段及其形成的主动力量"，故产生了历史学（李济认为田野考古即为史学的一部分[3]）、语言学、民族学与体质人类学的大组合。[4] 这实际上也是李济的夫子自道，他的学术重心同样在此。[5]

至少从 1930 年起，第三组开始正式发展体质人类学方面的内容。李济在清华时指导的学生吴金鼎，受聘为史语所的助理员，负

（接上页）民国二十三年，复由总干事丁文江先生之建议，将社会科学研究所的民族组改归历史语言研究所，列为第四组，并命名为人类学组；从此史语所的工作范围更扩大了，包括人体测量及原始民族的研究。但这一组开始所担任的最重要的研究项目，为整理安阳出土的殷商时代人骨。"但事实上，1934 年之前，史语所第三组已经开始人体测量等工作，李济的回忆也并不准确。

[1] 李济：《中国的若干人类学问题》，载张光直、李光谟主编《李济文集》第 1 卷，第 3 页；"Some Anthropological Problems of China"，载张光直、李光谟主编《李济文集》第 5 卷，第 303–309 页。

[2] 李济：《中国民族的形成》，载张光直、李光谟主编《李济文集》第 1 卷，第 56 页。

[3] 李济：《〈田野考古报告〉编辑大旨》，载张光直、李光谟主编《李济文集》第 1 卷，第 332–333 页。

[4] 李济：《傅孟真先生领导的历史语言研究所——几个基本观念及几件重要工作的回顾》，载张光直、李光谟主编《李济文集》第 5 卷，第 164–170 页。

[5] 杜正胜已经指出："史语所创所四巨头中，学术观点和发展策略与傅斯年最契合者，恐怕要推李济。"见杜正胜：《无中生有的志业——傅斯年的史学革命与史语所的创立》，载杜正胜、王汎森主编《新学术之路》，第 30 页。

责搜集整理体质测量的资料。[1] 并预备设立"人体测验室，在本年度内先行购备测骨器，已分三批向瑞士商行定制"。[2] 1931 年秋，第三组从北海静心斋移到蚕坛，人体测验室占据一部分场所，"所订仪器，亦陆续运到。山东及河南所搜集之人骨，亦开箱归柜"。[3] 1932 年，第三组"添置人体测量仪器七种"，包括：眼色样本、肤色样本、测眶仪、量颚仪、投影画具、正颅架、量骨版。[4]

　　1934 年，中研院社会科学研究所与北平社会调查所合并，原属社科所的民族组改归史语所，乃成立第四组（人类学）。史语所年度报告称："该组主任初由李济君兼任，后因考古组工作繁钜，乃改聘吴定良君担任。"吴定良由统计学兼攻体质人类学，故他主持的第四组，首先便增添了统计学实验室，"备有各种计算机与数学绘图仪器"；且人类学实验室也分为两部分："一、测量各种骨骼；二、测量人体。"[5] 移交给吴定良的，除开第三组考古发掘收集的骨骼外，还包括了丁文江采集的五十余组中国人的体质材料。[6]

　　至此，李济主持的体质人类学工作似才告一段落。然而他对中

---

　　[1]　傅斯年：《历史语言研究所十九年度六月份工作报告》，载欧阳哲生编《傅斯年全集》第 6 卷，第 154 页。

　　[2]　傅斯年：《国立中央研究院历史语言研究所十九年度报告》，见欧阳哲生编：《傅斯年全集》第 6 卷，第 182 页。

　　[3]　傅斯年：《国立中央研究院历史语言研究所二十年度报告》，见欧阳哲生编：《傅斯年全集》第 6 卷，第 299 页。

　　[4]　傅斯年：《国立中央研究院历史语言研究所二十一年度报告》，见欧阳哲生编：《傅斯年全集》第 6 卷，第 377 页。

　　[5]　傅斯年：《国立中央研究院历史语言研究所二十三年度报告》，见欧阳哲生编：《傅斯年全集》第 6 卷，第 451、472 页。

　　[6]　傅斯年：《国立中央研究院历史语言研究所二十四年度总报告》，见欧阳哲生编：《傅斯年全集》第 6 卷，第 501 页。

国人体质研究的重视丝毫未因行政的原因而改变。例如，对于地质调查所新生代研究室在周口店的发现，李济认为，"这些材料也许与现在我们所认的中国民族史不能打成一片"，而且所谓旧石器时代文化在其他国家也很少与现代民族有直接的密切的关系，但是"正当的历史观是以全体人类为一个单位"，各民族仅是全体的一个片面，其历史仅是人类历史的一个片面，其演进也逃不出人类全体演进的范围。所以，"无论何民族要认清他自己的地位，写一部真实的民族史是应该以自然历史为出发点的"。[1]

第三节　人种研究的困境

1949 年后，吴定良留在大陆，李济前往台湾。对吴定良没有出版殷墟人骨的研究结果，李济表示了不满。[2] 但他也从此又开始了体质人类学的具体工作。例如 1949 年 7 月参加台中瑞岩泰雅人的体质人类学调查。在《瑞岩民族学调查初步报告》"体质"部分，李济得出的结论之一是：蒙古眼褶与箕形上门齿，虽然都是蒙古种人的重要体质特征，但不一定并存在每一个蒙古种人的身体上，这两点体征可能各有其来源和规律。[3]

在停顿了近二十年后，李济重涉体质人类学上的问题，明显仍

---

[1]　李济:《中国考古学之过去与将来》，载张光直、李光谟主编《李济文集》第 1 卷，第 330 页。

[2]　李济:《安阳侯家庄商代墓葬人头骨的一些测量特征》，载张光直、李光谟主编《李济文集》第 1 卷，第 294 页。

[3]　李济:《瑞岩民族学调查初步报告——体质》，载张光直、李光谟主编《李济文集》第 1 卷，第 273 页。

是他旧年的风格。即，人种学上的概念，如"中国人"，需要加入时间维度的考虑，而一旦加入了时间因素，这些概念便面临修订的问题。以前他强调对"中国人"的概念需加审查，此时，对"蒙古种人"概念也提出了质疑。

1950 年李济发表《中国民族之始》一文，批评魏敦瑞对周口店人骨遗存的研究存在漏洞，关键就在魏敦瑞假定了原始"中国人"与"蒙古种人"本身具有某些不变的体质特征。魏敦瑞认为，周口店山顶洞出土的几个标本差异甚大，其中"没有原始中国人的任何痕迹"，可能他们属于外来、流动的部落，攻击并消灭了他们的人或许才是周口店的土著，即"真正的原始中国人的代表"。李济指出，"把'中国人'用作具有特别体型的人种名词是否妥当"，连魏敦瑞本人也没把握；把"中国人"分成"北支那人""南支那人"，也不是使人满意的办法。因为缺少实际的人体测量材料，故所谓"中国人"或"支那人"的体型就只能是凭空想象。在李济看来，每个县都测量一千人，我们才可能知道构成中国民族的人种成分到底是什么，"中国人"或"支那人"这些概念才算有点意义。

李济还提出，对构成中国民族的人种成分不应当有成见。如果我们对所有在中国境内存在的各色人等及他们在中国民族史上的地位予以同等重视，如果我们承认周口店山顶洞层的文化遗存是中国旧石器时代晚期的中国文化，那就应当连带承认，在这遗存中发现的人骨，也代表那时期构成中国民族的一分子。魏敦瑞用残杀来解释山顶洞层的人类遗骨为何与后来多数中国人体质差距甚远，而李济认为，中国民族的形成不像是互相残杀的结果，有可能是环境造成。正如波罗的海产生了"诺地喀"民族，印度的环境使来自地中海的民族肤色变黑，非洲森林气候使黑种人鼻孔扩大一样，中国北方的黄土环境影响了中国民族的体质。[1]

这篇文章同时提到，魏敦瑞对周口店出土的北京人的研究也产生了一种不太可靠的假想。即，魏敦瑞认为，北京人与现存人类中蒙古种的北派，在形态上有四个部分相似：下巴骨向里的一块隆凸（下颚隆凸），上门齿内面的箕形（切齿），[2]枕骨的一块碎片（印加骨），头顶上的中脊（顶中脊）。故有学者推想，现代蒙古种人就是北京人一脉传下来的。[3]李济认为这一假想不可靠，因为"（1）所说的体质特征并不全属于先天的；（2）有若干并不仅限于蒙古种人的体质；（3）材料不够"。[4]

1955年李济在华盛顿大学讲演"中国文明的开始"，指出"近代的考古学家……未能提供任何资料来说明从原始蒙古人种到历史期间中国人这一阶段的蒙古人种演进程序"，但是他提到了一个"惟一的例外"："箕形上门齿"。他认为箕形上门齿现象在远东区域从更新世早期至今持续出现，未曾间断，说明了"中国人的祖先和蒙古人种有密切的关系"。[5]在另一篇介绍中国古代文明的概论性

---

[1]　李济：《中国民族之始》，载张光直、李光谟主编《李济文集》第1卷，第275-280页。

[2]　李济在其他文章中多将"切齿"称作"箕形门齿"或"箕形上门齿"，但其英文著作的中文译本，多依中国大陆考古学界习惯，称为"铲形门齿"。

[3]　李济：《中国民族之始》，载张光直、李光谟主编《李济文集》第1卷，第275页。

[4]　李济：《中国史前文化》，载张光直、李光谟主编《李济文集》第1卷，第346页。

[5]　李济：《中国文明的开始》，万家保译，载张光直、李光谟主编《李济文集》第1卷，第369-370页。李济本人多用"蒙古种人"的说法，但其英文著作的中文译者采用了更常见的"蒙古人种"。

文章中，李济也提到箕形门齿的标志性作用。[1]

但在此后数年间，李济再度对"蒙古种人"提出了疑问。他认为追寻中国民族本身的起源，必先了解蒙古种的起源，后者又与现代人类起源问题密切相关。[2] 尽管中国人一直都被认定是蒙古种人的一个分支，但即使最大的人种史权威也难说清何为蒙古种。他介绍了卡尔登·孔恩倡导的一个新理论，即从气候原因说明蒙古种的演变过程和体质特点。但按此新理论研究中国人种，"我们将会不断遇到一些饶有兴味的问题。要按照这个定义在中国人当中找到标准的蒙古人种的例证，是颇为困难的"。他还提到一项人类学研究的成果，即中国人、日本人身上表现的蒙古种的特点，与北部蒙古人疏远，而更接近南部东方人，如"马来人、他加禄人、达雅克人、爪哇人、缅人、掸人"等。他认为立刻讨论这个问题可能为时过早，因为需要收集更多资料。但"中国人作为一个整体，所显示出的与南部东方人更密切的（跟北部蒙古人相比而言）联系，可以认为是人类学研究的一个重要的成果，它可能要长时期保持下去，经受长期检验"。[3] 这一年在东海大学的演讲中，李济就"中国人"这个题目，又重复了他对于这个问题的前提——蒙古人种形成问题——的关注。[4]

―――――――――

[1]　李济：《古代中国文明》，李光谟译，载张光直、李光谟主编《李济文集》第 1 卷，第 402 页。

[2]　李济：《再谈中国上古史的重建问题》，载张光直、李光谟主编《李济文集》第 1 卷，第 411-412 页。

[3]　李济：《再论中国的若干人类学问题》，李光谟译，载张光直、李光谟主编《李济文集》第 1 卷，第 302-305 页。

[4]　李济："Chinese People"，载张光直、李光谟主编《李济文集》第 5 卷，第 377-388 页。

　　在发表于 1965 年的《"北京人"的发现与研究及其所引起之问题》一文中，李济详细地叙述了欧美人种史学者在蒙古种人及北京人问题上的争论。魏敦瑞曾指出 12 项北京人体型与现代蒙古种人相近之处，引起人种史学界的注意和争论，并表现在对北京人的命名上。1963 年，相关领域的权威学者达成了较一致的意见，把"北京人"所代表的地位降了一等，列为"亚类"。这一变动令李济不满，他认为不同的分类并未改变北京人遗骸本身的性质，没有增减其学术价值，改变的仅仅是人为解释。"这一点十足地证明了，自然科学的原始资料可以同人文科学的原始资料遭遇同样的命运；它可以因解释的人不同，而把它在市场上的价值随时变动！"[1] 强调史学的最高价值在于材料的真实，这个观点，李济曾在讨论道森氏·晓人案件时，明白地讲述过。[2] 然而，北京人是证据确凿的真实出土物，人种学界把焦点集中在它与现代蒙古种人是否有密切关系上，从而决定它在人类进化史上的地位，这在李济看来，正是某种类似于"欧洲中心主义"或"民族主义"情感引起的行为。

　　李济说，有关人类演化的讨论"乍看起来，好像都是生物学与体质人类学的专门问题；但实在与人类历史问题有极重要的关系，这个关系要牵涉到历史上的几个基本观念以及历史材料的搜集范围上"。应当引起史学家注意的是："1. 现代中国民族是否完全为纯蒙古种人的结合；2. 所谓纯蒙古种的人种是否有比较确定的定义。"

---

　　[1]　李济:《"北京人"的发现与研究及其所引起之问题》，载张光直、李光谟主编《李济文集》第 2 卷，第 60—91 页。

　　[2]　李济:《论"道森氏·晓人"案件及原始资料之鉴定与处理》，载张光直、李光谟主编《李济文集》第 5 卷，第 40—51 页。

通行的关于蒙古人种的概念偏重在外貌而不是骨骼；最引人注目的"箕形门齿"，在地球上的分布其实非常广泛，包括北欧的拉蒲人（Lapps）、美洲的印第安人和伏犹琴人（Fuegians）、南太平洋和大洋洲的多数土著民族等，且发育的形态极不相同。因此可以说，"通行的定义中所举的若干蒙古种特征，实在只是日常生活经验中的一种判断，由科学家加以证实而已"。

尽管李济发现通行的蒙古种人概念存在诸多问题，并且暂时无法解决，"除非在遗传学上能够证明，在每个生物的千百种形态上，有些形态是可以决定这种生物种类的标准；现在我们似乎还没有得到这种标准"。但在谈到中国民族的形成历史时，李济仍然强调，"我们必须给予所谓'蒙古种品质'一个基本地位和最大的分量"。李济把"蒙古种人"的问题置换成了"蒙古种品质"的问题，从后一角度着眼，"北京人"所体现出来的某些特点便可称作"蒙古种品质"，由这些历史上真实存在的人种特点出发，中国人体质变迁的线索才有迹可寻。

不过，他又特别地强调，中国民族生长的过程中，除了生理遗传外，更为重要的是复杂的人为成分，比如"由群居而起的配偶选择标准""共同应付环境改变而采取的若干行动"，以及"由人力改进的新环境对人类身体及生理所发生的影响"等。李济将这些复杂的人为成分概括为"文化"，即"包括人类行为所表现的一切事实"。他甚至明确提出："基于血缘的人种成分，固然是民族构成的重要分子，但是更重要的还是那形成的程序……我们可以从单纯的血缘单位所构成的'种'，演为综合的文化单位所形成的'族'这一过程中，看出每一个民族经过的一般历史。"既然世界上并不存在纯种的人，那么所谓"种"的研究，必然要落脚到文化单位的

"族"之上，才算有了归宿。[1]

在讨论材料比较丰富而且时代也比较晚近的新石器时代与殷商时代华北人遗存时，李济也倾向于强调"形成的程序"而非"血缘的人种成分"。他的博士论文曾强调中国民族的体质在有历史记载的时期内，已经历过数次大的变动。但另一人类学家步达生在1925年发表的文章却指出，辽宁（当时称"奉天"）沙锅屯与河南仰韶村出土的古代人骨与现代华北人骨比较，特征极为相似。[2] 约三十年后，李济承认数千年间中国境内人群的迁移运动没有像新石器时代以来的欧洲那样产生出众多的体质差异，但指出在文化上各族群差别甚大，以至于尽管种族同源，却视彼此为路人。[3] 在体质测量的数据解释上，他也试图调和与步达生的不同。他提到新石器时代华北人体质与侯家庄发现的殷商期人的体质基本相似，"都是绝对百分之百的蒙古种（Mongoloid）"，但在蒙古种的范围内，它们又不是完全一样。例如"头形指数"是上升的趋势，表明头型逐渐变圆。因此黄河流域的现代中国人不一定就是新石器时代居民的直接后裔。[4] 这实际上仍然是突出"更重要的还是那形成的程序"的问题。

李济在台湾期间的体质人类学研究多少显出些进退失据，到底北京人与现代蒙古种人、新石器时代和殷商时代的华北人与现代华

---

[1] 李济：《"北京人"的发现与研究及其所引起之问题》，载张光直、李光谟主编《李济文集》第2卷，第60-91页。

[2] 步达生：《奉天沙锅屯与河南仰韶村古代人骨及近代华北人骨之比较》，李济译，载张光直、李光谟主编《李济文集》第1卷，第10-20页。

[3] 李济：《古代中国文明》，载张光直、李光谟主编《李济文集》第1卷，第402页。

[4] 李济：《中国上古史之重建工作及其问题》，载张光直、李光谟主编《李济文集》第1卷，第355页。

北人是怎样的关系，标准不同，结论便有不同。[1] 他曾经怀疑魏敦瑞提出的四点特征是否真能将北京人与现代蒙古种人联系起来，其后又承认箕形门齿是比较可靠的标准，最后仍然回到"尚无标准"的意见。蒙古种人的概念如果并未确定，又如何讨论中国民族与现代蒙古种人的关系呢？他找到"蒙古种品质"这一媒介，希望用更严谨的概念，将人种的体质测量与分析落到实处，避免民族主义情感引起的过度推测。在认可体质人类学的测量与分析是解决中国民族形成问题的关键工具的前提下，李济又常常强调"文化"方面的影响更为重要，注意民族的形成程序有可能找到对人种数据更合理的解释。

余论　为推动中国科学发展而坚持的人类体质研究

自 1987 年起，在分子生物学基础上建立的人类起源研究开始证明，现存世界各地的人类都源自 20 万年前的非洲。[2] 这一崭新的方法迅速风靡全世界，并对已经饱受"种族主义"批评的"人种

---

[1]　台大医学院的教授叶曙曾忆起与李济谈论动物血型而被李济批评的事，也许李济在这段时间里，对人类学在生理方面的新进展下了一番功夫，才有可能纠正医学教授在血型问题上的错误。叶曙：《值得特别一记的几位台大教授》，载《闲话台大四十年》，黄山书社，2008，第 28—29 页。李济在分析侯家庄商代人头骨测量数据时说过"如果颅指数在体质人类学上仍多少有点意义的话"，似乎也表明李济对体质人类学的新发展有点跟不上形势的感觉。

[2]　刘武、叶健：《DNA 与人类起源的演化——现代分子生物学技术在人类学研究中的应用》，《人类学学报》1995 年第 3 期。史蒂夫·奥尔森：《人类基因的历史地图》，霍达文译，生活·读书·新知三联书店，2006。

史"造成致命一击。[1] 而李济的体质测量与分析方法在后来的人类学家看来已经过时，[2] 故其侧重于体质方面的中国民族史研究长期受到学术界漠视，正是事出有因。

但回到 20 世纪前期的学术背景下，发掘李济的研究内容仍具特殊意义。他的研究生涯表明了一个中国人类学家在探索中国民族形成史的过程中，试图摆脱"民族主义"限制的努力。他将"体质"与"文化"联系起来，揭露中国民族"同一"与"多元"的两面性，并一度觉察到基于体质特征的"人种史"存在极大的理论漏洞。尽管李济从来就不相信中国人是一个纯一的种族，从来就把不同人群在历史上的迁徙视为体质变化的证据之一，但是他仍无法放弃对人类各群体的体质特征的寻求。就像他在学生时代就说过的那样，"黑人就是比白人黑，白人就是比黄种人白"。[3] 无论现存的人还是古代的人，其外貌与骨骼，的确存在着不同。因此，他认为人种研究中存在的漏洞是可以修补的，一方面应当使用正确而严谨的概念，一方面应当在解释体质测量数据时注意到文化对体质的影响，通过"族"的形成史，来解释体质上"种"的不同。1968 年

[1]　人种史研究中的种族主义问题可参见王海龙：《人种与文化的关系考论》，《徐州师范学院学报（哲学社会科学版）》1990 年第 1 期。

[2]　例如王道还：《史语所的体质人类学家：李济、史禄国、吴定良、杨希枚、余锦泉》，载杜正胜、王汎森主编《新学术之路——中央研究院历史语言研究所七十周年纪念文集》，第 163–187 页。中国大陆的人类学家对李济的中国民族体质研究也非常忽视，有可能因为李济反对魏敦瑞对北京人的推论，故与"人类的多地区起源论"不合，参见刘武：《蒙古人种及现代中国人的起源与演化》，《人类学学报》1997 年第 1 期。

[3]　李济："A Study of the Qualitative Changes of Population"，载张光直、李光谟主编《李济文集》第 5 卷，第 267–302 页。

4 月李济发表的题为《中国人的种族历史》的演讲，就是从这一角度进行阐发的。[1]

　　然而，在"中国民族"这个问题上，一旦天平一端的"文化"分量加重，天平另一端的"体质"问题的重要性似乎就面临了挑战。这一状况，在李济看来是不能容忍的。他曾经在评论李约瑟《中国科学技术史》的文章中，批评"中国思想界内仍有一部分把'人'当作一种静止对象看待"。[2]认为中国要推动科学的发展，应当对人的身体、自己的身体产生出研究的兴趣来。因为"我们的身体，究竟是我们的最真实的部分，要是我们对于这一单位现象，没有一种准确的认识，我们所学的其他的知识等于悬在半空中，我们对于这些知识就得不了真实的感觉"。[3]

　　因此，李济不仅不认为体质上的研究属于次要，反而更加强调其必要性，同时深恨中国学者在这方面太过潦草。他强调："要了解中国文化建设的精神，所应注意的不仅是材料的可靠性，同时更应该注意使用材料方法的问题。……现在我把民族和文化两件事情合并一起讲，是因为有很多学者把文化当作独立存在，单讲文化，有时愈讲愈远。因此我感到要谈文化必须谈到人；要讲中国文化，就要讲中国民族。如果不讲中国民族，单讲中国文化，所讲的也许与

---

　　[1]　李济:《中国人的种族历史》，载张光直、李光谟主编《李济文集》第 1 卷，第 310-318 页。

　　[2]　李济:《人之初——评李约瑟的〈中国科学技术史〉第二卷（英文本）》，载张光直、李光谟主编《李济文集》第 5 卷，第 263 页。

　　[3]　李济:《论追求真理应该从认识自己的身体作起》，载张光直、李光谟主编《李济文集》第 5 卷，第 33-34 页。

实际情形距离太远。"[1]

在 1972 年出版的《中国上古史（待定稿）》"史前部分"，这本类似他晚年"最终定论"的作品里，李济再次阐述了他对"民族"历史的理解："'民族'这一词，在中国词汇里含义是不很清楚的。一般地说，这一名词可以包括血统及文化的两方面。严格地用这一名词似乎应该限于血统方面的问题，至少应该以这一方面为重点。"他承认现代体质人类学家很少对于"纯种"的存在不怀疑的。不仅现代人，"连所有人类的祖宗都算在内，也没有'纯种'存在过"。但是，"这一大前题内，也会有些小的枝节，即纯种虽不存在，血统混杂的成分却可随时随地而异：有些民族的血统非常复杂，有的比较地简单"。他认为在有文字记录的历史时期里，达到高水平文化的民族如古埃及人、两河流域人、希腊人、罗马人、印度人等，都有较复杂的血统。

他对"中国民族形成的程序"的意见，列为三点：(1) 基本成分出于蒙古种血统，但蒙古种可分为若干不同的宗派，这些宗派是在何处演变完成的尚待研究；(2) 在中国民族尚未形成期间，非蒙古种的血统成分同样散居于东亚各处；(3) "血统近似"为中国民族形成的基本原因，但"生活的同化力"也是极为重要的因素。[2]

这位毕生致力发展中国科学事业的人类学家，将人的体质测量视为能够补充中国传统学术缺陷的一方药剂，坚持认为"人"的"文化"与"体质"是同等重要的两面，讨论"中国文化"必须兼

---

[1] 李济：《形成时代的中国民族与中国文化》，载张光直、李光谟主编《李济文集》第 5 卷，第 86-87 页。

[2] 李济：《踏入文明的过程——中国史前文化鸟瞰（待定稿）》，载张光直、李光谟主编《李济文集》第 1 卷，第 434-456 页。

顾"中国民族"，否则又将陷入偏僻。故其晚年论述甚至偏重于"血统"，失去了前期在"文化"与"体质"交互作用问题上显示出来的思想跃动。

　　这种要给"科学""去民族化"的意念始终限制着李济，表明他不仅在严格实践一位理想的"人类学家"的准则，也透露出他关注着影响中国人未来的现实。如果发展科学事业就是李济的"经世致用"，那么从他的中国民族史研究中可以看到，高举"为学术而学术"的"新史家"与提倡伦理教化的"旧史家"一样，都受着"淑世"目的的制约。[1]

---

[1]　关于新、旧史家的比较，参见 Wang Fan-sen, *Fu Ssu-nien: A Life in Chinese History and Politics* (Cambridge: Cambridge University Press, 2000), pp.93–95。

第六章　近代佛教界显密纷争的再探讨

近代以来，中国佛教的研究与发展受日本影响较大，不少僧侣、居士纷纷东渡求法。他们学习日本佛教管理模式，从日本取回佚经秘籍，更有甚者将中国早已断绝的宗派重新引入。在这一系列的中外佛教文化交流中，原属汉传佛教八大宗派之一的"密宗"的回传引人瞩目。[1] 密教自唐代由印度传入中国，经过开元三大士的弘扬，虽然其宗派化色彩得到强化，但直到唐武宗灭佛时，密教并没有形成明确而系统的判教学说，与其他佛教宗派相比，其宗派色彩较为模糊。[2] 但是，密教在唐朝传入日本后，空海承大唐慧果之遗教，继续丰富、完善其教义，"唐密"最终发展为"真言宗"。而本章所说的密宗特指日本空海一系的真言宗。

中国在经历了会昌法难和五代战乱之后，虽然仍有密法流传，但是由于密宗完整的传承体系并未恢复，密宗作为一个宗派没有得

---

[1]　"密教"的梵文原形为 Guhya-yana，汉文的准确译法应为"密乘"，是与小乘佛教、大乘佛教相对应的一个词，本文遵照传统习惯仍称之为"密教""密宗"。密教发展详情参见吕建福：《中国密教史》，中国社会科学出版社，2011，第 1~20 页。

[2]　吕建福：《中国密教史》，第 493~527 页。

到恢复。[1] 在近代中国佛教振兴运动中，密教人士经过十几年的努力，最终将失传的"密宗"较完整地引入中国。密宗的复兴在为传统佛教的发展注入活力的同时，与其他教派的分歧也逐渐产生。佛教界就教义、教制等问题陆续展开了十数年的争论。

显密纷争是近代佛教发展过程中的重要事件，长期受学界关注。[2] 近年来，随着新材料的不断涌现，以及观察角度的多元取向，相关研究不断深化。研究范围从单一人物的分析逐渐向"群体"方向发展，评价也逐渐摆脱一宗一派之立场。有学者指出，团体利益与各执己见是显密纷争的两大主要原因，对其分析、评价要倾听多方面的声音，避免陷入一端。[3] 另一趋势为，研究近代佛教问题，应努力打通古今之隔，有些问题看似新颖，其因可能肇始于千载之

---

[1]　周一良：《唐代密宗》，钱文忠译，远东出版社，2012。

[2]　显密纷争涉及范围较广，学术界对此问题的研究大致呈由点及面、由浅入深之势。吕建福在《中国密教史》一书中对一些近代密宗复兴人物的生平事迹逐一做了概述。虽然文中很少涉及争论，但作者在对人物思想做分析时已经觉察到人们对显密关系的理解与论争的某些关联。他认为显荫法师带有明显的调和色彩，"既坚持密教的基本立场，又回避和缓东密极端说法的态度，意在调和显密关系，使密教能够立足于中土各宗之间"。而持松更倾向于华严宗，其欲"舍弃东密之说，仿效台密，贤首、真言并重齐弘"。郑群辉《王弘愿与东密》一文，以王弘愿为主线考察了显密纷争的经过。作者发现，显密之争其实肇始于"净密之争"（即王弘愿与印光、太虚等人的争论），而持松对真言宗的批评在现实中则引起了王弘愿的强烈非难。由于材料的掌握较为丰富，在其笔下，"显密之争"的脉络得以显现。郑群辉：《王弘愿与东密》，载潮汕历史文化研究中心、汕头大学潮汕文化研究中心编《潮学研究·第3辑》，汕头大学出版社，1995，第220页。

[3]　2010年，秦萌博士的《民国时期真言宗回传中的显密之争》一文对显密纷争进行了全面、深入、细致的研究和反思，尽可能详尽地收集与之有关的材料，对人事与思想分别做了详细考察，基本上将前人的研究"网罗殆尽"。秦萌：《民国时期真言宗回传中的显密之争》，博士学位论文，北京大学，2010。

前。[1] 本文延续学界趋势，在努力整合新旧材料基础上，对显密纷争的重要环节做进一步探析，着力点有三：（1）中国佛教宗派对密教的批评与比附。（2）各佛教团体因纷争而产生的聚散离合。（3）密教本土化改造的努力与困境。

第一节　"禅净"纠葛与"密净"分歧

在近代的佛教复兴运动中，对密宗较早予以关注的是杨仁山。他制定的释氏学堂内班课程（1906 年前后），将密宗单独列为一专门学科。[2] 不过，他也认识到"此（密宗）法门非从金刚阿阇黎传授，不得入坛行道"。1906 年，杨仁山的弟子桂伯华赴日留学，跟随当时日本的密教阿阇黎学习密宗知识。不幸的是，1915 年 3 月桂伯华病逝于东京。因此，真正担负起复兴密宗任务的是杨仁山的另一位学生释太虚。

1914 年，太虚来到普陀山闭关，其间，他"八宗平等"的佛教

[1]　2011 年，吕建福的《中国密教史》修订版问世。与之前的研究相比，此版在研究近代显密纷争时还从通史的角度考查了其成因，作者认为纷争的根源可追溯至真言宗创始人空海与奈良六宗的争胜。中国佛教界虽然热切于密宗的复兴，却没有来得及打好理论基础，争论各方按照自家既成的理路去思考，从自家角度去判断，较少进行反思和推求共许，不能显密汇通，很难达成共识。吕建福：《中国密教史》，第 796 页。

[2]　杨文会：《杨仁山全集》，黄山书社，2000，第 336 页。

改革思想初步成型。[1] 他认为，在隋唐时期，佛法大盛，八宗并弘，因此中国佛教的复兴，也必须"取隋、唐诸宗师学为依止也，务使八十万僧伽，皆不出于八宗之外"。真言宗虽然已经断绝，但可以通过去蒙藏、日本学习来复兴。太虚在普陀山创作了《整理僧伽制论》一文，为了凸显密宗的中国特色，论中将真言宗改名为"开元宗"。至于复兴密宗的方法，他提议"选国中三十岁以内戒德清净苾刍五十人，集资遣往日本受密宗法"，为"求得不可思议神通乘实验"，特设开元宗寺筹备。[2]

1915 年，受日本"二十一条"刺激，太虚对密宗日益关切。内有日僧来中国布教条款。当时有日人借口谓：日本佛法虽传承支那，而今日本之密教，极为发达，中土则早成绝学，遂有向中国传播密宗之必要。针对此种言论，国人陈某曾作《中国的阿弥陀佛》一书予以驳斥，并历言日本密宗之宗义。太虚获读后，对于密教问题，渐渐注意。[3]

与此同时，远在潮州的王弘愿居士亦有志复兴密宗。1918 年，王弘愿得到一本日文版的密宗简介读物《密教纲要》，因爱其"提纲挈领，启瞀导间"，遂趋译为中文。1919 年，在潮州士绅方养秋

---

[1]　他认为，天台、贤首、三论、唯识、禅、律、净、密这大乘八宗，其"境"是平等的，其"果"都以成佛为究竟，也是平等的，不过在"行"上，诸宗各有差别的施设，因此诸宗的根本原理及究竟的极果，都是平等无有高下的，只是行上所施设的不同罢了。八宗既是平等，亦各有其殊胜点，不能偏废，更不能说此优彼劣，彼高此下。太虚：《我怎样判摄一切佛法》，《海潮音》1940 年 10 月第 10 期，第 4-8 页。

[2]　太虚：《整理僧伽制度论》，载《太虚大师全书》第 18 册，宗教文化出版社，2005，第 157-158 页。

[3]　太虚：《太虚自传》，载《太虚大师全书》第 31 册，第 195-196 页。

等人的捐助下，《密教纲要》由潮州佛经流通处付梓刊印。《密教纲要》的出版很快就引起了太虚的注意。1920 年，在太虚的支持下，王弘愿在国内影响较大的佛教期刊《海潮音》上发表了一系列介绍密宗的文章，积极向国人宣传这一在华夏失传近千年的宗派，自此密宗复兴运动正式拉开帷幕。

王弘愿本人虽然弘扬密宗，但其所学十分广泛，对华严、唯识、净土、禅宗均有所涉猎。在对佛法的修证上，他曾跟随潮州开元寺的怡光法师学习参禅、念佛，向李律云学习准提法。1920 年，潮州佛友捐资刻印《龙舒净土文》并请王弘愿作序。王作完序后，将稿件邮寄给当时的净土宗名宿印光法师，希望他能指教一二。印光早年因得读残本《龙舒净土文》而知净土法门，喜其"言浅义周，词详理备，为接引初机第一要书"，极力向人推荐，并认为"若欲普利众生者，此书万不可忽也"。[1] 面对王弘愿的请求，法师欣然允诺。

王弘愿在序文中向印师提出了自己对于净土法门的疑惑。他认为，《阿弥陀经》以持名为往生法门，而"全经之精神团结，则在于一心不乱。夫一心不乱，无问事理，其境界皆极高"，而《净土文》"直教人散心念持，而又短至一茶杯顷，简易则简易矣……则佛虽有愿，谁为证明？此书乃毅然断然以为散心念持，即得往生任运，似未免说得大易"。[2] 针对王的疑惑，印光不仅给出了修改意见，还为王弘愿重新写了序文。在印师所改的序中，王弘愿质疑一念往生的言论被全部删去，印师解释道，《净土文》之所以教人简略，乃是"作普摄群机之最胜方便。待其渐入渐深。如得嘉肴。既

---

[1]　印光：《与大兴善寺体安和尚书》，载《印光法师曾广文钞》卷一。

[2]　王弘愿：《重刻龙舒净土文序》，《海潮音》1920 年 3 月第 2 期，第 11—16 页。

知其味。则日用云为。自能拳拳服膺"。念佛能得一心不乱当然很好，但"倘能具真信愿，毕生持十念，决定往生"。最后，印光还嘱咐刊刻时仍用作者本人名字，不必提及自己。[1]

王弘愿接到回复，对印光的改正不以为然，至于署名，自己"不敢不从，亦不敢全从，现拟将两篇全刻，皆题弘愿名，而后加按语"。他表示，自己的文章虽不能如印师的圆满，而其用心在于"鞭辟净念人之加意研精"，所以对两篇序文的主旨持"相济主义"，不同之处可以并存。佛经中所讲的一念往生，"乃为一心不乱之一念，非妄想颠倒之一念"，现在僧人大多都能念几声佛，"岂皆往生净土"？净土法门，虽然名为方便，"而净念必一，净业乃成……以十念作普摄群机之最胜方便"一段，道理虽然圆到，"然恐其所说未合佛旨"，故特书出，求请海示。[2]

王弘愿此前曾向开元寺的怡光法师参学，认为"今世慕道之彦，多归净土，然净土之一心不乱，亦必至禅宗悟入之处，而乃生则决定生也"。[3] 1920 年，怡光因病返乡，王弘愿遂就"禅净双修"一题向印光法师请教，得到的答复是禅净两家其实并不可双修。不过，王并没有放弃双修的努力，通过对密宗的学习，他竟然找到了解决方案。在给印师的信中，他激动地讲道：

至其（密宗）方便，尤能合不可合之禅净二家而一。何以故？禅宗之无佛无众生与净土之念佛求生，其不能双修，来示

---

[1]　王弘愿：《复印光禅师函》，《海潮音》1920 年第 2 期，"商论"，第 1-7 页。

[2]　同上。

[3]　王弘愿：《复浙江刘大心居士书》，载《密教讲习录》第 5 册，华夏出版社，2009，第 179 页。

已略会论及。而密宗则直以般若之正智，而修念佛三昧。且其
念佛也，不如净土之以人念佛，而直以佛念佛也。何以故？以
真言、手印、字种修召请供养本尊之仪轨。而本尊加持，即身
成佛其至也。会我佛我无二，一体速疾之圆观，使住心于此，
念念无间，则三昧现前，以凡夫而直同佛菩萨矣。禅，自力之
法门也。净，他力之法门也。而密宗之要妙，则在于三言，曰
"以吾功德力，如来加持力，及以法界力。"此奇妙岂不超禅净
而汇融禅净乎？[1]

王弘愿所述"以密融禅"，除了个人修行的体会外，就所据教
义来看，乃是从真言宗的"十住心论"演化而来。以其所师的新义
丰山流而论，权田雷斧曾把中国达摩—慧能一系禅宗判为"三乘
禅"，认为可摄于真言宗之第七住心"觉心不生心"。

禅宗有二别：一三乘教之分齐，即当贤首大师五教判释中之顿
教也。圭峰宗密（华严第五祖）所谓南北宗禅不出顿教者也（圆觉
经钞）。夫顿教为三乘教，故禅亦为三乘教也；若属于一乘教分齐
之禅，即当于大师法华开题之一如本觉之禅也。三乘禅摄于第七
住心，一乘禅摄于第九住心……神秀师悟道之偈曰"菩提本是树，
明镜亦台也，时时勤拂拭，莫令染尘埃。"慧能禅师之悟道之偈曰
"菩提本无树，明镜亦非台，本来无一物，何处惹尘埃。"神秀之所
见处，则菩提与烦恼为二，必断烦恼，乃证菩提，故渐次修证。慧
能之所见处，则以"本来无一物"毕竟空之理为极致，尚未达圆
理，又遮断文字，故不谈声字即实相之真理，是以南北宗禅，皆摄

---

[1]　王弘愿：《复印光法师函》，《海潮音》1920年第2期，"商论"，第5—6页。

三乘教之分齐也。[1]

对权田此番论断，王弘愿在翻译时曾略表微词，他在段落之后的注文中解释道，禅宗初入中国时法式未备，不妨称作"三乘禅"，入于中华之后，"逐渐与华严等一乘教相感化，接近圆理之一乘禅，学者虚心而求之可也"。[2] 不过，王的构想在印光法师处不仅"求而不得"，还屡受斥责。对此，他表示愿意将二人的观点付诸公论。此后，他一方面把自己的回信公开发表在 1920 年的《海潮音》上，另一方面继续为自己的观点辩护。这一次，还引了中国传统佛教中"龙女成佛"的公案来证明"即身成佛"的真实性。[3] 按照《大乘妙法莲华经》的记载，娑竭罗龙王之女，年甫八岁，智慧猛利，诸佛所说甚深，秘藏悉能受持，乃于刹那之顷，发菩提心，得不退转。复以一宝珠献佛，以此功德愿力，刹那顷住于南方无垢世界，坐宝莲华中，成正等觉。既然"龙女成佛"显教经典中有明文记载，国人又何必质疑密宗的殊胜教义呢？

王弘愿的一番辩解虽然没有引起印光的回应，却得到了与印光有嫌隙的刘演宗（仁航）居士的支持。刘本是日莲宗信徒，1918年，他撰写了《法华六十五种不思议功德力》一书，大力宣扬日莲宗的入世思想。他认为，《法华》中的释迦牟尼佛娑婆净土（以下简称本师净土）大异西方阿弥陀佛净土。前者重现世之福慧，不在来世，后者重视出世，故前者为实，后者为权。为改变现在的社

---

[1]　权田雷斧：《密教纲要》，王弘愿译，潮安刻经处，第 18—19 页，影印本。

[2]　权田雷斧：《密教纲要》，第 21 页。

[3]　需要说明的是，关于"龙女成佛"的这段公案，虽然中国天台宗判龙女为"权成佛"（不是究竟成佛），但日本日莲宗祖师日莲上人援引密宗即身成佛义来重新解释《法华经》。王弘愿此处用日莲宗的解释，认为这就是密教中所讲的"即身成佛"，从逻辑上说有循环论证之嫌。

会，应大力提倡本师净土，在日常的行动中达到佛境界。为劝人修行本师净土，书中有三分之二以上的篇幅都在比较本师净土对于西方净土的优胜。[1]

刘演宗曾将此书交予好友丁福保，望能代为出版流通。刘氏之书出版后，一些上海的净土宗居士对其"痛心疾首"，并含泪向印光法师求教。印光接到看过此书后，认为刘仁航知见错谬，危害甚大。于是他致信丁福保，对其陈明利害：

> 此书断断不可流通。演宗居士一片婆心，极力推崇法华不思议力。奈未能详知其所以然，遂援引经文，剖判优劣。不但与三世诸佛究竟普度众生之法门相反，即本经本迹开显之义，亦属背戾。徒费好心，贻误自他。前已奉复，略陈其概，谓断断不可流通。[2]

此外，他还建议丁氏"祈告刘君勿再印刷，先所印者，除售出外，凡所存者，悉付丙丁"。[3] 丁福保得知消息后，一方面口头上答应印光法师不再印刷此书，另一方面将印好的书继续发行。正月，印光看到丁福保所编的《佛学指南》推荐书目中仍列有刘氏之书，遂第三次致信丁福保要求将此书销毁。[4] 丁福保接信后深感惶恐，立即向印光法师致歉。看到丁氏言辞恳切尚可劝说，印光向他

---

[1]　刘演宗：《法华六十五种不思议功德力》，《海潮音》1921 年 2 月第 12 期，"杂记"，第 20–30 页。

[2]　印光：《复丁福保居士书十》，载《印光法师文钞三编》卷一。

[3]　印光：《复丁福保居士书八》，载《印光法师文钞三编》卷一。

[4]　印光：《复丁福保居士书九》，载《印光法师文钞三编》卷一。

进一步指出，刘氏文章不仅不得《法华》之义，还"破三世诸佛，究竟三根普被，直使各各现生了脱之净土法门……友人读之痛心疾首，含泪告光，实有其事，非是托词"。[1] 最终，在印光法师的一再督责下，丁福保只得把刘仁航的著述销毁。

同时，印光还致信刘仁航，向其说明利害。刘仁航收到印光的来信，十分不服气，以强硬口吻回复（回信已无法找到，只知其内容"读之令人落泪"[2]）。1920 年 7 月，刘仁航在《海潮音》上刊文，对王弘愿援引日莲宗的做法表示支持。他称，《法华经》是一部词显义密的经典，中国传统佛教（天台宗）将其判为显教是犯了根本错误。天台宗把"龙女成佛"解释为"初住菩萨权成佛（非究竟成佛）"，乃是"瞎人慧眼，阻人上进之路"。因此中国传统佛教（天台宗）根据《法华经》而建立的修行体系舍弃了"一念成佛"的捷径而堕入了无量久远的小乘道中，可惜可怜。令人欣慰的是，王弘愿能以密宗理论阐释此种微言大义，使世人复知《法华经》真义，真是一件功德无量的善举。接着，他还批评不承认龙女成佛者"所以不肯入法华者，又有故不过是心力弱取巧耳……力弱者做不到，乐得借一二句影子聊以自娱。如猴孙乐蔷树也。然曰吾力未到，则可竟谓佛无此境界，无即身成佛事则岂可"，之后刘仁航把自己编撰的《法华六十五种不思议功德力》赠与王弘愿，并殷切嘱咐道："此乃人天眼目，字字根据本经者。愿勿使五个退座者轻见之，另其大生怖畏，以至谤经也。"[3]

---

[1]　印光：《复丁福保居士书十二》，载《印光法师文钞三编》卷一。

[2]　印光：《复丁福保居士书九》，载《印光法师文钞三编》卷一。

[3]　刘仁航：《仁航居士与王弘愿居士书》，《海潮音》1921 年 3 月第 4 期，"研究室"，第 1-2 页。

刘仁航的一番辩解很快就引起相关人士的不满，在同期《海潮音》上，署名"悲华"的太虚法师站出来指正刘、王二人的错误。他认为，王弘愿所列举的"等流身"是表示"一切有情无情本体平等皆同佛法身义"，即一切众生皆有佛性，皆可成佛，女人自然也不例外。此种教义为大乘佛教各宗共有之说，并非密教独有之义，所引《法华经》有断章取义之嫌，[1] 王弘愿所举的事例不但不能反驳印光法师之言，反而是其证明。由于对经典的误读，导致"日本论诸法华宗师盲附会之，弘愿居士盲引据之，仁航居士盲赞助之"，此皆"窸言无当"也！最后，悲华还语重心长地感慨，现今"狂密起，士大夫亦乱谈之矣"。自己身为佛教界人士，有资格对这些"易入于奇"的居士"绳格"，使其"遵道而行"，并希望仁航居士慎之又慎。[2]

王弘愿并没有接受悲华的劝告，而是继续申辩"即身成佛（女身成佛）"的主张。他在致仁航、悲华的公开信中称，刘仁航乃自己"平素所心仪之人，感仰靡既"，在读过《法华六十五种不思议功德》后"叹为未曾有"，对书中描述"心向往之"。印光以显教道理怀疑密教，自己虽然一再退让，奈何"印光屡讯，盛气攻驳"。如今悲华还根据自己的立论来反驳"女身成佛"，自己也不愿多说。不过，王"抱怨"完后，突然笔锋一转，连举三个例子来证明"女身成佛"的真实性。其一，在中国传统佛教中广为流行的《瑜伽焰

---

[1]　根据《法华经》的描述："（龙女）忽然之间变成男子，具足菩萨行，即往南方无垢世界，坐宝莲花，成等正觉，三十二相，八十种好。"太虚认为经文只是说龙女可以很快成佛，但仍要转女身为男子方可。

[2]　悲华：《弘愿仁航两居士与印光法师讨论之讨论》，《海潮音》1921 年 3 月第 4 期，"研究室"，第 2-3 页。

口》之观音三摩地偈文引用了密教"即身成佛"的说法。其二，在显教经典《菩萨处胎经》中明确记载火焰世界有七十万二千亿女人不舍身、受身而成佛道。其三，日莲宗祖师日莲上人深通密教，乃一代大德。其言论非守旧循常者能望其项背，希望悲华不要对其轻易质疑。[1]

在答复王弘愿的信函中，悲华对王弘愿"不引真言宗经论，将悲华所以之义，逐条抉其谬非"的手法表示钦佩。进而声明，自己对于女身成佛义，仅为之疏解，固未驳难。之所以非难仁航所著，并非否定日莲宗教义，只是想说明此种道理并非是仁航首创。仁航居士"不应翘之为独得之解"。最后表示，显密并非绝对相隔，希望人们不要将"即身成佛"执着为密宗独有教义，而要以更宽广的胸怀"宏宣密义，津梁后学，勿懈开示"。[2]

1922年初，王弘愿奇怪地发现近来频繁收到一些来自江浙的佛教报刊和参禅读物。询问过所收报刊《嘉言报》的主笔周化南后，才晓得是浙江刘大心居士代为购赠。王弘愿得知此事，大为感动，遂将自己所译密教文章邮寄浙江，并修书向刘大心致谢。信中他叙及自己学佛经历时认为，"禅宗实为诸教所总汇，宁有一宗不入此境而可称入佛慧者乎"。中国历史上修习禅宗成就者不可称计，说明禅宗十分适合支那根性。大心居士所著《居士参禅简录》（又名《法一禅师语录》）"直示学人程轨，非过来人不能道"，自己要努力学习。此外，王弘愿还向其吐露了自己弘法所遭遇的困境，希望彼

[1]　王弘愿：《复仁航、悲华书》，《海潮音》1921年6月第7期，"研究室"，第1—2页。

[2]　悲华：《复弘愿居士》，《海潮音》1921年6月第7期，"研究室"，第2—4页。

此能够共同勉励，互相合作。[1]

　　一番交往后，刘大心觉得彼此能"各申衷曲，心至戚也"，对王弘愿所述困难深表同情。他认为，净土宗"在达摩未来中国之前已甚盛，近时则大盛。而近来修净土宗者，俱不喜禅密二宗，故参禅者寡，密宗中则尤寡"。众生根器不同，有人喜参禅，有人喜诵经，有人喜持咒，有人喜念佛，若能如此则大乘各宗皆可并兴，希望王居士能以"坚卓之志"弘扬密宗。自己究心禅宗已有五年，所耗费财力不下两千洋元，虽时常遭受"排斥禅宗者陷害"，但为使《法一禅师语录》略传于世，"一身之利害则付诸度外也"。[2]

　　在1922年，刘大心除了流通《法一禅师语录》外，又开始大量印发传单攻击印光等净土宗师，在江浙一带闹得沸沸扬扬。对此，印光法师并没有直接反驳，只是告诫信徒不可道听途说，误信小人的言论：

> 现今世道人心，陷溺已极。而邮传之便，一日千里。每有无赖小人，若或有人与彼有隙，便妄造谣言，遍发传单，及登报纸。只欲坏人名誉，不顾自己折福折寿，及将来堕落三途，受诸极苦，为可怜愍耳。彼等既快所欲，其受此传单阅此报纸之正人君子，固可备烛其肝肺。而流俗之人，则成一人传虚，万人传实。不但世间正人之可为极庸劣人，即古之出格圣贤，亦可为极庸劣人……光生而愚拙，概不预社会诸事，而以不附和，故妄受彼等诬谤，加以第一魔王之嘉号……其传单有三数

----

[1]　王弘愿：《复浙江刘大心居士书》，载《密教讲习录》第5册，第179页。

[2]　刘大心：《刘大心居士覆王弘愿居士书》，《海潮音》1922年9月第7期，"商兑"，第7-8页。

千言……是以凡观传单报纸，不可一观即以为是，而遽即笔之于书，以致展转传扬，有损自他也。[1]

虽然目前还未看到刘所印传单内容，但就《法一禅师语录》一书而论，其内容是借永明延寿之口来反驳净土宗对禅宗的阐释。永明延寿在生前主要以禅宗大德身份著名于世，但其形象在后世逐渐被改造成了净土宗高僧。民国时期，江浙地区的禅林与净土教团就因对永明延寿思想的不同阐释而互相攻驳，刘大心对印光的不满亦因此而起。

在永明延寿之前，禅宗基本上遵照六祖慧能的开示，认为"心净即国土净"，如果一心攀缘所谓的清净，则是"障本性，却被净缚"。对于禅净二家的矛盾，延寿禅师则通过唯识学"三自性"的阐释予以折中。他认为禅宗所讲的"唯心净土"最契合净土本义，极乐世界实相无相，修行者心佛两亡，才是真谛，亦名圆成实性。虽然世俗之人执着西方净土为实有的观点属于"遍计所执性"，但是此西方净土因识而起，虽然是俗谛，但为所缘境，亦是"假有"。佛说真俗二谛，无俗不真，所以既要肯定唯心净土，也不能否认外在净土。不过，永明延寿虽然有提倡禅净双修，其思想主旨仍落在如何进一步发扬禅宗，并且他对禅净关系的判摄最终是以禅统净。在延寿的影响下，宋代出现了禅净合流的风潮，禅宗的修行人多兼修净土，并以西方净土为归。对于当日禅净合流现象，有学者认为在实际上"只是禅宗人把修持重心转移到口称佛名的念佛实践上，吸收了净土宗的信仰，仍保留禅宗的身份"。换句话说，禅宗人是以参禅为修行手段，以往生净土为归宿，合流并没有妨碍禅

––––––––––––

[1]　印光:《复唐大圆居士书二》，载《印光法师文钞三编》卷三。

宗的独立性，这种禅净双修，实质仍是修禅。[1]

　　宋以后，永明延寿的思想得到了进一步发展（改造），延寿以唯识学调和禅净的主张逐渐被忽视。到了宋末元初，一些"抑禅扬净"的言论，如著名的"四料简"也被归于永明延寿的名下，出现了"有禅无净土，十人九蹉路……无禅有净土，万修万人去"一类摄禅归净的言论。[2]具体到宗教实践上，当时禅门只是参究念佛，借助参"念佛是谁"一句话头而开悟，所谓夺禅仍不出禅。[3]其流弊所及，口头禅大行其道，到了明末，狂禅风靡教内教外，鉴于当时禅门的空疏之弊，蕅益智旭最终提出了"消禅归净"的主张。他认为，先辈虽因禅宗而获大利，而现在参究念佛"徒有大害而已"，比较之下，净土宗的持名念佛法门才是真正的无上妙禅，学者应死心净土才是。[4]

　　到了清末民初，印光法师承接了这一历史发展趋势，他将"延寿的"摄禅归净与智旭的"消禅归净"相结合，通过重新阐释"四料简"来进一步提出自己的主张。（1）按照约理、约机的方法，阐明净土法门为普被三根之"易行道"。上至等觉菩萨下至无知凡夫，

---

　　[1]　陈扬炯：《中国净土宗通史》，凤凰出版社，2008，第384页。

　　[2]　四料简，全称"禅净四料简"，相传为五代宋初僧永明延寿撰，实则为宋元时期净土宗人所撰，系叙述禅净双修之要义之偈文。全文如下："有禅无净土，十人九蹉路，阴境若现前，瞥尔随他去。无禅有净土，万修万人去，但得见弥陀，何愁不开悟。有禅有净土，犹如戴角虎，现世为人师，来生作佛祖。无禅无净土，铁床并铜柱，万劫与千生，没个人依怙。"按照现代学者的考证，延寿对净土法门的种种提倡之举，大多是后人的编造。杨笑天：《永明延寿〈四料拣〉（四料简）的背景、意义及真伪问题》，《佛学研究》2004年第00期。

　　[3]　陈永革：《晚明佛教思想研究》，宗教文化出版社，2007，第120页。

　　[4]　陈永革：《晚明佛教思想研究》，第136-145页。

净土一门均摄受殆尽。相比之下，其他法门皆仗自力，须上等根器方可成就，为"难行道"。(2)指出人们对"禅净双修"的误解：如果参禅未悟，或悟而未彻，皆不得名为有禅。倘念佛偏执唯心而无信愿，或有信愿而不真切，悠悠泛泛，敷衍故事，皆不得名为有净土。对于宗门来说，真正的禅净双修是指行人彻悟之后，继续深入经藏而弘扬净土。(3)舍禅归净：末法时期，众生根机钝劣，真正能大彻大悟的人实属凤毛麟角，宗门落于"有禅无净土，十人九蹉路"的人不在少数。即使大悟，烦恼未断净，仍不免轮回之苦。修禅劳多而功少，不比"无禅有净土，万修万人去"来得稳当。[1]

　1911年，印光对禅净关系的论述被高鹤年拿去发表在《佛学日报》上，不久，该文就引起江浙禅林的强烈反弹。民初，天童寺首座幻人和尚与印光辩论，以"昔玄奘携所取经，过河落水，晒河岸石上，被一龟食尽，今只存阿弥陀佛四字"讥之。面对讥讽，印光法师毫不退让，坚持宣扬自己的主张。1915年，太虚到普陀山法雨寺闭关，他对印光的印象是："印光法师对其时号称禅师如冶开等，每加訾议，唯以折服人归崇净土为事。"[2] 1918年，高旻寺首座法一禅师应刘大心等人之邀赴杭州海潮寺做开示，刘后将笔录辑为《居士参禅简要》一册，借永明延寿之口来反驳净土宗对参禅的曲解。(1)同样按照约理、约机的方法判禅宗为易行道。"永明大师认为一心广备万法，所以参禅不问根器之利钝，信即利根，不信即钝根，亦不论有学无学，识字不识字，凡人皆可参究。"(2)参禅乃最简易，最上乘，最捷径之法门。"悟道之后顿破八识窠臼，亲见自心面目，一了一切了，一明一切明。"(3)参禅不问悟不悟，皆

---

[1] 印光：《净土决疑论》，载《增广印光法师文钞》卷二。

[2] 太虚：《太虚自传》，载《太虚大师全书》第31册，第202页。

有无量无边功德。"永明大师曾说：'假使参而未澈，学而未成，历在耳根，永为道种，世世不落恶趣，生生不失人身，才出头来，一闻千悟。'"[1]

面对刘大心的"攻击"，虽然印光法师并没有直接回应，其举措却引起江浙尤其是杭州一带净土宗信徒的强烈不满，他们纷纷视刘为外道，以文字对其展开批驳。1922年11月左右，刘大心不堪压力，一气之下竟自寻短见（未死）。刘大心自杀一事在当地颇惹物议，随后有人把报道此事的《杭州报》寄送到了潮州，王弘愿在得知刘大心自戕一事后，即在12月公开发表慰问信以示劝慰。他表示，自己虽然对此事不胜骇痛，但刘的遭遇亦在"情理"之中。禅宗初入中土时，其初祖达摩，二祖慧可"皆受妒惨死"。如今禅宗虽然稍有凌夷，但研究佛法之人无不知其为传佛心印。某些人不自愧不能企及，反而对于提倡者作"诬蔑毒行"，"现当佛教初兴之时，而竟有此事，弟窃为前途悲矣"。虽然困难重重，但"自寻短见实为大错特错之举，太不值矣"，希望刘能够"善自珍摄，以慰慕望之徒之心"。[2]

第二节　复兴道路的分离

经过一系列事件的影响，王弘愿逐渐认识到："弘愿今日偶有叙

---

[1]　法一讲，刘大心录：《居士参禅举要》，载《海潮音文库》第二编《禅宗》，1931。

[2]　王弘愿：《王弘愿慰刘大心居士函》，《海潮音》1922年12月第11期、12期合刊，"商兑"，第9-10页。

述其意，则每为知佛学者所不喜，固由口耳之学，不足信服于人，亦以其宏旨之未前闻，不能不骇愕耳。"[1] 为了使国人对密宗有更多的了解，他更加勤奋地致力于密教经典的翻译。1922 年，《海潮音》为王开辟了密宗专栏，专门刊登其翻译文章。此时，王尚供职于潮州金山中学，平时以教书为业，只是利用课余时间进行翻译，由于俗务缠身，根本无暇考虑留学之事，故密宗复兴运动仍囿于文字之内。

虽然密宗复兴始作于在家居士，时人仍把重点放在了比丘身上。[2] 早在 1915 年，太虚就萌发了派遣 50 名青年学僧留学日本学习密宗的构想，由于经费限制，一直未能如愿。直到 1921 年秋，其弟子大勇始赴日本，仍有经费之困，不久就中断学业回国。翌年冬，他在杭州筹措旅费时结识了持松法师。在信众的支持下，二人同赴日本，入高野山密宗大学接受金山穆昭阿阇黎的指导。至此，密宗复兴终于从文字交流扩展至宗教实践阶段。一年后，因经费不足，大勇与持松不得不终止学业，好在日本方面行了方便，允许先学事相，教理可回国后自学，于是二人都得以顺利毕业并分别于 1923 年 9 月、10 月回国。当时，日本关东地区发生大地震，中国佛教普济日灾会派出两名代表赴日慰问，其中一位名叫显荫的僧人在完成慰问任务后，决定留日求法，后经高楠顺次郎等人的介绍，

---

[1]　王弘愿：《复汤一心居士书》，《海潮音》1923 年 5 月第 3 期，"商兑"，第 4 页。

[2]　在赞助大勇出国的告示中，明确标明："粤东居士王弘愿曾译《密教纲要》一书，梓行一时，鳞爪既露，全豹未窥……密宗传法灌顶之阿阇黎必限于僧人，我国精深佛学之士甚多，而于密宗未必发心，即二者具备，其出家之愿或未成熟，故勇师此举，殆如优昙花，又如盲龟浮孔，值遇为难。"参载《赞助密宗小引》，《海潮音》1922 年 9 月第 7 期，"杂集"，第 1 页。

入高野山大乘院跟随金山穆昭阿阇黎学习密法。

　　大勇、持松归国后，受到江浙信徒的热烈拥戴，迫于信众的需求，他们只得开坛灌顶，很快在江浙（杭州）兴起了一股学密热潮。得知大勇回国的消息后，太虚法师"即严切手书，责以速来武汉，乘寒假期中传修密法"。大勇赶到武昌，受到武院师生和武昌佛教界人士的热烈欢迎，学习密宗者非常踊跃，院董李隐尘亦皈依密宗。[1] 就在留学僧归国的同时，王弘愿居士也得到亲身学法的机会。此前他一直采用"函授教育"的方式，在权田雷斧阿阇黎的书面指导下进行修行。1923 年，权田雷斧在王的请求下竟表示："老衲雷斧，为法不厌舍命抛身。明年度得好时机，转锡贵地，欲建立曼荼罗，摄中华有缘之士，无障缘成。贵下可为正受。"王弘愿得到这一消息后惊喜万分，认为"今日佛日重光，大僧正法驾将莅临中国，续我神州华胄之已绝三密加持力。此真千载一时之佳会也"。1923 年 11 月，他在《海潮音》上发表了《敬告海内佛学家》一文，将权田雷斧于 1924 年夏来潮汕开坛传法的消息公布于众，并欢迎有志于学密者积极准备。[2]

　　消息传出，很快就引来了另一位日本密教僧侣演华的非议。此时，身在上海传法的演华阿阇黎得知此消息，频频向太虚法师致函，声称权田雷斧年逾七旬仍纳妾，不守净戒，此次来华乃专图名利。结果，太虚法师信以为真，遂于 1924 年 2 月的《海潮音》上发表《致王弘愿居士书》，认为权田雷斧"'空言无行'，此次权田来华只能以哲学者视之，不能以密教阿阇黎视之也……当请其周游

---

[1]　印顺：《太虚大师年谱》，宗教文化出版社，1995，第 90 页。

[2]　王弘愿：《敬告海内佛学家》，《海潮音》1923 年 12 月第 11 期，"附录"，第 1 页。

讲学，等以杜威，罗素，而不应有开坛灌顶之事"。[1] 同时，太虚还将演华来信邮寄留学高野山的显荫法师，向其问询真相。于是，显荫法师便向王弘愿询问权田来华动机，王则以"大僧正将次来潮，然与弘愿定约凡来回轮船、火车、旅舍之费皆由大僧正一行人自备；即在潮食宿亦可由大僧正自理"作答。[2]

得到确切答复后，显荫法师在当年 3 月的《海潮音》上发表了《真言密教与中华佛法之关系》一文，呼吁中国有志于密宗者，应珍惜权田来华之殊胜因缘。[3] 为了证明权田的清白，王弘愿还把《海潮音》质疑权田的文字抄录邮寄日本。权田接信后立即致信《海潮音》为自己辩白。紧接着，5 月王弘愿又将日僧演华恶意攻击权田的缘由公布于众。按照其说法，演华乃权田雷斧弟子，未经师门许可，私自来到中国，冒充阿阇梨传法授徒。权田闻讯，认为演华学法乃贪图名闻利养，遂终止向其提供密教修行的仪轨法本等物。演华怀恨在心，便借此机会对权田极力谤讪。[4]

由于众人力保权田清白，太虚法师遂在 5 月份的《海潮音》上发表"道歉信"，承认自己误听人言，希望权田雷斧"必能扩其广大心量，不为介介"。不仅如此，太虚在信中还邀请权田一行"能应世界佛教会之请，惠临庐山大林寺，俾佛教人士获瞻德仪，随缘请受诸印明也"。不过，信尾太虚再次申明自己的立场："其为密教

---

[1]　太虚:《致王弘愿居士书》,《海潮音》1924 年 3 月第 2 期,"通讯",第 1 页。

[2]　王弘愿:《对于〈海潮音〉揭载悲华致王弘愿居士函之答词》附录, 载《海潮音》1924 年 6 月第 5 期,"通讯",第 8 页。

[3]　显荫:《真言密教与中华佛法之关系》,《海潮音》1924 年 4 月第 3 期,"理论",第 15-18 页。

[4]　权田雷斧:《对于〈海潮音〉揭载悲华致王弘愿居士函之答词》,《海潮音》1924 年 6 月第 5 期,"通讯",第 7-8 页。

之传法阿阇黎者，决只可菩萨比丘僧为之，而余众不得窃据其位。使违此义，则仍当本其大悲，用其方便，以力为检举绳正，不稍宽假也。"[1]

1923 年，武昌佛学院曾邀请大勇阿阇黎主持密教，大勇虽身为真言宗阿阇黎，却对真言宗不甚满意，他认为，应该"学藏密以窥其究竟，将来采择日本与西藏密宗之特长，而立我国之密教"。[2]怀抱此种想法，1924 年暮春，大勇带领一班武院教职人员跟随北京的白喇嘛学习藏密。职是故，从 1924 年 3 月起，武院密宗法席一直空缺。为满足信仰需求，3 月下旬，武汉信众又邀请持松阿阇黎传法。持松就抵武汉，受李隐尘、萧耀南、李馥庭、汤芗铭、李开侁、陈元白等武院院董迎请，住持洪山宝通寺。由于大勇进京，"武汉间有意学密宗而未及学者尚多，及持松阿阇黎接洪山宝通寺方丈后，遂有多数男女居士学密心切，屡请传授"。[3] 6 月 17 日、18 日，持松应信众之请，于武昌佛学院灌顶传法，时大雨连绵，而求法者不避泥泞，源源而来，时任湖北督军的萧耀南也参与了法会。萧耀南信奉密教后，据说"屡获感应，知祯祥所致"，遂皈向深虔，斥资巨万。[4]

正当密风兴盛之时，6 月，太虚创作《缘起抉择论》一文，公

---

[1]　太虚：《录日本乃权田雷斧大僧正函件》，《海潮音》1924 年 6 月第 5 期，"通讯"，第 6-7 页。

[2]　大勇：《答太虚法师书》，《海潮音》1923 年 10 月第 9 期，"通讯"，第 1-4 页。

[3]　《持松法师自佛学院传授密宗》，《海潮音》1924 年 8 月第 7 期，"通讯"，第 1 页。

[4]　杨毓华编《持松大师年谱》，据显密文库：http://read.goodweb.net.cn/news/news_view.asp?newsid=72375，访问日期：2013 年 11 月 15 日。

开批判密宗的"六大缘起"理论。[1] 就《缘起抉择论》的发轫，太虚自谓是为了破除学者对密宗的执着："从前有一位学东密者，谓密宗明六大缘起，吾人与毗卢遮那佛皆当体即以六大为体，故吾即身是佛。予当时即破其执云：如此则你亦与一堆牛屎同以六大为体，所以你亦即是牛屎。然观法法平等无尽，亦何差别？"[2] 因此，他断言："言缘起者，共有五种：一、赖耶缘起，如唯识。二、法界缘起，如华严。三、真如缘起，如起信论。四、业感缘起，如小乘。五、地水火风空识之六大缘起，如密宗。此五缘起，以教理论，则以赖耶缘起、法界缘起为最深玄……至地水火风空识之六大缘起，若实言之，不过色心二法，亦即心物二元等，世间凡外皆知，斯为最浅。"[3]

几乎同一时期，太虚与武院董事李隐尘等人就办学问题发生了纠葛。武院办学原本第一期造就师范人才，毕业后，出家的实行整理僧伽制度，分赴各地去做改进僧寺及办理僧教育的工作；在家的依着人乘正法论组织佛教正信会，推动佛教到人间去。1924 年 6 月第一期学生毕业后，太虚与董事会就第二期办学方式产生了分歧。按照太虚的计划，第一届在两年中迅速培养了一班师范人才后，优秀者留院深造研究，而第二届专招出家众以律仪为训练，"俾佛学院成为新的僧寺"，"只招受过比丘戒的大学部学僧四十名，连寄宿舍亦改为仿禅堂的广单制，先注重律仪训练，严格施以生活管理，以为实行整理僧制的基本"。可是，以李隐尘为首的护法不赞成此种计划，希望"仍照第一届作广泛的佛教徒教育"，从而否决了太

---

[1]　太虚：《缘起抉择论》，《海潮音》1924 年 7 月第 6 期，"理论"，第 1—9 页。

[2]　太虚：《大乘伽耶山顶经讲记》，重庆佛经流通处，1937。

[3]　太虚：《缘起抉择论》，《海潮音》1924 年 7 月第 6 期，"理论"，第 1—9 页。

虚的提议。无奈之下，太虚只得妥协，暂不将学院改为僧寺，且同意招收少许俗家学生。[1]

就在太虚对密教教义及僧制问题发议论的同时，1924 年 6 月，日本真言宗新义派权田雷斧大僧正率团莅临潮安传法，特受王弘愿传法灌顶，授予其"缚折罗虞醯炎阿阇梨"（即密教金刚教导师称号）位。按日本真言宗的古训，在家居士本无资格获得大阿阇黎位，权田雷斧此举可谓"出格"。与权田雷斧一起来华的小林正盛僧正在一开始，也公然反对权田"妄传"密法，在潮州闹得沸沸扬扬。[2]

由于太虚此前明确声明反对居士获得"传法资格"，王弘愿获得阿阇黎位后，为避免误会，曾于 7 月上旬致信显荫向其说明情况。显荫接信后十分震惊，随后分别给王弘愿和权田雷斧回信以表明自己的态度。在给王弘愿的信中，显荫委婉地表达了自己的观点。他认为王弘愿获大法传授"此诚为祖国佛教前途之大庆也"，只不过"白衣传法"古无其例，为了更好地推动密教发展，王不妨出家为僧。如果不愿出家，"而为传授大法之阿阇黎，恐非白衣所应为，明达如公，当能洞鉴"。[3] 在给权田雷斧的信中，显荫则以严厉口吻斥责其非法妄传的行径。[4]

---

[1] 太虚：《我的佛教改进略史》，《海潮音》1940 年 12 月第 12 期，第 246—252 页。

[2] 释慧源主编：《潮州开元寺志》，福建省仙游县印刷厂，1992，第 261 页。

[3] 显荫：《显荫法师致王弘愿居士函》，《世界佛教居士林林刊》1924 年 7 月第 6 期，"通信"，第 7 页。

[4] 从王弘愿的回信中可知显荫措辞是比较激烈的："高野大学一小部分纠合显荫"诽谤权田雷斧渡支传法居士，其中"语涉偏激"，"中国即有传法阿奢黎大居士之实现，诚非密教之福云云"。参见王弘愿：《再覆显荫阿阇黎书》，载《密教讲习录》第 5 册，第 165 页。

　　权田雷斧接到信后即将其转寄给了王弘愿，针对显荫的指责，王弘愿引经据典，展开反驳。一方面，他拿出文字证据，用唐代密宗沙门海云所作的《略叙金刚界大教王师资相承传法次第记》来证明居士传法之事古已有之，声称若"古无其例者，不但本师大阿阇黎耶不传，即弘愿亦不敢请也"。另一方面，他又根据金胎两部曼荼罗绘画中的佛像造型来证明居士传法的合理性。王弘愿称，在金刚界、胎藏界曼荼罗中，主尊"大日如来（毗卢遮那佛）"均现戴天冠，着天衣，留长发的"天身"（俗身）而非披袈裟的"佛身"。"本经仪轨中，无阿阇黎限僧伽说……大日俗人行，四佛出家相，既了然明白，虽如何雄辩者，固不能破之也！"[1]

图1　胎藏界大日如来（左）与金刚界大日如来（右）

　　收到王弘愿的辩白后，显荫并没有继续商兑，而是把信寄给了

[1]　王弘愿：《再覆显荫阿阇黎书》，载《密教讲习录》第5册，第165页。

武昌佛学院。武院收到信后，立即对"白衣传法"展开猛烈批判，八九月份，在武院主办的《佛化旬报》上接连发表了数篇批判文章。刘显休在《与大勇法师书》中认为："传法居士而果违佛制，则如授比丘戒于白衣，如专制时代之僭称帝号，悖逆无道，犯天下之大不韪，则尚或可托于大义灭亲之谊。"针对王弘愿所说的"白衣传法，古已有之"，大勇阿阇黎在回信中认为，古代的阿阇黎传法前已得悉地，"既能观机，可传则传，本无僧俗"，但是现在去圣时遥，阿阇黎未必能明察根机，白衣传法不合时宜。[1]

　　针对诸般诘难，王弘愿致信大勇阿阇黎，对武院的言论一一反驳。他认为武院诸人犯了自相矛盾的错误：刘既然承认白衣传法古已有之，却又指责权田雷斧违背佛制，不值一驳；史来自武院，应知道佛学院中"白衣说法，比丘下听"之事日日有之，所持言论实在可笑；大勇曾承认自己未获悉地，且与权田雷斧未曾谋面，却又怀疑他人，未免过于武断。因此，他认为批评者应"精思博考，无轻以凡情测圣智"，否则，"不问事实，但图诽人，使有恶口之戒"。[2]

　　就在王弘愿与武院争执不休时，9月下旬，太虚忽召集全院员生，宣布院务暂交善因代行；留函致院董会，辞院长职，即日搭轮离汉。突如其来的行动，颇滋武汉缁素疑讶。按照太虚后来的回忆，自己离开武院的原因，一是身体不好需要休养，二是办学意见不合而无心参与，同时还强调："我实为此两因离去，不知者曾别作与某人有何意见冲突的推测，完全误解！"[3]此外，在《太虚大师

---

[1]　王弘愿:《与大勇阿阇黎书》，载《密教讲习录》第5册，第167页。

[2]　同上。

[3]　太虚:《太虚自传》，载《太虚大师全书》第31册，第241—264页。

年谱》一书中，印顺又添加了另一个解释，他认为太虚与院董的不合与武汉地区密宗的蓬勃发展有密切关联：

> 隐尘（大部分院董）对我亦渐持异议，其所以异议，一则信仰倾向密宗；隐尘同乡萧督，亦转就宝通寺求修密法。信仰异趣，经济亦转用于彼。去年"理想之佛学院计划"，今年暑期提出之办法，均以经费藉口而不行。再则，佛化新青年会若此革新，与隐尘等转趋于神秘，宁无不快之感！武汉信众之日见离心，实大师突然离院之因！大师以见密宗之兴为幸，密宗起而大师之事业挫折。[1]

　　太虚离开武院后即前往上海，后应邀主持奉化雪窦寺并在其中静养。11 月，显荫致函太虚，提醒他现在不是休息的时候："日本佛学家，皆含有外交政治气味，而权田雷斧氏为对支布教之第一先锋队，颇沾沾自喜，东归而后，大诋支那佛教之劣点，而鼓励其国僧徒对支布教之精神……日僧颇有对支布教之野心，所望海内僧俗，速起联络，组织中华佛教联合会以御外辱，实为目下最要问。"[2] 1925 年 1 月，武院院董会推孙文楼来宁波，访谒太虚于保国寺，恳请回武院住持，结果太虚答应了孙文楼的请求并于旧历元旦回到了武院。3 月 6 日，太虚偕王森甫等一行二十余人北上至京，驻锡慈因寺。他在京城除了讲经说法外，还积极联络僧俗，设中华佛教联合会筹备处于北京，以便推派代表，出席下半年将要召开东

---

[1]　印顺：《太虚大师年谱》，第 100 页。

[2]　显荫：《上太虚法师书》，《海潮音》1925 年 1 月第 12 期，"通讯"，第 4—5 页。

亚佛教大会。当月，太虚在《海潮音》发表了《今佛教中之男女僧俗显密问题》一文，对佛教界居士坐大的现象提出了严厉批评。

太虚首先回顾了此前支那内学院藐视出家众的言论，申明建立佛法者不得坏乱七众律，僧俗男女排序应以"七众律仪"[1]为准绳，凡是破坏七众律仪之人必定是破坏佛教之徒。接着又列举最近发生的"居士传法"事件，认为："适有僧制先坏之日本传密教僧来，但为获得支那最先布教权之名利恭敬，将比丘众主教传法之名位授之在家男女；援曼荼罗之形相，曰俗形居中台也，曰定妃为女形也，以神其说。今习密而斥除性相之教理，破毁僧俗之律仪，反成以魔障佛。故以男女僧俗混然一团谓之密，斥去显理显律者，非显密问题，乃佛魔问题也。"[2]

太虚的文章刊登后，1925年5月，王弘愿再次致信武院阐释"居士传法"的正当性。王弘愿认为，《大日经疏》中明白讲道："阿阇黎自作毗卢遮那时，解髻而更结之。若出家人，应以右手为拳，置于顶上，然后说真言以加持之"，"诵此段圣训，居士可做大阿阇黎，行大日如来事，宁复待辞说"。寄信的同时，他还把《大日经疏》一同寄去，希望异见人士够认真研读，不要仅凭"胸驰臆断，背叛其自心本有曼荼罗而已"。[3]

然而，王弘愿的辩解并没有得到武院的认可，史善言告诫他，"非僧伽不能传持佛法，白衣高座说法，比丘下听，乃佛法衰相"。

---

[1]　在《七众律仪》中，比丘最尊，其次沙弥，其次比丘尼，其次式叉摩那，其次沙弥尼，其次优婆塞，最次优婆夷。

[2]　太虚：《今佛教中之男女僧俗显密问题》，《海潮音》1925年4月第4期，"理论"，第6-7页。

[3]　王弘愿：《上本师大阿阇黎书》，载《密教讲习录》第5册，第163页。

权田雷斧娶妻生子，犹尸僧正之名。真言宗传授传法灌顶前至少要修"四度加行"一载，今只用二三日即传授他人，实属荒谬。唐代居士受法虽有其事，但居士也只是"受法"，未闻其登阿阇黎位，可以行"传法"事也。两部曼荼罗中"大日俗形，四佛出家形"乃表示"众生本有法身之功德"，王弘愿以此作为居士受法的证明是对教义的曲解。最后他声明"勿以潮汕无僧而遂以为全中国无僧"，王弘愿若真心弘扬密教，则可以出家做比丘阿阇黎。[1]

王接信后，表示"以其无知妄说，不足与辩"，并反唇相讥："史君自佛学院发函，当是佛学院中人。佛学院之'白衣说法，比丘下听'之事，日日有之也。然佛学院固为振兴佛教机关，史君乃欲以衰佛法之罪责之耶？"[2] 如果有人对于"居士可作大阿阇黎"还有疑惑，自己"甚乐为商讨"。[3] 面对外界的质疑，王弘愿虽有"雅量"商讨，但其友人难以释怀。7月，在王主编的《佛化季刊》上，一位署名大石山人的密教徒发表了《哀太虚》一文，以辛辣的措辞斥责太虚毁谤密宗乃是造阿鼻之业，实在悲哀。[4] 太虚听闻此事，在致王弘愿的公开信中痛心地讲道：

> 比年天下汹汹，人失其性，莫非值誉利则贪痴即纵，处人己则瞋慢相凌……宏法！宏法！多少人将假此名以行其恶，语之曷胜痛心！近衡时尚，稍发危言，乃闻门弟传述君于所撰之

[1]　史善言：《与王弘愿居士书》，《海潮音》1925 年 4 月第 4 期，"通讯"，第 9-11 页。

[2]　王弘愿：《与大勇阿阇黎书》，载《密教讲习录》第 5 册，第 168-169 页。

[3]　王弘愿：《上本师大阿阇黎书》，载《密教讲习录》第 5 册，第 164 页。

[4]　大石山人：《哀太虚》，《佛化季刊》1925 年 7 月号，"言论"，第 32-38 页。

报纸，公然恶口相加，予惟有痛自惭愧，祝君心快而已！他复何言！[1]

8月，太虚抵庐山大林寺避暑。其间，武院学僧满智曾就当时流传的密宗"咒印加持""六大缘起"等成佛理论向太虚请教。[2] 对此，太虚在之后的演讲中一一作答。在第一场名为《论即身成佛》的演讲中，太虚认为，"即身成佛乃为大乘各家之通义，何独窃据为密教之特胜乎"。[3] "咒印加持"说不失为一种修行的方便，但若认为真有佛可成，则为谬执。至于"六大缘起"论，他再次强调"六大粗相，凡外同了"，切不可执着其事。[4] 在破除了真言宗"即身成佛"的"谬论"后，太虚参照天台宗"六即佛"理论，给出了自己对"即身成佛"的定义：

第一，理即佛。东密依"六大"明体，遍一切法，圆融无

---

[1]　太虚：《覆王弘愿居士》，《海潮音》1925 年 9 月第 7 期，"通讯"，第 1 页。

[2]　六大缘起，王弘愿之前曾谈及。1924 年，大勇从北京赴西藏求法，途经武汉时受满智邀请在武院做了一场名为《略论即身成佛与立地成佛》的演讲。他认为，密宗的即身成佛与禅宗的立地成佛有本质区别，前者是证道，而后者则是悟道，当三密相应时，以咒印加持肉体即可即身传有漏为无漏身，"是密宗之所以殊胜也"。

[3]　太虚：《论即身成佛》，《海潮音》1925 年 10 月第 8 期，"理论"，第 17—23 页。

[4]　太虚在此对六大缘起的批判，与之前对六大缘起的批评相似，认为："众生身与佛身同为六大，人身为六大，佛身亦即六大，故即身成佛。据此以为理由，无异言人身是六大，牛身亦是六大，即身成牛；或人身是六大，屎身亦是六大，即身成屎也。盖法界、法性，生佛平等，依平等性，虽可言即身成佛，实则非自非他，非佛非生，荡荡无名也。"

碍，而为一切诸法依止，如是一一诸法，亦皆为六大性相，本来成就，可曰六大无碍法界身。此与华严之一真法界身，天台三千性相身等，与诸法实相身仅名词不同而已。

第二，名字即佛。修行人于前诸法实相身，三千性相身，六大无碍身等，各各教理名义，或从师学，或读经论，或从善知识参究，一一如理了解，悟同本来圆满成就之如实性，当下与佛无二无别。至此位，即可据佛位，行佛事，故曰即身成佛。

第三，观行即佛。依前所成如实了解，再进以修习，口能读诵讲说，身能礼拜恭敬，意能分别观察，以至兼行六度，正行六度。若密教之口诵真言，手结印相，意观本尊、种子字或形相，陈设香花种种庄严供具，求与本尊三密交加相持，由此行人三密与本尊三密相应，一刹那相应一刹那是佛，一日相应一日是佛，是谓即身成佛。

第四，相似即佛。由前如理了解所起观行功夫，获得定慧神通等效果，可曰即身成相似于佛具福智神通佛。此不惟密教有之，若天台止观，贤首法界观，念佛、参禅等各宗，亦莫不有之，惟下手不同耳。近人执为密教独有胜义，足见其为谬执。[1]

按诸历史，较早明确将天台、华严成佛理论与密宗相比较并执"即身成佛"为密教独有之胜义的，乃是真言宗高祖空海阿阇黎。公元816年，空海正式在高野山开创真言宗，其后曾造《即身成佛义》《秘密曼荼罗十住心论》等文阐扬密意。在《即身成佛义》一文中，他以问答方式道出显密之间的差异，认为其与天台、华严所

---

[1]　太虚:《论即身成佛》,《海潮音》1925年10月第8期,"理论",第17-23页。

说的成佛有本质的区别：

> 问：华严、天台等宗所立即身成佛之义，与真言宗所立即身成佛之义同异何？答：理成之故同。智成之故异也。问：智成之故异者意何？答：彼等宗者三密不具故五相不具故云异也。问：天台宗亦身闭遮口说默心上观，三具以智即身成佛，何云智成故异耶？答：彼等是虽云三具以智即身成佛，而唯谓心体不可思议而不能显心之体相。所以尚异也。问，若今心之体者何体相似耶？答：体洁白之体也。形相如满月。问，彼天台宗亦心体之洁喻白莲华形相之圆比金刚宝。何强云不显心之体相耶？答：彼等仅虽知心之体相而五相观阙仍尚不同。[1]

在当时的日本，天台传教大师最澄曾围绕"显密优劣"一题与空海商榷。最澄主张"圆密二宗"并重，他认为唐代密教祖师"所传一乘正义，皆符天台义……大唐一行阿阇梨《遮那经疏》等如是等宗，依凭天台"。他在给空海的信中说："遮那宗与天台融通，疏宗亦同，诚须彼此同志，俱觅彼人……《法华》《金光明》，先帝御愿，亦一乘旨，与真言无异。"[2] 其后，最澄曾向空海借阅密教经典《般若理趣经》，但遭到后者的婉拒。为此，最澄亲赴高野询问原因。空海称，密教重在实修，非依文解义可知。最澄听闻后，表示自己愿拜空海为师学习密法。于是，空海反问最澄能否放弃天台见解，结果最澄予以拒绝，二人最终亦因判教分歧而断交。

---

[1]　空海：《即身成佛义》，载《大正藏》卷七十七。

[2]　朱封鳌：《天台宗修持与台密探索》，宗教文化出版社，2004，第160页。

公元 845 年，日本天台宗留学生圆仁回国。圆仁在中国时兼学天台与密教，归国后，提出调和二家的新主张，称显教是诸三乘教，密教是一乘教。而一乘教又分理密和事理俱密。华严、法华诸经典仅说世俗与胜义共一体的理论，而不说印相等具体的事相，称为理密教；至于《大日》《金刚顶》等经典兼说理、事两方面，则称为事理俱密教。在事、理之中，所说的理固然相同，而说事密的教法较为优胜，此即所谓"事胜理同"。[1] 圆仁在调和显密关系的同时，还针对中国天台宗"贬低"密教的做法表示不满。

由于在天台智者的五时判教中，密教尚未列在内，日本天台宗的法子们急于知道密教在天台五时判 [2] 中的位置，遂派人向宗主询问此事。其中，日僧德圆曾问天台宗十祖道邃的弟子宗颖，得到的回答是"可属第五时摄"，即密教与法华同为纯圆。而其后圆澄向天台宗十一祖广修及其弟子维蠲等人询问时，得到的回答却是属"第三时方等部"，即"耻小乘而慕大乘"的过渡时。[3]

圆珍为树立密教的地位，在所著《大日经指归》中严肃驳斥

---

[1]　朱封鳌:《天台宗修持与台密探索》，第 172 页。

[2]　五时判教：智顗所主张之天台宗教判。即将佛教诸经典之内容加以分类、解释。从释尊说法之顺序分为华严、鹿苑、方等、般若、法华涅槃等五时。第一，华严时，谓如来成道最初为大菩萨说华严经，如日照高山之时。首谈唯是无尽法界性海圆融，空有齐彰，色心俱入，湛森罗于海印，现刹土于毫端；小乘学者，如聋如哑，莫能理解。第二，阿含时，谓佛说华严经后十二年，于鹿野等为接引二乘人，说四阿含等经。第三，方等时，谓佛既说小乘，更演维摩、楞伽等大乘经，令二乘行者，耻小乘而慕大乘。第四，般若时，谓小乘虽回心向大乘，然其执情未泯，故佛更广谈般若空慧而澄净之。第五，法华涅槃时，谓佛见钝根众生，机渐纯熟，故说法华经、涅槃经，以开权显实，会三归一，称性而谈，令一切众生，咸得成佛。这是佛陀五时说教的次第与当机的差别。

[3]　《天台宗未决》，载《卍续藏经》第 56 册。

了广修等的说法，并提出《大日经》的殊胜之处，应当归并在五时中的第五法华涅槃时。他将第五时分为：初法华、中涅槃、后大日。将密教提到了最高的地位。[1]圆珍之后，其弟子安然作为集各家之大成者，创立了"一大圆教论"（即大密教论），并将其体系化，以此作为台密的教判，与东密的十住心教判对抗。安然认为，空海仅举真言宗为密教是不对的，一乘教俱是密教，只不过事理秘密不同。他称："《大日》义释，是无畏说，一行记。说云：此经本地之身即是妙法莲华最深秘处。智俨温古，治定亦同。《苏悉地疏》述师说云：教有二种，一、显示教，三乘是也；二、秘密教，一乘是也。秘中又二：一、唯理秘密，《华严》《般若》《维摩》《法华》《涅槃》等也；二、事理俱密，《大日》《金刚顶》等也。《金刚顶疏》述师说云：《法华》明久远成佛，此经明顿证成佛。二说虽异，实是一佛。而海和上于诸大乘辄判教理浅深，果极高下难知矣。"[2]

笔者之所以不厌其详地介绍东、台两家历史上存在的判教差别，是因为其对于理解近代的显密分歧有重要的参考作用。前文曾叙及，太虚派遣留学生赴日学密乃是为了培养师资人才，为以后中国密宗的复兴做准备。1922年武昌佛学院建立，太虚进一步提出要在学院中开设真言宗大学部一事。受太虚之命赴日学密的大勇到达日本后发现，真言宗教义远比自己此前预想要复杂得多。1923年，大勇有感于"种种困难问题，迟至今日亦毫未能解决"，在给太虚法师的留学汇报中叙及自己对日本密教中东、台两家判教的理解，"祈老人一为决之"。

---

[1] 朱封鳌：《天台宗修持与台密探索》，第178页。

[2] 安然：《真言宗教时义》，载《大正藏经》卷七十五。

　　（1）对于"弘法大师所判之十住心难信受"："弘法大师之判九种住心皆属遮迷，为无明因分之域，唯第十住心乃为表德，属果分。而《大日经》则明言，劣慧诸众生以痴爱自蔽，为度彼等故随顺说是法，是密教亦有遮遣之教法。且龙树菩萨之《菩提心论》，一行阿阇黎《大日经疏》皆处处明密教超于三乘教，而未明超于《法华》《华严》等一乘教，故与台、贤二家之教理实无甚优劣。"（2）台密之判教较为公允："日本台密判《法华》《华严》为理密，《大日经》为事理皆密，故《法华》《华严》与密教两部大经无甚优劣。亦有谓两部大经为钝根人多明有相方便，故不如法华之专说理观，亦有谓两部大经兼谈事密，故超于仅谈理观之《法华》《华严》。此三说虽自殊异，徒则以为三说皆比《十住心论》所判为平允。"（3）显密之间只存在差异而不存在判高下："徒意密教教理与《华严》《法华》无优劣之可言，其事相即所以显示其理，理事本自一体，故尤不能以事相之有无定浅深优劣。仅可以判显密之差异，不可以判显密之优劣。"

　　最后，大勇自称："于显密二教均未深究，故不敢以现在之推测者为定准，势非深学教理若干年确有把握，时方能有一定之见解……敬祈老人慈悲指示，俾疑雾消释，方能为传法之准备耳。"[1]前后比较来看，大勇比较倾向于台密的判教，而太虚在《论即身成佛》中的观点又颇受大勇报告的影响。历史上东、台两家的争论，在近代似有回音出现。

---

[1]　大勇：《留学日本真言宗之通信》，《海潮音》1923 年第 8 期，"通讯"，第1-2 页。

第三节　融会显密的努力

　　1923 年，金山穆昭阿阇黎在《海潮音》上看到大勇的留学汇报后，认为大勇误解了密教的真义。原本金山阿阇黎"余（原文为余，疑"欲"之误）草一文，欲匡法师之谬见"，适逢显荫来山，于是就将真言宗真义悉数传给后者，希望显荫回国后能把真言宗的真实精神传到中国。[1] 结合显荫留学时期所作笔记来看，与大勇、持松等人专重事相不同的是，金山阿阇黎对显荫的教授，一开始就教相、事相并重。就教理而言，显荫所学到的真言宗"真义"主要是弘法大师的"十住心论"。[2] 在接触到弘法大师的学说后，显荫感叹中国佛教各宗之学者多囿于门户之见，入主出奴，自是非他。自己"每鉴于诸宗学者之分道扬镳而愈趋愈远也，恒思融会各家之义旨，以达纯一圆满之地位，岂知千数百年前，日本的弘法大师已经为之详谈矣"：大师之言唯何，《秘密曼荼罗十住心论》是矣……其中义理，秘妙繁复，若非洞达四家大乘之真髓，则弘法大师之学说，诚未易明了也。盖弘法大师六大无碍，即身成佛之妙旨，实由天台之一念三千，华严之事事无碍，演进而达最妙之程度。三千妙谛，事事无碍之义愈明，则六大缘起，即身成佛之旨亦愈显。即身成佛之旨愈明，则事事无碍之理亦愈彰。故四家大乘以真言密教而愈彰胜妙，真言密教以四家大乘而弥显高深。若其显教未能博达，而遽窥密藏，诚恐迷文失旨，是赖好学深思之士，亟起而阐扬

---

　　[1]　金山穆昭：《弘法大师之佛教观》，《海潮音》1926 年 2 月第 12 期，"言论"，第 11-12 页。

　　[2]　显荫：《秘藏宝钥大纲》，《世界佛教居士林林刊》1924 年 7 月第 7 期，"宗乘"，第 1-6 页。

之……四家大乘以真言陀罗尼宗之殊胜教力而融会之，乃能尽四家大乘之能事。各宗之观行法则，密藏中皆有之，但各宗或偏重言说，唯真言宗则专重行证耳。即净土往生，或参禅持律，亦皆赖真言教力而方能圆满成就。[1]

为促进显密融会，1924 年 8 月，显荫特撰《真言宗之净土往生观》一文，以真言宗立场，揭示净土法门之密意。该文把各种念佛方法按深浅程度分为四类，认为"对于极乐净土之真解，则谓开显自己本具之两部曼荼罗严净佛国土，斯为真净土"。中国传统净土法门所提倡的真信、切愿、实行等三种资粮，"必辱真言门乃能圆满成就"，希望归心净土者能取法乎上，志取上品上生。（见表 1）[2]

表 1　显荫对净土法门的四种判摄

初重	法藏比丘成佛	浅略
二重	大日如来一门之别德	深秘
三重	大日如来即阿弥陀佛	秘中之秘
四重	众生本具之心即阿弥陀佛	秘中之极秘

此文发表不久，就引起国内净土宗人士的注意。9 月，世界佛教居士林护法李证性居士向显荫问询密宗与净土宗的关联。显荫向他交代，真言宗"即身成佛"之旨，"立义太高，除弘法大师曾亲现即身成佛之瑞，此外未易观觏也"。因此，以成佛根基而论，"即

[1]　显荫：《再论真言密教与中华佛法之关系》，《海潮音》1924 年 9 月第 8 期，"理论"，第 27—28 页。
[2]　显荫：《真言宗之净土往生观》，《世界佛教居士林林刊》1924 年 7 月第 7 期，"宗乘"，第 1-7 页。

身成佛"实有两种，一种为正机，即释迦牟尼佛六年成佛是也；另一种为旁机，即往生西方极乐世界得一生补处。两者相较，娑婆即身成佛较难，极乐即身成佛为易。故希望转告同志，"净业精进，将来更受真言妙法，则法益更深"。[1]1925 年初，满怀抱负的显荫阿阇黎学成归国，暂寓上海闸北锡金公所。由于他在日本高野山学习密教时用功过勤，已身染疾病，回国后又为搜集佛学者著述忙碌不堪，身体不支，竟自病倒，于 7 月病逝于上海，享年二十有四。

　　1925 年 10 月，第二届东亚佛教大会在日本召开，27 日，太虚率团赴日本参加大会。11 月 3 日，会议结束，由日方代表陪同赴日本全国各处参访游观。17 日，全团赴高野山，18 日参礼奥之院并出席高野山大学讲演会，金山穆昭阿阇黎开讲《弘法大师之佛教观》，语中涉及太虚之《论即身成佛》。在演讲中，金山阿阇黎首先回顾了近年来入山学法的三位中国学僧的学习概况。他认为大勇、持松对真言宗的理解不甚充分，只有显荫能够对高祖弘法大师的学说"甚了悟理趣"。本指望法师回国后能宣扬宗风，不幸的是显荫归国未几而示寂："余之嘱望，悉归于水泡，虽至今日，追思显荫法师，犹不能不悲叹流泪也。"追思过后，金山阿阇黎就开始了对真言宗旨趣的介绍，并表示"欲听在座诸师之高见"。[2]

　　金山阿阇黎认为，弘法大师所传的密教，其特色首推即身成佛。此种学说与四谛十二因缘、三十七道品、唯识观、八不中道

---

　　[1]　显荫：《致李证性书》，《世界佛教居士林林刊》1925 年 10 月第 10 期，"通讯"，第 1—2 页。

　　[2]　金山穆昭：《弘法大师之佛教观》，《海潮音》1926 年 2 月第 12 期，"言论"，第 11—12 页。

观、一念三千观、无尽法界观等其他教派的修法有很大不同。大乘佛教各派，虽都以成就无上菩提为究竟，但"达其道，大有迟速之差"，因此弘法大师把佛教分为"显教"与"密教"两种，显教以六度止观为修法，经三大阿僧祇劫而成无上正觉；密教以三密加持为修法，"直如直证，成无上觉如来自觉自证之境界"。中国佛教中的天台、华严二家，虽然自晋代至唐代高僧辈出，教义宏富，然而弘法大师更进一步，"超越因分，明直住之果分之道，然不解大师教义，则密教真意不显"。[1]

金山阿阇黎演讲过后，太虚法师出而做报告，以温和态度应战。太虚认为，所有的判教学说均建立在内证的基础上，弘法大师所说之共通点，系缘法华、华严、净土、一切法界而表现。又所体验者，似为各大乘之共通点。弘法大师因为遭遇于密教兴隆之时代，"即其时机，固非宣扬之不可，宣扬之手段，则判教判释尚矣"，故其所作判教，实于宣扬时机有绝对必要。大乘各宗派虽各具特点，仍是建立在平等一致的基础之上，今后发扬佛教，各宗都应该深入修证，"以菩提心为出发点，自利之外，利他为行，而成无上正觉，斯其共通者也"。[2]

由于赴日留学成本过高，太虚教团归国后就停止了留日学密人员的派遣，此后真言宗回传的任务主要落到了居士肩上。1926年夏，王弘愿进一步受到日方的资助赴权田雷斧门下修学。留学期间，丰山新义派更是破例授予王弘愿真言宗第四十九代传灯大阿阇梨的职

---

[1]　金山穆昭：《弘法大师之佛教观》，《海潮音》1926年2月第12期，"言论"，第12—16页。

[2]　太虚：《高野山大学讲演辞》，《海潮音》1926年2月第12期，"著述"，第19—20页。

位，正式承认其在密宗传承中的"宗祖"地位。留日期间，王弘愿还结识了来自四川的程宅安阿阇黎，由于二人说法投机且师出同门，归国后彼此互为声援，共同推进居士密教的发展。

程宅安回国后积极致力于文字著述，1928 年，完成《密宗要义》一书，其中除了宣扬密教教理外，还对此前人们对密宗的判摄一一做出回应。首先，就根机而言，他对净土宗人宣称的末法论予以认同，认为释迦牟尼佛的教法确已进入末法时期，修行人根机劣陋，"能真修行者寥寥"。不过他又认为，释迦牟尼佛属于化身佛，故其教法有生有灭，而密教教主大毗卢遮那是法身佛，"其说法也三世恒常，无有间断，是故不可摄入寻常三乘、一乘教法之内"。因大日如来实为常住不灭之身，故无从指定时间以计正法、像法之期限，"正像末各若干年云云者，皆指释迦所说之显教耳。密教之法力殊胜，绝不因受学者时代变迁而有或差别"。据此，程宅安提出了与显荫相似的观点，认为净土法门属于真言宗的"旁机"（亦称"结缘机"），"旁机"之后还要"转正"才是，故净土法门可摄于密宗之内。[1]

针对此前太虚对密宗教义的解释，程宅安亦予以澄清。他称，法相唯识与密宗固然都谈"六大"，但二者所谈名同实异。唯识家所谈"六大"直接来源于小乘向大乘过渡时期的《俱舍论》和《大毗婆沙论》，"其中所讲的六大仅指有情感觉所及者，前五大为物质，后一大为精神，不妨称作心物二元论。密宗所言之六大，含有此种意味者，称为'随缘六大'"。除此之外，密教在唯识学基础上又有所进展，其前四大实际是指"唯识四智"，后两大则是指"法界体性智"，称为"法性六大"。在法性的层面上，"密教汇万法于

––––––––––––

[1] 程宅安:《密宗要义》，净乐林编译部发行，第 75-77 页。

阿字本不生之一元，是以宇宙间万有无一非自色心二者而成立，不得谓离物质而别有精神也"。[1]

7月，程宅安把此书寄给王弘愿，并请其作序。王弘愿读过，除了"深喜其有赞于法佛之三密"外，对此"及时应机之作，所感者更有进"：

> 今时人动诿末法，人根已漓，吾民族根机最叶人才最盛之禅宗，既已严之如天如帝而自外不敢近。故无论愚夫愚妇。乃至于天台、贤首之一乘，而皆群趋于他力之净土。净土，菩萨易行道也，然苟非具大智慧、大悲愿，既易落于二乘。且甘自委屈，专右他力，恐亦未合于我阿弥陀佛之本怀也。故志求生极乐世界者，尤莫妙于悟生佛不二旨，运三密之加持力也。编中往生净土以下及机根机与净土诸条，深愿读者之深心信受也。[2]

就在真言宗人努力促成"净密会通"的同时，华严宗人亦提出了"贤密会通"的方案。第二届东亚佛教大会结束后，随团出席会议的持松法师没有回国，留在日本继续求学。1927年，持松结束了两年的游学生涯归国。此时国内局势大改，国民革命军进驻洪山，宝通寺遭兵燹，原法界宫内真言宗坛场被严重破坏，无法使用，持松遂应沪上众居士邀请，居停上海。居沪期间，他挂锡于小南门之灵山寺，得相林法师热情挽留。

1928年，持松的"大学"同学常惺法师在云南弘法告一段落，取道厦门回到上海。这时上海名流居士赵炎午、陈元白、李隐尘、

---

[1]　程宅安：《密宗要义》，第36页。

[2]　王弘愿：《〈密宗要义〉序》，载《密教讲习录》第5册，第191页。

董和甫等恭请持松法师，假上海觉园开坛传授真言仪轨。常惺先前本有赴西藏学密之意，因故未能成行，至此即预列坛场，依持松法师修学密法，受密教灌顶，为时半年。持松出国前，曾把自己的文稿托付常惺保管，而常惺因忙于四处弘法，就把稿件寄存在《海潮音》杂志社。1928年，《海潮音》在未通知持松的情况下擅自把他留在社中的《贤密教衡》一文予以发表。

《贤密教衡》长2万余字，为1924年持松首次留学归来后所作，分十章比较华严宗与真言宗的优劣。他认为，虽然密宗三密加持，威神赫奕，但跟华严相比也只是"俯顺劣机，本怀之幽旨，余焉未唱……寻其理正属开显，判其教应在同圆"。在文中，持松分八纲二十余目详尽剖析了华严较密宗的优胜，并在终章得出一切佛教必以华严为归宿的结论。[1] 1928年，持松曾应邀讲《菩提心论》于净业社，下半年，他把演讲内容整理成书，名曰《菩提心论纂注》，对《贤密教衡》中许多"扬贤抑密"的观点做了修正。不过，此书直到1940年才出版，《贤密教衡》造成的影响已难以改变。

《贤密教衡》公布后，1929年，王弘愿发表《衡〈贤密教衡〉》[2]一文，对《贤密教衡》逐条驳斥。关于二人的对垒，学界已有详细研究，无须赘言。稍可补充的是，若把三篇文章比较来看，王弘愿的批评与持松之前的修正其实多有重合（见表2）。

---

[1]　持松：《贤密教衡》，《海潮音》1928年第4期"佛学通论"第1—11页，1928年第5期"佛学通论"第19—27页，1928年第6期"佛学通论"第31—32页。

[2]　王弘愿：《衡〈贤密教衡〉》，载《密教讲习录》第1册，第611—624页。

表 2 三种文本之显密关系比较

《贤密教衡》 1924 年	《菩提心论纂注》 1928 年	《衡〈贤密教衡〉》 1929 年
第一章《叙兴辨之由》，真言宗置密宗于华严之上多"屈抑深经，聋瞽后学"。不得不辨		密林师之论出，密教其将永为华严之舆台臣仆而若隐若没，以再趋于灭亡也欤？吾为此悲，吾乌能不辨
第二章《衡显密分齐》，密教三密可纳入华严"十玄门"之托事显法一门中，且密宗所表之法有限，不及华严无穷无尽之旨	密宗三密之法非诸教所说法门，诸教对密宗法门阙而不书	三密乃密宗特色，尤其是身密（印契）为其他宗所无，请持松法师指出华严中的印契所在
第三章《衡五味配五藏》，华严与密教都属于醍醐藏，不能以真言独为醍醐藏而判其高于华严	密宗为金刚乘，属于醍醐咒藏，最胜最上，诸大乘经无有过者	《衡五味配五藏》皆属牵强附会，不足深辨
第四章《衡成佛迟速》，华严一念成佛较密宗即身成佛更优，即身成佛只是接引钝机之人法门。密宗成佛须修月轮观，乃有相法门，只是接引初机的方便，执心为月轮绝非究竟	即身成佛乃是事实而非理论，乃上根上机之人所修之法，且兼收中下，较华严更为圆满。月轮观即事而真，直以有相修无相，乃不思议法门	月轮观乃华严之果佛所修之法，非初机所学之法，持师自抚其心当有所不安。华严所谓一念成佛只是理论，而非事实，经有明文可证
第五章《衡说法教主》，真言宗强分法、报、化三身，不如华严十身圆融无碍	密宗所讲毗卢遮那佛与华严所说佛相同	华严之十佛身密宗即是密宗佛身

续表

《贤密教衡》 1924 年	《菩提心论纂注》 1928 年	《衡〈贤密教衡〉》 1929 年
第六章《衡因佛果佛》，第七章《衡因分果分》，密宗认为华严属因分，密宗属果分，是一大错误。果分本不可说，阿字观非果分之教	密宗阿字观正属果分，密宗理论上即讲求因果交澈，实践上又修行次第井然。华严教理须以密教方法为实践	华严是因分，不说果分而，密宗阿字观即是果分教法。持松对阿字观的解释如同儿戏，令人骇咤
第八章《衡缘起差别》，密宗六大缘起不如华严法界缘起之圆融无尽	密宗重重无尽之旨，与华严相同	华严法界缘起可摄于六大缘起之内，且华严所谓的缘起法依托伪论，有悖教理
第九章《衡所依圣教者》，密宗两部大经所说场合，听众集会，均不如《华严经》	《金刚顶经》最胜最上，诸大乘经无有过者	《金刚顶经》远胜于《华严经》
第十章《衡所立教门》，空海《十住心论》判前九为显、第十为密的做法是不合理的。密宗与法华相同，都为同圆一乘，可摄于华严之内	未讲明	《华严经》义理虽深，须待密宗开显方能认知

　　面对王弘愿的批评，1929 年 4 月，持松亦作《〈贤密教衡〉释惑》予以回应，至于那些与自己之前修正相同的批评，则未做申辩。他觉得王弘愿理解的华严流于表面，并未深探其本质，与此前"华严为君，密宗为臣"的结论不同，现在持松法师认为《贤密教衡》的创作目的是使华严与密宗"糅成一味，令偏习华严者兼习真言，使偏习真言者兼习华严，更无所谓君臣佐使"。在《释惑》结

尾处，他总结道："要之，《显密教衡》之所以作，在使真言、华严
两得其准。居士热心十住心教，则自弘其十住心教可也，而尚欲尽
人皆强之以习十住心教？"[1] 与《贤密教衡》相比，持松的《释惑》
对"华严宗"与《华严经》做出了严格区分。与传统华严宗不同的
是，他所说的华严，从里到外都带有明显的密教色彩，对外自称法
脉为"贤首密教"。（见表3）

表3　《衡〈贤密教衡〉》与《释惑》之差异

中国传统"华严宗"的华严教义	王弘愿《衡〈贤密教衡〉》中的华严教义	持松《〈贤密教衡〉释惑》中的华严观
以真空观为一宗主旨	"华严宗"十玄门须借真空观而显现	《华严经》理事皆密，不止真空观的层次
只有极少数密印名字，且无解说	"华严"无密印，若有，请持松法师出示	以密眼观之，《华严经》中举手投足无非密印
以《大乘起信论》中"真如缘起"为法界缘起之依据	"华严宗"以真如缘起为主旨，立意不稳	否认《华严经》中有真如缘起说
认为最快要三生成佛	"华严宗"无即身成佛之法	《华严经》亦有即身成佛法门
未详说性海（华严海会）一多同体。十方主伴虽互具足，未说彼此主伴是一身	华严海会一多同体。十方主伴虽互具足，未说彼此主伴是一身	《华严经》菩萨海会乃自他不二，不落阶级

[1]　持松：《〈贤密教衡〉释惑》，《海潮音》1929年第3期，"佛学通论"，第1-
7页。

　　贤密之争主要是针对判教一题展开争论，而在历史上，贤、密之间历了一段先合后离的过程。在公元716年开元三大士入唐而密教尚未昌盛前，华严宗的判教学说主要是针对天台宗而设。彼时，华严宗经过三祖法藏的努力达到鼎盛。在判教上，法藏认为华严宗与天台宗的根本区别就在于是否"会三归一"，是否"主伴具足"。主伴具足，亦称主伴圆融，法藏在运用此概念主要在两方面：(1)在缘起论中，法藏认为万物皆互为关联，互相影响，若以此为主，则以彼为伴，以彼为主，则以此为伴，如此主伴具足而摄德无尽也，可谓"主伴圆明具德"。(2)在现象界中，主伴具足多指佛说法时与会人员的组织情况。法藏认为，在《法华经》中，观自在菩萨虽出席法会，但其主阿弥陀佛并未出现，故此经为"主伴不具"之同教。而《华严经》所记载的法会盛况则有主必有伴，有伴必有主，主伴具足，故为"别教"。[1]

　　法藏去世后四年（公元716年），天竺高僧善无畏、金刚智先后来华弘扬密教。[2]法藏之后，四祖澄观继之。在公元787年后，澄观作《华严经疏钞》，在继承法藏五教说的基础上，明确提出《法华》虽会三归一，最终也要归于《华严》摄末归本之教中去。为了进一步阐释《华严经》的奥秘，澄观在《华严经大疏钞》中，引用密教"主伴不二"来重新解释华严的"主伴具足"义。

　　在《华严经·入法界品》中，普贤菩萨告善财童子及诸菩萨而说偈曰："或见莲华胜妙刹，贤首如来住其中。无量菩萨共围绕，皆悉勤修普贤行。或有见佛无量寿，观自在等所围绕，悉以住于灌顶地，充满十方诸世界……"澄观认为，此段经文除了显示"主伴

---

[1]　释觉深：《华严三时判教说》，《法源》2006年第23期。

[2]　吕建福：《中国密教史》，第269-520页。

具足"之意外，还显示了本师释迦佛海印三昧[1]的境界。虽然经文中列举了十方诸佛菩萨，究其实质，皆为释迦佛海印顿现。普贤菩萨表面上是在赞叹十方如来，其实是在赞叹释迦佛。为了让信众更好地理解此意，澄观引用了《金刚顶经》描述毗卢遮那如来从自心生出三十七尊[2]的一段经文来做证明，认为"此三十七尊，皆是本师智用流出，与今经（即《华严经》）中海印顿现大意同也"。[3]此后，中国华严家基本上遵照澄观的讲法，判密教与华严同属"圆教"，认为二者只是"显密为异，宗果是同"。[4]而在日本，弘法大师于公元824—834年间，奉敕撰写了《秘密曼荼罗十住心论》一书，判摄密宗为果分，华严为因分，置密宗于华严之上。

对于历史上华严借鉴密宗教义的做法，王弘愿认为："清凉国师据《秘密经》旨以释《华严》，故能得《华严》幽秘之旨。且引总持教以证，可谓得经之心，执圣之权矣。然即此以观，可悟《华严》尚有隐秘不宣，留待密教之义。"因此，他对于持松凭借法藏、智俨等人的学说来压抑密宗的做法很不满意，称："今之欲执《华严》《孔目》以压抑密教者，殆尚未读国师之疏钞者耶？"[5]而持松在学密前一直在月霞法师创立的华严大学学习，在课程设置上，该校教义科主要以法藏的《华严教义章》《五教仪》为主要教材。

---

[1]　海印三昧：华严十种三昧之一，如同大海中印现一切事物，万法湛然印现于佛智海中。

[2]　金刚界三十七尊，指安置在金刚界曼荼罗成身会中的三十七尊。又称塔中三十七尊。即五佛、四波罗蜜菩萨、十六大菩萨、八供养菩萨及四摄菩萨等三十七尊。

[3]　释澄观：《华严大疏钞》，载《大正藏》卷九十。

[4]　吕建福：《中国密教史》，第532—620页。

[5]　王弘愿：《最录〈华严疏钞〉》，载《密教讲习录》第5册，第647页。

1917年，月霞创办"法界学院"，教义科又加入智俨的《华严一乘教义分齐章》。1918年月霞法师圆寂后，持松继承其遗志，接手专弘华严的"法界学院"，潜心于贤首教义。因此，他东渡日本接触密宗后，"甚为关注贤首教义与密宗法门的异同之处的辨析"。[1]

针对持松与王弘愿的激烈争论，有人"煽风点火"，有人"居间调停"。1929年4月，唐大圆在《海潮音》发表《今日学佛的正法眼藏》一文，认为密宗所讲的即身成佛只是方便谈，其实根本不可能实现。并"明白申告世人"，成佛必须经历三大阿僧祇劫方可，希望"今世学佛者，须于此审思，不可一误再误"[2]。5月，常惺在《海潮音》发表一简短声明，称此前《海潮音》未经持松法师同意就发表《贤密教衡》，自己正想具函申明，不意王弘愿居士即有《衡〈贤密教衡〉》之作，故持师有兹《释惑》之答。密教如今在中国"教内教外，正在疑鬼疑神，今两大德旗鼓对扬，引起吾人研究之兴味，斯亦密教前途之曙光也欤"？[3]

6月，王弘愿的弟子陆无为向其汇报，称自己最近看到唐大圆在《海潮音》上公然诋毁密宗，将即身成佛之义完全推翻，"兹谨录呈阅，求据理驳之……俾学佛者勿被此种魔力所障碍"。王弘愿看过呈文后，并没有驳斥唐大圆，他回复道："细阅其文，实无辩论之价值。凡辨别一种学理，最低限度，亦必于其学说略有研究，微有常识。唐氏对真言宗之教旨，了无所知，而妄鼓唇舌……佛说是

---

[1]　赖永海主编：《中国佛教通史》第15卷，江苏人民出版社，2010，第230-245页。

[2]　唐大圆：《今日学佛的正法眼藏》，《海潮音》1929年第3期，"佛学通论"，第4-6页。

[3]　常惺：《〈贤密教衡〉释惑》附识，《海潮音》1929年第4期，"佛学通论"，第6-7页。

人，甚堪怜悯，此等闲言语，不足污染心田也。"[1]

王弘愿对唐大圆的"诽谤"反应十分淡然，对常惺的"善意"却言辞切切。10月许，王弘愿致信常惺，表示对于"大德之美锡，弘愿曾不敢当"，既然法师认为贤密论争有助于密教教义的阐扬，自己愿遵循大师之旨，草作复密林阿阇黎《释惑》一文，命曰《真言教义之根本问题》，谨呈法座。密林阿阇黎虽学真言教，而慧解未超常智，且意别有在。因此，为了密教前途曙光，自己"于公语虽不敢当，而亦不敢多让"。[2] 11月，《海潮音》刊登了王弘愿所作《真言教之根本问题：答密林阿阇黎〈贤密教衡释惑〉》一文，文章认为，华严不如密宗之处甚多，《贤密教衡》对真言宗非难过甚，根本就没有把密宗与华严平等对待。对持松采取密教教义阐释华严的做法，王弘愿评论道："密林阿阇黎实有得于真言法之理趣，非研究密教有得者不能道。"但密林阿阇黎要警惕，"勿以学真言法所得之理论，混用于显教"。[3] 此文发表后，持松没有回应，"贤密之争"遂告结束。

1929年《密宗要义》出版，进一步激发了佛教界对净密关系探讨的热忱。1930年，身居上海的真言宗阿阇黎顾净缘居士在其主持的《威音》杂志上刊登了日本真言宗法住僧正的《秘密念佛略话》一文。在前言中，顾净缘在谈及刊登此文的用意时讲道：

[1]　《陆无为居士与王弘愿居士来往函》，载《密教讲习录》第5册，第116-117页。

[2]　王弘愿：《与常惺法师书》，载《密教讲习录》第5册，第170页。

[3]　王弘愿：《真言教之根本问题：答密林阿阇黎〈贤密教衡释惑〉》，《海潮音》1929年12日第11期，"法海丛谈"，第1-9页。

最近有人说:"无论愚夫愚妇,乃至天台贤首之以乘,而皆群趋于他力之净土。净土原是菩萨易行道,然而苟非具有大智慧、大悲愿,既易落于二乘,且甘自委屈,专右他力,恐亦未合于我阿弥陀经佛之本怀。故志求生极乐世界者,尤莫妙于悟生佛不二之旨,运三密加持之力也。"这段话,很值得一般修净土者注意的。向来在净土教义上,天台有天台的谈净土,华严有华严的谈净土,三论、法相,也有三论、法相的谈净土……惟有运三密之加持而谈净土的,实不多见。若论净土修行的法门,实实是在秘密瑜伽的境界内,才探讨出实在!我觉得,国内对于净土,街谈巷说之秽,也有不少,所以我就将这两篇介绍了来,以发秘密念佛之端绪,且要藉他荡除街谈巷说之秽。[1]

1932年,顾净缘在《威音》年终总结中进一步表达了对时下净土宗的不满。他觉得:"二三耆宿,亦惟以弥陀一句,横截众流,陈义未尝不高,其奈初次懵懂何,甚至老气横秋,见欲研求讲说者,即斥为鹦鹉,深可叹也。"[2] 为此,《威音》此后推出了《历代流传的种种净土法门》一专栏,介绍了中国历史上61位净土学者及其净土法门以供人自由抉择。[3]

密宗人士对"净密关系"的阐释不久就引起了净土宗人的注

---

[1] 顾净缘:《秘密念佛略话·序言》,载香港志莲净苑文化部编《威音文库·译述》第1册,上海古籍出版社,2005,第1-2页。

[2] 顾净缘:《编辑者言》,载香港志莲净苑文化部编《威音文库·论说》第2册,上海古籍出版社,2005,第234页。

[3] 顾净缘:《历代流传的种种净土法门》,载香港志莲净苑文化部编《威音文库·演坛》第3册,上海古籍出版社,2005。

意。1932年前后，上海的温光熹居士向印光法师请教往生净土与即身成佛到底是何种关系。印光告诉他，密宗实为不可思议之法门，实有现身成佛之事，不过"彼宏密宗者，皆非其人。有几个真上根，皆自命为上根耳。妄借此事，以诱彼好高务胜，贡高我慢之流，便成自误误人"。其所谓的"即身成佛"其实跟禅宗的"见性成佛"大致相似，"仍须断惑，方能证真，方可了生脱死"。若谓现生就能成佛，"则为邪说，为魔话"。既然密宗认为净土宗偏向小乘，那也不必争论，"让彼修圆大直捷之法，现身成佛去"，净土人但依净土言教以修，彼此各不相妨即可，"何必引往生咒阿弥陀佛，以为即彼密宗乎"。[1]

第四节　由会通走向分离

就在人们围绕真言宗争论不休时，作为密宗复兴另一重镇的太虚教团把目光越来越多地投向了藏传佛教。虽然早在密宗复兴运动之初，太虚教团就抱有"整合藏密、东密"的构想，但由于大勇早逝，此理想一直到30年代才得以实现。大勇在甘孜圆寂后，随行的大刚、朗禅、法尊、恒演等不畏艰辛，继大勇之愿，孜孜不倦。1930年，恒演以事暂回汉土，并把自己所编纂的《西藏之佛教》一书恭呈太虚法师阅览。太虚读后大受感动，感慨："时相去者五六百年，地相隔者数万余里，竟有如是之形契神合者，信足增吾人之勇

---

[1]　印光:《复温光熹居士书一》，载《印光法师文钞三编》卷三。

气与决心矣！"[1] 他认为，宗喀巴整饬西藏佛教，与自己在汉地所
提倡者有"有相同之三义焉"：

> 一、关于教理行果方面者，以三士摄五乘，下士才止人
> 天，中士则由人天而止声缘，上士则以人天声缘为自行阶梯，
> 化他方便，经菩萨行而至佛。纶贯以善知识之教授教诫，则皆
> 为开示悟入佛之知见之善巧法门。二、关于律仪方面者，根据
> 七众律仪戒，以为建立人间佛教团标准，十余年前，吾察中国
> 僧制之窳败，尝作整理僧伽制度论，虽容纳唯关支那之不少特
> 殊事实，而亦大抵以七众之律仪为本者也。三、关于密宗方面
> 者，民十四春间，吾鉴于如醉如痴之学密潮流，作今日佛教中
> 显密僧俗男女问题一篇。即主张学密宗者，思想必以教理为
> 轨，行为必以律仪为范，然后密宗之方便功用，方不失为佛教
> 之方便功用。[2]

太虚对黄教不吝赞美之词，对宗喀巴亦推崇备至，甚至宣称
"今于释迦、龙树、无著、玄奘外，所崇极者莫逾宗喀巴上师；且
重建中国之密宗，更视为非一遵黄教之途辙不为功"。[3] 除了口头
表达外，他对藏传佛教亦身体力行，表现出极高的热忱。1934 年
3 月 11 日，上海发起时轮金刚法会成立大会，推段祺瑞为理事长，

---

[1]　太虚：《略述西藏之佛教序》，《海潮音》1930 年 7 月第 7 期，"法苑丛林"，
第 1-2 页。

[2]　同上。

[3]　太虚：《略述西藏之佛教序》，《海潮音》1930 年 7 月第 7 期，"法苑丛林"，
第 2 页。

戴季陶、褚民谊、居正、林翔等 30 人为常务理事，并请班禅往杭州建立法会。当时太虚法师正在宁波四明延庆寺讲《法华经》，讲毕，即抵杭州参加时轮金刚法会，并从班禅受金刚阿奢黎灌顶。[1]作为汉传佛教的领袖级人物，太虚此举颇惹人惊讶。1935 年，曾有人就此事向他请教："闻师于去春亦从班禅国师受大威德金刚大灌顶法，传承金刚大阿阇黎位，许于一切密法得修习及传授之自在，此其事实是否如此？而师之受法意旨何在？"太虚答曰："数年来与班禅大师晤谈多次，彼此相知渐深……惜言文隔碍，不能互相研究。因答余亦极欲研究西藏佛教特胜之密咒，当谓咒非灌顶传授不可。如能授之总灌顶，俾可自在研习诸咒部者，当从大师受之，此余为得研习一切咒法之自在。"[2]

1935 年 11 月，上海佛教名流段祺瑞、屈映光、王一亭等发起菩提学会，公推九世班禅为会长，印光法师为副会长。鉴于持松在密宗方面的突出成就，学会特聘其为真言宗导师，负责指导教学工作。1936 年 5 月，全国多处暴洪肆虐，灾情严重。朱庆澜、王一亭、屈映光、太虚等 229 人和 14 个佛教团体联合发起，5 月 28 日至 6 月 3 日于上海佛教净业社之觉园启建"丙子息灾法会"，并要请持松担任东密主座，主修尊胜佛顶法。在禳灾祈福的同时，持松阿阇黎并传法灌顶，广结胜缘：

> 大师乃讲经三座，修法五坛，头戴五智佛冠，长缨飘拂垂膝，身披金缕袈裟，端庄严丽，威仪非凡。每日皈依受灌顶者川流不息，沪上一时呈现如此盛况，各界人士奔走相告。盖自

---

[1]　印顺：《太虚大师年谱》，第 200-201 页。

[2]　太虚：《答或问》，《海潮音》1935 年第 2 期，"通讯"，第 2 页。

> 唐惠果阿阇黎主法长安以来，迄未见过如此庄严胜妙之道场，
> 而今上海有唐密之坛场弘传密法，实令沪上人士大开眼界，广
> 种善根也。[1]

上海净业社原本是净土宗居士林，除了邀请持松法师外，屈映光还同时邀请了印光、太虚等大德到觉园做净土宗专题演讲。印光虽然挂名菩提学会副会长，实际上一直居住在苏州灵岩寺，接到邀请后，印光法师欣然赴召。在演讲中，他除了介绍净土宗的特色外，着重对禅宗、密宗的"见性成佛""即身成佛"等理论做了一番探讨。他称："禅宗所谓明心见性，见性成佛，系指亲见当人即心本具之佛性而言。密宗所谓即身成佛，盖以即身了生死为成佛。若遽认以为成万德具足，福慧圆满之佛，则大错大错……禅家之见性成佛，乃是大彻大悟地位，若能断尽三界内之见思二惑，方可了生脱死。密宗之即身成佛，不过初到了生死地位。此在小乘，则阿罗汉亦了生死。修净土者，即生西方，即了生死，亦是即身成佛，但净宗不作此僭分说耳。"[2]

印光开示后即返回苏州，接下来由太虚法师做报告。在演讲中，太虚对印光的"摄禅（密）归净"理论略表微词，认为："近人印光法师的提倡念佛求生净土，亦能振厥遗风。但法相唯识学者和密宗信徒，对于净土法门的非难攻击，则非古师及印师所能解释。"[3]唯识、密宗对于净土的非难该如何回答，太虚法师并没有直接给出答案，而是推荐人们不妨读一下藏密学者刘净密所作的《应

---

[1]　杨毓华编:《持松大师年谱》。

[2]　印光:《上海护国息灾法会法语》，载《印光法师文钞三编》。

[3]　太虚:《佛说阿弥陀经讲要》，载《太虚大师全书》第16册，第52页。

用唯识理决定往生净土论》（以下简称《应用论》），认为此书"在阐明净土法门和唯识及密宗的修习上，很有切要的关系"。

1934 年，刘净密于成都创作了《应用论》一书。所谓"应用唯识学，决定生净土者"，可一言以蔽之曰："利用唯识分别之义，起法相观行作意。"按照刘的理解，所谓的"唯识"即是"唯心"，此心显用，即名分别执着。此执着又可分为"染执"与"净染"两种。凡夫心起分别落于染污之中，若想获得救拔，须依照佛净教生起愿行，以分别心缘取净依（即净土）。凡夫心生心灭，皆执着染法，欲对治此种过患，非执着净法不可。所以，唯识宗、禅宗指责往生净土为法执而舍弃不学的态度"非善学者"。[1] 净土宗念佛往生，按照唯识学的说法乃是行者"以第六意识缘取极乐世界之净相，依此净相起修，才能渐次圆满"。在所有佛教中，能"善用唯识教理，于心理上起竖强猛之作意，俾生理上，应期得变化之证明，获到证明后，加修不已，其往往甚速者必是密宗之法也"。[2] 其后，刘净密又先后介绍了藏密的"弥陀、长寿合修法"和真言宗的"一字真言法"的观行仪轨，认为依照这些做法，"学者定可上品上生也"。[3]

刘净密完成此书后，找上海佛学书局总编辑范古农代为作序。与刘净密经历相似，范古农学佛也有从传统净土法门转入密宗的经历。古农学佛，师从谛闲，私淑印光，早在 20 世纪 10 年代就被目为净土宗内仅次于印光、谛闲的第三号人物。他虽矢志于净土法

---

[1]　刘净密：《应用唯识理决定往生净土论》，成都佛化新闻社，1944，第 38~40 页。

[2]　刘净密：《应用唯识理决定往生净土论》，第 59 页。

[3]　刘净密：《应用唯识理决定往生净土论》，第 229 页。

门，但与太虚一样，也觉得单纯按照传统的净土学说，并不能很好的回应时代的挑战。在为《应用论》作的序中，范古农结合自身体会，对刘净密提倡的"净密合修"给予了高度评价：

> 信愿念佛，往生净土，为佛法之实验，念佛往生净土者，何可胜数？永明寿禅师所谓"无禅有净土，万修人去者"，岂不信而有征哉！独是世愈浊恶，障愈深厚，根愈钝劣，即此最胜方便法门而不获卒修，是非法有古今之异宜，皆由于众生慧力之浅薄耳。夫今之修净土者，始也信有净土之可生，信有弥陀之接引，遂发愿永生极乐，实行念佛。继因念佛功夫不能得力，转而起诸疑情，退失本愿。讵法门之不机欤？晚近密宗大行，修净土者辄亦舍此而学彼，然净宗之一生不退，与密宗之即身成佛，究无二致。今刘净密居士宿修净土法门，及得藏密弥陀长寿合修之法，习而有证，遂发新造此论文，以明净土法门，自利利他，无往不宜。[1]

对于刘净密的"新说"，其实印光法师此前也有了解。1934-1935 年间，刘净密曾将此书寄给印光，印光认为刘净密宣扬的净土法门轻视佛号，不足为法，而且流弊所及，"致无知之人，相率而捨本逐末也"。[2] 印光在觉园演讲后即返回苏州灵岩寺，10 月，他把在上海的演说又对信众简略讲了一次，强调自己宣扬念佛法门"并非说其他的法门不好，唯有这个念佛法门，三根普被，利钝全

---

[1] 范古农：《应用唯识理决定往生净土论序言》，载刘净密《应用唯识理决定往生净土论》。

[2] 印光：《复常逢春居士书二》，载《印光法师文钞三编》。

收，理机双契，不可思议。尤其是在末法世中，更为适合众生的根性"。密宗所说的"密净双修"，其实质不是教人往生净土，而是与禅宗类似，要悟入自性弥陀，"完全是偏于禅宗，对净宗是完全不适用的……修净土人，专以信愿行三法为宗，大家要明白的"。为了使人生信，他还举了几则自己亲见的例子来告诉信众其他法门与净土宗的差别，他根据自己多年的经验断定，不论是修本师净土的日莲宗，还是修即身成佛的密宗，抑或修华藏世界的华严宗，虽陈议甚高，但对于普通人来说都难以做到，是靠不住的。因此，他在最后"奉劝诸位，不要不自量力，打出格的妄想。总要老老实实的念佛求生西方，才不辜负如来说这个上成佛道，下化众生，成始成终的总持法门"。[1]

对于外界的言论，持松阿阇黎并没有予以直接回应。1937年11月，上海沦陷，持松法师遂驻锡圣仙寺，从此闭门谢客，唯以著述为务。1939年冬，他完成了《密教通关》一书，针对之前佛教界对密宗的非难，多有解释。

作者在序言中首先讨论了净土与密宗的关系，认为净土法门虽然行法简捷，普被三根，可谓"深契于末俗"，但是在密宗看来，也只不过是毗卢遮那如来妙观察智所现之用也而已，"若依密法修之，仍属密教一部，若依显教行之，则如今之念佛法门，持名唱号，乌能与真言并流而竞注耶"。在正文在第三章"立教差别"中，他提出，若以"教法"而论，真言宗的教法在佛法中应为最上；若以"判教"而论，真言宗的"十住心"前九中显心与后一种密心"欲分皆分，欲合皆合，分则显密皆有十心，无有浅深差别；合则

----

[1]　印光：《由上海回至灵岩开示法语》，载《印光法师文钞三编》卷四。

显密皆惟有一心，亦无权实之差"。[1] 因此，真言宗的"十住心"只是权宜之计，只有华严宗的"五教"判摄才是最圆满的方案。在第七章"佛果道场"中，持松对前人曲解"即身成佛"的言论直言不讳道："今世自命新僧者流，既不肯博学深造，而复对于密宗即身成佛等义，妄加批驳，有识之士，一见而知为妒法之心使然。倘更读十年书，当深悔今日之孟浪也。"[2]

1940 年《密教通关》出版，7 月，上海弘法寺的"雷音"法师在《海潮音》发表了《评〈密教通关〉》一文，他认为"此书虽名为《密教通关》，实则是密教评论，根据东密以评论藏密及佛教各宗"。持松阿阇黎虽然是"当今中华佛教界有相当权威的作家，非但研究密教，就是唯识、贤首也有相当的造就，更无须再来饶舌"。不过，"真理愈研愈明精"，自己在此不妨以"无言之言"而评论之，详如下表 4 [3]：

表 4　雷音对《显密通关》的批评

雷音的批评内容	考辨
持松甘心崇拜娶妻生子之权田雷斧，传承不正	权田娶妻乃误解
1923 年，持松法师在高野山修四度加行时，将百日缩短为三七日，没有资格批评今世新僧不读书学习。《密教通关》中悉昙文法错误尤多	虽然持松加行期短，但确实悉地相应，并得到其师认可。《密教通关》中所写悉昙字形优美，文法无误

---

[1]　持松：《密教通关》，载《持松法师论著选集》，华东师范大学出版社，1993，第 6 页。持松有关十住心的判摄，严格来说仍在真言宗之范围内，据日僧宥快所分，十住心可分为横竖二门四义，持松所言与其横义相近。

[2]　持松：《密教通关》，载《持松法师论著选集》，第 91 页。

[3]　雷音：《评〈密教通关〉》，《海潮音》1941 年 7 月第 7 期，第 7-8 页。

续表

雷音的批评内容	考辨
持松法师的"贤密"思想,不依宗承,大发谬论,试问依《密教通关》,自毗卢遮那佛乃至金山穆昭,传密林,究竟依何宗派?其非法固显然也	"贤密"乃持松阿阇黎自创,虽"形式上"与传统密教不完全相合,但毕竟属于密教流派,并不能据此认定其为"非法"
赠持松阿阇黎偈语一首,文责自负:"汝传非得妙,仪轨谬宗承。缘生乖法性,如何知自心。寂寞非寂默,圆净迷月轮,因根未修治,如何成本尊?"	此偈语乃从持松所作偈语改作而来,原偈为"秘密超众妙,义范守宗成。缘生观法性,如实知自心。寂点含空际,圆净悟月轮。因根竟修治,相应成本尊。"此偈乃持松对自己法脉的"付法证派"。他本人为"密"字辈,为"贤密"初祖。雷音修改此偈,其实是对持松法脉合法性的"调侃"

　　虽然雷音的批评语多不经,但是毕竟反映了密教外部一些人对"贤密"的不认同态度。"贤密调和"主张一受斥于王弘愿,再受责于雷音,在显密两界似乎都不受欢迎。对于雷音的指责,持松阿阇黎并没有与之辩驳,只是此后在教理的研究上,对贤、密二家多采取分述的办法,较少有调和的著述问世。

　　新中国成立后,除了持松阿阇黎一脉仍可以公开活动外,其余密宗组织纷纷转入地下,显密之争亦从此销声匿迹。[1]1955年,斯里兰卡佛教徒为纪念释迦牟尼佛涅槃二千五百年,发起编纂英文佛

　　[1]　王弘愿于1937年示寂,新中国成立后其传人冯达庵隐居广州,王学智则避居香港。顾净缘隐居上海,程宅安隐居成都,太虚法师于1947年示寂,其教团大多数成员避居港台地区及海外。

教百科全书，要求各国佛教学者给予支持和合作。当年，周恩来接受斯里兰卡总理的请托，将此任务交给了中国佛教协会，中国佛教协会不久成立中国佛教百科全书编纂委员会，聘请国内佛教学者担任撰述、编辑和英译工作。其中，就邀请了持松法师为密宗撰写词条。"文革"后，中国佛教协会对"百科全书"汉文稿件加以整理出版，其中就收录有持松阿阇黎所撰写的"金胎两部""即身成佛"两个词条。[1]

就其内容来看，在50年代，持松法师已经自觉地认识到密宗与包括华严宗在内的其他显教宗派的根本区别。他认为，"三密五相"[2]乃是区分显密的关键要素。凡具备"三密五相"者即是密，不具足者则是显。以此为标准，他最终承认"华严宗"是显教，并自觉地把"密宗"与"华严宗"区别开来：

> 显教如华严宗说，极疾三生得果，一见闻生，二解行生，三证果生，可算最快的了，但总要隔世成佛。密教则即以父母所生的肉体成就大觉佛果，如说，即日、即时和隔日、隔时是不同的。[3]

从教理与事相上，他认为天台的"理即佛""名字即佛"是理而不是事；而"观行即佛""相似即佛"到"分证""究竟"也是要经历位次，破除九品无明，然后成佛的。密教的三种即身成佛是：

---

[1]　杨毓华编：《持松大师年谱》。

[2]　三密，即身密印契、语密真言、意密观想。五相，即五相成身观，即通达菩提心、修菩提心、成金刚心、证金刚身、佛身圆满。

[3]　中国佛教协会主编：《中国佛教》第4辑，知识出版社，1989，第424页。

"1. 理具成佛，理不是指真如实性，而是指无尽庄严的条理，宛然具足；2. 加持成佛，是由三密加持自身本有的三部——佛部、莲花部、金刚部——都尊速疾显现；3. 显得成佛，是三密成就，如实证得。而这三种是因果同时，不经劫位，不断烦恼，不转凡身，法然不动的，所以三种都叫即身成佛。显教因为三密不具，五相不具，所以纵然说即此便是，也只是理论而不是事实。"[1]

1967 年，持松阿阇梨修行进入到"十地"之初地位。登地之后，他对显密关系的认识又有进展，在对弟子的开示中称："吾以往虽习大乘各宗，明心见道犹隔一道薄纸，尚未澈底。现依真言宗报身初地起修，因有以前助道资粮，历二三四地较速，乃因真言宗以六大缘起更为直接，按四曼三密法修即事而真耶？故薄纸不捅自破。"[2]

在教制方面，持松对居士传法未置可否，不过，在"文革"中，他最终把大阿阇黎位授予了女弟子杨毓华居士。持松阿阇黎晚年的思想与行动，或可视为民国时期"显密纷争"的结局。

结　语

宏观来看，显密之争与近代中国佛教所处的历史阶段有密切关联。以本章所涉及之净土宗、禅宗、华严宗为例，在近代，其领袖人物多重视"专宗"的弘扬，在教学与弘法中，有意识地强调己宗

---

[1]　中国佛教协会主编：《中国佛教》第 4 辑，第 425-426 页。

[2]　杨毓华编：《持松大师年谱》。

与他者的区别，似有从"学派"向"宗派"发展的迹象。[1] 从历史上来看，大凡诸家竞进之时，随着教理的阐明，修行的独辟蹊径，往往会出现"时味说教，门户渐深"的情况。当显教遇到带有强烈宗派性的真言宗时，冲突在所难免。

在 20 世纪 20 年代初，真言宗在回传伊始就因受中国传统佛教"重禅"的影响而呈现出与日本不同的面貌。初期爆发的"净密"之争之所以引发多方关切，与部分佛教界人士对明末以来诸宗归净趋势的不满有很大关系。印光在继承了智旭思想的基础上，将净土宗进一步提升到万法归一的高度，试图以净土宗念佛来取代其他宗派的修行。王弘愿引进密宗时虽然宣称是为了使禅与净土两得其所，其实是以密宗扶助禅宗。职是故，净土宗也始终采取判摄禅宗的办法来判摄密宗。

20 年代中期，在留学僧归国引发的学密热潮影响下，江浙、武汉等地学密热情高涨。由于人、财、物的转移，太虚教团建设全体佛法的构想受到了不小冲击。为了收拾人心、整顿纲纪，太虚教团以"居士传法"事件为标靶，对其展开了严厉批判。面对太虚教团的围攻，王弘愿等人据理力争，毫不退让。经过激烈的争论，密宗复兴的两大团体产生了严重分裂。显荫虽然在教制问题上与太虚教团立场一致，但就教义而言，其主张与太虚等人并不相合。高野山方面希望通过对显荫的培养来纠正此前留学生见解上的错误，又进一步促成了国内对真言宗教义理解的分歧。为了削弱密宗的强劲势头，太虚在批判"居士传法"的同时又以天台教义对真言宗大

---

[1]　按照汤用彤对隋唐佛教的研究，宗派的特点有三：1. 教理阐明，独辟蹊径；2. 门户渐深，入主出奴；3. 时味说教，自夸承继道统。参见汤用彤：《隋唐佛教史稿》，武汉大学出版社，2008，第 101 页。

张挞伐。

在中国传统佛教中，与密宗汇通性最强的莫过于华严宗。在清凉澄观那里，密宗与华严宗在教理上已有一定的汇通。而近代华严宗复兴时，贤首法藏的教义成为主流，面对抑华严而上的真言宗，持松极力强调华严宗的殊胜性，并试图以贤首之学来统摄真言密教。经过对密宗深入的学习后，持松最终放弃了以贤统密的构想，而是以密教精义对传统的华严宗大加改造，最终竟开创出了一新宗派——"贤首密教"。持松法师"不忘本民族立场"的做法固然值得赞扬，但是也应注意到，此种成就毕竟是其在放弃了以华严判摄东密的识见后才取得的。

在民国历次显密之争中，王弘愿始终作为关键人物参与其中。"居士传法"作为密宗在内地传播的主要途径，一方面使得近代"居士佛教"的发展再登高峰，另一方面也进一步加剧了僧俗之间的冲突。国人对真言宗的判摄，常根据其所需而做出与其本旨不尽相合的阐释，出于"护法"目的，王亦屡次参与论争。就影响来看，"显密纷争"一方面直接导致了太虚与王弘愿的分裂，促使太虚一派将复兴密宗的注意力由真言宗转向了藏传佛教。王弘愿与太虚闹翻后，也失去了强力的外援，在声誉与布教权上都受到一定的损失。另一方面，它也促使人们对密教不断做深入的研究并使密宗屡次成为舆论的焦点。密宗"神秘"的面貌得以不断为外界认知（虽然未必准确）。作为一"新宗派"，密宗能够在十数年内风靡全国，对佛教界产生重大影响，"显密纷争"之推力亦未可小觑。

第七章 1930 年前后中国关于"学术自由" "学术社会"的思想与制度 [1]

第一节 问题的提出

中国学者在近代所发生的一种角色转变，简而言之即从以传统学术经学为求知对象的读书人，或以科举仕宦为求学目的的"士大夫"，到留学欧美、日本，接受西方现代学术的"知识分子"的转变。在这一转变过程中，"学术"或"学问"在社会上、在学者的生存方式中地位如何，这是在研究近代中国学术史时，必须考量的一个重要问题。换言之，这一变化还表现为，中国直到近代才出现了"学术"要独立于政治，甚至独立于社会的"学术自由"理念，并且这一理念慢慢地渗透到社会中去。那么，这一理念是否得到了某种制度的保障，从而得以确立？或者是被制度所忽视，并且受到压制？在分析近代中国"自由主义"的实质时，应当对这一问题加以研究。

思想史研究的最基本的方法，当然是分析研究对象所留下的种种文本。深入研究文本，从文本的字里行间发掘前人所未发现的新意，重新描述思想的谱系及其互相关系，此乃思想史研究的要务。

[1] 本章原刊《学术研究》2010 年第 3 期，经过修改。

但也得考虑：研究对象在文本里主张或透露的"思想"和他实际所做的"行为"之间有什么关联？他是言行一致的，还是行悖于言的？还要考虑：研究对象的"思想"和当时社会上存在的"制度"，或他们自己创立的"制度"之间的关系。这里所说的"思想"，不问其在社会上的实际效果；"思想"有时通过媒体刊载，被他人阅读，从而影响他人的"思想"或行为；但有时只存在于作者的日记或草稿里，不为旁人所知，也就无所谓社会实际效果。相对而言，"行为"和"制度"是社会上的客观存在，而且是必然对社会发生影响，并引起某些效果的客观存在。因此，可以把"行为"和"制度"放在一起加以讨论。

　　"思想"与"制度"的关系，有时是一致的，有时是矛盾的。当二者一致时，情况比较简单，"思想"是"制度"的基础，或顺应"制度"而出现（也有可能两者没有直接关系）。当二者彼此矛盾时，该如何评价"思想"？一般而言，重视"思想"的人强调"思想"具有超越"制度"的意义和创造性，而重视"制度"的人则对"思想"置之不论，两边无法沟通。在下断语之前，有一些可做而应做之工作。那就是，对于"思想"和"制度"发生矛盾的原因进行分析。当然，有些"思想"完全置社会实际情况于不顾，这种"思想"自然与"制度"风马牛不相及，对于此种情况，无须讨论。但有些"思想"旨在实现其价值，并在现实社会中发挥某些作用，而这些"思想"恰恰出于某些当权者、当事人，他们也确实打算按照自己的"思想"来设计"制度"，然而现实"制度"与他们的主观"思想"之间仍存在矛盾，对此又该如何解释？

　　本章所讨论的对象，是胡适和他的学生顾颉刚、傅斯年（他们有时被概括为"胡适派"），以及在近代中国作为提倡"学术独立"的人物首屈一指的蔡元培，所分析的年代是 1930 年前后。在这一时期，经过国民革命，各方面的制度有很多创设，虽然有些地方继承了北京政府。至于高等教育和学术研究方面的制度，1929 年确立了《大学组织法》和《大学规程》，这成为此后大学制度的基础。在具体的机构方面，1928 年成立了中央研究院，随后成立了北平研究院，大学和教员、学生的数量也有所增加。虽然"九一八"事变以后财政方面情势紧张，对于学术研究来说，1928 年到 1937 年的近十年仍是比较稳定的发展期。而所谓"胡适派"学人可以说是1930 年前后中国学术界的中坚，虽然有些与其对立的学人和学派，但他们能够吸引、提拔学生，动用国内国外的种种学术资源，推动学术研究，影响力还是最大的。正是他们对创建中国的"学术社会"负有重大责任，因而是首要的研究对象。

蔡元培先后领导大学院和中央研究院。胡适 20 世纪 30 年代回到北京大学，任文学院院长和中文系主任等职。傅斯年留学回来后先任中山大学文科主任，同时提倡在中央研究院里面建立历史语言研究所，成立时任所长。他们既有"思想"，又曾亲自实践，选择他们为研究对象，有助于看清"思想"同"行为""制度"之间的关系问题。顾颉刚在中山大学与傅斯年分裂以后，调到燕京大学，尽量躲开以北京大学为最大舞台的北平学术界之复杂人际关系 [1]，这样他直到 1934 年组织禹贡学会，1935 年进北平研究院史学研究会之前，基本上倾向于个人研究，不太参与有体制基础的、有组织

---

[1]　"请你在北平的各日报里注意'教育界新闻'。这虽是极表面的，但只要你连续注意上一年，你必能发现里边的党派的复杂与办事的困难了。"顾颉刚：《致何定生》1930 年 3 月 18 日，载《顾颉刚全集：顾颉刚书信集》第 2 卷，中华书局，2010，第 328 页。另参看王学典、孙延杰：《顾颉刚和他的弟子们》，山东画报出版社，2000，第 146 页。

性的学术研究。对顾颉刚的分析自然偏重其"思想"。

　　根据上述选题理由和方法，主要讨论：(1) 上述人物的"思想"，(2) 有关大学或研究所的法律与体制等"制度"，(3) 这些人物在"制度"里面的具体"行为"，以及 (1)(2)(3) 之间的关系。在进入具体的叙述和分析之前，先要总结到目前为止的研究情况。涉及"学术自由""学术社会"的研究，可以归于三类。第一类是有关"自由主义"研究的，有论文分析"胡适派"的学人们如何企图建立"学术社会"，讨论他们在其过程中与政府的关系以及他们具有的公共角色。[1] 第二类是作为教育史的一部分来研究的。有论文讨论建立大学院制度的困难以及教育部内部的反应 [2]，也有整理国民革命前后的教育、学术制度建构之过程的系列论文。[3] 至于具体的学术机构，现在已经有很多大学史著作或史料集。第三类是学术史。虽然最近学术史研究有所进展，但对研究机构的研究还没有充分展开。中国大陆及台湾出版过几种学术机构历史的书，在这方面的成果，更多出自自然科学史领域。在日本，学术史研究正

---

　　[1]　章清：《"权势网络"——〈独立评论〉群体及其角色与身份》，《历史研究》2002 年第 4 期。

　　[2]　高田幸男：《南京国民政府の教育政策——中央大学区试行を中心に》，载中国现代史研究会编《中国国民政府史の研究》，东京：汲古书院，1986。

　　[3]　桥本学：《中国における近代的学术机关の整备に关する一考察——日中战争前夜に至る研究机关の动向を中心に》，《大学论集》第 28 集，1999；《中国国民党政权の学术振兴方案に关する初步的考察——南京国民政府治下の书学发展に系る政策基盘の分析を中心に》，《大学论集》第 33 集，2003；《南京国民政府の高等教育改革に关する初步的考察——"教育部"发足时における高等教育问题とその克复を中心に》，《大学论集》第 34 集，2004；《南京国民政府治下の高等教育政策に关する再论—"第二次全国教育会议"における"训政期"高等教育改革构想の成立を中心に》，《大学论集》第 35 集，2005。

在起步，有位中国考古学者整理过近代中国"学院"（academy）成立的过程。[1]

笔者曾发表过分析 1930 年前后中国古代史研究方法论的论文，其中涉及章炳麟与王国维、顾颉刚、傅斯年和郭沫若有关"academism"的态度之区别。[2] 本章是在以前研究基础上的进一步拓展。

上列种种研究，各有特点，各有今后研究之余地。第一类研究（包括笔者）着重分析知识分子的"思想"和"行为"。第二、三类主要分析"制度"的建立。但第二类研究尚未把研究焦点放在从"教育"分出来的"学术"上。总之，到目前为止，仍缺乏针对"思想""行为"和"制度"总体关系的研究。

第二节　关于建设"学术社会"的"思想"

作为对顾颉刚学术生涯的总结，郑天挺说，顾颉刚是"终身以发展学术为事业的学者"，顾潮认为这"确是言简意赅的"。[3] 可以说，建立"学术社会"是"发展学术"的重要途径，同时也是最终目标。"学术社会"一词，出现在顾颉刚的文章《一九二六年始刊词》里。这不一定是顾颉刚对"学术社会"一词的首次利用，更不能说是中国近现代史上的首次使用，但在这篇文章里，他对"学术

[1]　吉开将人:《近代中国とアカデミ——政治史と文化史のあいだ》,《人文科学年报》2002 年第 32 号。

[2]　竹元规人:《考古学在近现代中国的命运》,载高柳信夫编著《中国"近代知识"的生成》,唐利国译,商务印书馆,2016。

[3]　顾潮:《历劫终教志不灰——我的父亲顾颉刚》,华东师范大学出版社,1997,第 334 页。

社会",或"学术独立""学术自由"等问题表明他的总体想法,并且说得非常透彻、痛快,可以看作他的代表作之一。在讨论学术问题时,必须高度重视这篇文章。[1] 该文主张学术要从贵贱、善恶、尊卑、爱憎、国家、政治、应用等束缚中解放,用一句话说,主旨在于"学术独立"。

在北京大学二十七周年纪念会上,国学门的许多参观者都感觉到"鼎彝的名贵"和"诏谕的尊严",但对风俗物品和歌谣,却"表示轻蔑的态度"。顾颉刚对这些参观者的观念极不满意。他说:"凡是真实的学问,都是不受制于时代的古今,阶级的尊卑,价格的贵贱,应用的好坏的。研究学问的人只该问这是不是一件事实;他既不该支配事物的用途;也不该为事物的用途所支配。"[2]

学问要摆脱种种限制,善恶或价值观也在于被排除之列:"我们所要得到的是事实,我们自己愿意做的是研究;我们并不要把我们的机关改做社会教育的宣讲所,也不要把自己造成'劝人为善'的老道士。……我们原不要把学问致用,也不要在学问里寻出道德的标准来做自己立身的信条,我们为什么要对于事实作不忠实的遮掩呢!"同样,对学问不能反映个人的爱憎:"这正如一个研究医学的人,他个人无论如何爱好洁清,甚至于一天洗三回澡,但在研究的必要时也只得到腌臜的脓血里,秽臭的便溺里,腐烂的尸体里去搜寻研究的材料。他在肉体上取了这些东西尚嫌不够,还要在自己家

---

[1]　以下讨论顾颉刚"思想"部分的引文都出自顾颉刚:《一九二六年始刊词》,《北京大学研究所国学门周刊》1926年1月6日第2卷第13期。

[2]　他接着说:"所以我们对于考古方面,史料方面,风俗歌谣方面,我们的眼光是一律平等的。"这表明顾氏的"学问不受制"的想法实与中国"新史学"的一个重要思想——史料平等密切相关。

里潮湿黑暗的地方去培养病菌。这不是他的行为的冲突；正因为他研究学问，所以不得不如此。"

这些尚属于个人性质，但顾颉刚接下来所说的，已经不仅仅是个人的价值取向的问题了：

> 我们的目的只在勤勤恳恳地搜集材料而加以客观的研究，作真实的说明，在民国之下这样说，在帝国之下也是这样说，在社会主义共和国之下还是这样说。事实是不会变的，我们所怕的只在材料的不完备，方法的不周密，得不到真实的事实；至于政治的变迁原是外界的事情，和我们有什么关系呢！……科学是纯粹客观性的，研究的人所期望的只在了解事物的真相，并不是要救世安民，所以是超国界的。……国家多难之秋，国民固该尽救国的职责，但这句话原是对一班国民说的而不是对学术机关说的。

顾颉刚虽然承认国民应该竭尽救国的义务，但他还是划清了国家、政治与学术之间的界线。他的志向可以说是"非政治""非国家"的。时值"国难之秋"，这种主张有被认为有"反政治""反国家"的危险。他的这些思路，不得不牵涉到晚清以来"寻求富强"的思想：

> 说国学就是科学，已经要引起一般人的怀疑。说科学的目的不在应用，更当激起许多人的骇怪。他们一定要想："外国的国富兵强不是全靠科学吗，中国的贫弱不振也不是全因没有科学吗，为什么要故意的这样说？"他们不知道机械、枪炮、火药原不是科学，乃是研究科学所得的结果的应用。造机械的

是应用力学的研究的结果，造火药的是应用化学的研究的结果，但研究力学与化学的人却自有他们纯粹研究的学问，并不志在造出若干应用的东西。唯其他们有许多专心研究的人研究着一般人看为无用的学理，能够处处发现真事实，因此有人要应用时也就有了事实的基础而容易成功。所以科学的应用是间接的，不是直接的。只因它的用是间接的，它的本身没有用，所以为一般急功近利的人所不喜，他们看不见它的真价值，只觉得是些"无聊的考据"。但也因为它的本身没有用，不为现实的社会所拘束，所以它的范围可以愈放愈大，发现的真理也愈积愈多，要去寻应用的材料也日益便利。这就是无用之用。

顾颉刚并没有反对"国富兵强"，但他明确反对为了"国富兵强"动员所有学术走应用之路。他主张，即便要求"国富兵强"，学术研究也是不要求应用的，唯有先不追求应用，才会有更大的成绩。如果要求应用，只对特殊的目的有用，如果不要求应用，不受用途的限制，所以发挥的作用更广泛。这就是顾颉刚所提出的科学的"无用之用"说，此说远比消极地反对学术实用化高明。

但是，在他看来，当时的中国绝不像是他所期望的那样。"返看我们的学术社会是怎样。他们因为没有求真理的知识欲而单有实际应用的政治欲，所以只知道宣传救世的方法。"那是"学术社会"的现实，相反，他所期求的"学术社会"是这样的：

话说得如此远，只为辨明"求知"与"应用"是两条不同的大路，虽然有时候是可以关联的。……我们若改由求知上着眼，那么学术乃是极深邃的东西；天地间森罗的万象，我们真实知道的有多少，不是混茫大海中的一滴吗！我们真是随处可

以感到自己智识的微小。我们为要补救这个缺憾，所以要造成
了一个学术社会而去共同讨究；……我们在研究时，心里所想
到的只是这一小部分中的材料如何可以整理清楚，如何可以解
释里面的种种原因，却绝对不想到把这些东西拿来应用。……
因为我们不想到有用，所以也不想到无用。一个问题，尽许社
会上看作无谓的，丑恶的，永不生效的，但我们既感到可以研
究而自己又有兴致和方法去研究，那就不能迁就他人的意见而
改变自己的志向了。

这时，他已经谈到学术研究的选题问题。学术既独立于社会所
需要的"应用"，那么选题的权利当然归于每个学者。虽然不排斥
把学术研究的成果拿去应用，但学术界和社会、国家之间的界线画
得很清楚。我们得到的知识又引发学者的新的兴致，展开新的研
究。这样，学术本身构成一个类似于"无穷动"（perpetual motion）
的世界。

其次，看看蔡元培的"思想"。翻阅他的全集，到处都是谈教
育、学术的文章或演说，其中最具有代表性的，恐怕是 1922 年发
表的《教育独立议》。那么他在 1930 年前后的思想如何？请看他
1930 年写的《大学教育》中的一段：

大学以思想自由为原则。在中古时代，大学教科受教会干
涉，教员不得以违禁书籍授学生。近代思想自由之公例，既被
公认，能完全实现之者，厥惟大学。大学教员所发表之思想，
不但不受任何宗教或政党之拘束，亦不受任何著名学者之牵
掣。苟其确有所见，而言之成理，则虽在一校中，两相反对之
学说，不妨同时并行，而一任学生之比较而选择，此大学之所

以为大也。大学自然为教授、学生而设，然演讲既深，已成为教员与学生共同研究之机关。所以一种讲义，听者或数百人以至千余人；而别有一种讲义，听者或仅数人。在学术上之价值，初不以是为轩轾也。如讲座及研究所之设备，既已成立，则虽无一学生，而教员自行研究，以其所得，贡献于世界，不必以学生之有无为作辍也。[1]

这是蔡元培给一个词典写的词条，自然不是他的代表作。但词典应该反映一个词的最典型的观念，离具体的社会问题比较远，所以从中能够看出蔡元培对于大学的基本理念。大学是一个机构，所以他论述的焦点固与顾颉刚的《一九二六年始刊词》不同，更侧重于具体的体制方面。但也有共同点，即"学术自由"。顾颉刚讨论学术从国家、社会的独立角度展开，蔡元培更重视学者之间的关系，或学者和学生的关系。假使学术从社会独立了，学术界里面还有种种学说、见解的差异，甚至发展到学派之间的斗争。为了保障"近代思想自由之公例"，蔡元培明说"大学教员……不受任何著名学者之牵掣"，"虽在一校中，两相反对之学说，不妨同时并行"。不言而喻，这就是他 20 世纪 10 年代后期掌校北京大学时的基本原则。他并且说，学说的不同，虽然"一任学生之比较与选择"，但"学术上之价值"不以听课人数之多寡为标准。教员的价值在于他的学术研究工作，而不在于他的任课效率，这样可以保障大学教员的地位。顾颉刚所提倡的"学术社会"，恐怕只有建立蔡元培所说那样的大学或研究机构"制度"之后，才能够实现。

---

[1]　蔡元培:《大学教育》，载中国蔡元培研究会编《蔡元培全集》第 6 卷，浙江教育出版社，1997，第 596–597 页。

再者，看看傅斯年的思想。他的想法与前二者部分一致，部分不同。他的言论似乎最富有政策谏言的性质。他在1932年发表的《教育改革中几个具体事件》里，先指出一个情况："民国以来的教育，真可谓'自由发展'了，其结果是再紊乱不过的。私立学校随便开，大学随便添，高中满了全国。即令这些学堂都好，也要为社会造出无数失业的人来，而况几乎都不成样子。"从傅斯年看来，学校教育（其中包括大学）需要一种控制来保证质量。所以他首先对教育部提倡："作一个全国教育的统计，同时斟酌一下，中国到底需要些那样人，然后制定各校各科门的人数，使与需要相差不远。"从傅斯年的这种思路出发，大学也应该按照社会上的需求加以适当地整理、裁并。他在这篇文章的最后建议："把一切无成绩的省立大学停止了，改成奖学金（国外留学金在内）。""把一切不成样子的私立大学校停止了，改他们的底款为奖学金。"虽然这篇文章不是讨论学术研究的，所以不能以此判断傅斯年和上述顾颉刚、蔡元培的"学术独立"的"思想"有所矛盾，但到底大学的性质以教员的研究为主还是以学生教育为主，这是留待解决的一个大问题。

然而，傅斯年也主张教育的独立。他在该文中说：

> 教育如无相当的独立，是办不好的。……试以普鲁士为例……其教育界实保有甚大之自治力量，行政官无法以个人好恶更动之。……这样子固然有时生出一种不好的惰力，然而事件总不至于大紊乱。中国的教育厅长特别是市教育局长可以随便更换，这犹可说他们是政务官，然而厅长局长竟能随便更变校长，一年数换，于是乎教员也是一年数换了。服务教育界者，朝不保夕，他们又焉得安心教书？又焉得不奔竞、不结党营私？

所以政府的责任第一是确定教育经费之独立，中央的及地方的。

这样，他也关心教育界的"自治"与教员地位的保障。但他所提倡的"保障"绝非是无偿的。他说，政府的责任"第二是严格审定校长教员教授的资格，审定之后，保障他们的地位"。[1] 在此，问题在于怎样审定资格，由谁来审定？傅斯年在这篇文章里没有申述，关于这一问题，要看他 1932 年的另一篇文章《改革高等教育中几个问题》。其中他说：

> 大学以教授之胜任与否为兴亡所系，故大学教授之资格及保障皆须明白规定，严切执行。今之大学，请教授全不以资格，去教授全不用理由，这真是古今万国未有之奇谈。只是所谓"留学生"，便可为教授，只是不合学生或同事或校长之私意，便可去之。学绩即非所论，大学中又焉有力学之风气？教育当局如有改革高等教育之决心，则教授问题应该求得一个精切的解决。我一时提议如下：
> 一、由教育部会同有成绩之学术机关组织一个大学教授学绩审查会。
> 二、凡一学人有一种著作，此著作能表示其对此一种学问有若干心得者，由此会审定其有大学教师资格。
> 三、经上列第二项手续之后，此学人更有一种重要著作，成为一种不可忽略之贡献者，由此会审定其有大学教授资格。

---

[1]　傅斯年:《教育改革中几个具体事件》,《独立评论》1932 年 7 月 24 日第 10 号, 第 7—9 页。

四、凡有大学教师或教授资格者，任何一大学请其为教师或教授时，受大学教员保障条例之保护，即大学当局如不能据实指明其不尽职，不能免其职。

五、既得有上列两项资格之一，而任何三年中不曾有新贡献者，失去其被保障之权利。

六、凡无上列资格，在此时情况之下，不得不试用者，试用期限不得过二年。

七、凡不遵守上列办法之大学，教育部得停其经费，或暂不给予毕业证书之用印。

既澄清了大学教员界，然后学术独立、学院自由，乃至大学自治，皆可付给之。如在未澄清之先，先付此项权利于大学教授，无异委国家学术机关于学蚁学棍之手，只是一团糟，看他们为自身的利益而奋斗，而混乱而已。此文写至此处，急须付印，尚有余义，且待后来再写。[1]

这种"保障"的方式，从今天来看还是相当严格，恐怕许多学者因此会被赶走。但问题的关键始终在于"审定"的标准，到底如何规定"不可忽略之贡献"呢？[2] 借用蔡元培的话，在学术界里会

[1]　傅斯年：《改革高等教育中几个问题》，《独立评论》1932年8月21日第14号，第5—6页。

[2]　后来国民政府在抗战中审定"部聘教授"，这样就实现了傅斯年审定教授资格的想法。但"部聘教授"的审定，可能引起了学者们不少不满，问题还是在于由谁、怎样进行审定。同样的问题也发生在1948年的中央研究院第一届院士选举上，对此问题的分析、讨论，详见竹元规人：《中央研究院第一次院士选举（一九四八年）の构造——第二届评议会评议院选举との比较のもとで》，《中国：社会と文化》2008年第23号。

有"著名学者之牵掣",那么"两相反对之学说",真的能够"不妨同时并行"吗?教育部和"有成绩之学术机关"的权限到底怎样规定?虽然也有傅斯年所说的国家学术被"学氓学棍"操纵之惧,但是名为"保障"的条例,实际上很容易变为约束之具,傅斯年的"思想"还是不免为侧重于管理方面的。

有关学术,傅斯年还有值得注意的一个想法:

> 这个研究所(中央研究院历史语言研究所——引者注)确有一个责任,即"扩充工具、扩充材料"之汉学(最广义的)。这样事业零星做也有其他的机会,但近代的学问是工场,越有联络,越有大结果。[1]

"近代的学问是工场",这是很值得玩味的一种界定。倘若真如顾颉刚所说的那样,每个学者只是按照自己的兴致去研究,或蔡元培所说的那样,每个学者不受"著名学者之牵掣"的话,那么,在进行了各式各样的研究之后,很有可能将无人做总结性工作,学术界生产出来的知识也将不被结构化。顾颉刚说:"要把科目分而又分,一个人可以专攻一小部分;要使有志研究学问的人可以随着自己的性之所近而择取某小部分。"[2] 这是"分工"的原则,其弊端在于缺乏知识的综合。傅斯年所说的"工场"则不一样,"工场"必须有领导人,虽然每个工人的工作"分而又分",每个人只做"一小部分"的工作,但每个人做好工作之后,能够完成一个具有复杂

---

[1] 傅斯年:《致胡适》(1933 年 6 月 30 日),载王汎森、潘光哲、吴政上主编《傅斯年遗札》第 1 卷,"中央研究院"历史语言研究所,2011,第 528 页。

[2] 顾颉刚:《一九二六年始刊词》,第 9 页。

结构的大机械。这样，很有可能傅斯年领导的"工场"，比顾颉刚的"学术机关"或蔡元培的"大学"，"有大结果"。但"工场"也有弊端，因为"工场"以全体的生产目标为主，所以每个工人不一定"随着自己的性之所近而择取"工作。每个工人必须接受领导人之"牵掣"，不容许进行各式各样的工作。那么在"工场"里，每个学者的"学术独立、自由"怎么能够保障？在此问题上，傅斯年的思路还是侧重于集体性的管理。

这几篇文章发表的时间、刊载的媒体，以及写作环境都不相同。但这些足以体现作者关于"学术"或有关"学术"制度方面的"思想"基调，并且也足以构成讨论"行为"和"制度"问题的前提。上述种种"思想"其实好似一面面镜子，可以反照作者的"行为"和当时的"制度"。通过这些"言论镜像"可以观察"镜中人"的行为，也就是说，可以据其言观其行。

第三节　当时的"制度"及其问题

关于国民革命后成立的教育新制度，首先应该关注蔡元培、李石曾等人所提倡的大学院、大学区制度。这些制度在各地遭到激烈反对，显然最终失败了。对此论者指出失败的原因在于：（1）模仿失当，变更太骤；（2）政治不稳，基础未固；（3）教育政策引起激辩（大学院独立于国民政府外，脱离党的监督）；[1]（4）与训政精神不合；（5）学界派系的倾轧；（6）主持人物的由合而分；（7）经

----

[1]　陶英惠：《蔡元培与大学院》，《"中央研究院"近代史研究所集刊》第3期，1972，第202-204页。

费的困难；[1] (8) 以大学院为中心的集权体制，引起与各级党部和行政机构的矛盾；(9) 中小学教育界对偏重大学教育不满意；[2] (10) 破坏大学的传统，侵害大学的自治。[3] 其中最后一点尤其值得注意。一个例子是北京大学。国民革命之前的北大情况很糟，受制于军阀，屡次欠薪，顾颉刚的《一九二六年始刊词》就是在这种情况下写的。1926 年，很多学者不堪忍受，纷纷迁移到南方的大学。但不管如何糟糕，一个大学只要存在下去，自然就有自己的历史积累。改革制度的意图无论多好，要把大学的历史全盘推翻，自然会导致强烈反抗。在大学区制度的推广下，北京大学或要被合并于"国立中华大学"（即北平大学区的唯一高校），或要被改成"国立北平大学北大学院"，这些改革引起很大风潮，最后随着大学区制的取消，北京大学保住了自己的校名和独立的地位。这些"大学区制"失败的经历显示，对于以"自治"和"独立"为主旨的高等教育机构来说，政府从上面进行的"改革"必定具有破坏性，即使那些"改革"是以巩固大学的"自治"或"独立"为名目的。这是一个有关教育、学术"制度"的矛盾之所在。

大学院、大学区制失败了，但南京国民政府并非没有新的教育制度。而且那些新制度本身，似乎有与上一节介绍的一些想法冲突的倾向。第一，关于学术机构的独立性问题，《大学组织法》规定：

---

[1] 陈哲三：《中华民国大学院之研究：民国十六年至十八年》，台湾商务印书馆，1976，第 180–196 页。

[2] 高田幸男：《南京国民政府の教育政策——中央大学区试行を中心に》，第 305–306 页。

[3] 桥本学：《南京国民政府の高等教育改革に关する初步的考察——"教育部"发足时における高等教育问题とその克复を中心に》，第 165 页。

第九条　大学设校长一人，综理校务，国立大学校长由国民政府任命之，省立市立大学校长由省市政府分别呈请国民政府任命之，除国民政府特准外，均不得兼任其他官职。

第十一条　大学各学院各设院长一人，综理院务，由校长聘任之。……

第十二条　大学各学系各设主任一人，办理各该系教务，由院长商请校长聘任之。[1]

这些规定说明，国立公立大学校长和大学院长、系主任，都是上面任命或聘任的（独立学院也同样），这样成立"国民政府—校长—院长—系主任"的权力体系。这可能导致类似于傅斯年所说的"厅长、局长竟能随便更变校长，一年数换"的情况。研究机构的制度也基本上是一样的，有"国民政府—院长—总干事、干事和所长"的权力体系：

第三条　国立中央研究院设院长一人特任，院长综理全院行政事宜。

第四条　国立中央研究院设总干事一人，受院长之指导执行全院行政事宜，设干事三人至五人，分掌全院文书、会计、庶务事宜，均由院长聘任。[2]

---

[1]　《大学组织法》，南京国民政府教育部 1929 年 7 月 26 日公布。

[2]　《国立中央研究院组织法》，国民政府 1928 年 11 月 9 日公布，见国立中央研究院文书处编《国立中央研究院十七年度总报告》，1929，第 1 页。这是经过《中华民国大学院中央研究院组织条例》和《修正国立中央研究院组织条例》（国民政府 1928 年 4 月 10 日公布）而确立的。中央研究院属于大学院时，大学院院长（转下页）

第三条 研究所设所长一人，由中央研究院院长聘任之，综理所务并指导研究事宜。[1]

第二，关于设置大学的目的，《大学规程》规定：

第二条 ……大学教育注重实用科学之原则，必须包含理学院或农工医各学院之一。[2]

按照顾颉刚的想法，研究机构不以应用为目的，虽然他没有明指大学，但大学自然是一个学术机构，所以在他的思路里，大学也不该以应用为目的。然而国民政府下的大学是"注重实用科学"的。大学必须包含理科方面的学院，这也与20世纪10年代蔡元培任北大校长时的原则抵触，当时他认为大学应是纯粹研究的机构，所以企图以文科和理科（相当于文学院和理学院）为主，重点绝不在文理之分，而在学术与实用之分。

第三，关于大学教员地位的保障，参看一个大学和一个研究院的规定：

本校聘任本预各科教授，订有详细约文，兹觅录如下：某

（接上页）兼任中研院院长（《中华民国大学院中央研究院组织条例》，见国立中央研究院文书处编《国立中央研究院十七年度总报告》，第4页）。

[1] 《国立中央研究院研究所组织通则》，1929年1月13日修正，见国立中央研究院文书处编《国立中央研究院十七年度总报告》，第7页。各个研究所的章程，有写明院长任命所长者（物理、化学、地质、天文、气象和社会科学各所），也有没有写明者（工程和历史语言各所）。

[2] 《大学规程》，南京国民政府教育部1929年8月14日公布。

某先生教席，敬启者，兹送上聘书，敬希查照下开各端赐予接收，谨将关约各节列如左：一、大学规程第十条云，本校之教授，除有特别情形及特定者外，聘任期均以一年为限，每年六月卅日以前不得新聘书者，即为解约，在他时间大学辞教授或教［授］辞大学，均须两个月前通告对方。讲师聘任有效时间，除特定者外，以一学期为限，学期完时自动解约。……五、如已接受此聘书及条件，则于暑假中或开学后不复辞职，至少应留学校至年终结，如有万不得已情形，必须辞职者，仍应依照规程第十条手续办理，以便大学方面寻觅相当替人。[1]

第九条　专任研究员、兼任研究员之任期，各为一年，但经重聘得连任。[2]

这只是某些机构的规定，但可能所有机构具有同样的规定。教授的任期为一年，讲师的任期为半年，如果到六月底拿不到新聘书的话自动解聘，而且在学期中，如果预先通知的话校方可以辞退教员。别的机构也有同样的规定："北大旧例，教授试教一年，第二学年改送正式聘书，只简单地说聘为教授，并无年限及薪水数目，因为这聘任是无限期的，假如不因特别事故有一方预先声明解约，这便永久有效。十八年以后始改为每年送聘书，在学校方面生怕照从前的办法，有不讲理的人拿着无限期的聘书，要解约时硬不肯走，

---

[1]《本校教授聘约内容》，《国立中山大学日报》1928年7月7日第225号第3版，"校闻"。教授的任期从8月1日至第二年7月底（《教授任期计算办法》，《国立中山大学日报》1928年9月14日第257号第1版，"公布"）。

[2]《国立中央研究院研究所组织通则》，载国立中央研究院文书处编《国立中央研究院十七年度总报告》，第7页。

所以改了每年送新聘书的方法。"[1] 这说明，南京国民政府成立以后，教员身份的保障还有弱化的一面。因有这种制度，所以出现傅斯年所说的"去教授全不用理由，……只是不合学生或同事或校长之私意，便可去之"这一情况。

当然，制度在实际执行过程中有相当大的灵活性，并不因为教授的任期只有一年，所有学者都惧怕拿不到聘书。看当时学界的报道或个人日记、书信等，常常发现教授们主动提出辞职，表示对学校或学系办学方针的抗议，校方常常对教授们进行慰留。有时辞职和解聘不过是一事的两面，有得知会被解聘时才主动提出辞职的，也有明知不能被解聘而故意以辞职相要挟的。无论制度如何，各人自有"争"的办法。"这原是在人不在办法，和平的人就是拿着无限期聘书，也会不则一声地走了，激烈的虽是期限已满也还要争执，不肯罢休的。"[2]

第四节　学人的"行为"及其问题

上节所讨论的"制度"，除了大学院、大学区制度与蔡元培有密切关系外，其余并非出自蔡元培、顾颉刚和傅斯年的构想，故而会与他们的"思想"有些出入。

将学人们的"思想"与他们在某种环境中的"行为"联系起来进行分析，认识可以更进一步。首先看顾颉刚。他虽然提出学术要

---

[1]　周作人：《一五七 北大感旧录三》，载止庵校订《周作人自编文集 知堂回想录·下》，河北教育出版社，2002，第 552 页。

[2]　同上。

独立于价值、社会、国家等，但"学术独立"的原则，与他之前提倡的"疑古"，到底是否一致？他的"疑古"，确实出自"求真"的愿望，但同时，具有实现传统学术的转型，破坏根据儒家道统之历史观念的意图。这时，问题在于"事实"与"价值"或"应用"真的能够划清界限？追求"事实"的"行为"，会不会同时带有某种"价值"或"应用"上的意义？而且，假使能够把两者的界线划清，两种志向始终在一个学者的头脑里达成某种统一。那么，到底一个学人心中两种志向之间有怎样的关系？这是另一个问题。

顾颉刚在 20 世纪 30 年代，尤其是抗战中，以通俗文学进行抗日宣传，努力启蒙民众。还写过《中华民族是一个》（1939 年）等文章，以自己的中国古代史研究为基础，主张以变化为前提的中华民族或中国的一体性。这样，虽然他主张即使在"国家多难之秋"，学术机关也应该埋头研究学术，但实际上竭尽了"国民固该尽"的"救国的职责"。

其次，对蔡元培、胡适和傅斯年的"行为"，可以在某些学术机构里发生的两个纠纷来进行具体分析。一个纠纷是，1933 年中央研究院发生的历史语言研究所与社会科学研究所的合并问题。此事似乎发端于蔡元培的书信。他向傅斯年提出把社会科学研究所并入史语所内，改称"人文科学（或文化科学）研究所"，请傅斯年担任所长。蔡元培说明："盖社研所自徐公肃辞去后，仅经济、社会、民族三组，各有研究员一人，社会民族两组，均因经费太少，不能出外调查、搜集新材料，现惟将已得之材料，从事整理。民族组与史语所中之考古组及人类学均有关系，经济、社会，固要调查现状，但亦不能不追溯已往以阐明因果，合为一所，相得益彰，而史语所努力工作之好习惯，亦可激励社研所少数之同事，使之兴起，计无善于此也。"而且他已经与总干事杨杏佛商量好，托杨到北平时与傅磋商[1]。蔡元培在信中所说的"经费太少",恐怕与"九一八"事变后的紧缩财政有关。虽然蔡元培提及一些学术上的理由,但合并的主要原因还是财政方面的短缺:"因在国难严重期间节省学术外之用费,增加公务之效率……将历史语言研究所与社会科学研究所合为一个组织。"[2]

接到这种提议,史语所及时进行了讨论,议决:"函询本院对两所彻底改组办法。"[3]合并之议来得比较唐突,"社会所事同人均茫然"。[4]之后傅斯年几次向蔡元培和杨杏佛写信,提出意见:

> 斯年等虑到之困难约分三端:一、合并后能否融合,二、对原有设置能因必要作不迁就之办法否,三、社会、经济方面前途之建设何如。……近二十日中斯年正无日不想此事,既与所中同人深澈谈商,又复遍搜陶孟和先生与何淬廉先生两处之刊物读之,而到处请教焉。愈考虑愈多顾虑,愈看人家愈不知自己如何办,愈读本院社会所之刊物,愈觉无头绪。……其难处转在经济、社会一路究与史语一路如何打成一气也。就社会

---

[1]　蔡元培:《致傅斯年》(1933年1月22日),"中央研究院"历史语言研究所公文档案,档案号:杂23-3-3。实际上蔡元培和杨杏佛兼任社会科学研究所研究员。

[2]　《拟〈历史语言及社会两所合并案〉决议》,史语所公文档,档案号:元513-23。字迹是傅斯年的。这史料没写年月日,内容与1933年3月5日院务会议记录一致,应该是当年3月初撰写的,但院务会议记录上没有这一句话。

[3]　《二十一年度下届第一次所务会议录》(1933年1月27日),史语所公文档,档案号:杂23-3-3。

[4]　傅斯年:《奉答蔡先生来信说帖》(1933年1月28日左右),史语所公文档,档案号:元513-3。

所之历看，其不妥之点，正在范围太大，各部分互不相干，简言之，组织颇似一个缩小之中央研究院，以至事务之责无人能专，所长之任屡易不已，盖社会所之结合，是一个行政的结合，而非一个学术的结合。今两所合并，民俗方面与史语所原有者本可交融，即法制、经济之但有历史意义者，亦未始不合契合，独经济、社会两端之与今日国计民生有关者，真与史语所不在一线中耳。……以经济置之语言、考古、档案、文籍之列，不惟彼此各不相干且未免过于忽视经济。然则两所合并之后，恐不能如杏佛先生所期我们感化他们……反而社会所今日组织之状态传到史语所，置文史、经济于一计中，则此所顿失其为学术的单位，而成一个行政的单位。此比如何建设经济工作为困难，斯年等所最彷徨者也。……如合并，恐只能合并史语、民俗等，其经济等似必维持其独立。[1]

正值"国难之秋"，财政短绌是没办法的，所以傅斯年只从学术上的理由说明合并之困难。对于傅斯年来说，分析现状的经济学、社会学与历史语言学是没法沟通的，合则两伤，离则两全。他主张，作为学术机构，不应该以行政上的效率为优先，应该只从学术上的意义来判断。

他还反驳蔡元培提出的新所名：

合并之办法……定名为"历史语言社会研究所"，数年来辛勤稍稍为人所知之名称，似未宜遽然去之，且"人文""文

---

[1]　傅斯年：《致蔡元培、杨杏佛》(1933 年 2 月 21 日)，载王汎森、潘光哲、吴政上主编《傅斯年遗札》第 1 卷，第 459-460 页。

化"等名称,包含太广,哲学、宗教、政治等科之人或以负此大名而无此类科目,为质疑,不如用小名,较易于给地步。[1]

"历史语言社会研究所"这一名称看似不太顺通,但傅斯年要严格划清各种界限,宁可把名称弄得不像样(对他来说这次合并本来就是不通),也不容许模糊的名称和概念。在这一点,蔡元培接受了傅斯年的提议。

虽然傅斯年提出了种种问题,打算阻止合并,但作为院领导成员之一还是不得不配合。3 月份的院务会议通过了合并案:

八、历史语言及社会科学两所合并案
议决(一)名称为历史语言社会研究所呈请国府备案
(二)聘傅斯年先生为所长,李济先生为副所长……[2]

虽然院方推进两所合并,但后来并未实现,只是傅斯年和李济兼任社会科学研究所的所长与副所长,两所的财政也是分开的。推进合并的杨杏佛,在 1933 年 6 月份由于中国民权保障同盟的关系,被特务暗杀,也许因此延缓了合并的进程,但最大的问题看似在于《组织法》。原来傅斯年认为,合并"仅系两所之沟通,与本院《组织法》并无违背处,故仅须向国府备案"。[3] 实际上在院务会议通过合并时也只提到"呈请国府备案"。但稍后傅斯年察觉到确实有

---

[1] 傅斯年:《奉答蔡先生来信说帖》。
[2] 《廿二年三月五日院务会议纪录一份》(1933 年 3 月 5 日),史语所公文档,档案号:元 513-9。
[3] 《拟〈历史语言及社会两所合并案〉决议》。

《组织法》问题，说："此一合并实系变更本院《组织法》，此法公布在立法院成立之先，故未送立法院。照国府规令，应补交立法院，然他们既忘了，我们也不便提及。若果因此呈准备案，而为国府文官处交到立法院去，乃大不是了局。此一点似不可不小心也。"[1] 一个政府机构不想暴露法律问题，继续要把立法院蒙过去，结果延期合并了："两所合并事，事实上已完成之，然以组织法关系，应否用历史语言社会研究所名义，或两所名义暂时并存，尚未可即定。"[2] 从结果来看，《组织法》这一法律"制度"，总是救了史语所的命。

1934 年，丁文江就任"中研院"总干事以后，取消史语、社会两所合并的方针，让社会所与北平社会调查所合并，巩固社会所的基础。这样，史语所按照傅斯年原来的想法，只合并社会所中的民俗学部门，新建第四组（人类组）。以四组构成史语所的体制，直到语言所的独立，大概持续了六十年。史语所建所以来的最大危机，总算过去了。下面的信可以说是傅斯年的胜利宣言：

> 院长先生钧鉴：敬呈者前奉二十二年三月五日院务会议议决历史语言与社会科学两所合并，定名为历史语言社会研究所，嗣因此事牵涉本院组织法问题，在组织法未修改以前两所暂仍旧制，并聘斯年兼社会科学研究所正所长，济兼社会科学研究所副所长。斯年等奉命以来，已历一年，据此一年之经验，窃以两所之性质不甚相同，于工作之沟通上颇感困难。闻

---

[1]　傅斯年：《致杨杏佛、许季茀（许寿裳）》（1933 年 3 月 14 日），载王汎森、潘光哲、吴政上主编《傅斯年遗札》第 1 卷，第 494 页。

[2]　傅斯年：《致吴定良》，暂系年于 1933 年 7 月，载王汎森、潘光哲、吴政上主编《傅斯年遗札》第 1 卷，第 549 页。

> 现由已聘总干事丁在君先生商承院长将社会科学研究所与北平
> 社会调查所合作，以期工作上之互助，斯年等甚表赞同，谨此
> 呈请院长提出院务会议准许斯年、济辞去社会科学研究所正副
> 所长兼职，力于历史语言研究所所务，实所深感。[1]

在此一纠纷的过程中，傅斯年始终为合并事烦恼，屡次向蔡元培提出辞职，直到丁文江就任。他在 1933 年 1 月 30 日的信里已经以"成绩不足以偿薪水，且服务既久，办事之兴趣索然"为由，提出暑假后辞所长，合并后请李济就任所长[2]。虽然蔡元培有一次同意让李济代行史语所所长职务[3]，但傅斯年辞所长一事好像一直没有获准，合并后的所长还是傅斯年（参看上引《院务会议纪录》）。傅斯年兼社会所所长后，为社会所事务又增加烦恼，既对社会所的具体成员不满[4]，又好像发生了史语、社会两所混账[5]，终于生病，以"一病得仿佛下半世的光景""精神一蹶不振，再负责任，必将

---

[1]　傅斯年、李济：《呈蔡元培》（1934 年 4 月 20 日），载王汎森、潘光哲、吴政上主编《傅斯年遗札》第 2 卷，第 617 页。"力于历史语言研究所所务"一句缺，现根据档案（史语所公文档，档案号：元 513-22）补。此信也见欧阳哲生编《傅斯年全集》第 7 卷，湖南教育出版社，2003，第 129-130 页。但省略从信的开头到"奉命以来"四字之前的部分。

[2]　傅斯年：《致蔡元培》（1933 年 1 月 30 日），载王汎森、潘光哲、吴政上主编《傅斯年遗札》第 1 卷，第 452 页。

[3]　蔡元培：《致傅斯年》（1933 年 4 月 8 日），载中国蔡元培研究会编《蔡元培全集》第 13 卷，第 160 页。

[4]　傅斯年：《致李济》（1934 年 1 月 27 日），载王汎森、潘光哲、吴政上主编《傅斯年遗札》第 2 卷，第 592 页。

[5]　傅斯年：《致李济》（1933 年 10 月 4 日），载王汎森、潘光哲、吴政上主编《傅斯年遗札》第 1 卷，第 571 页。

史语所死在我手上"为由，又要提出辞所长。[1] 傅斯年自己根本不欢迎合并，但当时在院里还有"傅胖子吞并社会所"的笑话[2]，看似不同情的人也不少，他的困境可想而知。

史语、社会两所合并案的过程，体现出蔡元培和傅斯年的"思想"与他们的"行为"，到底有怎样的关系？容易看到的是，蔡元培并不明显表态，只是始终坚持合并，也不让傅斯年辞职，把他置于困惑之中。傅斯年向胡适和李济透露对蔡元培的不满："蔡先生此时实不大了然我们这个研究所所处的地位。这地位是什么？就是下一年度中，经费的来源必断，得想一切方法维持下，这是在现在极明白的。"[3] "弟觉总办事处诸公皆对弟洶洶，而蔡先生实不解弟之立身行事。"[4] 蔡元培从来主张教育经费独立，"思想"上应该反对以财政上的或行政上的理由来约束学术机构，但这次看似很容易屈服于行政效率的要求。这样，他让傅斯年失望了。对蔡元培来说，这是否意味着重蹈大学院、大学区制度之覆辙呢？

反过来看，傅斯年始终据守学术上的观点。他碰到的问题有两个。第一，在财政短绌的情况下，学术机构如何保持独立？第二，不同的学术观点之间如何进行沟通？或者什么样的观点，在什么标

---

[1]　傅斯年:《致李济》(1934 年 2 月 7 日)，载王汎森、潘光哲、吴政上主编《傅斯年遗札》第 2 卷，第 599 页。

[2]　傅斯年:《中央研究院关于经费问题与历史语言研究所往来文件·致王敬礼》(1933 年 3 月 14 日)，中国第二历史档案馆中央研究院档案，档案号: 393-2037。

[3]　傅斯年:《致胡适》(1933 年 6 月 30 日)，载王汎森、潘光哲、吴政上主编《傅斯年遗札》第 1 卷，第 528 页。

[4]　傅斯年:《致李济》(1933 年 7 月 25 日)，载王汎森、潘光哲、吴政上主编《傅斯年遗札》第 1 卷，第 540 页。

准下，能够胜出？虽然傅斯年得以回避最坏的结果，但这次纠纷使得这些问题更突出了。然而，在大概同一时期发生的另一桩纠纷里，傅斯年好像不再居于守势，竟然扮演起黑幕角色。

学术机构中发生的第二个具体纠纷，指的是 1933—1934 年在北京大学国文系进行的"改革"。大体经过如下：1933 年 4 月胡适向蒋梦麟提出整理北大国文系，与国文系主任马裕藻发生矛盾。1934 年 4 月，马以辞去国文系主任一职相胁，旧派教授林损亦提出辞去教职。后来北大保留了马裕藻的教职，胡适代替国文系主任一职，林损离开了北大。对此，傅斯年站在胡适一边，表示高兴心情。章太炎派统治北大国文系的局面到此结束。[1]

关于上面所说的 1933 年 4 月份的"商量"，现在留有两封书信。胡适先提出：

> 前日与梦麟兄谈文学院各系预算事。我们都感觉国文系的课程似宜尽力减少，教员亦宜减少。其所以有此需要，盖有三原因：（1）讲授课程太多，实不能收训练上的好效果。（2）一系占预算太多，而总预算又不能扩张，则他系受其影响。（3）教员名额都被占满，无从随时吸收新人，则不易有新血脉的输入。

在此还是出现了财政上的问题。按照胡适提出的改组办法，"讲师或可去三分之二以上，教授亦可减少二三人，至少可减少一二

---

[1] 欧阳哲生：《新文化的传统——五四人物与思想研究》，广东人民出版社，2004，第 305 页。关于北大国文系这一次改革前后的脉络以及具体情况，参看桑兵：《马裕藻与 1934 年北大国文系教授解聘风波》，《近代史研究》2016 年第 3 期。

人。……现在之一百多点钟实在太多，似可减到六十点左右"。[1] 这对北大国文系来说，无疑是很大的压力。马裕藻的反应如下：

> 先生与梦麟先生处校长院长之地位，因预算关系主张尽力减少国文系课程及教员，其理由实有值得注意之点。……今因预算关系，势须紧缩，则国文系应为比例的削减，无有疑义。查本年度本系功课每周一百零七小时，前次院务会议计划下学年课程时减去二十小时，每月省去经费十分之一。比之他系实已超过平均之比例。此种情形久邀调鉴，无待赘述。又尊意主张本系功课减至六十小时，似嫌过苛，前订之八十小时或可为一折衷数。尚乞先生设法维持为幸。……前次院务会议对下学年功课减去二十小时，讲师已去三分之一。至于教授名额在梦麟先生兼院长时规定七人（较他系多二人），目下并未踰额。[2]

之后 1934 年 2 月 22 日，蒋梦麟劝胡适回任北大文学院院长，胡适虽以"避贤路"为由不肯就，但似乎于 25 日跟傅斯年谈论北大文学院事后，坚定了改革的意向。[3] 经过 4 月份的纠纷，蒋梦麟和胡适计划的"改革"大概完成了。胡适自己这样总结：

> 这一年北大方面的改革有一点足记：我兼领中国文学系主

---

[1]　胡适：《致马裕藻》（1933 年 4 月 13 日），载耿云志、欧阳哲生编《胡适书信集》上，北京大学出版社，1996，第 591 页。

[2]　马裕藻：《致胡适》（1933 年 4 月 26 日），载耿云志编《胡适遗稿及秘藏书信集》第 31 册，黄山书社，1994，第 600—605 页。

[3]　曹伯言编：《胡适日记全编（六）1931—1937》，安徽教育出版社，2001，第 332、334 页。

任，又兼代外国语文学系主任（名义上是梦麟先生），把这学年的文学院预算每月节省了近三千元。外国语文学系减去四个教授，添了梁实秋先生，是一进步；中国文学系减去三个教授，添的是我、傅斯年（半年）和罗常培，也是一进步。

中国文学系的大改革在于淘汰掉一些最无用的旧人和一些最不相干的课程。此事还不很彻底，但再过一年，大概可以有较好的成绩。[1]

由此来看，"改革"的要点在于"节省经费"和"淘汰旧人"。但这时，可能"节省经费"不是主要的目的，主旨在于更换北大国文系的成员和课程，"节省经费"不过是推动"改革"的一个借口。

在"淘汰旧人"方面，傅斯年绝对支持蒋梦麟和胡适，态度甚至比他们远远激烈。他在分别写给胡适和蒋梦麟的信中大骂马裕藻和林损：

---

[1]　胡适：《1934年的回忆》，载曹伯言编《胡适日记全编（六）：1931—1937》，第428-429页。在胡适就北大国文系主任前后，该系成员的变迁如下（画直线的为不续聘者，波浪线的为新聘者）：

1933年度（《国立北京大学一览·民国二十二年度》，第259-260页）	1934年度（《北京大学文学院廿三年度新续聘教授副教授助教名单》，《北京大学周刊》1934年7月21日第104号，第2版，"专载"）	1935年度（《职员录》，见《国立北京大学一览民国二十四年度》，第257页）
教授兼主任：马裕藻 教授：刘复　许之衡 　　　郑奠　林损 　　　黄节　罗庸	院长主任：胡适 教授：马裕藻　刘复（病殁于 　　　1934年）黄节　郑奠 　　　罗庸　傅斯年	教授兼主任：胡适 教授：马裕藻　罗常培 　　　罗庸　郑奠

在上海见北大国文系事之记载为之兴奋，今日看到林撰小
丑之文，为之愤怒，恨不得立刻返北平参加恶战，可已如此。
想孟麟先生不得不快刀斩乱麻矣。此等败类竟容许其在北大，
如此小人，亦吾等一切人之耻也。

今日上孟麟先生一书，痛言此事。此辈之最可恶者，非林
而实马，彼乃借新旧不同之论以欺人，试问林马诸丑于旧有何
贡献？此小人恋栈之恶计，下流撒谎之耻态耳。越想越气，皆
希努力到底！[1]

国文系事根本解决，至慰。惟手示未提及马幼渔，深为忧
虑不释。据报上所载情形论，罪魁马幼渔也。数年来国文系之
不进步，及为北大进步之障碍者，又马幼渔也。林妄人耳，其
言诚不足深论，马乃以新旧为号，颠倒是非，若不一齐扫除，
后来必为患害。此在先生之当机立断，似不宜留一祸根，且为
秉公之处置作一曲也。马丑恶贯满盈久矣，乘此除之，斯年敢
保其无事。如有事，斯年自任与之恶斗之工作。似乎一年干薪，
名誉教授，皆不必适于此人，未知先生高明以为何如？[2]

傅斯年认为，林损和马裕藻"以新旧为号，颠倒是非"。按照
傅斯年1932年的观点来说，大学教授如果有相应的贡献的话，必
须保障其地位，现在他要把马裕藻、林损赶走，这说明傅斯年完全

---

[1]　傅斯年:《致胡适》(1934年4月28日，31日发)，载欧阳哲生编《傅斯
年全集》第7卷，第129页。个别的字据桑兵《马裕藻与1934年北大国文系教授解
聘风波》(《近代史研究》2016年第3期，第39页)有所修改。

[2]　傅斯年:《致蒋梦麟》(1934年5月8日)，载王汎森、潘光哲、吴政上主
编《傅斯年遗札》第2卷，第621-622页。

不承认马、林的学问，把他们看作"学氓学棍"之类。但我们同时
需要注意马裕藻是这么提"新旧"的：

> 本人以为研究学问，应新旧思想并用，既不反对新，亦不
> 拥护旧。新者更有新，旧者亦有其研究之价值。新派讲方法，
> 方法固需要，但对于文学，不可仅讲方法，而不研究。胡适之
> 先生出版中国哲学史大纲，学生专讲方法，以为阅读哲学史大
> 纲，即可了事，而不读子书，此不可谓研究。研究学问，不论
> 新旧。辜鸿铭亦可请到北大讲课。大学与中学不同，中学须有
> 统一思想，以免脑筋紊乱。大学则不应思想统一，必须新旧并
> 用，始能获得研究之结果[1]。

这背后有20世纪10年代以来一些学人对胡适《中国哲学史大
纲》卷上所做的批评。不好好读基本的书，也是不断发掘新史料的
"新史学"兴起之后，有些学人指出的矛盾，牵涉"疑古"与经学
等一系列问题。[2] 还不止于此，重要的是马裕藻提到"思想统一"
的问题，他说大学必须新旧并用，这显然是接着蔡元培20世纪10
年代掌校时的方针提出的观点。但可惜的是，当时对这些深刻的问
题并没有展开深入讨论，发生的只是辞职和解聘的斗争。

---

[1]　马裕藻：《马裕藻谈话》，《世界日报》1934年4月25日第7版，"教育界"。
引用者重新标点。

[2]　参看罗志田：《史料的尽量扩充与不看二十四史——民国新史学的一个诡
论现象》，载《近代中国史学十论》，复旦大学出版社，2003。虽然"子书"和"史
书"性质有所不同。

　　至于具体的国文系改组办法，要点在于第三组，即文籍校订组[1]。胡适主张，"第三组决定删去"[2]，而马裕藻则说："本系第三组之设原为藻历年（自十四年以来）筹划之一端，本学年方始试行。将来成效维不敢断，若能许藻尝试数年尤所希冀。第三组之设关于周秦文籍尤与古音韵学极有关系，藻颇欲利用第一组（即语言文字组——引者注）之研究所得以为此组之助。"[3]马裕藻推出"古音韵学"，但从胡适来看，此门类也在被整理之列："语言文字学一组作有系统的安排，其关于中国文字学声韵学的一部，似可设法裁并。（例如'文字学概要'与'声韵学概要'似可合为一科。又如'说文'，可并入'中国文字与训诂'一科，因为这两科均用《说文》为主要材料也。）"[4]古音韵学、文字学、《说文》，这些都是章太炎派所重视的研究领域，马裕藻企图利用这些研究成果来进行文籍校订，"以图谋贡献世界"。[5]攻破根据这种学术观念建立起来的课程

---

　　[1]　其实"文籍校订"是顾颉刚最初打算在史语所组织的工作组的名称，后来因他不参加史语所，所以没有办起来。"文籍校订"这一词牵涉的范围比较广，章太炎派也用，顾颉刚也用。参看竹元规人：《"历史"与"语言"还是"历史语言"——试论傅斯年关于 philology 的思想》，载王志刚、马亮宽主编《"傅斯年思想的传统与现代"研讨会论文集》，天津人民出版社，2011。

　　[2]　胡适：《致马裕藻》（1933 年 4 月 13 日），载耿云志、欧阳哲生编《胡适书信集》上，第 591 页。

　　[3]　马裕藻：《致胡适》（1933 年 4 月 26 日），载耿云志编《胡适遗稿及秘藏书信集》第 31 册，第 603 页。

　　[4]　胡适：《致马裕藻》（1933 年 4 月 13 日），载耿云志、欧阳哲生编《胡适书信集》上，第 591 页。

　　[5]　马裕藻：《致胡适》（1933 年 4 月 26 日），载耿云志编《胡适遗稿及秘藏书信集》第 31 册，第 601 页。

体系，等于是推翻"章太炎派统治北大国文系的局面"。[1] 从胡适和马裕藻之间的"商量"情况，可见胡适要推翻章太炎派的志向，但他始终没有明确说明章太炎派到底怎么不可行。

　　所以，1933 年至 1934 年北大国文系的纠纷，不是在"学术自由"条件下的学术论争，顶多是学派之间的斗争。实际上，斗争的经过和结果还有些不清楚的地方：为什么蒋梦麟对马裕藻进行慰留？而马裕藻为什么先提出辞职，结果继续担任教授？一方面来看，在上一节介绍的种种"制度"下，校长和院长旗帜鲜明地要"改革"国文系，胜败之所归，实无须论辩，但从另一方面看，也可以说："胡、蒋合力，在籍系声势已衰之际尚只能动林损而不敢碰马幼渔，则鼎盛之日的八面威风可想而知。"[2] 当时水面下的内幕如何，现在已经难以捉摸。

　　这一纠纷暴露出的问题，实与史语、社会两所合并时产生的问题类似。在财政短绌的情况下，北大也不得不削减经费。马裕藻抵制"改革"时，不仅提及学术上的理由，还提出"各系平均削减"的逻辑。如果每个系的条件都同样合理，或无法判断各个系的条件之区别的话，"平均削减"也是一个办法。而蒋梦麟和胡适认为国文系花费太多，对其要求超过他系的削减。这时有一个问题：到底蒋梦麟和胡适的判断是否合理？他们有什么根据下断语？蒋梦麟甚至明确提出要改变"系自为政"的情况[3]，这意味着削减

---

　　[1]　这样看来，实际上林损是主要教第二组（文学组）的教授，他的去留与这次"改革"之要点关系不大。有趣的是，辞退时林损也与胡适一样以"避贤路"为理由之一。

　　[2]　桑兵：《近代中国学术的地缘与流派》，载《晚清民国的国学研究》，上海古籍出版社，2001，第 39 页。

　　[3]　《蒋对记者谈：整顿校务已有具体计划》，《世界日报》1934 年 4 月 24 日，第 7 版，"教育界"。

各系的"自治",由校领导统一安排全系的课程方针。如果马裕藻和胡适、傅斯年之间的异见,只是见仁见智的问题的话,当时北大校长和文学院长的所为,不免为"著名学者之牵掣",或大学里面的权力体系对学系、教授的压迫。而且,蒋梦麟表示:"本校教授聘约,均以一年为期,于每年度开始时送出。现本年度行将终了,应行更动之教授,亦将决定,想林先生对本校之更动教授事件,有所预闻,故提出辞职。"[1] 由此可见,校长进行改革时,充分利用了教授聘任制度。

关于这一纠纷,目前出版的史料中,胡适、傅斯年等主"改革"的学人比较多。但是如果要全面了解的话,那些史料是否足够? 恐怕所有学术机构的"改革"都有可能与这些问题有关,仅凭"改革"派的史料立论、写史,很容易陷于片面的理解。

结语 "思想"和"制度"之间的矛盾

通过上面的论述,可见同一个学人有时具有方向不同的"思想",并且学人的"思想"与实际"行为",也往往不同。即便是同一个人,由于其所在的处境、所在的地位、所扮演的角色之不同,其"行为"也是会变的。

"思想""行为"和"制度"之间会发生矛盾,往往在于两个问题:一个是"国难"的问题。虽然在"思想"上主张学术的独立自由,但时逢"国难之秋",需要集中资源,学术机构也不免受到影

---

[1] 《国文系教授林损辞职系因下年度将解聘》,《世界日报》1934 年 4 月 18 日第 7 版,"教育界"。

响。顾颉刚提出学术要独立于政治、社会和国家，这是很难达成的一个愿望。另一个问题是不同学术观念之间的纠纷。虽然傅斯年提议审查大学教员的"贡献"，可是审查的结果必定受审查人学术观念的影响，到底怎么决定审查标准？如果学术观念之间，或方法论、学科之间发生严重冲突的话，该怎么调整互相的关系？这些问题没有合适的处理，甚至没人认为需要调整，就很难保障蔡元培所说的"近代思想自由之公例"。论及这些问题时，论者常常注意的是政治权力对学术的控制，或学术界和政治界的关系问题，但从本论文所讨论的具体例子来看，除了政治的问题以外，学术界内部的互相牵制也是关键。如果学人之间常有互相排挤、学派斗争的话，学术自由终将只会是一座空中楼阁。

最后，当时的学人怎样在"学术社会"里面给自己争取新的社会地位？顾颉刚和傅斯年都说现代知识分子已经不是士大夫，而是"工人阶级""职工阶级"或"技术阶级"[1]。但有些知识分子的活动远远超出"工人"或"职工"的范围：他们有时担任学术机构的行政，领导一些"工人"或"职工"；有时在社会上发言，在民众中赢得广泛的影响力。在此意义上，如果说顾颉刚和傅斯年属于"工人阶级"，恐怕不太合适。这种情况，不一定意味着他们的矛盾，而是意味着他们还没有找到表示知识分子地位的适当之词。存在于"思想""行为"和"制度"之间的缠纠，导致知识分子对其身份地位的找寻，直到今天还在继续。

---

[1] 顾颉刚：《悼王静安先生》，《文学周报》1927 年第 276 期（第 5 卷第 1 期）；傅斯年：《教育崩溃之原因》，《独立评论》1932 年 7 月 17 日第 9 号。

第八章　科学时代的人文主义

——国难之际浙江大学学术转型

晚清民初，学制转承，新式教育侧重培育治事和办事之才，为国家社会转型提供必要的知识与技术支撑，而被分科之学所肢解的中学系统逐渐丧失维系道德伦理的功能。[1] 如何沟通科学与人文，在德性之学与政教体系、社会秩序之间建构能动关联，可谓近代中西新旧之争的关键议题。中体西用与科学救国成为近代学人平衡民族本位与外来文化，以期会通中西，重建价值标准，振兴国族的重要思潮。20 世纪 20 年代，因为师资、经费、设施等原因，国内大学常常偏重文法科，而忽视农工医各科，高等教育形成农工科萎缩过度，文法科发展过甚的局面。南京国民政府成立以后，国民党通过各种方式逐渐掌控了全国教育的决策权，并由此开始了各个层面的改革。1929 年，国民党第三次全国代表大会关于教育方针的决议指出，过去教育的弊端在于"各级教育偏注于高玄无当之论，未能以实用科学促生产之发展，以裕国民之生计"，而今后大学必须注重实用科学，充实科学内容，养成专门知识技能，并切实陶融为国家社会服务之健全品格。"抑文重实"成为 20 世纪 30 年代国民政府教育的一贯主张，而高等教育是否应该"抑文重实"，成为当时

---

[1]　桑兵:《科举、学校到学堂与中西学之争》,《学术研究》2012 年第 3 期。

教育界争论最激烈的问题之一。

浙江大学成立之初，设有工学院、农学院、文理学院，一开始就偏重农工等应用科目，以培养"专家"为育人目标。从一年级起，即按科系设置专业课程，而对于中外历史、中外地理、国文等基础课，则无教授讲课。[1] 1930 年起，将文理学院下属中国文学系改为学门，又因经济问题，将心理、史学与政治、经济三学系停办。郭任远掌校期间，"对学校行政及教育方面，颇多改进"，首要为"注意理工农各系之发展，俾符政府提倡自然及应用科学之旨趣，理科各系，除作纯科学之研究外，并负责训练农工两院学生之基本科学"。[2] 可以说，20 世纪 30 年代初，浙江大学是国民政府"抑文重实"教育的典范。

后来长期掌校的竺可桢，历来主张自然与人文、精神与物质、民族主义与世界和平的融会贯通，认为中体西用的"见解是很错误的"，科学救国思想若流于物质主义，"一样的错误"。培养科学的环境是科学精神，科学精神就是"只问是非，不计利害"，"只求真理，不管个人的利害，有了这种科学的精神，然后才能够有科学的存在"[3]，这是中国学术进步与政治改良的基础。1936 年，竺可桢执掌浙江大学之后，改革教育理念，调整浙江大学学科结构与人员组成，转变学术风气。针对改革过程中的种种困难，为调和各院系间的分歧与矛盾，竺可桢提出以"求是"为校训，升华"求是"精

---

[1]　浙江大学校史编写组：《浙江大学简史》第一、二卷，浙江大学出版社，1996，第 38 页。

[2]　《浙大今后发展注重人才教育》，《东南日报》1935 年 12 月 21 日第 7 版。

[3]　竺可桢：《利害与是非》，载《竺可桢全集》第 2 卷，上海科技教育出版社，2005，第 238 页。

神，既平衡文实冲突，革新浙江大学"以实用为依归"的办学理念，又实践科学时代的人文主义，"谋中西文化之统一，以从事于真正之创造"[1]。国难之际，浙江大学成为坚守科学时代人文主义立场学人的汇聚中心。以此为线索，厘清其理念与实践之间的张力，既可揭示近代学术流变的复杂面向，又可尝试为平衡科学与人文、政治与学术的体用关系，提供切实的思想资源。

第一节　"办大学者不能不有哲学中心思想"

1936 年，浙江大学发生"人事异动"，陈布雷向蒋介石推荐继任校长一职者三人：吴雷川、周炳琳及竺可桢。各方几乎一致看好没有从政经验的竺可桢。竺可桢当时虽颇为犹豫，但心中已经对浙大的办学宗旨有所思考，特别是对前任浙大校长郭任远的办学方式与理念大为不满：

> 大致郭任内重要政绩在于增加军训，使学生生活军队化；于杭城太平门外购地千亩为新址基础；改变内部组织，如农学院之分系不以畜牧、农艺等名称，而用农业动物、农业植物等等。此三者自以第一着为最重要，但因此连带及于大学之目标。办大学者不能不有哲学中心思想，如以和平相号召，则根本郭之做法即违反本意。余以为大学军队化之办法在

---

[1]　参考许小青：《中国现代文化史上的北大派与南高派》，《近代史学刊》2016 年第 2 期；蒋宝麟：《民国时期中央大学的学术与政治（1927—1949）》，南京大学出版社，2016。

现时世界形势之下确合乎潮流，但其失在于流入军国主义，事事惟以实用为依归，不特与中国古代四海之内皆兄弟之精神不合，即与英美各国大学精神在于重个人自由，亦完全不同。目前办学之难即在此点。郭之办学完全为物质主义，与余内心颇相冲突也。[1]

批评郭氏的焦点即在"物质主义"，"以实用为依归"。而竺可桢表示大学精神应该"以和平相号召"，会通中西文明，此虽办学之难点，但仍需提倡。在第一次对浙江大学学生训话时，竺可桢即提出要"明了往史与现势二条件"，"办中国的大学，当然须知道中国的历史，洞明中国的现状，我们应凭藉本国的文化基础，吸收世界文化的精华，才能养成有用的专门人才"。"我们讲过去的历史，一方面固然绝不能忘了本国民族的立场，也不能不措意于本地方的旧事和那地方文化的特色。"随后，竺可桢特别强调浙江的开化与学术的发达，并以黄宗羲、朱舜水为典范，号召学生："生在文化灿烂的中国，又是生在学术发达先行足式的浙江，应如何承先启后，以精研学术，而且不忘致用实行为国效劳的精神！"[2] 竺可桢格外强调浙省往昔的文化之盛，意在激发学生的自豪感，亦是针砭时弊。

陈训慈鼓励竺可桢任浙大校长的重要缘由，即"浙省文化近来退化殊甚，需一大学为中流砥柱"。[3] 若以学者籍贯而言，浙籍学

---

[1]　竺可桢：《竺可桢日记》，载《竺可桢全集》第6卷，上海科技教育出版社，2005，第36页。

[2]　竺可桢：《大学教育之主要方针》，载《竺可桢全集》第2卷，第332–334页。

[3]　竺可桢：《竺可桢日记》，载《竺可桢全集》第6卷，第35页。

人当时遍布全国，在各个学科中均属主流与中坚，而陈训慈所言文化退化，当特指本省文化风气的衰落，本省学术机构的质量堪忧。陈训慈 1932 年 1 月出任浙江图书馆馆长，在他看来，"省立图书馆在一国之学术教育上，实占极重要之地位，不但保存图籍文物，抑且辅益各种教育与社会事业，负提高学术领导风气之使命"[1]。同时，陈训慈对浙江大学寄予厚望，"浙江大学为本省惟一之大学，本馆则为本省公共之书库；大学为陶铸学者之重心，图书馆则为供应学者研究之所"，二者旨归同为"昌明学术，发扬文化"。[2]

1936 年 1 月，由陈训慈发起，在浙江省立图书馆举行浙江中华史地学会成立大会，会员多系浙江各地史地教员，"希望以此推进本省学术研究之风气，以与建设事业同其迈进"。[3] 郑晓沧亦认为："大学非仅为教育的，亦为文化的，大学教育与文化学术盈虚消长有关。"[4] 可以说，陈训慈等人期望竺可桢执掌浙大，能使浙大成为振兴浙省文化的中流砥柱。

竺可桢也有意将浙江大学办为全省文化重心，扭转郭任远倡导的"物质主义"风气，同时指出："教授是大学的灵魂，一个大学学风的优劣，全视教授人选为转移。"[5] 而"浙大尚有数点应改良"，第

---

[1]　陈训慈：《全国省立图书馆现状之鸟瞰》，《浙江省立图书馆馆刊》1935 年 6 月第 4 卷第 3 期，第 103－134 页。

[2]　陈训慈：《浙江学风与浙江大学》，《浙江省立图书馆月刊》1932 年 6 月第 1 卷第 4 期，第 8－16 页。

[3]　《浙江中华史地学会举行成立大会》，《图书展望》1936 年 1 月第 1 卷第 4 期。

[4]　郑晓沧：《章太炎先生追悼会》，《国立浙江大学日刊》1936 年 11 月 16 日第 64 期，第 253－254 页。

[5]　竺可桢：《大学教育之主要方针》，载《竺可桢全集》第 2 卷，第 332－333 页。

一项即"课程上外国语文系有七个副教授，而国文系竟无一个教授，中国历史、外国历史均无教授"，"浙大无地理教授与无历史教授，故对于史地非增人不可"[1]。因此，竺可桢上任伊始最为重要者，即四处招揽人才，浙江大学学科结构、人员组成为之一变，学术研究的风气也随之转型。

"五四"前后，郭秉文主政东南大学，一时间人才济济，与北大南北称雄，后发生内讧，教授星散。中央大学组建后，因种种原由，尚难恢复昔日盛况。竺可桢接手浙大，在人事上颇有更张，"教授方面，全部改组者，计有文理学院之物理系及工学院之机械系，大部更动者，则有文理学院之外国语文系及工学院之土木系，农学院畜牧、森林两组被裁撤，农业社会系则缩小范围"。而新聘之教职员，多系前东南大学出身。[2]胡刚复、梅光迪、张其昀等原东南教授纷纷聚集而来，形成核心力量，其中，胡刚复任理学院院长、梅光迪任文学院院长，张其昀则是新开办的史地系主任。竺可桢正是依靠一批东南旧人革新浙江大学"以实用为依归"的办学理念，而对文理学科的态度牵涉的是整个大学的教育理念，大体来说，对大学教育宗旨的认识决定着对文理学科的态度。

竺可桢认为，大学教育主要是为学生开辟治学的门径，尤其不能因知识培养而忽略思想训练，大学不仅要培养"专家"，更要培育"通才"。郑晓沧称，大学应培养能引领社会风气的"士"，大学毕业生当能以演绎与归纳整理思想，"竺校长屡屡言及思想训练，应为大学教育重要目标之一，凡具有此种修养者，始可谓之士与学者。然中国向重人本主义，故向来士之涵义，除学识外，亦必注重

---

[1]　竺可桢：《竺可桢日记》，载《竺可桢全集》第6卷，第36页。

[2]　《浙大教职员人事上颇有更张》，《东南日报》1936年7月17日第7版。

其人格之修养"。"今之大学学生，不可不勉为绩学之士，不可不勉有君子之风。"[1]李絜非则撰文指出："此与研究的精神，不但是并行而不悖，抑且是相得而益彰，我们都知道科学的发明与应用，都是经过无所为而为的科学家们之研究的阶段，有目的的创造，倒是很少，今日视为无补实用的学问，明日往往能引为关系民生大计的法门。"并且强调，"求是"的内涵，"即是以科学的研究的精神，无所为而为的精神，穷天地之奥蕴，辨学术之真伪，训练博学，锻炼心智，以造就智慧上和道德上的完全人格"。[2]

若要实现这一转变，学校课程乃至院系设置的改革势在必行。1932年12月，国民政府颁布了《改革大学文法等科设置办法》，进一步规定，全国各大学及专门学院之文法等科，"办理不善者，限令停止招生或取销立案，分年结束"，而"嗣后遇有请设文法等科者，除边远省份为养成法官及教师，准设文法等科外，一律饬令暂不设置"。[3]1935年，教育部公布整理大学院系的结果，共裁撤、归并或停止招生33个学系，其中属于文法科的有30个系之多，新增院系则多为实科。至此，全国高等教育文实学科比例大体持平，而浙江大学文科愈发停滞不前。竺可桢认为，大学因为能包涵万流，所以称其为大。在1936年5月9日主持第一次校务会议时，竺可桢就提出大学不宜过早分系设课，主张应由有学问、经验丰富的教师为一年级新生开设基础课，尤其要加强中外历史、中外

---

[1] 郑晓沧：《大学教育的两种理想》，《国立浙江大学日刊》1936年10月1日第27期，第107-108页。

[2] 李絜非：《大学学生与研究精神》，《国立浙江大学日刊》1936年9月2日第2期，第6-7页。

[3] 教育部参事处编《教育法令汇编》第1册，商务印书馆，1936，第142页。

地理、国文等课程，同时决定设立中国文学系与史地系。会议通过了竺可桢的提议。后听取教育部长王世杰的意见，"因国文系成立则诗、词章、中国文学史等科目均须成立"，改中国文学系为暂时筹备，[1] 史地系则于 1936 年 8 月正式成立。

史地系刚成立，即受到各界人士的欢迎，《东南日报》称："历史地理一科在民族复兴上居重要地位，而浙省先贤于中国史学源远流长，尤多光耀"，浙江大学史地学系"内分历史、地理两组，俾通识与专精双方兼重，预料该系当在中国史地学界树一新帜"。[2] 蒋介石对此也格外嘉奖："史地学系之添设，于我浙学术之继承与发扬，实为必要，今后并望对于中国文学及中国哲学方面多聘良师，充实学程，以立学术之基础为要。"[3] 当时文理学院增聘的国文教员，特别是史地教员大多有东南大学背景。在史地学系成立之初，教员有张其昀、景昌极、顾毂宜、朱庭祜、费巩、陈训慈、苏毓棻、李玉林、柳定生、郝颐寿等十人，[4] 其中顾毂宜、费巩、苏毓棻在竺可桢长校之前已经是浙大公共科目教员，[5] 其余七人均为新引进人员。除朱庭祜为前农商部地质研究所毕业，与东南大学没有直接的学缘关系外，其他六人中张其昀、景昌极、陈训慈皆毕业于东南大学前身南京高等师范学校，后皆任教过东南大学或中央大学，而三名助教李玉林、柳定生、郝颐寿则皆为中央大学毕业生。

---

[1]　竺可桢:《竺可桢日记》，载《竺可桢全集》第 6 卷，第 81 页。

[2]　《浙大增设史地学系》，《东南日报》1936 年 8 月 31 日第 7 版。

[3]　《国立浙江大学日刊》1936 年 11 月 6 日第 44 期。

[4]　《国立浙江大学教职员学生通讯录》（1936 年），国立浙江大学，1936，第 19—20 页。

[5]　《国立浙江大学教职员学生通讯录》（1935 年），国立浙江大学，1936，第 35—36 页。

另外，新聘的国文教员王焕镳也毕业于南京高等师范学校。史地学系成立之初，即"鉴于浙大所处地位，有宣扬浙省文化之任务"，与浙江省立图书馆合作，发起浙江学术演讲会，"预定每二星期举行一次"，并参加浙江省文献展览会。[1] 1936 年 12 月 27 日，浙江中华史地学会在浙大文理学院召开第二届大会，改名为浙江史地学会，改选的九位理事中，浙大史地学系张其昀、陈训慈、顾毂宜、苏毓棻均入选。

学科结构的变动，新聘人员的增加，本来就对浙大原有教员的利益有所侵害，大量"东南旧人"的引入正好给人以批评的口实。竺可桢上任一年之际，校内便出现所谓"国立浙江大学驱竺团"，张贴《宣言》称："竺可憎，阳假学者之美名，阴行植党行私之丑计，查有实据者计有九大罪状"，如"第求目的，不择手段"，"任职一年，未成半事"，"广植私人，把持校务"，"哈佛为经，东大为纬"，"浪费过巨，入不敷出"等，甚至称陈训慈实为"太上校长"云云。竺可桢断定乃农学院被免职教员所为，"阅后一笑置之，视若狂吠而已"。[2]

竺可桢引入东南旧人，的确有旧交私谊的成分，如聘请景昌极教哲学，"哲学非浙大所需，不免有为人谋事之嫌，但晓峰过于顾情谊，屡为之言，余最后拟定以幼南代缪赞虞之办法"。[3]更为直接的原因恐怕在于，20 世纪 30 年代全国文史学科的学术格局大体形成，浙大新设国文、史地，作为后起之秀，想广泛聘请心仪的教

[1]《史地学系之新工作》，《国立浙江大学日刊》1936 年 9 月 1 日第 1 期，第 4 页。

[2] 竺可桢:《竺可桢日记》，载《竺可桢全集》第 6 卷，第 299 页。

[3] 竺可桢:《竺可桢日记》，载《竺可桢全集》第 6 卷，第 81 页。

员并非易事。竺可桢曾言："浙大如要余往，余之第一要着，乃在为浙大觅得在可能范围内最适当之人。"[1] 不过，他也相当清楚："校长之最要在能请得良好之教员，而良好之教员老者已为各方所罗致，一时不能脱身，而欲养成新者则非短时间所能为力也。"[2] 史地学系成立之初，即拟聘请钱穆、张荫麟，但二人皆因种种原因，暂时不能任教浙大。[3] 相反，依靠原有东南大学的学缘在短期内聘请教员则相对容易。另外，更关键的因素恐怕在于竺可桢的学术主张、办学理念与东南大学一脉相承，其掌校之初以"东南旧人"奠定学术风气，会相对得心应手。

竺可桢 1920 年受聘担任南京高师地学教授，次年，学校改称东南大学，他主持建立了地学系，下设地理、气象、地质、矿物四个专业，并新任系主任。为教学需要，竺可桢编写了《地理学通论》和《气象学》两种讲义，这成为中国现代地理学和气象学教育的奠基性教材。他也是当时南京高师史地研究会最为重要的两位导师之一。1920 年 5 月至 1922 年 12 月间，他五次在史地研究会讲演地学、气象与时事。1925 年 1 月，东南大学发生"易长风潮"，竺可桢于本年夏离校。在这期间，郭秉文主持东南大学，崇尚古典主义与人文主义。张其昀总结郭秉文治校的特点为"通才与专才的平衡""人文与科学的平衡""师资与设备的平衡"和"国内与国际的平衡"。[4] "通才与专才的平衡"即要打通基础与应用的学科限制，

[1]　竺可桢:《竺可桢日记》，载《竺可桢全集》第 6 卷，第 46 页。

[2]　竺可桢:《竺可桢日记》，载《竺可桢全集》第 6 卷，第 32 页。

[3]　钱穆:《师友杂忆》，生活·读书·新知三联书店，1998，第 244 页。

[4]　张其昀:《郭师秉文的办学方针》，见"'国立中央大学'建校七十周年纪念特刊"《"中央"大学七十年》，七十年特刊委员会，1985，第 75-76 页。

使专与通有效地结合，以培养学生宽厚的基础知识和敏锐的科研能力，既注重本科的通才教育，又注意专科的专才教育，基础与应用相辅相成，不予偏废。"人文与科学的平衡"，强调科学与人文并重，调和中西文化之争。20 世纪 20 年代初，东大与北大并称，成为中国高等教育上两大支柱。当时新文化运动风靡全国，东大学人如柳诒徵、刘伯明等，创办《学衡》杂志，主张发扬民族精神，沟通中西文化。[1] 竺可桢在浙大的办学理念以及文理学院的改革，与此若合符节。

　　浙大文理学院第一次院务会议，即讨论"专精与博通，为吾国大学教育当前的一大问题，皆从专精及系别二点出发，学生往往感觉常识不足，又因所有课程几全为规定，对于本门功课以外，任何问题，毫无兴趣，亦非良好现象"。因此，课程委员会通过决议，"比较的加重选课精神，即希望矫正此点，俾专精与博通，得一适中之调剂"，同时以"本大学规定学生在人文科学及自然科学中以至少各选九学分为原则"，商讨如何规定选课标准。[2] 而在竺可桢出席的文理学院茶会上，大家畅所欲言，一致认为应当增加学生研究国学之兴趣，"国文系之成立，既可正人观听，尤宜亟谋促成"。至于本国历史，"应劝同学注意一切基本知识。无论学理学工农，均不宜偏废，吾人读书不仅为衣食之谋，使能学有所成，衣食自亦可以迎刃而解"。[3] 胡刚复更是明确提出大学生的两个目标，"专精

---

[1]　参见许小青：《政局与学府：从东南大学到中央大学（1919—1937）》，中国社会科学出版社，2009。

[2]　《文理学院第一次院务会议记录》，《国立浙江大学日刊》1936 年 12 月 25 日第 98 期。

[3]　《文理学院举行茶会盛志》，《国立浙江大学日刊》1937 年 3 月 19 日第 143 期，第 571 页。

兼谋博通，求知更重修养。"过去"浙大较重理工，对文史注意较少，吾人为中国人，中国文字的运用，为一基本问题，其他科学固然愈专愈好，但基本修养不可不蓄之有素"。然而，"本校过去对国文只开八小时四级，实太不像话。社会科学科目亦感缺乏，学生出外任事，殊感不足应付"。正因如此，"近来已开课程，加以纠正，则此为原则，将来改正至如何程度，虽不敢必，惟对于本国文化，应多一点认识，则为必不可少之事"。[1]

在文理学院第一次茶会上，胡刚复称："外人不察，动谓本校内部之组织与课程，多所重复，近顷已与昔异。惟院系间精神的与物质的密接无间，尚待进一步之努力。"[2] 国文课程的设置成为工、农、文理各学院间争论的焦点。

当时，国文教学改革的最低限度为：一能使学生表达意思及无重大错误，此关系应用方面；二是使学生对本国文化之轮廓有相当了解与同情；三为文艺的欣赏。要实现这一目标，国文课程增加钟点与文理学院文组国文教学延长为两年一事，下年度即当实施。文理学院已经正式通过，且"接洽添聘国文教授以资提倡"，但农、工学院意见不一，在文理学院第三次茶会上，"唇枪舌剑，谈话几或成辩论"。束星北、陈建功强调区分应用与欣赏的层次，工学院院长李寿恒则认为工学院学生课程本来就特别繁重，不赞成再增加国文的学时。[3] 农学院教授周明祥则在文理学院第四次茶会上提出：

---

[1]　胡刚复：《大学教育》，《国立浙江大学日刊》1937 年 2 月 25 日第 125 期，第 497 页。

[2]　《文理学院举行第二次茶会记》，《国立浙江大学日刊》1937 年 4 月 13 日第 160 期，第 638—640 页。

[3]　《文理学院举行第三次茶会记》，《国立浙江大学日刊》1937 年 6 月 19 日第 217 期，第 865—866 页。

"去年新增人文课程学分，于是本系基本课程，势必减少。人文功课固为必要，然以一年不能读竣，乃延长至于二三年级，驯至四年级时之研究论文，无法从事。"提议将人文学科移至四年级教学。[1]

"国文课程"的争论，工、农、文理学院三方相持不下，工、农学院所提反对意见，确有道理，不过，根源仍在于"以应用为依归"的教育理念。竺可桢在随后的毕业生典礼上再次申明，"人才供求，不能限于工业，尝有多人文史甚美，为求高格，勉学机工，殊为可惜，实则为国驰驱，应尽力之所能及，如但群骛于有出路之学科，要非尽善尽美"。若要实现国家复兴，"其人凡具特别天才，可无庸改入工业"。[2]

可见，竺可桢扭转物质主义学风的努力，在实施过程中困难重重。驱竺事件，使得"宗派""门户"问题，成为竺可桢以及诸多东大旧人所不容回避甚有所顾忌的难题。竺可桢自己早就意识到在此问题上须更加审慎："余以引用至浙大之人，东大色彩太重……故在可能范围内不欲再加东大之人。"[3]张其昀更是一针见血地指出："道者何？永久使命之连系是，浙大无具体之道以言。"在他看来，各院系间的分歧，以及驱竺事件，无不说明浙大缺少鲜明的办学理念，而调和各方矛盾，明晰办学思路，遂成为深入改革的当务之急，"求是"校训正是在此种背景下产生的。

————————

[1]《文理学院举行第四次茶会记》，《国立浙江大学日刊》1937年6月29日第225期，第899-902页。

[2]《昨日毕业典礼盛况》，《国立浙江大学日刊》1937年6月28日第224期，第893-898页。

[3] 竺可桢:《竺可桢日记》，载《竺可桢全集》第6卷，1936年5月26日，上海科技教育出版社，2005年，第81页。

第二节 "求是"校训

"驱竺事件"发生不久，张其昀在浙江大学第十届毕业典礼上代表教职员致辞时，系统阐发了浙江大学"求是精神"的传统。他认为，求是精神起于至诚，"是非二字，通贯于求学做人以及政治各端，明辨是非，就尽了万世万变"。以求学而论，若要成就大学问，必须"兼收并蓄，绝无党同伐异之见"，而"雷同附和与挟私立异均为求学之大蔽，必去此二蔽，方能据事论事，而终得是非之实"。以做人而言，"学者最可宝贵的精神，全在知行合一，分黑白，明是非"，"趋向理想标准之行，即可断之为是。凡与理想标准冲突的情绪与冲动，即可斥之为非"。以政治而言，"政治的方针全要是非明白，学术为国家之命脉，公论为民族之元气，主张国是者必归于此"，"亡国之大苦莫甚于善恶是非之相反"。最后，张其昀总结道："求是精神是一切读书做人的根本，对学术，求真是真非，对国事当求公是公非，古来宝贵文化之产生，其原因即在于此。"[1]

张其昀的演讲从求学、做人、政治三方面概括了求是精神的内涵，及其在国难时期的应用。文实之争，一直是困扰近代高等教育的难题，张其昀指出："在求是这一点上，文学与科学完全一致"，"史学宗旨亦不外乎察真求是"，"实录二字为史家所悬的正鹄"。这无疑为竺可桢确定以"求是"为校训奠定了理论与现实基础。李絜非认为："大学的责任在保全祖国的精神和发扬高深的文化，浙大所当疚心的，是对此除掉稍所成就外，尚未能尽其最大的能力，以求最大的致用。"而在战时西迁过程中，"求是"两字，乃由竺可桢体

---

[1] 张其昀:《求是精神》,《浙大学生》1941 年复刊第 2 期, 第 12-15 页。

认，"制定而为浙大校内师生立身治学最高的准绳"。[1]

　　1938 年 11 月 1 日，浙江大学在广西宜山举行开学典礼，竺可桢致开学训辞，主讲《王阳明先生与大学生的典范》，明确提出："本校推原历史的渊承（本校前身是前清的求是书院），深维治学的精义，特定'求是'二字为校训。阳明先生这样的话，正是'求是'二字的最好注释，我们治学做人之最好指示。"竺可桢所言王阳明的话是："君子之学，岂有心乎同异？惟其是而已。吾于象山之学，有同者非是苟同；其异者，自不掩其为异也。吾于晦庵之论，有异者非是求异；其同者，自不害其为同也。"竺可桢强调王阳明学说的精粹是"心即理""知行合一""致良知"，而最后落脚于"惟其是而已"一语，其用意正在于"我们治学行己，固要有宗旨，决不要立门户"，他所针对的正是"目前一般智识分子往往只顾利害，不顾是非，这完全与阳明先生的'致知'和本校校训'求是'的精神相背谬的"。[2] 陈训慈亦曾指出，"求是"为浙大之历史名称，或即有取此义，"浙江学者体先哲大公之精神，应打破今日教育界之颓习，而树立公正之学风"。[3] 因此，在 1938 年 11 月 19 日第 19次校务会议上，竺可桢提议，郑晓沧、郭斌龢附议，校务会全场通过，正式"决定校训为'求是'两字"。[4]

　　"求是"乃浙江大学前身"求是书院"的院名，也是竺可桢掌

_____

　　[1]　李絜非:《今日之浙江大学》,《战时中学生》1939 年 6 月第 6 期，第 73-76 页。

　　[2]　竺可桢:《王阳明先生与大学生的典范》,《浙大学生》1941 年复刊第 2 期，第 7-12 页。

　　[3]　陈训慈:《浙江学风与浙江大学》,《浙江省立图书馆月刊》1932 年 6 月第 1 卷第 4 期，第 8-16 页。

　　[4]　竺可桢:《竺可桢日记》,载《竺可桢全集》第 6 卷，第 615 页。

校后制定的校训，"表明其一线相承的意思"[1]。诚如有学者所言，竺可桢认为"求是"二字，"既是中国传统文化的精髓，又是西方近代科学的真谛，欲在继承传统文化的基础上学习先进的科学技术，必须把握住这个共同点。""求是精神就是科学精神，科学的内容、科学的方法可以随时随地改换，但科学的精神却是永远不会改变的。"[2] 次年，竺可桢做了《求是精神与牺牲精神》的演讲，后又做了《科学之方法与精神》的专论。在这些讲话和文章中，他解释道："求是"就是实事求是，就是探求真理，"求是精神"就是奋斗精神、牺牲精神、革命精神、科学精神。他认为，求是的路径，中庸说得最好，就是"博学之、审问之、慎思之、明辨之、笃行之"。[3] 不过，竺可桢确定"求是"为校训的语境与现实针对，当包括如上所言的"门户之见"与"利害关系"，宏观上讲是调和中西文化之争，从浙大当时的格局看，则是平衡文实冲突，倡导"中西兼通、文理渗透"的学风。

定"求是"为校训的同时，决定由马一浮制定校歌，"校歌为一校精神之所附丽"，也就是说，校歌与校训精神内涵相辅相成。1937年初，浙大即征求校歌，其宗旨为："（一）时代性，促进民族之复兴；（二）教育精神，养成博达君子与专门学者；（三）地方性，

---

[1]　张其昀:《国立浙江大学》，载《国立浙江大学》（上），"国立浙江大学校友会"，1985，第1页。

[2]　张彬、付东升、林辉:《论竺可桢的教育思想与"求是"精神》，载《浙江大学学报（人文社会科学版）》2005年第6期。张彬、龚大华:《竺可桢的大学理念》，《浙江教育学院学报》2007年第2期。

[3]　吴星义:《竺可桢与浙江大学的"求是"校训》，《浙江大学学报（人文社会科学版）》2001年第4期。

发扬本省历来学风士气之特色。"[1] 直到 1938 年 11 月，决议"校歌请马一浮先生制定"，马一浮随即贯通此宗旨，完成校歌歌词。[2]校歌开首几句是："大不自多，海纳江河，惟学无际，际于天地，形上谓道兮，形下谓器。"这正体现了竺可桢的教育思想：大学为学问之海洋，应兼容并蓄，无论纯粹科学或应用科学应包罗万有。校歌还特别强调："念哉典学，思睿观通。有文有质，有农有工。兼总条贯，知至知终。成章乃达，若金之在熔。尚亨于野，无吝于宗。树我邦国，天下来同。"在竺可桢的授意下，郭斌龢将此解释为："说明国立浙江大学之精神、发挥校训求是二字之真谛"，以及"国立浙江大学现在之地位，及其将来之使命"。并引申到浙大文理工农师五院"实为一整个之有机体，彼此息息相关，不宜自分畛域"；"言大学教育，应养成一种宽大之胸襟，廓然无垠，有如旷野，而不当局促于一宗一派之私"；"中华民族之文化，决非狭隘的国家主义，而为广大的修齐治平之理想主义，声名洋溢乎中国，施及蛮貊"。这正是国立浙江大学"所负之使命，即我国文化对于世界所当负之使命也"。[3]

　　马一浮在得知浙大已取"求是"二字为校训后，特意指出："今人人皆知科学所以求真理，其实先儒所谓事物当然之则，即是真理。凡物有个是当处，乃是天地自然之序。物物皆是当，交相为，不相陵夺，即是天地自然之和。"也就是说，"求是"所言之"是"，

---

[1]　《启事》，《国立浙江大学日刊》1937 年 1 月 13 日第 112 期。

[2]　1938 年 12 月 8 日第 20 次校务会议决议将马一浮所作之校歌请国内音乐家制谱。但因战火，迟至 1941 年 6 月 14 日第 100 次浙江大学行政谈话会才请应尚能先生作歌谱。

[3]　郭斌龢：《本校校歌释义》，《国立浙江大学校刊》1941 年 12 月第 102 期。

乃是指"当于理之谓是，理即是真"，而"理"乃是自然之序，自然之序又以"和"为本。这样，"求是"的基础便落脚于"和"。就中西文化而言，西洋哲学所谓真善美，对应中国文化即"礼是善，乐是美，兼善与美斯真矣"，"求是"为中西文化之通义。"求是"不当各守其"宗"，"私系不忘则畛域自封"，学术之门户皆因此而起。就学术与教学而言，要以通天下之志，"须令心量广大，绝诸偏曲之见，将来造就人才，见诸事业，气象必迥乎不同"。[1]

郭斌龢与马一浮二人声应气求，解释校歌的同时，也高屋建瓴地为"求是"校训定位，皆主张"求是"的前提为超越学科乃至文化上的门户之见。当时浙大工、农学院的部分教授对于竺可桢大力倡导文史学科颇有意见，以购书经费而言，1937 年 8 月至 1939 年11 月，文科为 9021 元，理科为 13 064 元，工科为 5490 元，农科为 6821 元。[2] 为此，有教授提出"复兴工学院"，"史地购书多而工院购书少，因此提及预算独立问题"。竺可桢立即反对，"谓浙大已由分而合，再不能由合而分"，并解释"文学院书籍势必多于工、农二学院，以除书籍无其他设备也"。[3] 1939 年初，当梅光迪、贺昌群提议改变会议议程讨论成立文学院议案时，校务会虽然"依原案通过"，但与会 32 人"赞成者十五票"，可见，当时许多院系对此仍多有保留。竺可桢为此还特意说明其到校后于文理学院较前校

[1]　马一浮:《拟浙江大学校歌附说明》,《浙大学生》1941 年复刊第 2 期, 第22-24 页。

[2]　《浙江大学行政谈话记录》, 浙江省档案馆藏"国立浙江大学"档案, 档案号: L053-001-1173。

[3]　竺可桢:《竺可桢日记》, 载《竺可桢全集》第 7 卷, 上海科技教育出版社,2005, 第 191 页。

为重视之缘由。[1] 郭氏对校歌的解释，主张文理、文实会通，无疑也是回应了学科间的门户之争。

　　文理、文实之争反映出来的，正是近代以来国人过重实际忽视道理、趋时容易过时的普遍风气。致远即称："西洋人的理解，求是底精神，是培育出灿烂光辉现代文化底源泉。可是国内社会上的一般人士，往往太短视了，单单看到了实科技术的重要，却忽略了这根本性的纯粹科学，这一种见解，实在是一种很大的错误，所以我觉得凡是理学院的同学们，都有一种伟大的责任和使命，那就是研究科学、宣扬科学。"[2] 竺可桢曾经批评当时的教育部批准在浙江创办英士大学："专设医、工、农三学院而无文、理，何能望其办好。"1940年国民政府在江西创办中正大学，竺可帧又说："余以为办工、农而无文理，实大不合理。"就学术研究的范围而言，竺可桢认为："研究不仅限于自然科学与应用科学，即人文科学亦应提倡，凡所以有利于苍生，无一不在大学范围之内也。"[3] 在谈及我国大学教育的发展前途时，竺可桢便称："大学教育的内容是通才教育，还是技术教育"，这一问题如能解决，"则重文抑重实，重质抑重量等等纷争，不致再起"。实际上，"就单从功利主义着想，也得各项科目统加以研究，不能偏废。若侧重应用的科学，而置纯粹科学、人文科学于不顾，这是谋食而不谋道的办法"。

　　"求是"精神，作为浙江大学办学理念，指导与见证了浙江大

---

[1] 《第21次校务会议记录》，浙江省档案馆藏"国立浙江大学"档案，档案号：L053-001-1168。

[2] 致远：《化学系近况》，《浙大学生》1941年第1期。

[3] 竺可桢：《竺可桢日记》，载《竺可桢全集》第10卷，上海科技教育出版社，2006，第84页。

学的发展历程，其主要原因即在于此一精神"内纯致治"。一种理念在发展过程中，必须保证理论内核的纯洁和深化，能够不断地提高功能的实用性。竺可桢所言"求是"的核心即是追求真理的科学精神，要做到"只问是非，不计利害"，首先是破除门户之见，即王阳明所言"君子之学，岂有心乎同异，惟其是而已"。近代以来的东西文化之争，特别是 20 世纪 30 年代思想界甚嚣尘上的全盘西化与中国文化本位论争以及教育界的文实之辨，无不落入门户之争的窠臼。竺可桢掌校之初，其改革所遇到的重重困境便是这种门户之争在浙江大学的体现。竺可桢等人确定以"求是"为校训，即以"科学精神"为纲要，目的就是要破除门户之见。"求是"校训提出，确定了浙江大学办学的"具体之道"，使得浙江大学人文学科迅速发展。

第三节　新史学的追求：史地合一与应对国难

法国地理学家白吕纳认为，史学精神与地学精神的综合是 20 世纪学术上最大的贡献。中国现代史学学科的特质即是以特定时空入手解释社会人群的发展演变。竺可桢融会自然与人文，其地学一元观与民族主义相结合，逐步形成"史地合一"的观念，并以此指导张其昀、陈训慈等南高后劲。[1] 浙江大学文理学院起初设有史学与政治学系，后因师资与经费问题停办。1935 年，郭任远聘请史

---

[1]　参见何方昱：《知识、权力与学科的合分——以浙大史地学系为中心（1936—1949）》，《学术月刊》2012 年第 5 期。本章侧重在民国"新史学"的多元脉络中，考察浙大史地学系因应时代的方式及其与民国学界的关联。

地兼通的顾毂宜执教浙大，为浙江大学发展史地学科埋下伏笔。随后，陈训慈发起成立浙江中华史地学会，"研究史地，阐扬民族精神"，"希望以此推进本省学术研究之风气，以与建设事业同其迈进"[1]。竺可桢执掌浙大后，网罗南高史地学人，结合浙大既有师资组建史地学系。张其昀提出浙大史地学系创立的宗旨在于以分工的方法，实现综合的目的，"专精与通识得其平衡"，"造就史学与地学之完全人才"。史地学系贯通时间的演变与空间的分布，"方足以明时空之真谛，识造化之本原"[2]。

史地学系分为史学与地学两组，学生一年级时不分组，研修中国通史、西洋通史、中西近世史、地理概论、世界地理等必修学程。自二年级起学生须认定一组，各组必修课程与其他大学史学系、地学系之课程相仿，以期稳固专门研究的根基。抗战初期，在评议教育部颁大学历史学系必修选修课程时，浙大史地学系认为历史课程按照时间的先后，有沿流与溯流两种方法。前者由古及今，后者由近及远，二法各有优点。因学生需要在课外阅读相当名著，以及研究古史需要一定文字学素养与比较成熟的见解，建议"一年级先读近世史，逐年上溯，或更有教育上之意义"。史学系课程不宜过于零碎，地理学须有三年之持续研习。"此项意见目前并不期望各大学完全采纳，但不必限制一部分大学采取此项意见。时间与空间的范畴原系相得而益彰，大学研究欲求其精微而切实，非于中

---

[1]　《浙江中华史地学会举行成立大会》，《图书展望》1936年1月第1卷第4期。

[2]　张其昀：《我与浙大史地系》，载《天涯赤子情——港台和海外学人忆浙大》，浙江人民出版社，1987，第5页。

国地理有相当之造诣不可。"[1]

此后，浙大史地学系遵照教育部颁课程表，对课程有所修订，史学组"课程完全依照部颁标准，惟国别史、专门史部定必修四六学分，本系规定至少读三学分，而加读中国文化史与西洋文化史各六学分"；地理组"大体遵照部颁标准，其稍有不同之处在本系颇注重地质学之根基，因此将测量学与分洲地理学分酌量减少，地理实察归纳于地形学、地质学实习中。气象学部定六学分，本组则分为气象学与世界气候亦分为六学分。人生地理六学分，本组分为欧洲地理及历史地理教授之共七学分，中国地理总论加一学分，中国区域地理减二学分"[2]。史地学系自四年级依照学生兴趣与能力，传授进修门径，史学组分中国史、西洋史两门，地理组分人文地理、自然地理、气象三门，各门设选修课程若干种。史学组贯通国史与世界史，强调比较研究的优势；地学组融合地形学、地质学、气象学与人文地理，注重科学研究的综合能力。

浙大史地学系志在创新史学，回应国难，"一方面为培植从事学术专门人才，一方面亦在培养对于现代问题具有通识之人才，期其毕业以后从事上述各种实际问题之研究（国防研究、国际关系研究、地方建设研究、新闻学研究），以为世用，二者固可相得而益彰"。[3] 景昌极期许史地学系师生应有高尚纯洁的人格，与特立独

---

[1]　《国立浙江大学史地系对于"部颁大学文学院历史学系必修选修科目表及审查意见"之意见》，浙江大学档案馆藏"国立浙江大学"档案，档案号：L053-001-1074。

[2]　《各系报部科目表》（1942年1月），浙江大学档案馆藏"国立浙江大学"档案，档案号：L-053-001-3775。

[3]　张其昀：《史地学系之回顾与前瞻》，《国立浙江大学日刊》1948年6月11日复刊新5号。

行的远见卓识，为社会的先觉。史学与地学相结合有助于浙大史地学系回应时代与现实政治需求，而政治与学术相资为用也促进抗战时期史地学系的跨越式发展。西迁途中，史地学系师生所至各地，便研讨当地历史文化，宣扬民族精神，鼓舞士气。1938 年 8月，浙江大学成立师范学院史地学系，培养史地两科的中学师资人才。1939 年 7 月，教育部批准浙江大学成立文科研究所史地学部，招收研究生。同年 9 月，教育部委托浙江大学成立史地教育研究室，"特重于史地科挂图之编制，与《史地教育丛刊》之编辑，以谋斯科教材设备之充实与改进"[1]。竺可桢感慨"史地系以四年时间创立，迄今有此规模，真大不易"[2]。

浙大史地学系尤其是张其昀关注现实问题的取径，颇受蒋介石的关注。1941 年 3 月 15 日，蒋介石约张其昀来谈，论及史地教育、浙东文献整理、边疆教育等议题，称"此史地专家，同乡中后起之秀，甚可爱"[3]。1941 年 6 月，蒋介石授意张其昀以浙大文科研究所为基础，成立《思想与时代》月刊社，根据三民主义讨论相关学术与思想。张其昀以此为契机，"拟设边疆、气象、南洋、东北四研究计划，补助文科研究所之不足"[4]，希望将浙江大学文科研究所史地学部逐渐拓展为史学组、东北组、南洋组、边疆组、国际问题组、地形组、气候组、资源组、史地教育组。[5] 太平洋战争爆发后，

[1]　《民国三十年度国立浙江大学文科研究所史地学部简报》，"中研院"近史所档案馆藏朱家骅档案，档案号: 301-01-09-148。

[2]　竺可桢:《竺可桢日记》，载《竺可桢全集》第 7 卷，第 456 页。

[3]　蒋介石:《蒋介石日记》，斯坦福大学胡佛档案馆藏。

[4]　竺可桢:《竺可桢日记》，载《竺可桢全集》第 7 卷，第 456 页。

[5]　《各研究所近况汇录》，中国第二历史档案馆藏教育部档案，档案号: (五)-467。

史地学系举办了太平洋战争座谈会,《史地杂志》出版《太平洋战争讨论集》专辑,讨论太平洋战争的新战略、太平洋战争的地理基础、太平洋问题的回顾与前瞻等问题。1945年12月2日,张其昀访美回国后不久,晋谒蒋介石,商谈国事前途,建议蒋"消弭国际纷争,重建世界秩序,应先从南洋着手,使美英中荷日与南洋本地民族在该地占平等地位,以协调方式取得当地资源"[1]。史地学系一度拟添设国际学门,围绕学生从史地背景研究国际关系,性质介于史地二组之间。

20世纪30年代,中国史学界群雄并起,百家争异,旗帜鲜明、自成一派的学会组织与刊物,层出不穷,其中不乏史学后劲推波助澜,史学界呈现出前所未有的"繁荣"景象,但"史料"与"史观"之争辩争弥烈,"作考据者常诋史观为浮夸,谈史观者亦讥考据为琐碎"。浙大史地系同仁则联合西南史学精英成立中国史学会,贯通历史科学与历史哲学,认为如今治史"必将以科学方法整理之,以哲学方法观察之,为之作综合之解释与系统之叙述,使过去一切活动咸得重现于前,指归可识"。[2]国难之际,民族主义史学成为学界主流,学术论争渐趋平静,壁垒森严的派分有所弥缝。然而,在史料与史观、通史与断代,以及传统文化转化的方式等方面,各派学人立场仍有差异。

浙大史地学系的特点就是史地合系,与中央大学、西南联大等史地分系不同,其优点正如张其昀所指出,旨在体现史学精神与地学精神相综合,时间演变与空间演变相结合,使学生能从两方面的

---

[1] 张其昀:《上蒋介石函稿》,台北"国史馆"藏《蒋中正总统文物》,档案号:002-080114-00021-011。

[2] 顾颉刚:《〈史学季刊〉发刊词》,《史学季刊》1940年3月第1期,第2—3页。

综合或结合中取思想和方法之长。顾毅宜即认为史地学在民族国家危急时具有重要关系，且认为史地已属科学之列。[1] 张其昀希望浙江大学史地学系弘扬南高学风，以继承中国学统，发扬中国文化为己任，颇有延续南高与北大对峙的意味。刘节称浙大"骂胡适之，骂顾颉刚，成为风气"[2]。在中研院第一届第四次评议会上，傅斯年提出历史语言研究所的大政方针，张其昀予以颇为率直的批评。[3] 抗战前后，先后任教浙江大学史地学系的名师，与新文化派大多保持相当距离，诸如钱穆、张荫麟、贺昌群、陶元珍、李源澄、顾毅宜、李絜非等。

　　编修新系统的通史，弘扬中国文化精神，成为国难之际创新史学的要义，浙江大学史地学系成为战时"新史学"的重镇之一。20世纪30年代初，国民政府要求大学开设中国通史的必修课程，以傅斯年为主导的北大史学系认为"通史非急速可讲，须各家治断代史、专门史稍有成绩，乃可会合通史"[4]。顾毅宜主张治史学先从通史着手，然后详细分别探讨各国历史，最后再回到近代史的研究，把分支的散乱的历史综合为一体。李源澄批评新文化派研究国学满足于考证古史，或"必以西洋汉学家治吾国学问为师"[5]。他在浙大讲授中国文化史，"以问题为主，如政治、经济、学术、礼俗、艺术、宗教诸方面及其相互之关系，而尤重在说明其蝉变之迹与其得失，其与中国文化之受外来影响，与中国文化之向外传播，亦注

---

[1]　《史地系谈话会纪盛》，《国立浙江大学日刊》1936年10月16日第39期。

[2]　顾颉刚:《顾颉刚日记》第4卷，联经出版事业公司，2000，第368页。

[3]　竺可桢:《竺可桢日记》，载《竺可桢全集》第7卷，第48页。

[4]　钱穆:《师友杂忆》，第171页。

[5]　李源澄:《汉学宋学之异同》，《论学》1937年第8期，第72-73页。

意焉"。谭其骧讲授《中国通史》课程，"以时代为经，问题为纬，注重各时代之时代精神及各种史实之相互关系，俾学者明了吾民族之物质基础与精神遗产，以焕发建国之新精神"[1]。

竺可桢一度邀约钱穆留校，继张其昀为史地学系主任。而在钱穆心目中，张荫麟是新史学家的理想人选，"博通中西文哲诸科，学既博洽，而复关怀时事，不甘仅仅为记注考订而止"。"今日吾国人所需之新史学"，"其人必于天界物界人界诸凡世间诸事相各科学智识有相当晓瞭者"，"其人必具哲学头脑，能融会贯通而抽得时空诸事态相互间之经纬条理者"，理想的范型，正是张荫麟。[2] 张其昀叹息张荫麟英年早逝，实为史学界莫大的损失。张荫麟与张其昀的友谊渊源于史地关系的结合，集合众人之力编纂通史是二人共同的平生志业。张其昀晚年仍撰写《中华五千年史》，阐释中华文化的一脉相承与历久弥新，批评新文化运动"把史学狭窄化，甚至只成为一种史料学"[3]。战时浙大史地学系师资频繁流动，胡玉堂认为虽有所损失，但"无碍于系的发展与传统"，"十年之中，曾有三十余位学术上有地位的教授前后执教的盛景，在太平之世是稀见的"[4]。时人曾将迁到西天目的史地学系师生称为"天目学派"，黄

[1]　《国立浙江大学史地学系二十八年度学程说明书》，浙江大学档案馆藏"国立浙江大学档案"，档案号：L053-001-4143。

[2]　钱穆：《中国今日所需要之新史学与新史学家——本文敬悼故友张荫麟先生》，《思想与时代》1943年第18期，第7-12页。

[3]　张其昀：《中华五千年史·自序（一）》，载《张其昀先生文集》第20册，中国文化大学出版社，1991，第10837-10838页。

[4]　胡玉堂：《回忆断片》，《史地通讯》1946年4月第2期，第6-8页。

盛璋追忆史地学系"实代表一种哲学思潮、学风和学派"[1]。

张其昀治学善于分类与归纳，自称"二十年来闇然自修，于著述一道，自谓略有办法，此后自宜用所长，毋自暴弃"[2]。然而，其过于偏重现实政治问题与固守史地合一的倾向，不断受到学界与校内师生的质疑。有学人在《地理学报》撰文评述张其昀《中国地理之统一性》，抨击此文"学术与现实不分，论点和对象未免倒置"，其用心可以谅解，但对于中国学界的发展而言，"正确的知识，纯客观研究的态度，似乎还有提倡和维护的必要"[3]。竺可桢认为："此题目即出错，地理安能有统一性，至多只能说中国疆域成为一个单位，即此亦不易自圆其说。"[4]顾颉刚认为张其昀"平日颇能留心搜集材料，惟不能融化，又不能自己提出新问题，发现新事实，故其著作直是编讲义而已。天下自有一等人只有常识而无学问，而此等人亦自有其需要，惟估量价值不能甚高而已"[5]。

浙大师生曾反思，"由于一小部分同学对事业过度热心，因此把事业之基础的学问，反加忽略，竟或形成一种'苍蝇撞玻璃窗'式的盲动现象。若干对母系有成见的人，也就借此抨击"。另外，有同学"但求显微镜式的分析，不求望远镜的综合"，"斤斤于一个小题目的研究，对范围以外即不予同情和了解，基于这种学问上

---

[1]　黄盛璋：《李春芬老师引导我走上历史地理的研究道路》，载《李春芬生平和学术思想》，自印本，1990，第44页。

[2]　张其昀：《致陈训慈先生函》，载《张其昀先生文集》第21册，第11575页。

[3]　叙功：《评所谓"中国地理之统一性"》，《地学季刊》1935年第2卷第3期，第42—45页。

[4]　竺可桢：《竺可桢日记》，载《竺可桢全集》第6卷，第157页。

[5]　顾颉刚：《顾颉刚日记》第4册，第53页。

的偏见，不同组别的同学间，往往有意无意的生出隔阂"[1]。

组别的隔阂源自现代学术分科中如何调和博通与专门的关系。随着自然地理学的发展，史学和地学的分科，已然成为国际学术的趋势与主流，史地学系研究自然地理的师生多主张史地分系。地学、气象专业的师生对张其昀颇有微词，涂长望便不能与张其昀合作。叶良辅告知竺可桢："晓峰作事亦不按照规矩。史地系教员甚多，而各人所任钟点极少，故渠去后有裁人之必要。职员竟达十二三人之多，下学年拟裁至史地教育研究室，裁至绘图员四人，史地系助理二人。"[2]地学组的师生后来纷纷追忆，史地合系将时间演变与空间演变相结合，使学生能从史学与地学的分组与综合中获取史学与地学思想和方法的优长，这成为史地学系人才辈出的重要因素，但此时史地学系的学科与人事纠葛成为浙大史地学系乃至文学院发展的隐忧。

第四节　义理与辞章：中西新旧之间

竺可桢执掌浙大之初，胡健中提示竺可桢注意两事：一为浙大与建厅合作事，一为设立国文系事。竺可桢拟请邵裴子出任国文系主任，为后者拒绝，因经费与师资有限，中国文学系暂未设置。竺可桢拟邀约国学大师马一浮来浙大讲学，同时嘱托祝文白教授《国学概论》。当蒋介石审阅竺可桢《半年来浙大之改进》的报告后，主张添加文学、哲学教员。竺可桢感慨道："此又与教育部之政策

---

[1]　赵松乔:《毕业同学概况》,《史地通讯》1946年4月第2期,第4—5页。

[2]　竺可桢:《竺可桢日记》,载《竺可桢全集》第8卷,第593页。

相冲突，以大学教育而言，则文哲确极重要，但与近来之注重实科则又背道而驰。"[1] 竺可桢、梅光迪等则以改革国文课程作为权宜之计，希望浙大学子"对本国文化之轮廓有相当了解与同情"，强调"作文以文言为主"，"此非白话问题之存废问题，乃是否中国学生须了解中国文化之问题。如不了解中国文化者，是否能负中国复兴之责"[2]。梅光迪多次致信竺可桢，谈及开设国文系与文学院独立的必要性，浙江大学文学院同仁欲藉浙大在中国文化上做一番惊天动地事业，"同人之要求，非私人之权利问题，乃中国文化问题"[3]。1938 年 8 月，中国文学系成立。1939 年 1 月，郑晓沧、张其昀、梅光迪提议，文理学院改组为文学院与理学院，文学院下设中国文学系、外国语文学系、史地学系与教育学系。校务会议通过此议，决定秋季实行。文学院以"天下来同"的使命感，坐言起行，期望会通中西，创新文化，"世俗每谓文人只能坐而言，不能起而行。不知中国整个文化全部历史皆为文人所造成，本院成立伊始，我同仁所负责任非常重大"[4]。

　　近代中国大学学科建制过程中，中文系的课程设置最具特色，具有浓厚的中西学术并立、对峙与融汇的意味，由北京大学所确立的文学课、语言课、典籍整理三方面逐渐成为主流，各校以此为基础，编订国文系课程，中西新旧宗旨分明。20 世纪 30 年代初，胡

---

[1]　竺可桢:《竺可桢日记》，载《竺可桢全集》第 6 卷，第 174 页。

[2]　《（本学年）国文教学第一次会议记录》，《国立浙江大学日刊》1937 年 9 月 20 日第 231 期。

[3]　梅光迪:《致竺可桢二通》，载《梅光迪文存》，华中师范大学出版社，2011，第 556-557 页。

[4]　《二十九年文学院第一次院务会议》，浙江大学档案馆藏"国立浙江大学"档案，档案号: L053-001-4405。

适、傅斯年改革北京大学文学院，中国文学系由偏重"国文"改良为"新文学中心"。清华大学以"创造我们这个时代的新文学"为目的。[1] 在中国文学系成立之际，郭斌龢编印"课程草案"，认为："大学课程，各校不同；而中国文学系尤无准的。或尚考核，或崇词章，或以文字、声韵为宗，或以目录、校勘为重。"学问以致用为本，"先润身而后及物，所得内圣外王之道，乃中国文化之精髓"。近世治学应当"不笃旧以自封，不骛新而忘本。法前修之善，而自发新知；存中国之长，而兼明西学。治考据能有通识；美文采不病浮华。治事教人，明体达用。为能改善社会，转移风气之人材，是则最高之祈向已"。晚清以降，"世变之烈，振古未有。吾国文章学术，皆在蜕故变新之中。惟将循何种之方式途径，则不得不借资欧西。采人之长，以益吾之短"。[2]

　　贯通考据、义理、词章，或能将科学性、思想性与艺术性有机结合。浙江大学中国文学系一二年级主修公共必修科目与本系基本课程，三四年级逐渐拓展为较高深、专门者，侧重选修与课外研读。中国文学系文学及语言文字两组不分设。当教育部颁布大学中文系必修与选修课程，规定中文系分为语言文字、文学两组时，浙大中文系回复意见，称此举"不免偏畸"。中国人治中国学术，应与西洋人治汉学者异趣，"西洋人研究汉学，实与研究埃及巴比伦之文明相似，仅以中国局部学术为一种客观之对象，用分析方法加以考核，虽其所获于一端一节，非无精卓可取，然往往不能宏博渊

---

　　[1]　参见沈卫威：《"国语统一"、"文学革命"合流与中文系课程建制的确立》，《中山大学学报（社会科学版）》2011年第3期。

　　[2]　郭斌龢：《国立浙江大学文理学院中国文学系课程草案》，载贵州省遵义地区地方志编纂委员会主编《浙江大学在遵义》，浙江大学出版社，1990，第57-61页。

厚，缺乏同情的想象力，无所谓欣赏、体验与受用，更不求能发扬
与光大也。中国人治中国学术安可效此"。语言文字学"不过读书
为文之工具"，"欧美各著名大学在大学期间研究本国文学亦未尝有
分语言文字及文学两组者"；重要典籍"宜列专课，不可仅讲'史
略''通论'"；增加作文训练，使学生能措意修辞，"由清通而进于
优美"；"宜参以西洋文学而不必立新文学课程"[1]。

浙江大学文学院同仁既注重科学，贯彻科学精神与方法于人
文学科之中，又寻求中国传统文化日久弥新的精神理念，努力融
汇现代科学与传统文化。郭斌龢格外强调，中国文学系课程"必
以阔识虚怀、高瞻远览，不可抱残守缺，固步自封。凡为一现代
之中国大学生皆须通一种外国文，有阅书之能力"，如此方可吸
收新知。"学生如能研读西书，则对于中国文学之研究、批评与创
作，多所启发，大有裨益。"[2] 当时，中国文学系学生不仅要重点学
习中文的古今名著、经史子集、中国文学史等课程，还要涉猎哲学
概论、中国通史、西洋通史、政治经济学、教育学、心理学、生物
学、西洋文学等领域，开拓视野，积累知识，奠定广博而坚实的专
业基础。[3]

1940 年 4 月 7 日，郦承铨在浙江大学中国文学会迁往遵义后
的第一次演讲中提出，若要造就发扬中国民族文化真实有用人才，

[1] 《国立浙江大学中国文学系对于"部颁大学中国文学系必修选修科目表及
审查意见"之意见》，浙江大学档案馆藏"国立浙江大学"档案，档案号: L053-001-
1074。

[2] 郭斌龢:《对于教育部最近修订大学中国文学系科目表草案之意见》，浙江
大学档案馆藏"国立浙江大学"档案，档案号: L053-001-1078 (2)。

[3] 杨质彬:《浙大中文系在遵义》，载贵州省遵义地区地方志编纂委员会主编
《浙江大学在遵义》，第 70 页。

首先要明本知类，通晓中国固有学术，"文史哲也，经史子集也"，"如是乃可谓预于学术之流"；其次，吸收西方文化，"取人之长，以稗吾之不足"；最后，"吾人既明乎我之为我，复洞悉人之为人，然后吾人当前所应出之途，自如康庄大道之陈于吾前而无疑"[1]。1943 年，钱穆在浙大演讲文化与人生时，明确提出解决今日我们文化问题，必须发扬光大我国文化的根源，立其根本；吸收、学习外来文化与文明，扶苏枝叶，"世界四大古文化系统之复兴，相互吸收影响，而产生一世界新文化"[2]。

　　国文系成立与文学院独立，无疑为浙大文科的发展提供了体制保障。郭斌龢、缪钺、王焕镳、郦承铨、萧璋、祝文白、夏承焘、任铭善、郑奠等学人战时先后执教国文系，浙江大学文学院俨然成为新的人文主义与国学研究重镇。文学院独立之初，郭斌龢即有意邀请吴宓来浙大任教，吴宓也有改就浙大教习的意向。梅光迪认为："《学衡》派共集一校，恐遭人忌诋"，"迪与宓性情不同，将如昔在东南互有抵牾"。[3] 经郭斌龢一再沟通，梅光迪"允从龢议"。吴宓却一直摇摆不定：其一，顾忌浙大内部的文理农工学科之间、乃至人文学科内部的倾轧，"聆向达述浙大内部情形，令人失望。旋接龢函，知国文系聘黄淬伯而不聘徐英，实难为解"[4]。陈逵告知"浙大内部丑恶情形，并谓龢、巩等但求文学院克能抵抗理学院之侵略兼并，不惜以宓为牺牲。宓往，必受小人之污辱攻诋。终于无

[1]　郦承铨:《中国学术与今日大学之中国文学系》,《浙江大学师范学院院刊》1940 年 9 月第 1 集第 1 册, 第 69–71 页。

[2]　《各学会讲演汇志》,《国立浙江大学校刊》1943 年 5 月 10 日复刊第 119 期。

[3]　吴宓:《吴宓日记》第 7 册, 生活·读书·新知三联书店, 1998, 第 199 页。

[4]　吴宓:《吴宓日记》第 7 册, 第 53 页。

所成功而为人腾笑，所谓君子可欺以其方"[1]。其二，担忧与梅光迪的关系愈发激化，并陷入梅光迪、郭斌龢的权力之争。吴宓认为郭斌龢、费巩对梅光迪隐忍求全，梅光迪"轻肆如昔，惟求玩乐，不谈正务。宓对之极失望"，"尸位溺职，不足与有为"。[2]贺麟劝吴宓待梅光迪下台后，"始往浙大，继其职位"。汤用彤告诫"郭斌龢或借宓以攻催迪"。郭斌龢则认为吴宓"论理论事，非来浙大不可"，其目的在"创办刊物，负起指导学术思想之重任"，若吴宓不来，"吾辈即缺一勇毅精勤之指导者，为不可补救之损失耳"。吴宓表明态度："吾侪理想志业之全体大局为重，初非为小己私人之利害苦乐着想。"[3]

围绕聘请吴宓的纠葛，或可视为学衡派内部分歧的延续；吴宓称浙江大学国文、外文系内，不无畛域隔膜，缪钺与王焕镳的矛盾直接被竺可桢视为国文系分为两派的原因。《竺可桢日记》中记载："（1943年7月25日）七点国文系学生韦廷光、孟醒人、周永康、宋祚胤、傅轶群、熊嘉骏、周本淳诸生来挽留王驾吾，因闻其将去中大。又缪彦威来谈。八点赴旧府中办公室。王驾吾来谈。驾吾、郦衡叔与缪彦威意见不合。缪主张读国文应中外文学并重，驾吾则主张中西各有专长，不能两全。缪主词章，而王主义理。学生多信服驾吾，故有排缪之议。中央［大学］胡肖堂、张世禄、王玉章约驾吾往，余嘱其俟明年。"[4]如何落实平衡科学与人文、沟通中西的路径，成为浙大文学院的难题，缪钺、王焕镳乃至浙大国文系学术

[1] 吴宓:《吴宓日记》第7册，第230页
[2] 吴宓:《吴宓日记》第7册，第123—125页。
[3] 吴宓:《吴宓日记》第7册，第205—207页。
[4] 竺可桢:《竺可桢日记》，载《竺可桢全集》第8卷，第606页。

派分的焦点，正集中于中西新旧的纠葛下如何平衡义理与词章。

缪钺来浙大任教后，受郭斌龢影响，注重以西哲学理疏解中学，"近数年中，得郭洽周兄助益，读西洋文学书不少，批评创作似颇获新境"[1]；"钺近来颇读西洋哲学书，哲学史已读过两种，秋间读叔本华之书，近读斯宾诺莎之书（均英译本）。读西洋哲学书，能训练思想灵活清晰透彻。以前读宋元明学案等书，仅能识其源流风气，与诸大师思想之本身，未能有透彻而有统系之了解。今再读学案，参以程朱之书，颇能见其理趣脉络，与向时不同矣"。[2]缪钺赞誉："洽兄近作《读儒行》、钱宾四君寄来《论中国文字与文学》，皆发挥中国文化精义，辟近人奇衺偏浅之说，极为光辉笃实。自来世乱学衰之时，必有三五大师以刚贞之质楷柱其间，下启新运。"[3]缪钺主张中西兼采，以文载道，以国文弘扬中华文化、改良风气。其晚年仍推崇郭斌龢"以振兴文教为己任，尝谓世变日亟，应谋自救，而笃旧者迂阔，崇洋者浅薄，举不足以语此；必也，以宏通之识、淹雅之学，抉择发扬吾华夏族数千年文化之菁英而兼采欧西之长，始可以拓新文运，而古希腊哲人追求真知之精神亦极有足取者"。[4]

王焕镳自称以"儒家立场，抱住民本主义"[5]，认为学术不外二派，"一则向内体究，涤习染之污滓，复本体之光明"；"一则向外

[1]　缪钺：《致叶麐函》，载缪元朗《缪钺先生编年事辑》，中华书局，2014，第 68 页。

[2]　缪钺：《致杨联陞函》，载缪元朗：《缪钺先生编年事辑》，第 93 页。

[3]　缪钺：《致刘永济函》，载缪元朗：《缪钺先生编年事辑》，第 83 页。

[4]　缪钺：《郭斌龢译柏拉图〈理想国〉序言》，载《冰茧庵序跋辑存》，巴蜀书社，1989，第 83 页。

[5]　王焕镳：《自传》，《之江大学教职员履历表（解放后）》（二），浙江档案馆藏"之江大学"档案，档案号：L052-002-0185。

驰求，穷事物之变化，探幽明之情状"。向内体认心性，"则凡天下之物，莫非吾之一体而不以为外，民胞物与，混然不二，故能范围天地之化而不过，曲成万物而不遗，以言乎远则动而不御，以言乎迩则静而正"；向外探索知识，"则虽吾之一身亦视同一物，探赜索隐，钩深致远，皆处于客观之地位。凡科学家之精神莫不如此"。长期以来，学者往往执一端而立门户。如若以心性为本，兼修客观知识，其业可广，"否则有体无用，成为空疏之学"。探索客观世界时，"若能回心向内，则其德可崇；否则有用无体，只是驳杂之术而已"。[1] 中西之学，旨趣有别，王焕镳侧重以义理之学为基础，先立其本，再兼收并蓄。自称任教浙大，"不量区区，实思稍明人伦道德之美，冀无形中于中兴盛业有涓埃之助，文人报国，止于如此"[2]。他在浙大文学院讲授三传之学，"虚实兼骛，穷理之外，颇喜展阅有清《经世文编》，民生吏治，言之极详，于以见先儒之用心，盖不为身家计也"。[3]

国难之际，王焕镳提倡浙东节义之学："先有圣贤之功夫，而后一遇不测之变始有以著其节义，此非激于一时之意气而为之者也。后世之史所书贤奸事迹至众，既不尽可法，而又求工于文辞，亦不尽可信。取舍从违之际，不可不深加思耳。读经重在明理，读史重在处事;事由理出，二者一贯而无间。似不必过为区分截成两段。"[4] 读圣贤有用之书，可以益人神智，鼓人志气。今日不少学人所讲史

---

[1]　王焕镳:《复思安德牧师书》，载《因巢轩诗文录存》，上海古籍出版社，2005，第 206-207 页。

[2]　王焕镳:《致陈叔谅书（存遗六札）》，载《因巢轩诗文录存》，第 223 页。

[3]　王焕镳:《致陈叔谅书（存遗六札）》，载《因巢轩诗文录存》，第 225 页。

[4]　王焕镳:《复郦衡叔书》，载《因巢轩诗文录存》，第 209 页。

学，"细碎已极，于人、家、国何补！所讲之文学，更为导眹增悲之具，虽著作五车，曾不足劳识者之一瞬"。[1]

浙江大学文学院师生信守今日的抗战是为中国民族、中国文化而战。国运中兴之际，有中国文化修养的人才方能担当建设大业，沟通中西新旧，不能仅停留于文化关怀层面，而应寻求有效的学术理路来创新文化。为此，中国文学系师生努力在"专与通""新与旧""中与西"等相反相成的问题中，寻求适当的标准。诚如《国立浙江大学文学院集刊》发刊词所言："近二十年来，新旧蜕嬗，群言并兴"，浙大文学院同仁"不愿立异，亦未敢苟同。阐明故学，而运以清新之见解，发挥通义，而基于精覈之考证"。"学术文章，影响国运，乃天下之公器，非数人所得私，应求千载之是非，不争一时之显晦。"[2] 缪钺、王焕镳的学术分歧，本可视作浙大文学院融汇中西新旧的不同路径。然而，梅光迪溘然病逝，人事纠纷与门户之见再起，造成"以一人去而全局毁"的局面。[3]

第五节　政学纠葛：文学院革新运动

梅光迪是浙大文学院的元老与中流砥柱，竺可桢称其有不可及者三："（一）对于作人、读书，目标甚高，一毫不苟"；"（二）其为人富于热情"；"（三）不骛利，不求名，一丝不苟"。不过，"因陈义过高，故曲高和寡。为文落笔不苟，故著述不富，但临终以前尚

---

[1]　王焕镳：《致陈叔谅书（存遗六札）》，载《因巢轩诗文录存》，第 225 页。

[2]　《发刊词》，《国立浙江大学文学院集刊》1941 年 6 月第 1 集，第 1 页。

[3]　吴宓：《吴宓日记》第 10 册，第 393 页。

有著作之计划"。[1] 梅光迪一生述而不作，"只是一位标准的守旧的古典学者。但由于他的纯粹学者的品格和当时不管古典也好，总算有一点文学气氛"[2]。梅光迪去世后，浙大文学院遽然丧失重心。梅光迪病重期间，郭斌龢任中文系主任兼师范学院国文系主任，兼代文学院院长，校长离校又为代校长，还任浙大训导长。然而，竺可桢颇为不满郭斌龢的行政作为，特别是无法调和国文系的人事纠纷，"洽周主持国文系成绩欠佳，内部缪彦威与王驾吾、郦衡叔意见不洽，渠不能调和，甚属困难"，"国文系内部又发生纠纷，故为人事上着想，决定请晓峰"。梅光迪的遗愿是郭斌龢继任文学院院长，但竺可桢认为张其昀更有助于文学院的发展。1946年1月10日，竺可桢告知郭斌龢拟聘张其昀文院长，郭斌龢为外文系主任，祝文白为国文系主任。郭斌龢"甚惊异"，次日即"交文学院印鉴"，"心颇快快"[3]。

此消息一经传出，各方反应不一。外界猜测张其昀是竺可桢东南大学的学生，属于主持校务的实力派，王焕镳明确反对郭斌龢而拥护张其昀。文学院外文系、中文系与史地学系部分学生，竭力阻止张其昀出任院长，欲请吴宓为院长。后向竺可桢发难，"张氏所学的是地理，地理本属理学院，因为史地不分，当了史地系主任已经勉强，怎样可以进一步当文学院长？"竺可桢解释张其昀研

---

[1] 竺可桢：《竺可桢日记》，载《竺可桢全集》第9卷，上海科技教育出版社，2006，第600页。

[2] S.Y.：《浙大文院革新运动详记》，《观察》1948年6月12日第4卷第16期，第16-19页。

[3] 竺可桢：《竺可桢日记》，载《竺可桢全集》第10卷，第11页。

究的是人文地理，和"文"有关。[1] 吴宓深悉浙大实情，虽赞誉张其昀任职浙大，"东南文史之崇正学风，可谓正得其人"，但拒绝任职，致函婉拒浙大教授聘书。[2] 竺可桢清楚学生反对张其昀关键在于"其非文学院人，且热心于政治"，原拟以代理名义缓和矛盾，而张其昀"因听从振公、絮非等之论调，以为实授为佳，免致人觊觎"[3]。外文系学生张贴上校长书，表明精神上的不承认主义。1月27日，在梅光迪的追悼会上，外文系学生江希和称："文学院长产生过于迅速，希望不要把干净的园地糟蹋了。"次日，史地学系欢迎张其昀讲话时，幺振声称："应在史地努力，不应在政治。"[4] 有教师无意讲出要分史、地组，学生又乘机大肆攻击张其昀。卢鉴以为："浙大史、地不分，则地理、气象方面之人才极难罗致。"[5] 张其昀无奈，同意史地分系，而竺可桢以限于经费与人力，主张维持现状。

郭斌龢对此事颇为介怀，指责竺可桢"用政治手腕不令其掌国文系主任及文院院长而调外文系主任"，缪钺甚至视此次院长更替为"政变"[6]。郭斌龢心灰意冷，拟赴武汉大学执教，吴宓劝其"似不宜轻弃浙大外文系主任而到武大，致成集中而孤立之形势"[7]。张

————————

[1] S.Y.：《浙大文院革新运动详记》，《观察》1948年6月12日第4卷第16期，第16–19页。

[2] 吴宓：《致张其昀函》，浙江大学档案馆藏"国立浙江大学"档案，档案号：L053-002-0010。

[3] 竺可桢：《竺可桢日记》，载《竺可桢全集》第10卷，第14页。

[4] 竺可桢：《竺可桢日记》，载《竺可桢全集》第10卷，第27–28页。

[5] 竺可桢：《竺可桢日记》，载《竺可桢全集》第10卷，第195页。

[6] 吴宓：《吴宓日记》第10册，第104页。

[7] 吴宓：《吴宓日记》第10册，第18页。

其昀致函劝慰郭斌龢，称"弟实一刻不能相信"，犹念当年"以曾左风义相喻"，"外人不明真相，总以为吾二人不睦，此为吾辈事业，为文学院，为浙大前途，为南高学风均有损害"，"吾二人合则双美，离则两伤"[1]。可是郭斌龢去意已决，最终重返中央大学任教。

几乎同时，缪钺以"国文系若干教授思想太旧"为由辞职，返回成都，执教华西协和大学。缪钺所言"太旧"，除了与王焕镳"极不相能，已有数年"之外[2]，还体现在缪钺与张其昀等人的学术分歧。缪钺致函陈槃称，研究中国学术思想"近人摆脱顾忌，潜思远瞩，益觉气象一新"，史语所"十余年之努力，于中国学术有建立标准之功。今日虽仍或有少数乡曲庸腐之士，抱残守缺，党同妒真，然日炳中天，残雾自散，亦不足虑也"[3]。缪钺所言，颇有影射浙江大学文学院相关学人的意味。郭斌龢、缪钺离校，浙大文学院学衡派成员异道扬镳，此事貌似告一段落，而"文学院的纠纷也就在这里种下了"。面对此局，竺可桢不断呼吁校中应兼有保守与改进的精神，以求是精神杜绝门户党派之争，"浙大学风以求是、不分党派门户、维持学术标准为向来传统之要点，故希望大家要保持此项精神"[4]。

张其昀就任文学院院长后，颇有大力发展浙大文科的决心。为继承梅光迪的志业，张其昀拟添设文学研究所，不分中文与外文，

---

[1]　张其昀：《致郭斌龢函》，浙江大学档案馆藏"国立浙江大学"档案，档案号：L053-002-0010。

[2]　张其昀：《致柳诒徵函》，浙江大学档案馆藏"国立浙江大学"档案，档案号：L053-002-0010。夏承焘：《天风阁学词日记》，载《夏承焘集》第 6 册，浙江古籍出版社、浙江教育出版社，1997，第 662 页。

[3]　缪钺：《致陈槃函》，载缪元朗《缪钺先生编年事辑》，第 81 页。

[4]　竺可桢：《竺可桢日记》，载《竺可桢全集》第 10 卷，第 138 页。

"实为一极有意义之纪念"。文学研究所应实现梅光迪的理想，"以沟通中西为其旨趣，研究国学者宜参讲西学，远览旁搜；研究西洋文学者，亦宜潜精中国文学，以尽其介绍融会之能事，则于今后我国文运定可放一异彩"[1]。史地学系延续着战时的主旨，充分与中央、地方政府合作。史地研究所计划与国防部协同搜集各国新出地图，分区研究西太平洋、中亚大陆与中国边疆；进一步考察杭嘉湖地区的地文地质，并拟拓展至研究长江三角洲区域的水道系统，着手进行浙江省士兵素质调查。[2]

不过，此时的浙江大学文学院无疑令人感觉偏于保守，颇为不合时宜。张其昀、谢幼伟等希望以熊十力、钟泰等老辈学人与名流提升浙大文学院的学术声誉，从而推进高深研究。竺可桢提倡"通才教育"，文学院聘请师资应以此为标准，"大学教育如真能使人理知化，则于奠定世界和平的基础，必大有裨益。所以薪求真理，不但应为我国大学的目标，而亦为世界各大学共同的目标"[3]。竺可桢内心颇觉设置中国文学研究所并非当前急务，钟泰、熊十力等老辈学人，"所教过于高深，于学生学问与操行不能有所影响"，"要发展一个大学，最要的是能物色前途有望的青年。网罗龙钟不堪之过去人物，直是养老院而已。由是可见谢幼伟之无眼光"[4]。竺可桢特意向学校聘任委员会提出熊十力年迈，"恐不能上课，在家上课，

---

[1] 张其昀:《致杭立武函》，浙江大学档案馆藏"国立浙江大学"档案，档案号: L053-002-0010。

[2] 《国防部第六厅科学研究机构调查表》，浙江大学档案馆藏"国立浙江大学"档案，档案号: L053-001-0014。

[3] 竺可桢:《我国大学教育之前途》，载《竺可桢全集》第2卷，第641页。

[4] 竺可桢:《竺可桢日记》，载《竺可桢全集》第11卷，第39、48页。

于校中及学生两不方便"[1]。老辈学人"徒事装饰品，不能于学校有点滴之利益。因目前学生对于旧文学等均敝屣视之，哲学系尤应向新途径走，不能徒慕虚名也"[2]。

校内有师生认为："人事上，'东南派'和它扶持的校友派在学校里成为一种支配一切的人事集团，一部分无所谓出身的人似乎还得附骥他们，以求存在。在纯学术上说，浙大为理工精神支配着，没有文学，没有文风。最足以对外代表一个大学的风气的文学院便显得黯然无光。这是已经接受了时代影响的年青的一代所不能长久忍受的。要求改革的强烈的冲动，终于一旦爆发而为一个波澜壮阔的文院革新运动。"[3]

1948年5月初，文学院外文系、中文系与史地学系的部分学生发起文学院革新运动，在壁报上攻击张其昀，"谓其只顾史地，将国文、英文置诸不足轻重。又有人主张史地分系"。[4]中文系学生要求中文系、外文系合并为文学系，"再分为语文与文学两组"，如果一时不能实行，可先将中文系本身先分语文、文学两组，学习两系有关联性的学程，以为两系合并的准备。课程方面，请增开新文学概论、文艺思潮、现代文选、现代文学讨论及习作、小说研究、戏剧研究、现代诗歌等，另外加强外文教育，增设现代文学书刊，已购图书全部开放。师范生加开应用文、语体文教法、讲习国语与国音，增聘能开这些课程的教授。外文系全体意见为"文学、语

---

[1]　《浙江大学拟聘教职员推荐表·熊十力》，浙江大学档案馆藏"国立浙江大学"档案，档案号：L053-001-3723。

[2]　竺可桢：《竺可桢日记》，载《竺可桢全集》第11卷，第39、48页。

[3]　S.Y.：《浙大文院革新运动详记》，《观察》1948年6月12日第4卷第16期，第16-19页。

[4]　竺可桢：《竺可桢日记》，载《竺可桢全集》第11卷，第111页。

文不分工，结果是两败俱伤，同样要求中外合系，再分语文、文学两组"。还要求另聘有名望与文学修养的学者做系主任。史地学系学生签名要求史地分系，地理系归入理学院，历史系仍在文学院，"并欢迎张其昀任地理系主任"[1]。

5月15日，壁报猛烈攻击文学院张其昀、佘坤珊、郑奠，称张其昀"外务太多，无力顾及院务"。而张自称"其昀所受之攻击，闻为政治关系"。外界却揶揄其常常喜以"'余曾与最高当局谈话三分钟'一语自豪"[2]。17日，法律系学生景诚之刊发壁报，要求张其昀引咎辞职，佘坤珊更应离校，师生矛盾愈发激化。文学院教授采取罢教予以回应。19日，校方召开行政会议与训导委员会联合会议，决议开除相关学生，并发表《告诫同学书》："决议非严格执行学生壁报规章，禁止匿名攻讦个人，及整饬校风，以安定全体师生教学生活不可。因通过将壁报主编人及在本市某报擅自发表攻讦教授消息者两人，予以退学处分。"如有合理与负责的改革建议，学校会予以接受研究和考虑。[3]训育会根据校务会议决议，加强对学生壁报的管理，除责令壁报切实依照学校壁报审查规则外，增加新的补充办法。时人评述，"一个堂堂正正的文院改革要求，竟成了壁报文稿的纠纷，一个富有建设性的运动，竟被转成一个校规问题"，认为"中外合并，史地分家"和"调整人事，增加设备"是有意

---

[1]　S.Y.：《浙大文院革新运动详记》，《观察》1948年6月12日第4卷第16期，第16-19页。

[2]　《儒林新史》，《人物杂志》1948年第3卷第2期，第15页。

[3]　《浙大整饬校风、攻讦教授两学生退学》，（上海）《新闻报》1948年5月22日，第9版。

义、有价值而且属于全体的纯学术性的建设性的合理要求。[1] 竺可桢认为文学院改良建议案与壁报骂人截然二事，自治会所要求的史地分系，日后必分，但目前无人力物力；至于张其昀，"目前文学院教授全体与共进退，即余个人亦决不能令其辞去"；白话文教授早已在物色，"不过须有一定标准"[2]。

张其昀力图淡化文学院革新运动的政治色彩，并未要求严惩学生，而是积极从文学院的工作成绩与学术思想层面予以回应。5月26日，张其昀向竺可桢汇报近年史地学系各项工作："学生不明瞭近来渠为学校努力状况，如向蒋慰堂捐款建筑百里馆，向孙贻〔诒〕让后人捐玉海堂之书。谓史地方面现方努力于版图、方志、钱塘江流域之调查。"[3]5月29日，文学院召开第十九次院务会，张其昀称："关于文学院的方针，系根据于文化的根本观念。我们的旨趣在于综合过去中西文化中最优美的思想，加以熔铸，使成为新的文化。"对于旧的，"不取鲁莽灭裂的手段"；对于新的，"不取深拒固拒的态度"。经义与治事二者并重，考据、义理、词章不能偏废。换言之，"通才教育与专才教育应该兼重，纯粹研究与社会效用亦不容偏废，不偏不倚，不激不随。在此世局动荡的时代，愿做思想上的中流砥柱。我们固有自信心，但于海内有识者的指教，无不竭诚欢迎"[4]。

同时，张其昀回顾与前瞻史地学系发展方针，指出史地学系创

---

[1]　S.Y.：《浙大文院革新运动详记》，《观察》1948年6月12日第4卷第16期，第16-19页。

[2]　竺可桢：《竺可桢日记》，载《竺可桢全集》第11卷，第117页。

[3]　竺可桢：《竺可桢日记》，载《竺可桢全集》第11卷，第121页。

[4]　《文学院第十九次院务会议记录》，《浙江大学日刊》1948年6月10日复刊第4号。

建之后，努力培养有志于研究"史学与地学""中学史地教育""现代问题"等通专结合的人才。史地合一的教育一方面以专才教育造就对史学与地学有志深造的人才，一面融贯史地，时空结合，以培养对现代问题具有通识的人才。本学年史地学系举行中外史地、新疆史地、浙江史地三次史地教材展览会，"搜集尚丰，颇予观众以明显之印象"。他一再强调史地合一，通过分组与合系，培养史地兼通的通才教育，"美国哈佛大学出版《自由主义中通才教育》，为讨论战后教育措施之巨著，其论中等教育所谓史地二科之关系至为密切。历史与地理能联系学习最为有益，近代世界史之地理因素当加充分说明，欲了解二十世纪之重大问题，必须有经济地理与政治地理之智识，方能明其底蕴"。[1]

浙大文院革新运动源于学生要求院系学科、课程、人事更张，在政学纠葛、师生隔阂等因素的纠葛中，运动的焦点转到学治会壁报对教师的攻讦，张其昀、佘坤珊等国民党籍教授更是处于风口浪尖。张其昀以去政治化方式回应文学院学生的革新运动，而《中央日报》将此事愈发引入政治与党派之争，指"浙江大学在地方当局与学校当局互相推倭之下，被共党匪徒发展组织而成为指挥东南学运之中心枢纽"，"最近该校职业学生又复胁迫名地理学者张其昀教授，因其为国民党中央委员，不许他在学校教书，必欲迫使去职而后快"[2]。此番言论无疑使得浙大文学院师生的政学纠葛愈发难以弥合，外文系、史地学系部分学生继续发起"文学院革新运动会"，要求史地分系，外文与国文合并。6月中旬，校方

又在校内发现多期题为《批评》之匿名揭贴，"以下流文字谩骂师长"[1]。张其昀心灰意冷，几度请辞文学院院长及史地学系等职务。余坤珊在外文系更是处于"众叛亲离"的境地。国文系主任郑奠拟聘请新文学教授而又不敢开罪于旧人，增加名额未果后，亦一再请辞。[2]

1949 年杭州解放前夕，张其昀曾两次与业已下野的蒋介石商谈机宜，计划离开杭州。竺可桢称："为校着想，渠去系一巨大损失；为渠个人着想，则或以离去为是，因若干学生对渠不甚了解也。"[3]4 月底，竺可桢离校，后北上赴京任职;张其昀、谢幼伟相继出走海外。5 月 3 日，杭州解放。不久，浙江大学推行改制，哲学系、历史系暂停招生，科学人文主义的实践戛然而止，浙江大学成为"人民的新浙大"，进入新时代。

第六节　科学时代人文主义的困境与出路

1947 年 1 月，张其昀复刊《思想与时代》，明确提倡科学时代的人文主义："本刊显然悬有一个目标，简言之，就是'科学时代的人文主义'。科学人文化是现代教育的重要问题，也是本刊努力的方向。具体地说，就是融贯新旧，沟通文质，为通才教育作先路

---

[1]　《第十三次训育委员会》，浙江大学档案馆藏"国立浙江大学"档案，档案号：L053-001-0482。

[2]　竺可桢:《竺可桢日记》，载《竺可桢全集》第 11 卷，第 145－155 页。

[3]　竺可桢:《竺可桢日记》，载《竺可桢全集》第 11 卷，第 426 页。

之导，为现代民治厚植其基础。"[1]《思想与时代》杂志以沟通中西文化为职志，与《学衡》一脉相承。张其昀认为科学的人文主义一面是现代人文主义贯彻科学的方法与精神，一面是科学人文化，正德、利用、厚生合而为一。如果说东南大学时期，南高史地学人与学衡派有意疏离政治，国难时期则是积极回应、参与政治，政学关系的远近亲疏成为科学时代人文主义成败的关键。胡适曾批评《思想与时代》"多带反动意味，保守的趋势甚明，而拥护集权的态度亦颇明显"。[2]贺昌群此时批评"东南派"教授，"文史方面，柳诒徵门下三杰，龙（张其昀）、虎（胡焕庸）、狗（缪凤林），皆气派不大，根柢不深"，《学原》一类杂志缺少梅光迪、吴宓等新人文主义者主持，比《学衡》更差。[3]

国难之际，贺麟疾呼中国不能失掉文化上的自主权，而沦于文化殖民地，学术为体，政治为用。"学术不能够推动政治，学术就无'用'，政治不能够植基于学术，政治就无'体'。"[4]现代民族国家的转型过程中，农工实科是富国强兵、社会分工与整合的技术保障，人文学科则是新旧文化转承，塑造民族精神的基础。如若人文学科仅限于政治宣传与实际应用，无法成为政治的大本大源，政治必然演化为权术与利益的角斗场，社会伦理自然难以维系。人文学术以分科之学为正当性，演化为客观经验知识，与精神价值脱钩，知识生产与成德之学、安身立命两相背离。人文学科内外皆落空，

[1]　张其昀：《〈思想与时代〉复刊辞》，《思想与时代》1947 年 1 月第 41 期，第 1 页。

[2]　胡适：《胡适日记》，载季羡林主编《胡适全集》第 33 卷，安徽教育出版社，2003，第 524 页。

[3]　夏鼐：《夏鼐日记》第 4 卷，华东师范大学出版社，2011，第 144-145 页。

[4]　贺麟：《文化与人生》，商务印书馆，2015，第 267 页。

既无法有机回应时代，又无法安置内心，酿成政治为体、学术为用的格局，沦为狭义科学与实用主义的附庸，丧失自主性。

从内在学理而言，学术主体性的确立必须汇聚价值与经验，消弭通识与专门的人为界限。博通与分科各有分工，博通旨在普遍价值层面历时性把握德性之学与政教体系、社会秩序之间的能动关联，分科之学是近代中国文化转型的实践经验与有益尝试，价值立场必须以现代学术体系论证与表达其合理性。缪钺晚年追忆，大学"使受教者能具有广阔之襟怀，宏通之识解，出而应世，则所见者远而所成就者大。蔡元培先生之长北京大学，竺可桢先生之长浙江大学，均本斯义；故人才济济，称盛于一时""强调专业，壁垒森严，非但文科与理科不能互相沟通，即文科中之文、史、哲各系，亦限以藩篱，不得逾越；使承学之士徘徊于小径之中，局促于狭隘之域"[1]。

人事与体制局限貌似无关学理，实则破除学术门户，融会博通与专门的前提。时人分析人事纠纷是战后办理大学的难点，"人事处理以天理人情为本，原至微妙，不易捉摸"，过渡时代处理人事问题，"物薄则恩施之情不厚，法弛则威信日以陵替，及其积重难返，道义亦失"[2]。面对民国学界盘根错节的人事格局，吴宓不禁感慨："惟在此尘世中，做人行事，因果纠纷，无能有圆满纯洁者。此世只能作此世观。欲求真正圆满纯洁，必须超世出世。是故宓此次不去浙大而留此，未可自视为幸脱陷阱，免祸全身。只能更进一

---

[1] 缪钺：《马国均〈小休堂诗词稿〉序》，载《缪钺全集》第七、八合卷，河北教育出版社，2004，第48页。
[2] 唐惜分：《办理大学教育之困难》，《教育通讯旬刊》1945年第7卷第6-8期合刊，第20-21页。

解，知世间之理想朋友，理想事业，亦当舍弃。惟归依宗教为上进之正途耳。"[1]

竺可桢为调和各派矛盾，不断呼吁秉承求是精神，反对小集团主义，"不放松已得之地位，门户之见极深，可称鄙陋之至"。[2]面对校内纷纷扰攘的政学纠葛，谭其骧于1947年校庆之时，撰文倡导求是精神是三百年来杭州的传统学风，践行求是精神，"必先明辨是非真假，要明辨是非真假，关键首在能虚衷体察，弃绝成见，才能舍各宗各派之非之假，集各宗各派之是之真"，"学术的趋向可变，求是精神不可变。如何遵循传统精神以求适应时代，使杭州学术地位始终能保持道咸以来的领导地位，这是浙大在校师生、毕业校友以及杭州学人所当共勉的"。[3]

自从实行分科教育以来，文实之争在近代教育史上一直存在。竺可桢以"求是"为校训，不仅要扭转郭任远倡导的"物质主义"风气，更要融汇新旧，沟通文质，实践科学人文化的办学理念，形成独具一格的学术风格。竺可桢执掌浙大十三年，使浙江大学由一地方性大学而跃升至全国综合性大学前四五位，从仅有文理、农、工3个学院16个系，发展到具有文、理、农、工、法、医、师范7个学院25个学系，副教授以上教师从70人增至200余人，学生数由700余名增至2000余名。[4]实践"求是"校训，主张摈弃门户，以实事求是、追求真理的科学精神为基础，倡导"科学人文化"的

---

[1] 吴宓：《吴宓日记》第7册，第236页。

[2] 竺可桢：《竺可桢日记》，载《竺可桢全集》第11卷，第135页。

[3] 谭其骧：《近代杭州的学风》，《国立浙江大学校刊》1947年5月5日复刊第150期，第7-8页。

[4] 浙江大学校史编写组：《浙江大学简史》第一、二卷，第151-152页。

理念，无疑是浙江大学实现此一转折与飞跃的精神支柱。不过，在政局动荡与学派门户的双重困境中，民国学人难以平衡学术与政治、学术研究与社会思潮的体用关系，缺乏贯彻科学时代人文主义的内外机理，而如何超越中西新旧之争，实现科学人文化以资建构文明国家，仍是不能回避的时代命题。

征引文献

一、档案

中国第二历史档案馆中央研究院档案，档案号：393-2037。

"中央研究院"历史语言研究所，档案号：元513-23。

"中央研究院"历史语言研究所，档案号：元513-22。

"中央研究院"历史语言研究所，档案号：元513-3。

"中央研究院"历史语言研究所，档案号：元513-9。

"中央研究院"历史语言研究所公文档案，档案号：杂23-3-3。

"国立浙江大学档案"，浙江大学档案馆藏。

朱家骅档案，"中央研究院"近史所档案馆藏。

《蒋介石日记》，斯坦福大学胡佛档案馆藏。

教育部档案，中国第二历史档案馆藏。

"蒋中正总统文物"，台北"国史馆"藏。

"之江大学档案"，浙江省档案馆藏。

二、报刊

《北京大学日刊》

《北京大学研究所国学门周刊》

《北京大学周刊》

《大公报》

《大陆报》

《地学季刊》

《东方杂志》

《东南日报》

《独立评论》

《佛化季刊》

《佛学半月刊》

《格致汇编》

《观察》

《国粹学报》

《国立浙江大学日刊》

《国立浙江大学文学院集刊》

《国立浙江大学校刊》

《国立中山大学日报》

《国学季刊》

《国学月刊》

《海潮音》

《汉声》

《汇报》

《集成报》

《江苏》

《教育通讯旬刊》

《教育杂志》

《科学世界》

《论学》

《蒙学报》

《女子世界》

《清议报》

《人物杂志》

《申报》

《师范讲义》

《时务报》

《史地通讯》

《史学季刊》

《世界佛教居士林林刊》

《世界日报》

《思想与时代》

《图书展望》

《万国公报》

《文学周报》

《新民丛报》

《新闻报》

《新亚学报》

《学报汇编》

《学部官报》

《译书汇编》

《战时中学生》

《浙大学生》

《浙江大学师范学院院刊》

《浙江省立图书馆馆刊》

《浙江省立图书馆月刊》

《政艺通报》

《中央日报》

三、一般文献

Adam Smith, *The Wealth of Nations*, London, J. M. Dent and Sons Ltd., 1975.

David S. Nivison, *The Life and Thought of Chang Hsueh-ch'eng (1738–1801)*, Stanford University Press, 1966.

Fu Ssu-nien, *A Life in Chinese History and Politics*, Cambridge: Cambridge University Press, 2000.

艾约瑟:《格致总学启蒙》,上海:上海图书集成印书局,光绪二十四年（1898）。

艾约瑟:《西学略述》,上海:上海图书集成印书局,光绪二十四年（1898）。

白河次郎、国府种德:《支那文明史》,上海:竞化书局,1903。

卞僧慧:《陈寅恪先生年谱长编（初稿）》,北京:中华书局,2010。

蔡铁权:《“物理”流变考》,《浙江师范大学学报（自然科学版）》2001年第1期。

中国蔡元培研究会编:《蔡元培全集》,杭州:浙江教育出版社,1997—1998。

仓修良:《章学诚评传》,南京:南京大学出版社,1996。

曹伯言编:《胡适日记全编（六）1931—1937》,合肥:安徽教育出版社,2001。

陈兵、邓子美:《二十世纪中国佛教》,北京:民族出版社,2000。

陈伯适:《汉易之风华再现——惠栋易学研究》,台北:文史哲出版社,2008。

陈德溥编:《陈澧宸集》下册,北京:中华书局,1995。

陈谷嘉、邓洪波主编:《中国书院史资料》下册,杭州:浙江教育出版社,1998。

陈居渊:《简论惠栋标帜“汉学”的易学特色》,《周易研究》2007年第4期。

陈澧:《东塾杂俎》,中山大学图书馆藏稿本。

陈懋治:《高等小学中国历史教科书》,上海:文明书局,1904。

陈美延编:《陈寅恪集》,北京:生活·读书·新知三联书店,2001。

陈庆年:《中国历史教科书》,上海:商务印书馆,1909。

陈寿祺:《左海文集》,《续修四库全书》第1496册,上海:上海古籍出版社,1995。

陈文和主编:《嘉定王鸣盛全集》,北京:中华书局,2010。

陈扬炯:《中国净土宗通史》，南京：凤凰出版社，2008。

陈永革:《晚明佛教思想研究》，北京：宗教文化出版社，2007。

陈哲三:《中华民国大学院之研究：民国十六年至十八年》，台北：台湾商务印
　　书馆，1976。

程宅安，《密宗要义》，成都：净乐林编译部，1929。

持松著，杨毓华编:《持松法师论著选集》，上海：华东师范大学出版社，1993。

村田雄二郎:《康有为的日本研究及其特点——〈日本变政考〉、〈日本书目志〉
　　管见》，《近代史研究》1993年第1期。

《大学规程》，南京国民政府教育部1929年8月14日公布。

《大学组织法》，南京国民政府教育部1929年7月26日公布。

岱峻:《李济传》，南京：江苏文艺出版社，2009。

戴震:《戴震文集》，赵玉新点校，北京：中华书局，1980。

《第三届"近代文化与近代中国"国际学术研讨会论文集》，北京：北京师范大
　　学历史学院，2015。

丁保书:《蒙学中国历史教科书》，上海：文明书局，1903。

丁石孙等著，中国蔡元培研究会编:《纪念蔡元培先生诞辰130周年国际学术讨
　　论会文集》，北京：北京大学出版社，1999。

东南大学南京高师国学研究会编辑:《国学研究会演讲录》第1集，上海：商务
　　印书馆，1924。

东新译社编纂，横阳翼天氏编辑:《中国历史》，上海：东新译社，1903。

杜春和、韩荣芳、耿来金编:《胡适论学往来书信选》下册，石家庄：河北人民
　　出版社，1998。

杜亚泉著，许纪霖、田建业编著:《杜亚泉文存》，上海：上海教育出版社，2003。

杜赞奇:《从民族国家拯救历史：民族主义话语与中国现代史研究》，王宪明译，
　　北京：社会科学文献出版社，2003。

杜正胜、王汎森主编:《新学术之路——"中央研究院"历史语言研究所七十周

年纪念文集》，台北："中央研究院"史语所，1998。

段江丽：《明治年间日本学人所撰"中国文学史"述论》，《中国文化研究》，2014 年冬季号。

樊洪业：《从"格致"到"科学"》，《自然辩证法通讯》1988 年第 3 期。

方秋梅：《"近代"、"近世"，历史分期与史学观念》，《史学史研究》2004 年第 3 期。

冯桂芬著，戴扬本评注：《校邠庐抗议》，郑州：中州古籍出版社，1998。

冯客：《近代中国之种族观念》，杨立华译，南京：江苏人民出版社，1999。

冯友兰：《中国哲学史》下册，上海：商务印书馆，1934。

傅杰编校：《王国维论学集》，北京：中国社会科学出版社，1997。

傅杰编校：《章太炎学术史论集》，昆明：云南人民出版社，2008。

高柳信夫编著：《中国"近代知识"的生成》，唐利国译，北京：商务印书馆，2016。

高平叔编：《蔡元培全集》第 4 卷，北京：中华书局，1984。

耿云志、欧阳哲生编：《胡适书信集》上，北京：北京大学出版社，1996。

耿云志编：《胡适遗稿及秘藏书信集》第 31 册，合肥：黄山书社，1994。

龚自珍：《龚自珍全集》，王佩诤校，上海：上海古籍出版社，1975。

顾潮：《历劫终教志不灰——我的父亲顾颉刚》，上海：华东师范大学出版社，1997。

顾颉刚：《顾颉刚全集·书信集》第 2 卷，北京：北京书局，2010。

顾颉刚：《顾颉刚日记》，台北：联经出版事业公司，2007。

贵州省遵义地区地方志编纂委员会主编：《浙江大学在遵义》，杭州：浙江大学出版社，1990。

《国立北京大学一览 民国二十二年度》。

《国立北京大学一览 民国二十四年度》。

《国立浙江大学》，台北，浙江大学校友会，1985。

《国立浙江大学教职员学生通讯录》(1935年),杭州:国立浙江大学,1936。

《国立浙江大学教职员学生通讯录》(1936年),杭州:国立浙江大学,1936。

国立中央研究院文书处编:《国立中央研究院十七年度总报告》,南京:国立中央研究院总办事处,1929。

哈佛燕京学社、三联书店主编:《理性主义及其限制》,北京:生活·读书·新知三联书店,2003。

《海潮音文库》第二编《禅宗》,1931。

韩非:《韩非子》,北京:中华书局,2003。

河野通之、石树贞一:《最近支那史》,上海:振东室书社,1898。

贺麟:《文化与人生》,北京:商务印书馆,2015。

黑格尔:《哲学史讲演录》第4卷,贺麟、王太庆译,北京:商务印书馆,1956。

洪亮吉:《洪亮吉集》,北京:中华书局,2001。

胡适:《胡适全集》,合肥:安徽教育出版社,2003。

花之安:《自西徂东》,上海:上海书店出版社,2002。

黄爱平点校:《阮元年谱》,北京:中华书局,1995。

黄克武:《新名词之战:清末严复译语与和制汉语的竞赛》,《"中央研究院"近代史研究所集刊》2008年第62期。

惠栋:《惠氏读说文记》,清咸丰二年(1852)江都李氏半亩园刻本。

惠栋:《九曜斋笔记》,《聚学轩丛书》第3集,清光绪二十九年(1903)刻本。

惠栋:《松崖文钞》,《续修四库全书》第1427册,上海:上海古籍出版社,1995。

惠栋:《易大谊》,《指海》第5集,上海:大东书局,1935年影印本。

惠栋著,郑万耕点校:《周易述附易汉学、易例》,北京:中华书局,2007。

吉开将人:《近代中国とアカデミー——政治史と文化史のあいだ》,《人文科学年报》2002年第32号。

江藩著,漆永祥整理:《江藩集》,上海:上海古籍出版社,2006。

姜义华、张荣芳编校:《康有为全集》第 3 集, 北京: 中国人民大学出版社,
　　2007。

蒋宝麟:《民国时期中央大学的学术与政治（1927—1949）》, 南京: 南京大学出
　　版社, 2016。

蒋天枢:《陈寅恪先生编年事辑（增订本）》, 上海: 上海古籍出版社, 1997。

蒋维乔:《简明中国历史教科书》, 上海: 商务印书馆, 1908。

焦循著, 刘建臻点校:《焦循诗文集》, 扬州: 广陵书社, 2009。

角田文衞:《考古学京都学派》（增补）, 东京: 雄山阁, 1997。

教育部参事处编:《教育法令汇编》第 1 册, 上海: 商务印书馆, 1936。

金观涛、刘青峰:《观念史研究: 中国现代重要政治术语的形成》, 北京: 法律
　　出版社, 2010。

金毓黻:《静晤室日记》, 沈阳: 辽沈书社, 1993。

金毓黻:《中国史学史》, 北京: 中华书局, 1962。

赖永海主编:《中国佛教通史》, 南京: 江苏人民出版社, 2010。

李春芬等:《李春芬生平和学术思想》, 自印本, 1990。

李慈铭:《越缦堂读书记》, 上海: 上海书店出版社, 2000。

李光谟:《从清华园到史语所——李济治学生涯琐记》, 北京: 清华大学出版社,
　　2004。

李华瑞:《20 世纪中日“唐宋变革”观研究述评》,《史学理论研究》2003 年第
　　4 期。

李孝迁:《清季支那史、东洋史教科书介译初探》,《史学月刊》2003 年第 9 期。

李岳瑞:《国史读本》, 上海: 广智书局, 1909。

梁启超:《梁启超全集》第 17 册, 北京: 北京出版社, 1999。

梁启超:《饮冰室合集》, 北京: 中华书局, 1989。

林俊聪,《潮汕寺庵》, 广州: 花城出版社, 2004。

凌廷堪著, 王文锦点校,《校礼堂文集》, 北京: 中华书局, 1998。

刘超:《历史书写与认同建构——清末民国时期中国历史教科书研究》,北京:社会科学文献出版社,2016。

刘承幹编:《明史例案》,北京:国家图书馆出版社,2005。

刘东主编:《中国学术》第二辑,北京:商务印书馆,2000。

刘禾著、宋伟杰等译:《跨语际实践——文学,民族文化与被译介的现代性(中国,1900—1937)》,北京:生活·读书·新知三联书店,2000。

刘继尧:《试论钱穆对章学诚的转变——以"浙东学术""六经皆史"为例》,硕士学位论文,清华大学,2010。

刘节:《中国史学史稿》,郑州:中州书画社,1982。

刘净密:《应用唯识理决定往生净土论》,成都:佛化新闻社,1944。

刘克庄:《后村先生大全集》,成都:四川大学出版社,2008。

刘声木:《苌楚斋随笔续笔三笔四笔五笔》下册,北京:中华书局,1998。

刘师培:《中国历史教科书》,上海:国学保存会,1905。

刘锡鸿:《英轺私记》,长沙:岳麓书社,1986。

柳诒徵:《历代史略》,南京:江楚编译局,1903。

罗厚立(罗志田):《原来张之洞》,《南方周末》2004年6月17日。

罗久芳等编校:《罗家伦先生文存补遗》,台北:"中央研究院"近代史研究所,2009。

罗同兵:《太虚对中国佛教现代化道路的抉择》,成都:巴蜀书社,2003。

罗振玉辑:《高邮王氏遗书》,南京:江苏古籍出版社,2000。

罗志田:《近代读书人的思想世界与治学取向》,北京:北京大学出版社,2009。

罗志田:《近代中国史学十论》,上海:复旦大学出版社,2003。

吕建福:《中国密教史》,北京:中国社会科学出版社,2011。

马勇编:《章太炎书信集》,石家庄:河北人民出版社,2003。

迈尔:《迈尔通史》,黄佐廷口译,张在新笔述,太原:山西大学堂译书院,1905。

毛奇龄:《推易始末》,《文渊阁四库全书》第 41 册, 台北: 台湾商务印书馆,
　　1986。

梅尔茨(John Theodore Merz):《十九世纪欧洲思想史》第一卷, 周昌忠译,
　　北京: 商务出版社, 1999。

缪元朗:《缪钺先生编年事辑》, 北京: 中华书局, 2014。

缪钺:《冰茧庵序跋辑存》, 成都: 巴蜀书社, 1989。

缪钺:《缪钺全集》, 石家庄: 河北教育出版社, 2004。

那珂通世:《支那通史》, 上海: 东文学社, 1899。

钮树玉:《钮非石日记》, 沈阳: 辽宁教育出版社, 1998。

欧阳军喜:《论"中国近代史"学科的形成》,《史学史研究》2003 年第 2 期。

欧阳哲生:《新文化的传统——五四人物与思想研究》, 广州: 广东人民出版社,
　　2004。

欧阳哲生编:《胡适文集》第 2、4、6-7 册, 北京: 北京大学出版社, 1998。

欧阳哲生主编:《傅斯年全集》, 长沙: 湖南教育出版社, 2003。

潘景郑:《著砚楼书跋》, 上海: 上海古籍出版社, 2006。

皮锡瑞著, 周予同注释:《经学历史》, 北京: 中华书局, 2004。

漆永祥:《汉学师承记笺释》, 上海: 上海古籍出版社, 2006。

漆永祥:《江藩与〈汉学师承记〉研究》, 上海: 上海古籍出版社, 2006。

钱大昕:《潜研堂集》, 吕友仁校点, 上海: 上海古籍出版社, 2009。

钱茂伟:《姚江书院派研究》, 北京: 中国社会科学出版社、文化艺术出版社,
　　2005。

钱穆:《八十忆双亲·师友杂忆》, 长沙: 岳麓书社, 1980。

钱穆:《国学概论》, 北京: 商务印书馆, 1931。

钱穆:《师友杂忆》, 北京: 生活·读书·新知三联书店, 1998。

钱穆:《中国近三百年学术史》, 北京: 商务印书馆, 1997。

桥本学:《南京国民政府の高等教育改革に关する初步的考察——"教育部"发

足时における高等教育问题とその克复を中心に》,《大学论集》2004 年第 34 集。

桥本学:《南京国民政府治下の高等教育政策に关する再论——"第二次全国教育会议"における"训政期"高等教育改革构想の成立を中心に》,《大学论集》2005 年第 35 集。

桥本学:《中国における近代的学术机关の整备に关する一考察——日中战争前夜に至る研究机关の动向を中心に》,《大学论集》1999 年第 28 集。

桥本学:《中国国民党政权の学术振兴方策に关する初步的考察——南京国民政府治下の学书发展に系る政策基盘の分析を中心に》,《大学论集》,2003 年第 33 集。

秦萌:《民国时期真言宗回传中的显密之争》,博士学位论文,北京大学,2010。

璩鑫圭、唐良炎编:《中国近代教育史资料汇编:学制演变》,上海:上海教育出版社,1991。

权田雷斧著,王弘愿译:《密教纲要》,潮安佛经流通处,1919。

全祖望著,朱铸禹校注:《全祖望集汇校集注》,上海:上海古籍出版社,2000。

任达:《新政革命与日本:中国,1898—1912》,李仲贤译,南京:江苏人民出版社,1998。

任兆麟:《有竹居集》,清嘉庆元年（1796）两广节署刻本。

荣孟源、章伯锋主编:《近代稗海》第 2 辑,成都:四川人民出版社,1985。

阮元:《定香亭笔谈》,《续修四库全书》第 1138 册,上海:上海古籍出版社,1995。

阮元:《两浙輶轩录》,《续修四库全书》第 1683 册,上海:上海古籍出版社,1995。

阮元:《儒林传稿》,《续修四库全书》第 537 册。

阮元:《揅经室再续集》,《续修四库全书》第 1479 册,上海:上海古籍出版社,1995。

阮元著，邓经元点校:《揅经室集》，北京：中华书局，1993。

三岛雄太郎:《支那近三百年史》，上海：群谊书社，1903。

桑兵、关晓红主编:《先因后创与不破不立：中国近代学术流派研究》，北京：
　　生活·读书·新知三联书店，2007。

桑兵:《黄金十年与新政革命——评介〈新政革命与日本：中国，1898—
　　1912〉》，《燕京学报》1998 年新四期。

桑兵:《近代中外比较研究史管窥——陈寅恪〈与刘叔雅论国文试题书〉解析》，
　　《中国社会科学》2003 年第 1 期。

桑兵:《梁启超的东学、西学与新学——评狭间直树〈梁启超·明治·日本西
　　方〉》，《历史研究》2002 年第 6 期。

桑兵:《马裕藻与 1934 年北大国文系教授解聘风波》，《近代史研究》2016 年第
　　3 期。

桑兵:《晚清民国的国学研究》，上海：上海古籍出版社，2001。

桑兵:《求其是与求其古：傅斯年"性命古训辩证"的方法启示》，《中国文化》
　　第 29 期。

桑原骘藏:《东洋史要》，金为译述，上海：商务印书馆，1913。

上海图书馆编:《格致书院课艺》1、2，上海：上海科学技术文献出版社影印本，
　　2016。

尚小明:《由"分期"史到"断代"史——民国时期大学"中国通史"讲授体系
　　之演变》，《史学集刊》2011 年第 1 期。

沈国威:《严复与"科学"》，《东アジア文化交涉研究》2009 年第 4 期。

沈敏之:《关于浙东学派问题平议的商榷——兼论邵廷采的史学思想》，《浙江学
　　刊》1990 年第 1 期。

沈善洪主编:《黄宗羲全集》第 10—11 册，杭州：浙江古籍出版社，2005。

实藤惠秀:《中国人留学日本史》(修订译本)，谭汝谦、林启彦译，北京：北京
　　大学出版社，2012。

史砥尔（斯宾塞）:《格物质学》，潘慎文译，谢洪赉笔述，上海：上海英华书馆，1898。

史蒂夫·奥尔森:《人类基因的历史地图》，霍达文译，北京：生活·读书·新知三联书店，2006。

史华兹（Benjamin I. Schwartz）:《寻求富强：严复与西方》，叶凤美译，南京：江苏人民出版社，1995。

市村瓒次郎:《支那史要》，陈毅译，上海：广智书局，1903。

释慧源主编:《潮州开元寺志》，福建省仙游县印刷厂，1992。

释觉深:《华严三时判教说》，《法源》2006年第23期。

释印顺:《太虚大师年谱》，北京：宗教文化出版社，1995。

斯宾塞（Herbert Spencer）:《群学肄言》，严复译，北京：商务印书馆，1981。

宋恕著，胡珠生编:《宋恕集》上册，北京：中华书局，1993。

孙诒让著，雪克点校:《籀庼述林》，北京：中华书局，2010。

《太虚大师全书》，北京：宗教文化出版社，2004。

汤用彤:《隋唐佛教史稿》，武汉：武汉大学出版社，2008。

唐德刚译注:《胡适口述自传》，上海：华东师范大学出版社，1993。

唐文权、罗福惠:《章太炎思想研究》，武汉：华中师范大学出版社，1986。

陶英惠:《蔡元培与大学院》，《"中央研究院"近代史研究所集刊》1972年第3期。

汪荣宝、叶澜:《新尔雅》，上海：上海明权社，1903。

汪荣宝:《清史讲义》，载沈云龙主编《近代中国史料丛刊续编》第94辑之939，台北：文海出版社，1982。

王冰:《明清时代（1610～1910）物理学译著书目考》，《中国科技史料》1986年第5期。

王冰:《中外物理交流史》，长沙：湖南教育出版社，2001。

王汎森、潘光哲、吴政上主编:《傅斯年遗札》第1-2卷，台北："中央研究院"

历史语言研究所，2011。

王汎森:《中国近代思想文化史研究的若干思考》,《新史学》2003 年第 14 卷第 4 期。

王国维著，姚淦铭、王燕编:《王国维文集》,北京:中国文史出版社，1997。

王弘愿:《密教讲习录》,北京:华夏出版社，2009。

王焕镳:《因巢轩诗文录存》,上海:上海古籍出版社，2005。

王雷泉编:《欧阳渐文选》,上海:远东出版社，2011。

王栻主编:《严复集》,北京:中华书局，1986。

王韬:《弢园文录外编》,上海:上海书店出版社，2002。

王学典、孙延杰:《顾颉刚和他的弟子们》,济南:山东画报出版社，2000。

王扬宗:《傅兰雅与近代中国的科学启蒙》,北京:北京科学出版社，2000。

王扬宗:《赫胥黎〈科学导论〉的两个中译本——兼论清末科学译著的准确性》,《中国科技史料》2000 年第 3 期。

王引之:《经义述闻》,南京:江苏古籍出版社，2000。

王应麟著，孙通海点校:《困学纪闻》,沈阳:辽宁教育出版社，1998。

王章涛:《阮元年谱》,合肥:黄山书社，2003。

王章涛:《王念孙·王引之年谱》,扬州:广陵书社，2006。

王志刚、马亮宽主编:《"傅斯年思想的传统与现代"研讨会论文集》,天津:天津人民出版社，2011。

王中江:《中日文化关系的一个侧面——从严译术语到日译术语的转换及其缘由》,《近代史研究》1995 年第 4 期。

吴葆诚:《东西洋历史教科书》,上海:文明书局，1905。

吴宓著，吴学昭整理注释:《吴宓日记》,北京:生活·读书·新知三联书店，1998。

吴汝纶撰，施培毅、徐寿凯校点:《吴汝纶全集》,合肥:黄山书社，2002。

夏曾佑:《最新中学教科书中国历史》,上海:商务印书馆，1904。

夏承焘:《夏承焘集》,杭州:浙江古籍出版社、浙江教育出版社,1997。

夏鼐:《夏鼐日记》,上海:华东师范大学出版社,2011 。

夏晓虹:《晚清女性与近代中国》,北京:北京大学出版社,2004。

显荫译述:《真言宗义章》,上海:世界佛教居士林,1924。

香港志莲净苑文化部编:《威音文库·论说》第2册,上海:上海古籍出版社,
　　2005。

香港志莲净苑文化部编:《威音文库·演坛》第3册,上海:上海古籍出版社,
　　2005。

香港志莲净苑文化部编:《威音文库·译述》第1册,上海:上海古籍出版社,
　　2005。

肖郎:《花之安〈德国学校论略〉初探》,《华东师范大学学报(教育科学版)》
　　2000年第2期。

肖平:《近代中国佛教的复兴——与日本佛教界的交往录》,广州:广东人民出
　　版社,2003。

熊月之:《晚清新学书目提要》,上海:上海书店出版社,2014。

熊月之:《西学东渐与清末社会》(修订版),北京:中国人民大学出版社,
　　2011。

徐念慈、丁祖荫、曾朴:《中国历史讲义》,上海:宏文馆,1907。

徐一平、(日)佐藤公彦主编,北京日本学研究中心编:《日本学研究》(12),
　　北京:世界知识出版社,2003。

许纪霖、田建业编:《一溪集:杜亚泉的生平与思想》,北京:生活·读书·新知
　　三联书店,1999。

许小青:《政局与学府:从东南大学到中央大学(1919—1937)》,北京:中国社
　　会科学出版社,2009。

薛毓良编:《钟天纬传》,上海:上海社会科学院出版社,2011。

亚当·斯密(Adam Smith):《原富》,严复译,北京:商务印书馆,1981。

杨晋龙主编:《清代扬州学术》,台北:"中央研究院"中国文哲研究所,2005。

杨晋龙主编:《汪喜孙著作集》,台北:"中央研究院"中国文哲研究所,2003。

杨天石主编:《钱玄同日记》,北京:北京大学出版社,2014。

杨文会著,周继旨编:《杨仁山全集》,合肥:黄山书社,2010。

杨笑天:《永明延寿〈四料拣〉(四料简)的背景、意义及真伪问题》,《佛学研究》2004年第00期。

叶曙:《闲话台大四十年》,合肥:黄山书社,2008。

《印光法师文钞三编》。

永井道雄:《近代化与教育》,王振宇、张葆春译,长春:吉林人民出版社,1984。

永瑢等撰:《四库全书总目》,北京:中华书局,1965。

於梅舫:《从王学护法到汉学开山——毛奇龄学说形象递变与近代学术演进》,《中山大学学报》2014年第1期。

於梅舫:《惠栋构筑汉学之渊源、立意及反响》,《中国哲学史》2014年第3期。

於梅舫:《科考与经解——诂经精舍、学海堂的设置与运思》,《中山大学学报》2010年第6期。

余英时:《论戴震与章学诚》,北京:生活·读书·新知三联书店,2000。

余英时:《论士衡史》,上海:上海文艺出版社,1999。

俞旦初:《爱国主义与中国近代史学》,北京:中国社会科学出版社,1996。

元良勇次郎、家永丰吉:《万国史纲》,邵希雍译,上海:商务印书馆,1906。

袁昶:《毗邪台山散人日记》,《历代日记丛钞》总第70册,北京:学苑出版社,2006。

袁桷:《清容居士集》,《文渊阁四库全书》第1203册,台北:台湾商务印书馆,1986。

《增广印光法师文钞》。

斋藤忠:《考古学史の人びと》,东京:第一书店,1985。

张光直、李光谟主编:《李济文集》,上海:上海人民出版社,2006。

张惠言:《周易虞氏义》,《续修四库全书》第 26 册,上海:上海古籍出版社,
　　1995。

张丽珠:《惠栋与清代经学之"汉学"典范建立》,《中国学术年刊》2009 年 3
　　月春季号总第 31 期。

张其昀:《张其昀先生文集》,台北:中国文化大学出版社,1991。

张彦远:《历代名画记》,杭州:浙江人民美术出版社,2012。

张运礼:《新编中国历史全书》,上海:商务印书馆,1909。

张肇桐:《高等小学国史教科书》,上海:文明书局,1902。

张之洞:《劝学篇》,上海:上海书店出版社,2002。

张志春编著:《王韬年谱》,石家庄:河北教育出版社,1994。

章炳麟:《章太炎全集》第 4 卷,上海:上海人民出版社,1985。

章炳麟著,徐复注:《訄书详注》,上海:上海古籍出版社,2000。

章可:《论晚清经世文编中"学术"的边缘化》,《史林》2009 年第 3 期。

章嵚:《中学中国历史教科书》,上海:文明书局,1908。

章清:《"权势网络"——〈独立评论〉群体及其角色与身份》,《历史研究》
　　2002 年第 4 期。

章太炎著,徐复点校:《章太炎全集·太炎文录初编》,上海:上海人民出版社,
　　2014。

章太炎著,朱维铮点校:《章太炎全集·检论》,上海:上海人民出版社,2014。

章学诚:《章学诚遗书》,北京:文物出版社,1985。

章学诚著、仓修良编注:《文史通义新编新注》,杭州:浙江古籍出版社,2005。

昭梿撰,冬青点校:《啸亭杂录 续录》,上海:上海古籍出版社,2012。

赵庆云:《何为"近代"——中国近代史时限问题讨论述评》,《兰州学刊》2015
　　年第 11 期。

赵师秀:《清苑斋诗集》,明汲古阁景宋钞本。

赵玉新点校:《戴震文集》,北京:中华书局,1980。

浙江大学校史编写组:《浙江大学简史》第一、二卷,杭州:浙江大学出版社,
　　1996。

郑朝晖:《述者微言——惠栋易学研究》,博士学位论文,武汉大学,2005。

郑观应著,夏东元编:《郑观应集》上册,上海:上海人民出版社,1982。

止庵校订:《周作人自编文集·知堂回忆录》下,石家庄:河北教育出版社,
　　2002。

中国佛教协会主编:《中国佛教》第 4 辑,上海:知识出版社,1989。

中国人民政治协商会议浙江省委员会文史资料研究委员会编:《浙江文史资料选
　　辑》第 34 辑,杭州:浙江人民出版社,1987。

中国社会科学院历史研究所清史研究室编:《清史论丛》第 7 辑,北京:中华书
　　局,1986。

中国现代史研究会编:《中国国民政府史の研究》,东京:汲古书院,1986。

中华梅氏文化研究会编:《梅光迪文存》,武汉:华中师范大学出版社,2011。

“中央”大学七十周年特刊委员会:《“中央”大学七十年》,桃园:“中央”大
　　学,1985。

钟少华:《中文概念史论》,北京:中国国际广播出版社,2012。

周积明、雷平:《清代浙东学派学术谱系的构建》,《学术月刊》2004 年第 6 期。

周一良:《唐代密宗》,钱文忠译,上海:远东出版社,2012。

朱封鳌:《天台宗修持与台密探索》,北京:宗教文化出版社,2004。

朱筠:《笥河文集》,《续修四库全书》第 1440 册,上海:上海古籍出版社,
　　1995。

朱维铮、李妙根编:《刘师培辛亥前文选》,北京:生活·读书·新知三联书店,
　　1998。

朱维铮、徐洪兴编校:《汉学师承记（外二种）》,北京:生活·读书·新知三联
　　书店,1998。

朱维铮:《求索真文明——晚清学术史论》,上海:上海古籍出版社,1996。

朱希祖:《朱希祖日记》,北京:中华书局,2012。

朱希祖:《朱希祖文存》,上海:上海古籍出版社,2006。

朱熹:《四书章句集注》,北京:中华书局,1983。

朱有瓛主编:《中国近代学制史料》,上海:华东师范大学出版社,1983—1987。

竹元规人:《中央研究院第一次院士选举(一九四八年)の构造——第二届评议会评议院选举との比较のもとで》,《中国:社会と文化》2008年第23号。

竺可桢:《竺可桢全集》第2-11卷,上海:上海科技教育出版社,2005—2006。

人名索引

文
景

Horizon

社 科 新 知　文 艺 新 潮

近代学术的清学纠结

桑兵　关晓红 主编

出 品 人：姚映然
特邀策划：谭徐锋
责任编辑：谭宇墨凡
营销编辑：胡珍珍
装帧设计：安克晨

出　　品　北京世纪文景文化传播有限责任公司
　　　　　（北京朝阳区东土城路8号林达大厦A座4A　100013）
出版发行　上海人民出版社
印　　刷　山东临沂新华印刷物流集团有限责任公司
制　　版　北京大观世纪文化传媒有限公司

开 本：890mm×1240mm　1/32
印 张：12.625　　字 数：275,000　　插页：2
2020年4月第1版　　2020年4月第1次印刷
定 价：59.00元
ISBN：978-7-208-16085-9/C·598

图书在版编目（CIP）数据

近代学术的清学纠结／桑兵，关晓红主编.—上海：
上海人民出版社，2019
（近代中国的知识与制度转型／桑兵，关晓红主编.
学术编）
ISBN 978-7-208-16085-9

Ⅰ.① 近…Ⅱ.① 桑…　② 关…Ⅲ.① 学术思想-思
想史-研究-中国-清后期Ⅳ.① B252.05

中国版本图书馆CIP数据核字（2019）第199977号

本书如有印装错误，请致电本社更换　010-52187586